미래를위한

환경정책

되돌아

보기

미래를 위한
환경정책 되돌아보기

초판 1쇄 발행 2018년 2월 1일
   2쇄 발행 2019년 1월 21일

엮은이 한국환경정책 · 평가연구원 **펴낸곳** 크레파스북 **펴낸이** 장미옥

편집위원 공성용 · 김호석 · 문현주 · 박용하 · 박창석 · 신동원 · 신용승 · 이명진 · 임혜숙
     정우현 · 조지혜 · 채여라 · 최준규

저자 김신엽 · 김종호 · 김종환 · 김호석 · 박용하 · 박정임 · 박준우 · 서양원
     신용승 · 유경선 · 이동근 · 이명진 · 이문형 · 이병욱 · 이우균 · 이정호 · 이창우
     이창희 · 임동순 · 조강래 · 최준규 · 최지용 · 한대호 · 홍수열 · 황상일

기획 · 정리 한국환경정책 · 평가연구원 **책임편집** 이상우 **교정** 강호준 · 김동균

디자인 디자인크레파스   **캘리그라피** 주윤경

출판등록 2017년 8월 23일 제2017-000063호

주소 서울시 마포구 마포대로 63-8 삼창프라자 1356호

전화 02-701-0633   팩스 02-717-2285   이메일 crepas_book@naver.com

인스타그램 www.instagram.com/crepas_book

페이스북 www.facebook.com/CrepasBook

네이버포스트 post.naver.com/crepas_book

ISBN 979-11-961828-3-0 정가 18,000원

© 한국환경정책 · 평가연구원, 2018

이 도서의 국립중앙도서관 출판예정도서목록(CIP)은 서지정보유통지원시스템 홈페이지
(http://seoji.nl.go.kr)와 국가자료공동목록시스템(http://www.nl.go.kr/kolisnet)에서
이용하실 수 있습니다. (CIP제어번호 : CIP2018002829)

미래를위한

환경정책

되돌아 보기

미래를 위한

환경정책 되돌아보기

미래를위한

환경정책
되돌아
보기

발간사

저희 한국환경정책·평가연구원(KEI)에서는 우리나라 환경정책 방향을 가늠하고, 환경정책의 각 영역별 주요 변화와 정책이슈(issues)를 보여줄 수 있도록 「미래를 위한 환경정책 되돌아보기」를 발간하게 되었습니다. 이 책은 지속가능발전, 통합오염관리, 환경거버넌스, 물관리, 대기, 자원순환, 국토자연, 지중환경관리, 환경보건, 온실가스감축, 환경영향평가, 환경정보화, 환경경영의 13개 영역별 주요 정책 변화와 핵심 정책에 대해 '빛'과 '그림자'라는 관점에서 서술하고 있습니다.

「미래를 위한 환경정책 되돌아보기」를 기획하기 위해 문현주 박사를 위원장으로 하는 TF(이명진 박사, 조지혜 박사, 채여라 박사, 최준규 박사, 임혜숙 전문연구원)를 구성하였습니다. TF에서는 환경정책 흐름을 보여주는 13개 주요 영역을 마련하였고, 각 영역별로 원내·외 전문가들이 모여 주요 주제와 핵심 정책을 선정하였습니다. 선정된 주요 주제와 핵심 정책에 대해서는 독자들이 쉽게 이해할 수 있도록 서술하고자 노력하였습니다.

「미래를 위한 환경정책 되돌아보기」는 우리 환경정책의 주요 영역들이 어떤 변화를 거쳐 어느 수준에 와 있고, 우리들의 '삶'과 '자연'을 풍요롭게 하기 위해서 해결해야 할 문제가 무엇인지에 대해 시사점을 던지고 있습니다. 또한 환경정책 입안자들에게는 환경정책의 현황과 흐름을 분석하고 방향과 대안을 제시하여 정책 수립에 많은 도움이 될 것으로 기대합니다.

이 책은 박광국 원장님께서 KEI 25주년을 앞두고 기획은 물론 많은 준비를 하셨습니다. 깊이 감사드립니다. 또한 KEI에 근무하는 연구진과 환경부 및 관련 전문기관, 학계 등 32명이 함께 집필하였습니다. 여기에는 KEI 25년의 경험과 역사도 함께 담겨 있다고 생각합니다. 각 영역별로 원고작성을 맡은 집필진 여러분들과 이 책이 나오기까지 수고를 아끼지 않은 KEI TF 위원들께 진심 어린 감사의 뜻을 전합니다.

2018년 2월 1일

조 명 래 한국환경정책 · 평가연구원 원장

서문

「미래를 위한 환경정책 되돌아보기」는 한국환경정책 · 평가연구원(KEI) 25주
년을 맞이하여 「생태문명 생각하기」와 함께 환경정책의 패러다임 변화와 미
래 지향점을 살펴보기 위해 기획되었다. 한국은 압축적인 경제성장과 민주
화를 거치면서 발전해왔다. 이러한 압축적인 경제성장의 문제점을 극복하고
해소하면서 환경정책 역시 발전해왔다. 압축적인 경제성장을 추진하고자 노
력하는 개발도상국들은 우리의 환경정책에 대해서 많은 관심을 보이고 있으
며, 환경정책이 굳건한 선진국 또한 우리의 경험을 귀중하게 여기고 있다.
그럼에도 불구하고, 우리 국민들은 쓰레기 증가(44.3%), 자연자원의 고갈
(36.3%), 대기오염(33.4%)과 수질오염(32.1%) 등의 환경문제를 여전히 우려
하고 있다(KEI, 2015 국민환경의식조사). 이러한 측면 때문에, 국민들의 '삶의 질'
과 '환경의 풍요로움'을 다루고 있는 환경정책에 대해 우리들은 어떠한 노력
을 기울여왔는지 살펴보고 논의할 필요가 있다.

이 책은 KEI와 환경 관련 각 분야 전문가들이 참여하여 작성한 공동연구
의 성과물이다. 그래서 KEI를 중심으로 다루어온 환경 분야의 주요 영역들
을 골고루 다루고자 노력하였다. 구체적으로 지속가능발전, 통합오염관리,

환경거버넌스, 물관리, 대기, 자원순환, 국토자연, 지중환경관리, 환경보건, 온실가스감축, 환경영향평가, 환경정보화, 환경경영의 13개 영역으로 구성되었다. 각 영역은 해당 분야별 정책변화와 특성을 고려하여, '빛'과 '그림자'라는 관점에서 해당 분야별 정책 변화를 전반적으로 파악할 수 있도록 하거나 핵심 정책에 대해 그 장·단점을 깊게 들여다볼 수 있도록 하였다.

이러한 맥락에서, 이 책을 환경정책의 지향성과 정책 간 연계·통합성을 토대로 총론 부분과 분야별 정책을 다루는 각론 부분으로 구성하였다. 총론 부분으로는 지속가능발전, 통합오염관리, 환경경영, 환경거버넌스에 해당하는 4개 영역을 선정하였고, 각론 부분으로 물관리, 대기, 자원순환, 국토자연, 지중환경관리, 환경보건, 온실가스감축, 환경영향평가, 환경정보화의 9개 영역을 마련하였다. 총론 부분의 경우, 해당 영역의 정책 흐름과 변화를 '빛'과 '그림자' 관점에서 제시할 수 있도록 하였다. 각론에 해당하는 5개 영역에서는 핵심 정책을 중심으로 그 명암을 살펴보았다. 또한 환경영향평가, 환경정보화 등 4개 영역은 각론에 속하지만 전체적인 정책변화를 중심으로 살펴보는 것이 중요하다고 판단하여 그렇게 구성하였다.

「미래를 위한 환경정책 되돌아보기」의 13개 영역은 문현주 박사를 위원장으로 하는 6명의 TF 위원(이명진 박사, 조지혜 박사, 채여라 박사, 최준규 박사, 임혜숙 전문연구원)들의 여러 번에 걸친 논의와 토론을 거쳐 선정되었다. 또한 선정된 각 영역을 가장 잘 집필할 수 있는 KEI 내부 및 외부 집필진이 참여하도록 최선의 노력을 다하였다.

「미래를 위한 환경정책 되돌아보기」에 포함된 주요 영역과 해당 영역별로 집필해 주신 분들을 소개하면, 지속가능발전(KEI의 김호석 · 김종호 박사, KEITI 김종환 박사), 통합오염관리(KEI 한대호 박사), 환경경영(이병욱 KEI 前원장, 세종대 교수), 환경거버넌스(KEI 정우현 박사, 한국도시농업연구소 이창우 박사), 물관리(KEI 문현주 박사, 명지대 이창희 교수, 서울대 최지용 교수), 대기(KEI 공성용 · 신동원 박사, 광운대 유경선 교수, (사)녹색교통운동 조강래 박사), 자원순환(KEI 조지혜 박사, 상명대 박준우 교수, 자원순환사회경제연구소 홍수열 소장), 국토자연(KEI 박용하 박사, 서울대 이동근 교수), 지중환경관리(KEI 황상일 · 이정호 박사), 환경보건(KEI 신용승 · 서양원 박사, 순천향대 박정임 교수), 온실가스감축(KEI 채여라 박사, 동의대 임동순 교수, 고려대 이우균 교수), 환경영향평가(KEI 최준규 박사, 한국종합기술 이문형 부사장), 환경정보화(KEI 이명진 박사, 환경부 김신엽 과장)이다. 이 책의 발간을 위한 진행과 편집은 기획경영본부의 정예민 연구원과 이진희 선임전문원 등이 수고를 아끼지 않았다. 집필과 편집에 참여하신 모든 분들의 헌신과 노고에 감사를 드린다. 무엇보다 「미래를 위한 환경정책 되돌아보기」를 위해 기획부터 원고작성, 출판에 이르기까지 많은 수고를 아끼지 않은 TF 위원들에게 진심으로 감사를 드린다. 끝으로 이 책이 환경정책의 중요성에 대한 인식을 제고하고 우리나라 환경정책 발전에 도움이 되기를 바란다.

2018년 2월 1일

모든 집필진을 대표하여

목
차

1장
지속가능발전

김호석(한국환경정책 · 평가연구원), 김종환(한국환경산업기술원), 김종호(한국환경정책 · 평가연구원)

01
지속가능발전 정책의 형성

가. 지속가능발전, 새로운 정책 원칙의 등장

널리 알려져 있듯이 지속가능발전의 개념은 1987년 발간된 유엔 세계환경개발위원회(WCED: the World Commission on Environment and Development)의 보고서 '우리 공동의 미래(Our Common Future)'를 통해 대중에게 알려지기 시작했다.[1]

이 보고서는 총 3부 12장으로 구성되어 있으며, "2000년 및 그 이후까지 지속가능발전을 달성하기 위한 장기 환경전략"[2]을 제시하였다. '지속가능발전'이라는 용어는 그 이전에도 사용되어 왔지만, 브룬틀랑 보고서에서 소개된 지속가능발전 개념이 1992년 '리우선언'과 의제21의 기반이 되면서 정책 입안자들과 일반 대중에 가장 일반적인 정의로 자리잡았다.

---

1) 1983년 12월 유엔 사무총장의 요청에 따라 설립된 이 특별 위원회는 노르웨이의 브룬틀랑(Gro Harlem Brundtland)이 의장을 맡았다. 그런 연유로 이 위원회를 '브룬틀랑 위원회', WCED 보고서를 '브룬틀랑 보고서'라 부르기도 한다.
2) "...to propose long-term environmental strategies for achieving sustainable development by the year 2000 and beyond..."('우리 공동의 미래' 의장 서문).

1992년 리우에서 개최된 유엔환경개발회의(UNCED: United Nations Conference on Environment and Development)[3]는 지속가능발전을 국제협력과 국가 정책의 기본 원칙으로 공식 채택한 회의로, 178개국이 참석하여 27개 원칙과 '의제 21(Agenda 21)'이 포함된 '환경과 개발에 대한 리우선언(Rio Declaration on Environment and Development, 이하 리우선언)'을 채택하였다.[4]

지구정상회의(The Earth Summit)라고도 불리는 이 회의에서는 유엔기후변화협약(UNFCCC: UN Framework Convention on Climate Change)과 생물다양성협약(CBD: Convention on Biological Diversity)이 출범하였으며, 유엔사막화방지협약(UNCCD: UN Convention to Combat Desertification)의 근거가 마련되기도 하였다.[5]

나. 의제21 국가실천계획

1992년 리우 유엔환경개발회의 직후 같은 해 7월, 정부는 국무총리를 위원장으로 하는 '지구환경관계장관대책회의'를 구성하여 리우선언을 포함한 각종 국제협약 관련 중·장기계획의 수립·조정을 담당케 하였다. 지구환경관계장관대책회의는 '지구환경실무대책회의', '환경보전실무대책위원회', 그리고 '지구환경대책기획단' 등 3개 산하기구를 두고 있었는데, 1995년 6월 '위원회 정비계획'에 따라 폐지되었다. 국가별 의제21을 수립하도록 규정한 「의제 21」 제37장에 따라 우리나라에서도 실천계획이 수립되었는데, 바로 이 대

---

3) 지속가능발전은 이 회의를 통해 국제적 정책 논의에 반영되기 시작했다. 이 회의에서 채택된 의제21에서는 지속가능발전 개념을 '환경'과 '개발'을 연계하는 것으로 보고 있는데, 이는 당시 개발 과정에서 제대로 고려되지 않았던 환경에 초점을 맞춘 것으로 볼 수 있다.
4) 1992년에 브라질 리우에서 개최된 유엔 환경개발회의의 20주년이 되는 해인 2012년에 Rio+20 회의가 개최되었음.
5) 이 세 개의 협약은 모두 법적 구속력이 있는 국제협약임.

책회의에서 1994년 4월 총 4부 40장으로 구성된 「의제21 국가실천계획」 작성이 결정되었으며, 이후 1996년 10월 유엔에 제출되었다.

의제21 실천계획은 지속가능한 발전을 위하여 정부와 국민이 이행하여야 할 중장기 과제를 분야별로 제시한 것이다. 이 계획은 "우리나라의 환경정책을 지속가능한 개발 방향으로 확대·강화할 것이며, 우리나라의 환경 및 지속가능한 개발 관련 국가적 의사결정과정에 대한 총체적 평가를 병행 추진할 것임(대한민국, 1996)"을 그 기본방향으로 제시하였다.

1996년 3월에 김영삼 대통령은 "자연과 인간의 연대를 회복하여 쾌적한 환경 속에서 높은 삶의 질을 누리는 환경공동체를 건설하기 위한 5대 기본원칙"이 담긴 「환경복지구상」을 발표하였다. 1993년 3월 21일, 대통령비서실에서 작성한 보도자료 '김 대통령, 「환경복지구상」 발표'에는 다음과 같은 5대 기본 원칙이 제시되었다.

- 원칙 1: 「정부 수범」의 원칙
- 원칙 2: 「환경과 경제의 통합」의 원칙
- 원칙 3: 「공동책임과 생활 속의 실천」의 원칙
- 원칙 4: 「사전예방 및 오염자 부담」의 원칙
- 원칙 5: 「남북한 환경협력과 전 지구적 공동협력」의 원칙

같은 해 4월에 환경부는 이 선언을 이행하기 위해 7대 정책과제, 22개 세부과제 및 83개 단위사업을 포함한 「환경대통령 선언 실천계획(안)」을 발표하였고, 이어 5월 국무회의에서 대통령 선언의 범정부 추진을 위한 「실무계획작성방향」을 확정, 그리고 6월에는 관계부처 계획을 종합적으로 조정한 「환경대통령 선언 실천계획」을 최종 발표하였다(국무회의보고자료, 1996).

표 1 • 환경대통령 선언 실천계획의 7대 정책과 및 22개 세부과제

7대 정책과제	22개 세부과제
생산과 소비의 녹색화	• 환경친화적 생산구조로 전환 • 환경친화적 소비행태의 구축
환경자치제의 확대	• 자치단체의 환경관리 역량 제고 • 민간 환경단체와의 협력 강화
환경교육의 강화	• 학교 환경교육의 강화 • 사회 환경교육 강화 • 녹색환경 실천운동의 확산
환경기준의 선진화	• 선진국 수준의 환경질 확보를 위한 기준 강화 • 환경기술의 개발 및 전문인력 양성 • 환경산업의 육성 • 환경질에 대한 관리 강화
환경기초시설의 완비	• 수질환경기초시설의 확충 • 상수도 관련 시설의 확충 · 정비 • 폐기물 처리시설의 확충 • 환경투자 재원 확보
환경관리기능 강화 및 효율화	• 환경적으로 건전하고 지속가능한 개발 구현 • 정부의 환경관리 기능 통합 · 조정 • 환경분쟁의 조정기능 강화 • 환경분야 정보화 촉진
환경외교의 강화	• 국제협약 및 국제기구에의 참여 • 동북아지역 국가 등과의 환경협력 • 한반도 환경 공동체 추진

02
지속가능발전 거버넌스 구축

가. 지속가능발전위원회 설립

당시 국내에서는 환경정책을 심의하는 기능을 국무총리가 위원장인 '환경보전위원회'가 맡아왔고 지속가능발전의 3축인 사회-경제-환경을 동시에 살

피는 별도의 제도적 장치는 없었다. 1992년 리우회의 이후 UN의 권고에 따라 많은 나라들이 지속가능발전위원회를 설치 · 운영하고 있었고, 2000년 들어 동강댐 백지화가 사회적 의제가 되면서 시민사회는 개발과 보전을 둘러싼 국가적 논의를 주도적으로 이끌고 사회적 갈등을 관리하는 거버넌스 협의 기구의 설치가 필요하다는 의견을 정부에 개진하였다. 이에 따라 국민의 정부는 2000년 환경의 날에 '새천년 국가환경비전'을 발표하고, 지속가능발전 원칙을 국정운영의 기조로 삼을 것을 천명하는 한편, 시민사회의 요구를 받아들여 '대통령자문 지속가능발전위원회'('지속위' 혹은 PCSD)를 설치하게 되었다.

지속위의 최초 설립 근거법령인 「지속가능발전위원회규정(대통령령 제16946호, 2000.8.5.)」은 "개발과 보전을 동시에 고려하고, 경제와 사회 · 환경정책을 통합하는 새로운 정책 패러다임인 '지속가능한 발전'에 관하여 대통령의 자문에 응하기 위해" 다음과 같은 지속위 기능과 역할을 규정하고 있다.

출범 당시 지속위의 주요 자문 대상
- 개발과 보전을 동시에 고려해야 할 주요 정책방향의 설정 및 계획 수립
- 「유엔환경개발회의」에서 채택한 의제21의 실천계획수립 및 시행
- 기후변화협약 등 주요 국제환경협약의 국내 이행대책 및 대응전략
- 기타 환경친화적이고 지속가능한 발전에 관하여 대통령이 자문을 구하는 사항

'지속가능발전위원회규정'에 의거하여 정부, 산업계, 시민단체 등이 함께 참여하는 대통령직속 자문기구로서, 같은 해 9월 20일에 제1기 지속위(위원장 강문규)가 출범하였다. 위원회는 13인의 당연직위원과 22인의 위촉위원으로 구성되었는데, 당연직위원은 재정경제부장관, 외교통상부장관, 행정자치부장관 등 11개 부처 장관과 국무조정실장 및 대통령비서실 복지노동수석비서관이

며, 환경, 사회 분야 등의 전문가와 시민사회 각계의 인사가 위촉되었다.

제1기 지속위는 위원장, 분과위원장, 분과위원 등 21명으로 구성된 운영협의회를 두고 매월 1회 회의를 열어 의제와 운영에 관한 사항을 논의하였다. 또한 위원장 산하에 총괄기획팀, 지속발전팀, 국제환경팀 3개 팀 체제 기획조정실을 두고 간사위원, 전문위원이 운영을 지원하였다. 분과위원회는 국토보전, 수자원, 생태 · 보건, 에너지대책, 산업과 환경, 국제 · 지역협력 분과위원회의 6개 분과로 구성하고, 필요에 따라 수도권정비소위원회, WSSD 실무위원회 등 소분과위원회도 운영하였다.

제1기 지속위는 리우 UN지속가능발전정상회의의 과제인 의제21 실천계획 이행을 추진하고, 정부가 수립하는 주요 중장기계획을 지속가능발전 원칙과 관점에 따라 사전검토하며, 10개 정책 부문의 부처별 발전전략을 수립하였다. 이를 위해 2000년 9월부터 2002년 9월까지 총 7차례의 본위원회와 100여 차례의 분과위원회를 열어, 국토이용체계 개선방안, 지방의제 21 추진 제도화 방안 등을 대통령에게 자문하였다.[6]

한편, 2002년 10월에는 첫 2년간의 성과와 경험을 토대로 사회 · 경제 부문의 환경성 제고 기능을 강화한 제2기 지속위(위원장 박영숙)가 구성되었는데, 2003년 2월 참여정부의 출범으로 활동을 멈추고 이후 확대 · 개편되었다.

---

6) 지속위 미간행자료, '제1기 지속가능발전위원회 활동 요약' ('00.9월 ~'02.9월): 일례로 2001년 제1차 본위원회에는 당연직위원 노무현 해양수산부장관 등 11명, 위촉위원 강문규 위원장 등 13명이 참석하여 다음 의제를 검토하고 그 결과를 대통령에게 서면 보고하였다.
  • 2002년 세계환경정상회의 대책추진 기본계획(안)
  • 국토이용체계 개편 검토안
  • 수자원장기종합계획(안) 검토안
  • 경의선건설을 중심으로한 비무장지대 보전방안
  • 지속가능한 에너지절약 및 이용효율 향상방안
  • 지속가능한 발전을 위한 환경친화적 조세제도 개편방안
  • 새만금사업에 대한 검토의견
  • 온실가스 감축의무 이행을 위한 우리나라의 대응방안
  • 의제21 국가실천계획 보완 가이드라인 작성

나. 지속가능발전 거버넌스 성숙기

참여정부는 특히 중장기 국가전략과제의 기획 · 관리를 위해 12개 국정과제 위원회를 구성하면서 그중 하나로 지속가능발전위원회의 기능을 강화하였다. 2003년 12월에는 제3기 지속위(위원장 고철환)를 광역자치단체의 대표와 직능단체 대표를 망라하여 77명으로 구성하고, 갈등관리정책을 주요 업무로 추가하였다. 2003년 들어 과거 지속위의 활동에 대한 반성과 토론을 거치면서 파트너십 기구로서 지속위의 한계가 지적되었고, 더욱 적극적으로 사회통합을 추진할 역량을 갖도록 지속위의 기능을 강화해야 한다는 합의에 따라 권한과 규모를 확대하여 위원회가 구성되었다.

분권과 지역 · 직능 대표성을 중시한 제3기 지속위는 16개 시 · 도 추천 48인과 학계, 대통령이 지명하는 언론계, 산업계 등 직능 대표를 망라한 총 77명(이후 1명이 줄어 76명으로 운영)의 본위원에게 주요 정책의 심의 의결 및 갈등 관련 과제에 대한 상원적 · 배심원적 기능을 부여하였다(대통령자문지속가능발전위원회, 2003, p.49; 조직도, p.53).

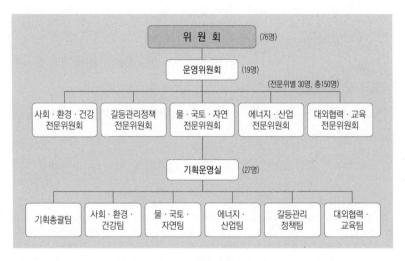

그림 1 • 제3기 지속가능발전위원회 조직

제3기 지속위는 대통령이 국가의 중요한 정책과제를 직접 관장하는 국정 과제위원회의 하나로 위상이 바뀌어 지속가능발전관련 정책의 자문과 함께 사회적 갈등의 관리정책에 관한 자문을 수행하였다. 이에 따라 위원회 기능은 「지속가능발전위원회규정(2003.11.11 개정)」 제2조의 규정과 같이 ① 경제 · 사회 · 환경을 통합하는 지속가능한 발전을 위하여 고려하여야 할 주요 정책방향의 설정 및 계획의 수립, ② 물 · 에너지 대책 등 주요정책의 수립, ③ 지속가능한 국가발전과 관련된 사회적 갈등의 관리, ④ 유엔환경개발회의에서 채택된 의제 21의 실천계획 수립 · 시행, ⑤ 기후변화협약 등 주요 국제환경협약의 국내이행대책 및 대응전략 수립, ⑥ 세계지속가능발전정상회의에서 채택된 이행계획 수립 · 시행, ⑦ 그 밖에 환경친화적이고 지속가능한 국가발전 및 이와 관련된 사회적 갈등의 해결과 관련하여 대통령에게 자문하는 것으로 확대되었다(대통령자문지속가능발전위원회, 2006, p.7).[7]

이 시기에 전문위원회의 구성과 활동이 그 전에 비해 대폭 강화, 활성화되었다. 5개 전문위원회는 총 272명의 전문가를 37개의 소위원회 또는 연구팀으로 편성하여 정책검토와 연구기능을 강화하고자 하였다. 사회 · 환경 · 건강 전문위원회는 5개 소위원회에서 국가지속가능발전 비전 선언, 국가지속가능발전 이행계획 수립, 지속가능발전지표 현장적용 가능성 평가 등 4개 과제와 국가환경종합계획('06~'15)을 검토하였다.

제3기 지속위는 지역 · 직능 대표성을 강화하고 위원수를 확대하여 상원의 기능을 부여하려했던 본위원회 구성과 전문위원회의 활성화를 통한 정책 검토기능의 강화 노력을 중요한 성과로 평가할 수 있다. 우리나라에서 처

---

7) 제3기 지속위는 12개의 국정과제를 선정하여 8차례의 국정과제보고회의, 4차례의 서면보고를 통해 대통령에게 조정이 필요한 사안을 자문하였는데, 이를 위해 2년간 8차례의 본회의, 76차례의 전문위원회 등 총 664회의 크고 작은 회의를 통해 유관 정책 담당자, 기관, 전문가, 시민사회 등의 의견을 수렴하였다. 한편 전문위원회 등의 활동을 효율적으로 조직하고 실효성 있는 의제 발굴과 추진을 위하여 박사급 전문인력을 채용하여 사무국을 보강하였다.

음으로 지속가능발전을 주제로 거버넌스 실험을 통해 미약하나마 향후 참여적 갈등관리를 가능하게 하는 단초를 제공하였고, 지속가능발전에 관한 주요 정책의제를 발굴, 정부 정책에 반영하기 위한 구체적인 논의의 토대를 마련한 것으로 평가할 수 있다. 그러나 2년 남짓의 기간은 처음 시도하는 지속가능발전 정책과 거버넌스 구조가 실행으로 나아가기에는 충분하지 못하여, 다음 4기 지속위의 활동 기반을 제공한 것으로 그 역할을 마무리하였다.

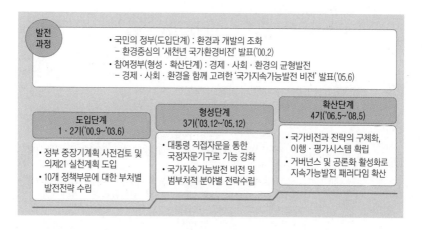

그림 2 • 국민의 정부와 참여정부의 대통령자문 지속가능발전위원회 발전 단계

2006년 5월에 구성된 제4기 지속위(위원장 김상희)는 위원 구성을 제1기, 제2기와 같이 당연직과 위촉위원 32명으로 재정비하였다. 참여정부는 2007년에 지속가능발전기본법을 제정하고 심의기능 없이 자문에 머물렀던 지속위를 '대통령자문위원회'에서 '국가지속가능발전위원회'로 격상시켰다.[8]

제4기 지속위는 참여정부의 국정과제위원회로서의 임무를 부여받은 제3

---

8) 이후 2008년 녹색성장 국가전략을 추진하면서 지속위의 주요 기능을 녹색성장위원회로 이관시키고, 지속가능발전기본법을 지속가능발전법으로 개정하는 한편, 지속위를 환경부장관 아래로 두어 그 위상을 조정하였다.

기 위원회 활동을 이어받아 물관리, 국토계획 등 분야별로 주요 과제 논의 내용을 정리하고 이를 실천하기 위한 정책을 구체화하는 것을 주요 임무로 삼았다. 한편으로는 지속가능발전 원칙에 따른 주요 정책의 중장기적 추진 을 전략적으로 뒷받침하기 위한 국가지속가능발전 전략을 수립하고 이를 이 행계획으로 체계화하기로 하였다.

표 2 • 지속가능발전위원회 개요(임기 · 구성)

위원회	기간	구성 및 활동 개요
제1기	2000.9.20~ 2002.9.19	• 강문규 위원장, 당연직 13명, 위촉위원 20명 등 33명 • 6개 전문위원회: 국제 · 지역협력, 산업과 환경, 생태 · 보건, 에너지대책, 수자원, 국토보전 분과 • 사무국 3팀: 기획총괄, 지속발전, 국제환경
제2기	2002.10.4~ 2003.6.25	• 박영숙 위원장, 당연직 13명, 위촉위원 21명 등 34명 • 사무국 5팀: 기획총괄, 국토환경, 경제사회, 홍보협력, 정책개발
제3기	2003.7.25~ 2005.12.15	• 고철환 위원장, 광역자치단체 대표 48명, 직능대표 29명 등 77명 • 5개 전문위원회: 사회 · 환경 · 건강, 갈등관리정책, 물 · 국토 · 자연, 에너지 · 산업, 대외협력 · 교육 • 사무국 5팀: 총괄, 대외협력, 국토환경, 에너지 · 산업, 갈등관리정책
제4기	2006.5.2 ~2008.2	• 김상희 위원장, 당연직 12명, 위촉위원 21명 등 32명 • 사무국 8팀('06.5): 기획총괄, 대외협력홍보, 지속가능발전이행, 사회건강, 물 · 자연, 국토, 에너지 · 산업, 갈등관리정책 • ('07.8) 지방지원팀 신설, 지속가능발전이행 1팀 · 2팀으로 분할 • 2007.8.3 지속가능발전기본법 제정 • (2007.8.31~윤서성 위원장이 잔여임기 수행)
제5기	2008.5.26~ 2009.1	• 국가지속가능발전위원회, 김형국 위원장
제6기	2010.5.26	• 지속가능발전위원회(환경부)
제7기	2012.11.29	
제8기	2015.9.1	

지속위는 당연직 12명, 위촉위원 21명 등 32인의 본위원회와 6개 전문 분야별 30여 명이 참여하는 전문위원회로 구성하였고, 이들 위원회의 정책조정과 합의도출 기능을 지원하기 위해 사무국을 8개 팀으로 늘렸다. 특히 국가 및 지방의 지속가능발전 전략 및 이행계획의 수립과 추진을 각각 담당하도록 사무국에 '지속가능발전이행팀' 2개를 신설하였다.

03
지속가능발전 정책 확산

가. 지속가능발전 국가전략과 기본법 마련

제4기 지속위는 "국민 속으로, 정부 속으로, 기업 속으로 지속가능발전 이념을 확산시키는 것"을 목표로 설정하고, 이를 달성하기 위한 3대 전략으로 ①국가지속가능발전 비전의 구체화 및 실천, ②거버넌스 역량 강화 및 공론화 활성화, ③경제·사회·환경 지속가능성 평가시스템 구축을 중점 추진하고, 이를 위해 지속위 본위원회도 관계부처 장관(12명)을 참여시키는 등 변경하였다.

첫째, 국가지속가능발전 비전을 6개 분야, 48개 정책과제로 구체화하여 22개 부처와 중앙행정기관별 세부 이행계획을 확정하고, 이행 상태를 주기적으로 점검·평가하는 체계를 구축하였다. 또 제3기 지속위가 수립한 연안·해양 및 에너지 분야의 전략과제를 구체화하여 지속가능한 하구환경관리 및 하천 복원방안, 대기-교통-에너지 통합 수요관리정책 및 자원순환형 산업정책을 마련하여 추진하였다. 이와 더불어 국토계획과 환경계획의 통합 및 토지이용의 공공성 제고 등 개발과 보전의 통합성 강화를 위한 지속가능한 국토관리전략을 별도로 마련하여 대통령에게 보고하고 실행에 착수하였다.

둘째, 거버넌스 역량 강화 및 공론화 활성화를 위하여 어린이 건강과 지속가능한 사회, 환경분야 일자리 창출방안, 취약계층 환경보건 증진 및 지속가능발전 교육실행방안 수립 등 경제 · 사회 · 환경 정책의 통합을 추진하였다. 주요 국책사업의 지속가능성 확보와 갈등관리를 위해서는 서해안 지역 연안 매립 등 국가 및 지역의 정책과제에 대한 연구와 자문을 강화하였다.

셋째, 국정의 지속가능성 진단 및 중앙정부와 지자체의 지속가능발전 평가 시스템을 구축하기 위해, 지속가능발전지표를 개발 · 적용하였고, 총리실의 부처 업무성과평가에 지속가능발전 계획 이행실적을 포함하여 반영하였다.

제4기 지속위는 우리나라 최초의 국가지속가능발전전략인 '국가지속가능발전이행계획(2006~2010)'을 수립하여 대통령에게 보고하고, 국무회의의 의결을 거쳐 중앙행정기관이 이행에 착수하게 하였으며 특히 이를 평가 · 환류할 수 있도록 '국가지속가능발전평가지표' 및 정부 부처 업무평가 체계를 함께 마련하였다. 또한 '지방지속가능발전 로드맵 및 실행방안'을 수립하여 국가와 지방이 함께 지속가능발전 정책을 일관성 있게 추진하도록 하였다. 참여정부와 제4기 지속위의 지속가능발전을 향한 정책의지는 2007년 8월 3일 지속가능발전기본법의 제정으로 제도화의 결실을 맺기에 이르렀다.

1) 국가 지속가능발전 전략 수립

유엔환경개발회의 이후 국제사회의 이행상황을 평가 · 점검하고 향후 추진계획을 논의한 2002년 지속가능발전세계정상회의(WSSD)에서는 2005년까지 지속가능발전 국가 전략과 이행계획을 수립할 것을 합의하였다. 우리 정부도 2005년 6월에 22개 부처가 참여하는 '국가 지속가능발전 이행계획 TF'를 구성하고, '관계 전문가 자문 및 부처 의견 수렴', '계획 대상과제 선정 및 이행계획 수립지침 마련', '세부 이행계획 수립지침 부처 시행' 등을 거쳐 이행계획 보고서 초안을 작성하였다.[9] 지속가능발전위원회는 2006년 10월 대통령 주재로 열린 국무회의에서, 이후 5년간 지속가능발전의 정책방향을 제시하는 '국가 지속가능발전 전략 및 이행계획('06~'10)'을 확정 · 발표하였다.[10]

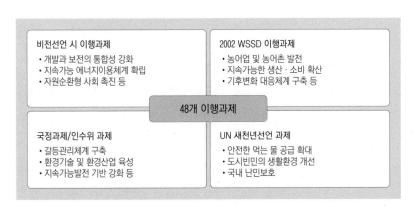

비전선언 시 이행과제
• 개발과 보전의 통합성 강화
• 지속가능 에너지이용체계 확립
• 자원순환형 사회 촉진 등

2002 WSSD 이행과제
• 농어업 및 농어촌 발전
• 지속가능한 생산 · 소비 확산
• 기후변화 대응체계 구축 등

48개 이행과제

국정과제/인수위 과제
• 갈등관리체계 구축
• 환경기술 및 환경산업 육성
• 지속가능발전 기반 강화 등

UN 새천년선언 과제
• 안전한 먹는 물 공급 확대
• 도시빈민의 생활환경 개선
• 국내 난민보호

그림 3 • 제1차 국가 지속가능발전 전략 수립 시 이행과제 선정기준

2) 지속가능발전 기본법 제정

2007년 8월 '지속가능발전 기본법'이 제정되어 지속가능발전 추진을 위한 법적 장치가 마련되었다. 이 기본법에는 1992년 유엔환경개발회의에서 채택된 의제21과 2002년 세계지속가능발전정상회의에서 채택된 요하네스버그 이행계획의 이행, 그리고 국가지속가능발전 기본전략의 수립 · 추진 관련 내용이 포함되었다. 또한 국가 기본전략이 에너지 · 교통 · 국토이용 · 농업, 빈곤 · 건강 · 교육, 생태 · 물 · 해양 · 산림 등 환경 · 경제 · 사회 분야를 모두

---

9) 2005년 지속가능발전 전략 수립 당시의 주요 정책 과제: ① 우리나라 지속가능발전 장기 전략의 수립, ② 중앙행정기관 및 지방자치단체의 지속가능성 진단 · 평가, ③ 학교와 사회에서의 지속가능발전 홍보 · 교육 및 지식기반 강화, ④ WSSD 핵심과제이행 · 평가 및 국제협력.
10) 이행계획은 환경부, 건교부, 산자부 등 22개 부처가 공동 참여하여 1년여에 걸쳐 부처별 이행계획을 종합하고, 수차례 전문가 검토 등을 거쳐 수립되었는데, 2006년부터 2010년까지 5년간 추진할 4대 분야, 48개 이행과제, 229개 세부과제를 선정하였다.

균형 있게 고려하여야 함을 명확히 하였다. 제정 당시 지속가능발전 기본법이 제시한 기본원칙과 기본전략의 범위는 다음과 같다. [11]

기본원칙

- 국가와 지방자치단체는 국민이 정책결정에 효과적으로 참여할 수 있도록 관련 제도를 정비하고 국민의 참여를 장려한다.
- 국가와 지방자치단체는 경제성장을 도모하고 새로운 기술지식을 계속 생산할 수 있도록 경제제도를 정비하고 기업경영의 혁신을 강화하도록 함으로써 지속가능한 경제발전을 촉진한다.
- 국가와 지방자치단체는 경제성장 과정에서 발생할 수 있는 사회적 불평등을 해소할 수 있도록 사회제도를 정비하고 사회의 정의·안전과 통합을 촉진한다.
- 국가·지방자치단체 및 기업은 경제발전의 기초가 되는 생태학적 기반을 보호할 수 있도록 토지이용과 생산시스템을 개발·정비함으로써 환경보전을 촉진한다.
- 국가·지방자치단체 및 기업은 기술혁신 능력을 향상시키고, 그 잠재적인 영향을 체계적으로 평가하여 기술발전을 추진한다.
- 국가와 지방자치단체는 새로운 문제 상황에 대처하기 위하여 행정제도를 지속적으로 정비하고, 혁신을 촉진한다.
- 국가는 공정한 국제무역이 지속될 수 있는 국제경제체제를 구축하기 위하여 노력한다.
- 국민은 국가의 지속가능성을 향상시키기 위하여 정책결정에 적극적으로 참여하고 협력한다.

---

11) 이 원칙은 2010년 '지속가능발전법'으로 개정되며 삭제되었음.

국가지속가능발전 기본전략의 범위

- 지속가능발전의 현황 및 여건변화와 전망에 관한 사항
- 지속가능발전을 위한 비전과 목표에 관한 사항
- 지속가능발전을 위한 추진전략과 원칙에 관한 사항
- 지속가능발전을 위한 경제·사회·환경의 기본정책 방향에 관한 사항
- 지속가능발전의 주요 지표에 관한 사항
- 그 밖에 지속가능발전을 위하여 필요한 사항

나. 지속가능발전 평가체계 구축

2006년 설립된 제1차 국가 지속가능발전 전략 및 이행 계획의 중요한 특징 하나는, 이행 상황 및 성과를 측정하기 위한 평가체계를 함께 제시함으로써 이후 지속가능발전 추진 및 평가체계의 토대를 마련하였다는 점이다. 이행 계획 수립을 계기로 국내 지속가능발전 수준을 객관적인 지표를 통해 진단할 수 있도록 우리 실정에 맞는 국가 지속가능발전 지표 77개가 처음으로 선정·제시되었다.

지속가능발전위원회가 설치되는 등 지속가능발전에 대한 관심이 점차 커지던 2000년부터 기존 환경 관련 지표 개발 노력을 확대하여 지속가능발전을 측정·평가하는 지표를 개발하려는 연구가 시작되었다. 실제 국가 지속가능발전 지표의 개발은 2007년에 이루어졌는데, 그 이전에는 지속가능발전 측정 및 관련 지표에 대한 이해가 확대되고 다양한 기반 연구가 수행되었다.

지속가능발전지표의 개발에 있어서 가장 큰 어려움은 측정 대상을 정의할 수 있도록 지속가능발전의 개념을 구체화하는 것과 자료·정보의 이용가능성을 고려하여 실제 측정에 사용할 지표를 선정하는 것이다. 2000년 이후 본격적으로 시작된 지속가능발전지표 관련 연구들은 국내 여건과 정책적 우선순위를 반영하여 '우리나라의 지속가능발전'을 구체화하고 이를 측정하는

데 적절한 지표를 도출하기 위한 노력이었다.

한편 지속가능발전지표와 함께 지속가능발전의 측정 · 평가에 중요한 정보를 제공하는 '환경경제통합계정(SEEA)'의 개발이 추진되었다. 2001년 환경부는 '환경경제통합계정 및 녹색GDP 도입 중장기 추진계획(2001–2010)'을 수립 · 추진하여 우리나라의 환경경제통합계정 작성을 위한 기반을 구축하였다.[12]

우리나라의 첫 번째 국가 지속가능발전지표는 2004년 지속가능발전위원회 주도로 본격 추진되었다. 지속가능발전위원회의 사회 · 환경 · 건강 전문위원회는 2004년 9월부터 전문가 13명으로 구성된 '지속가능발전지표 현장 적용가능성 연구소위원회'를 운영하였다.[13] 이 소위원회에서는 분야별 자료를 검토하여 우선 256개 예비지표를 선정한 후 국내 적용 가능성, 자료 이용 가능성, 국제지표와의 연관성 등을 고려하여 169개 지표안을 마련하였다(대통령자문지속가능발전위원회, 2005).

2006년 시작된 제4기 지속위는 경제, 사회, 환경 분야의 전문가 및 이해관계자들과의 토론과 부처 간 협의를 거쳐 총 77개 지표를 최종 선정하였다. 우리나라의 국가 지속가능발전지표체계는 환경 · 경제 · 환경 3개 분야를 중심으로 14개 영역, 33개 항목, 77개 지표로 구성되었다.

- 사회분야: 형평성 · 건강 · 교육 · 인구 등 6개 영역, 25개 지표
- 환경분야: 대기 · 토지 · 생물다양성 등 5개 영역, 27개 지표
- 경제분야: 경제구조 · 소비생산 등 3개 영역, 25개 지표

---

12) 이후 2006년 환경부는 사업의 전반적인 추진성과를 검토하여 '환경경제통합계정 및 녹색GDP 도입 중장기 추진계획에 대한 보완계획'을 수립하였다.

13) 2004년 당시 제3기 지속가능발전위원회에는 '사회 · 환경 · 건강 전문위원회', '갈등관리정책 전문위원회', '물 · 국토 · 자연 전문위원회', '에너지 · 산업 전문위원회', '대외협력 · 교육 전문위원회' 등 총 5개의 전문위원회로 구성되어 있었다.

표 3 • 77개 국가 지속가능발전 지표

분야	영역	항목	지표
사회	1. 형평성	1-1. 빈곤	01) 빈곤인구비율(상대빈곤율기준)(%) 02) 소득불평등에 관한 지니계수 03) 실업률(%)
		1-2. 노동	04) 평균 근로시간 05) 정규직 대비 비정규직임금수준(%)
		1-3. 남녀평등	06) 남성 대비 여성 임금비율(%) 07) 여성경제활동 참가율(%)
	2. 건강	2-1. 영양상태	08) 유소년 영양 상태(기준대비 %)
		2-2. 사망률	09) 영아 사망률(%)
		2-3. 수명	10) 평균수명
		2-4. 식수	11) 농어촌 상수도 보급률(%)
		2-5. 건강관리	12) 건강보험보장률(%) 13) 국가보건복지지출 14) 유소년 전염병 예방주사(%)
	3. 교육	3-1. 교육수준	15) 중등학교 순 졸업률(%) 16) 초등학교 학급당 학생 수 17) 교육비(공교육비, 사교육비) 지출
	4. 주택	4-1. 생활환경	18) 1인당 바닥 면적 19) 인구 1,000명당 주택 수 20) 무주택자 비율(%)
	5. 재해안전	5-1. 범죄	21) 1,000인당 신고된 범죄 수 22) 자연재해 인명피해 · 경제적 손실
	6. 인구	6-1. 인구변화	23) 인구 증가율(%) 24) 인구 밀도(명/km^2) 25) 고령인구비율(%)
환경	1. 대기	1-1. 기후변화	26) 온실가스 배출(Gg) 27) 1인당 온실가스 배출량 28) GDP당 온실가스 배출량
		1-2. 오존층	29) 오존파괴물질의 소비
		1-3. 대기질	30) 광역도시권별 대기오염도(ppm)

분야	영역	항목	지표
환경	2. 토지	2-1. 농업	31) 농지면적 비율(%) 32) 친환경인증농산물 생산비율(%) 33) 식량자급률(%) 34) 비료(질소, 인) 사용(kg/ha) 35) 농약 사용(kg/ha)
		2-2. 산림	36) 국토면적 중 산림지역 비율(%) 37) 도시 내 1인당 공원면적 38) 목재 벌채 정도(임목축적량 대비)
		2-3. 도시화	39) 도시화율(%) 40) 수도권 인구집중도(%)
	3. 해양/연안	3-1. 연안지역	41) 연안 해조류(클로로필A 등) 농도 42) 폐기물 해양 투기량 43) 갯벌면적 증감 면적 및 비율
		3-2. 어업	44) 수산자원량(만 톤) 45) 어업양식량(만 톤)
	4. 담수	4-1. 수량	46) 지하수 및 지표수의 연간 취수량 47) 1일 1인당 물소비량
		4-2. 수질	48) (4대강 평균) BOD, COD, SS, pH 농도 49) 하수도보급률(%)
	5. 생물다양성	5-1. 생태계	50) 자연보호지역비율(%) 51) 국가생물종 수 52) 멸종위기종 수
경제	1. 경제구조	1-1. 경제이행	53) 1인당 GDP 54) GDP 55) 경제(실질GDP) 성장률(%) 56) GDP 대비 투자분(%) 57) 소비자물가지수
		1-2. 무역	58) (상품과 서비스) 무역수지
		1-3. 재정상태	59) 국민 1인당 조세부담률(%) 60) 부채/GDP(%)
		1-4. 대외원조	61) GNI 대비 총 ODA

분야	영역	항목	지표
경제	2. 소비/생산	2-1. 물질소비	62) 원료이용도(GDP 1000$당)
		2-2. 에너지사용	63) 1인당 연간 에너지 소비 64) 총에너지 공급량(에너지원별) 65) 재생가능에너지자원 소비 비중 66) 에너지 원 단위(MJ/US$)
		2-3. 폐기물 관리	67) 산업 및 도시 고형폐기물 발생량 68) 유해 폐기물 발생량 69) 방사성 폐기물 발생량 70) 폐기물 재활용 및 재이용
		2-4. 교통	71) 교통수단별 수송 분담률 72) 도로 및 자전거 도로 총 연장 73) 자동차 사고건수(100만 명당, 100만 대당)
	3. 정보화 등	3-1. 정보접근	74) 초고속 인터넷 가입자 수 75) PC보유가구 비중
		3-2. 정보인프라	76) 온라인 신청 가능 민원종류 건수
		3-3. 과학기술	77) GDP 대비 R&D 지출

　지속가능발전위원회는 지속가능발전법 제13조에 따라 국가 지속가능발전지표를 이용하여 2년마다 국가의 지속가능성을 평가하고 그 결과를 종합한 지속가능성보고서를 작성, 공표하여야 한다(지속가능발전법 제14조).[14] 2007년 시범 적용을 통해 「국가지속가능발전지표 평가 보고서(대통령자문 지속가능발전위원회, 2008)」를 작성한 이래 지난 2016년까지 지속가능발전지표를 이용한 평가가 계속 이루어지고 있다.

　지속가능발전 지표체계는 사회적 관심과 정책적 필요성 등을 반영하여 개정 작업이 지속적으로 이루어져 왔다. 2011년 제6기 지속가능발전위원회에

---

14) 이 보고서에는 ①국가이행계획 추진상황 점검결과, ②국가의 지속가능성 평가결과, ③국가의 지속가능성을 높이기 위한 향후 과제 및 정책방향, ④그 밖에 국가의 지속가능성과 관련된 사항 등이 포함되어야 한다.

서 2개 지표가 변경되었고, 2015년 제8기 지속가능발전위원회 제2차 회의에서는 5개 지표를 변경하고, 7개 지표(고용률, 정규직 대비 비정규직 비율, 비만율, 사고사망만인율, 보호대상 해양생물종수, 해양보호구역 면적, 물 재이용량)를 추가, 그리고 2개 지표(폐기물 해양투기량, PC보유가구 비율)는 삭제하였다. 그리고 지난 2016년 제8기 지속가능발전위원회 제3차 회의에서 6개 지표 변경, 4개 지표(노동소득분배율, 관리직 여성 비율, 자살사망률, 중소기업 부가가치비율)를 추가하는 한편, 2개 지표(자원생산성, 총에너지공급량)는 삭제하여 현재는 전체 지표수가 84개로 조정되었다.[15]

다. 지속가능발전 기본법과 지속위 위상 조정

2008년 2월부터 시행에 들어간 지속가능발전 기본법에 따라 2008년 5월 이명박 정부의 제1기 지속가능발전위원회(위원장 김형국)가 국가위원회로 출범하였다. 그러나 2010년 1월 13일 저탄소녹색성장기본법이 제정되면서 지속가능발전기본법은 기본법 지위를 뺀 지속가능발전법으로 바뀌고, 주요 내용은 삭제 또는 저탄소녹색성장기본법으로 이관되었다. 또한 대통령 소속 국가지속가능발전위원회는 환경부장관 소속 위원회로 조정되었다.

2011~2015년 기간을 대상으로 한 제2차 지속가능발전기본계획은 2010년 11월부터 다음 해 6월까지 관계부처 협의 및 의견 수렴을 거쳐 2011년 8월에 수립되었다. 2010년부터 시행된 저탄소 녹색성장 기본법에 따라 수립된 이 기본계획은 지속가능발전위원회 사전심의(2011년 6월)와 함께 녹색성장위원회 심의(2011년 7월)를 거쳐 최종 확정되었다.

제2차 기본계획은 2009년부터 추진되던 녹색성장 5개년계획(2009~2013)

---

15) 가장 최근의 지표체계는 2016년에 작성된 「국가 지속가능성 보고서('12~'14)」 참고.

기간 중에 수립되었는데, 환경-경제-사회 발전의 통합성 제고라는 지속가능발전 기본계획 고유의 목적과 함께, 녹색성장 5개년계획에서 추진되고 있던 정책 및 실천과제들과 정합성 및 상호보완성을 유지하는 것이 계획 수립의 주요 요소로 고려되었다(관계부처 합동, 2011).

04
녹색성장 정책

가. 지속가능발전과 녹색성장

녹색성장 개념은 2005년 3월 서울에서 열린 '제5차 유엔 아·태 환경과 개발 장관회의(MCED: the Fifth Minsterial Conference on Environment and Development)'를 통해 국제적으로 확산되기 시작하였다(UN DESA, 2012). 우리나라 환경부와 유엔 아태경제사회위원회(ESCAP) 공동 주관으로 열린 이 회의에서 '환경적으로 지속가능한 경제성장(녹색성장)에 대한 서울 이니셔티브(SINGG: Seould Initiative on Environmentally Sustainable Economic Growth[Green Growth])'가 채택되었는데, 이때 '녹색성장'이 '환경적으로 지속가능한 경제성장'을 의미하는 용어로 사용되었다. 빈곤 퇴치에 관한 MDG 달성을 위해서는 경제성장이 계속되어야 하는데, 지속가능발전을 위해서는 이것이 환경적으로 지속가능한 방식으로 이루어져야 한다는 것이 녹색성장 개념의 배경이다(UN ESCAP, 2005).

 '환경과 개발에 관한 리우선언' 및 '의제21' 이행을 위한 국제적 노력의 일환인 이 회의는 '서울이니셔티브'를 실천 방안으로 포함하는 '2005 아태지역 환경과 개발에 대한 장관 선언(Ministerial Declaration on Environment and Development in Asia and the Pacific, 2005)'을 발표하며 폐회하였는

데, 이 선언문에서 "환경을 경제성장의 드라이버이자 비즈니스 기회"로 만들어 환경과 경제성장 간의 상충관계를 완화하겠다는 녹색성장의 핵심 취지가 명확하게 제시되었다(UN ESCAP, 2005).

환경부는 KEI에 사무국을 설치하고 '녹색성장에 대한 서울이니셔티브 네트워크(Seoul Initiative Network on Green Growth)' 첫 회의를 2005년 11월 개최하는 등 서울이니셔티브의 이행을 위해 노력하였으며, 국내적으로는 '녹색성장 정책포럼'과 '개도국 능력배양프로그램' 주최, 개도국에 녹색성장 정책자문 전문가 파견 등을 주요 사업으로 추진하였다(한국환경정책 · 평가연구원, 2006).

2008년 출범한 이명박 정부는 '지구온난화', '에너지위기' 및 '신성장동력 창출'이라는 국가적 도전을 극복하기 위한 전략으로 '녹색성장'을 채택하였다. 그 당시 정부가 녹색성장을 통해 기대한 바는 녹색성장 기본법의 녹색성장 정의에 잘 드러나 있는데, 그 정의는 다음과 같다.

"녹색성장이란 에너지와 자원을 절약하고 효율적으로 사용하여 기후변화와 환경훼손을 줄이고 청정에너지와 녹색기술의 연구개발을 통하여 새로운 성장동력을 확보하며 새로운 일자리를 창출해 나가는 등 경제와 환경이 조화를 이루는 성장을 말한다."[16]

서울이니셔티브에도 잘 드러나 있듯이 녹색성장은 환경과 경제성장 간의 상충을 완화시키는 것을 목표로 하는 지속가능발전 전략이다.[17] 개별 국가의

---

16) OECD는 녹색성장을 "자연자산이 우리 웰빙이 의존하는 자원 및 환경서비스를 지속적으로 제공할 수 있도록 하는 한도 내에서의 경제성장과 발전"으로 정의한다(OECD, 2011), Towards Green Growth.

17) "Environmentally sustainable economic growth, or Green Growth, required policy shifts from the traditional approach and the integration of the three pillars of sustainable development, economic development, social development and environmental protection."(UN ESCAP, 2005).

지속가능발전 전략이 각국의 여건과 정책 우선순위를 반영하여 수립된다는 측면에서 볼 때 당시 우리나라의 '녹색성장 국가전략'은 에너지와 기후변화에 초점을 맞춰 녹색성장을 재해석하고 당시 국내외 여건을 반영한 지속가능발전 전략의 하나로 볼 수 있다.[18] 정부는 이 새로운 국가전략의 추진을 위해 2009년에 녹색성장위원회를 설립하고 녹색성장 5개년계획을 수립하였으며, 기후변화—신재생에너지—지속가능발전 대책 간의 연계·통합을 이유로 2010년 저탄소 녹색성장 기본법을 제정하였다.[19]

나. 녹색성장 국가전략

녹색성장위원회를 설립한 이후 녹색성장 국가전략을 추진하기 위해 '녹색성장 국가전략 종합보고서' 작성이 추진되었다. 2009년 7월 녹색성장위원회는 녹색성장의 추진배경과 함께 3대 추진전략과 10대 정책방향이 담긴 「녹색성장 국가전략」을 발표하였다. 녹색성장 국가전략은 '기후변화 적응 및 에너지 자립', '신성장동력 창출', 그리고 '삶의 질 개선과 국가위상 강화'를 3대 전략으로 선정했는데, 이 배경에는 우리 경제의 화석에너지 및 에너지 수입의존도를 개선하지 않고는 장기적인 산업경쟁력 및 성장동력 확보가 어렵다는 당시 정부의 판단이 있었다.[20]

---

18) 지속가능발전 측면에서의 녹색성장 의미에 대해서는 김호석 외(2009) 참고.
19) 이와 함께 지속가능발전기본법은 지속가능발전법으로 개정되었고, 대통령 소속이던 지속가능발전위원회는 환경부장관 소속으로 조정되었다.
20) 2006년 수립된 지속가능발전 국가전략은 실질적으로 녹색성장 국가전략에 의해 대체되었음.

자료: 녹색성장위원회(2009a).

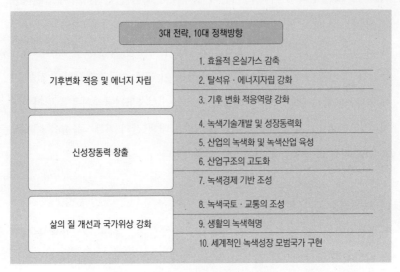

3대 전략, 10대 정책방향	
기후변화 적응 및 에너지 자립	1. 효율적 온실가스 감축
	2. 탈석유 · 에너지자립 강화
	3. 기후 변화 적응역량 강화
신성장동력 창출	4. 녹색기술개발 및 성장동력화
	5. 산업의 녹색화 및 녹색산업 육성
	6. 산업구조의 고도화
	7. 녹색경제 기반 조성
삶의 질 개선과 국가위상 강화	8. 녹색국토 · 교통의 조성
	9. 생활의 녹색혁명
	10. 세계적인 녹색성장 모범국가 구현

그림 4 • 녹색성장 국가전략의 3대 전략과 10대 정책방향

녹색성장위원회(2009a)는 녹색성장 국가전략의 추진배경으로 기후변화 문제, 에너지위기 및 신성장동력 창출의 필요성 세 가지를 제시하였다. 첫째, 기후변화 문제는 단순히 향후 온실가스 감축의무에 대응한다는 차원을 넘어 온실가스 저배출형 경제구조로의 전환을 통해 선제적으로 대응한다는 전략이 반영되었다. 둘째, 전 세계적으로 에너지수요가 증가하고 자원 고갈 및 가격 상승 위험이 높아지고 있었기 때문에 에너지 수입의존도를 낮추고 친환경 에너지를 개발하는 등 에너지시스템의 지속가능성 제고를 위한 장기전략 마련이 시급하였다. 셋째, 2008년부터 전 세계 실물경제를 위축시킨 글로벌 금융위기로 선진국의 경기침체가 계속되며 국내 주력 산업이 저성장 국면에 진입함에 따라 새로운 성장동력 창출이 필요하였다.

표 4 • 녹색성장 국가전략 추진배경

도전	내용	국내 현황
지구온난화	• 지구온난화 문제는 세계의 공통 관심사 • 온실가스 배출에 대한 국제 규제 강화	• 높은 온실가스 배출량 대비 대응 수준 미흡
에너지위기	• 에너지 수급 불균형으로 인한 위기감 고조 • 전 세계적으로 친환경 에너지 개발 및 사용 확대	• 화석연료에 대한 높은 수입의존도
신성장동력 창출 필요	• 녹색성장을 통한 신성장동력 창출에 대한 관심 확산 • 세계 녹색시장 선도	• 기존 주력 산업을 대체할 신성장동력 필요

자료: 녹색성장위원회(2009a).

다. 녹색성장위원회와 저탄소 녹색성장 기본법

2008년 11월 정부는 국가 저탄소 녹색성장과 관련된 주요 정책 · 계획 및 그 이행에 관한 사항을 심의하기 위해 기존 지속가능발전위원회, 기후변화대책 위원회 및 국가 에너지위원회를 통합하는 '녹색성장위원회'를 국무총리 소속 으로 설립하였다. 2009년 1월 녹색성장위원회의 구성 및 운영에 관한 사항 을 규정한 「녹색성장위원회 설립 및 운영에 관한 규정」이 제정되었고, 위원 회의 업무를 지원하기 위한 조직으로 '녹색성장기획단'이 설립되었다(녹색성장 위원회, 2011).

위원회는 위원장 2명을 포함한 50명 이내의 위원으로 구성되는데, 위원장 은 국무총리와 전문가 위원 중 대통령이 지명하는 자가 맡는다. 위원회 위원 은 기획재정부장관, 미래창조과학부장관, 산업통상자원부장관, 환경부장관, 국토교통부장관 등 대통령령으로 정하는 공무원과 기후변화, 에너지 · 자원, 녹색기술 · 녹색산업, 지속가능발전 분야 등 저탄소 녹색성장에 관한 학식과 경험이 풍부한 사람 중에서 대통령이 위촉하는 사람으로 구성된다(저탄소 녹색성장 기본법 제14조).

설립 당시 「녹색성장위원회의 설립 및 운영에 관한 규정」에서 제시된 녹색성장위원회의 기능은 다음과 같다.

- 녹색성장 정책의 기본방향 및 전략기획에 관한 사항
- 녹색성장 기본계획의 수립 · 시행에 관한 사항
- 녹색성장과 관련한 법제도에 관한 사항
- 녹색성장과 관련한 연구개발, 인력양성 및 녹색산업 육성에 관한 사항
- 녹색성장과 관련된 교육 · 홍보 및 지식 · 정보의 보급 등에 관한 사항
- 녹색성장을 위한 기후변화 대응 및 에너지에 관한 사항
- 녹색성장과 관련된 국제협력에 관한 사항
- 그 밖에 지속가능한 녹색성장을 위하여 위원장이 필요하다고 인정하는 사항

정부는 녹색성장 국가전략 및 정책 추진의 법적 근거를 마련하기 위해 총 7개 장으로 구성된 저탄소 녹색성장 기본법을 2010년 제정하였다.[21]

정부가 저탄소 녹색성장 기본법의 제정 이유로 제시한 내용은 다음과 같다(저탄소 녹색성장 기본법 제정 이유).

- 정부는 저탄소 녹색성장을 위한 정책목표 · 추진전략 · 중점추진과제 등을 포함한 녹색성장국가전략을 대통령 소속으로 설치되는 녹색성장위원회 등의 심의를 거쳐 수립 · 시행하도록 함.
- 정부는 녹색경제 · 녹색산업의 창출, 녹색경제 · 녹색산업으로의 단계적

---

21) 제1장 총칙, 제2장 저탄소 녹색성장 국가전략, 제3장 녹색성장위원회 등 위원회 구성, 기능, 분과위원회, 제4장 저탄소 녹색성장의 추진, 제5장 저탄소 사회의 구현, 제6장 녹색생활 및 지속가능발전의 실현, 제7장 보칙.

전환 촉진 등을 위하여 녹색경제 · 녹색산업의 육성 · 지원 시책을 마련하도록 함.

- 녹색산업과 관련된 기술개발 및 사업을 활성화하기 위하여 녹색산업 등에 자산을 투자하여 그 수익을 투자자에게 배분하는 것을 목적으로 하는 녹색산업투자회사를 설립할 수 있도록 함.
- 정부는 온실가스를 획기적으로 감축하기 위하여 온실가스 배출 중장기 감축목표 설정 및 부문별 · 단계별 대책, 에너지 수요관리 및 안정적 확보대책 등을 포함한 '기후변화대응 기본계획'과 '에너지기본계획'을 수립 · 시행하도록 함.
- 정부는 온실가스 감축, 에너지 절약과 에너지 이용효율 향상 및 신 · 재생에너지 보급 확대를 위하여 중장기 및 단계별 목표를 설정하고, 일정 수준 이상의 온실가스 다배출 업체 및 에너지 다소비업체로 하여금 매년 온실가스 배출량 및 에너지 사용량을 정부에 보고하도록 하며, 정부는 온실가스 종합정보관리체계를 구축 · 운영하도록 함.
- 정부는 시장기능을 활용하여 효율적으로 국가의 온실가스 감축목표를 달성하기 위하여 온실가스 배출권을 거래하는 제도를 운영하되, 배출허용량의 할당방법, 등록 · 관리방법 및 거래소 설치 · 운영 등은 따로 법률로 정하도록 함.
- 정부는 건강하고 쾌적한 환경과 사회 · 경제개발이 조화를 이루는 녹색국토를 조성하고, 저탄소 교통체계를 구축하며, 녹색성장을 위한 생산 · 소비 문화를 확산시키고 녹색생활 실천을 위한 교육 · 홍보 등을 강화함으로써 지속가능발전을 실현할 수 있도록 함.

라. 녹색성장 5개년 계획

정부는 '저탄소 녹색성장 기본법 시행령' 제4조에 따라 녹색성장 장기 국가

전략을 이행하기 위한 녹색성장 5개년 계획을 5년마다 수립하여야 한다. 녹색성장 5개년 계획은 국가전략에 포함된 정책목표, 추진전략, 및 중점 추진 과제의 실행을 위해 5년마다 수립되는 중기 전략으로, 2009년 7월에 녹색성장 국가전략과 제1차 녹색성장 5개년 계획(2009~2013) 그리고 지난 2014년 에 제2차 계획이 수립되었다.

제1차 녹색성장 5개년 계획은 ①녹색성장의 국가발전 의제화, ②녹색성장 추진체계의 제도화, ③선제적인 온실가스 감축목표 설정 및 감축체계 마련, ④녹색기술 개발을 통한 미래 성장동력 기반 구축, ⑤녹색성장의 글로벌 의제화, 국제기구설립·유치를 통한 국가 위상 제고 등의 성과를 거둔 것으로 평가되고 있다(녹색성장위원회, 2011; 관계부처합동, 2014). 반면에 선택과 집중을 통한 실질적 성과 창출에 한계가 있었다는 점, 정부 주도 및 공급 중심의 정책이었다는 점, 그리고 이해관계자 소통 및 사회적 형평성에 대한 고려가 부족했다는 점 등이 한계로 지적되었다(관계부처합동, 2014).

제2차 녹색성장 5개년 계획은 지난 1차 계획 기간에 구축된 제도적 기반을 적극 활용하여 실질적 성과 달성에 집중함으로써 녹색성장 정착에 초점을 맞추었다. 이를 위해 ①핵심 분야를 전략적으로 선정하여 중점 이행하고, ②과학기술·ICT 등을 활용하여 창조경제를 선도하며, ③시장 및 민간의 역할 확대하고, ④경제-환경-사회의 조화를 충분히 고려한다는 네 가지를 제2차 5개년계획의 기본방향으로 설정하였다.

자료: 관계부처합동(2014).

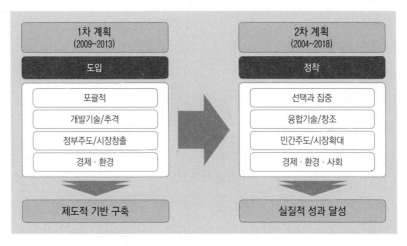

그림 5 • 제1, 2차 녹색성장 5개년 계획

05
향후 도전과 과제

2012년 브라질 리우에서 1992 유엔환경개발회의 20주년을 맞아 Rio+20 회의가 개최되었다. 이 회의는 2010년부터 그 준비가 시작되었는데, 이때 MDGs 후속 의제에 대한 논의도 함께 시작되었다. MDGs는 2000년 UN 새 천년 정상회의에서 채택된 것으로, 2015년까지 개도국 빈곤 퇴치 및 사회 발전이 핵심 목표였다. 그 당시 지속가능발전 개념이 널리 확산되어 있음에도 불구하고 MDGs의 초점은 개도국의 관심을 반영하여 주로 성장과 빈곤 퇴치에 있었고 환경은 핵심 주제로 등장하지 못했다.

Rio+20 회의는 세계적인 경제위기 여파와 기후변화 협상 난항으로 인해 지구적 환경문제 및 지속가능발전을 위한 국제협력의 필요성을 재확인하는 정도로 마무리되는 상황이었다. Rio+20 협상이 계속되던 2011년 인도네시아에서 개최된 Rio+20 준비 회의에서 콜롬비아 협상단이 MDGs를 대체할 '지속가능발전목표(Sustaianble Development Goals) 개발'을 Rio+20 회의 결과에 포함할 것을 제안하였다.[22] 이 제안이 받아들여져 2012년 6월 개최된 Rio+20 회의에서 채택된 결과문서인 '우리가 원하는 미래(The Future We Want)'에 '지속가능발전 목표'를 개발한다는 합의가 포함되었다.

합의에 따라 2013년 1월 유엔총회는 SDGs 초안을 마련할 공개작업반 (OWG: Open Working Group)을 구성하였고, OWG는 17개 SDGs를 도출하여 2014년 8월 유엔총회에 제출하였는데, 이것이 2015년 9월 뉴욕에서 개최된 '유엔 지속가능발전 정상회의(UN Sustainable Development Summit)'의 '지속가능발전을 위한 2030 의제(The 2030 Agenda for Sustainable Development)'에 포함되어 함께 채택되었다.

우리나라는 1992년 리우 유엔환경개발회의 직후인 같은 해 7월 국무총리를 위원장으로 하는 '지구환경관계장관대책회의'를 설립하여 리우선언을 포함한 지속가능발전 관련 국제협약에 대응하게 한 것을 시작으로 그동안 국가 지속가능발전 촉진에 부단한 노력을 기울여왔다. 특히 지난 10여 년간 지속가능발전의 체계적 이행을 위해 국가전략과 이행계획을 수립하고 이를 지원하기 위한 법·제도적 체계를 갖추는 등 정책적 노력을 계속해 온 것은 국제적으로도 주목할 만한 성과이다.[23]

---

22) 2030의제 채택 배경과 협상 경과에 대해서는 김호석 외(2016) 참고.
23) 우리나라의 지속가능발전 및 SDGs 이행 노력은 2016년 SDG 이행에 관한 OECD 워크숍에서 교훈적 사례로 소개되었다. 워크숍에서 발표된 사례는 O'Connor, et al.(2016) 참고.

표 5 • 제3차 지속가능발전 기본계획의 14개 분야별 전략과 SDGs

	17개 지속가능발전 목표 (SDGs)	제3차 기본계획 14개 전략
1	빈곤	2-1. 사회 계층 간 통합 및 양성평등 촉진
2	식량/농업	2-2. 지역 간 격차 해소 2-3. 예방적 건강서비스 강화
3	건강/웰빙	2-3. 예방적 건강서비스 강화
4	교육	2-1. 사회 계층 간 통합 및 양성평등 촉진
5	양성평등	
6	물과 위생	1-3. 깨끗한 물 이용 보장과 효율적 관리
7	에너지	3-3. 지속가능하고 안전한 에너지체계 구축
8	경제성장/일자리	3-1. 포용적 성장 및 양질의 일자리 확대
9	산업화/혁신	
10	불평등	2-1. 사회 계층 간 통합 및 양성평등 촉진
11	도시/공간	1-1. 고품질 환경서비스 확보 2-4. 안전 관리 기반 확충
12	지속가능한 생산 · 소비	3-2. 친환경 순환경제 정착
13	기후변화	4-2. 기후변화에 대한 능동적 대응
14	해양생태/자원	1-2. 생태계 서비스의 가치 확대
15	육상생태/자원	
16	정의	지속가능발전 이행기반 강화
17	글로벌 파트너십	4-1. 2030 지속가능발전의제 파트너십 강화 4-3. 동북아 환경협력 강화

자료: 제3차 지속가능발전 기본계획(관계부처합동, 2016).

가장 최근에 수립된 제3차 지속가능발전 기본계획은 2014년부터 관계부처 의견수렴, 전문가 포럼, 지속가능발전위원회 심의, 녹색성장위원회 심의, 그리고 국무회의 심의를 거쳐 2016년 1월에 확정되었다. 제3차 기본계획의 가장 큰 특징은 국가 지속가능성 평가 결과 및 최근 국내 위협요인과 함께 지속가능발전목표(SDGs)를 계획 수립에 반영하였다는 점이다.[24] 제3차 기본계획은 4대 전략, 25개 이행과제, 84개 세부이행과제로 구성된 제2차 기본계획의 구조를 4대 목표, 14개 부문별 전략, 50개 이행과제로 변경하였는데, 이때 부문별 전략 14개가 17개 SDGs와 상응하도록 구성하여 기본계획과 SDGs 간 연계성을 강화하였다.

우리나라는 2030의제의 이행과 SDGs 달성을 위한 노력을 국가 전략 및 분야별 정책에 반영하고 이를 통해 국가 지속가능발전을 한층 더 촉진해야 하는 도전에 직면해 있다. 현재 우리나라의 지속가능발전 정책과 제도의 기본 골격은 기본적으로 1992년 리우선언의 국가 이행 과정에서 구축된 것인데, 2030의제를 비롯한 앞으로의 대내외적 지속가능발전 도전은 1992년 체제가 목표로 삼았던 '환경과 개발의 조화'를 넘어서는 더욱 높은 수준의 분야 간 균형과 정책적 통합을 요구하고 있기에 이후 추진과정에서 지속가능발전 거버넌스의 전반적인 재검토가 필요할 것이다. 이는 새로운 발전 방향을 모색하고 있는 우리나라 지속가능발전 정책에 좋은 계기가 될 것인데, 앞으로 우리나라 지속가능발전 제고를 위해 해결해야 할 과제는 다음과 같다.

첫째, 2030의제의 국내 이행 계획 마련이 시급하다. 2030의제에서 합의된 바에 따라 각 나라는 자국 정책에 SDGs를 포함한 2030의제 사항을 어떻게 반영할 것인지 제시하여야 한다. 2030의제 국가 이행 계획은 'SDGs의 국내 분야별 정책 반영', '의제 이행을 위한 제도적 체계', '지구·지역 협력체계', '이행 성과 모니터링 체계' 등을 주요 구성요소로 하여 수립되어야 할 것인데, 이는 지속가능발전 정책 방향과도 밀접하게 연관된 것이기 때문에 이

---

24) 2014년에 실시된 국가 지속가능성 평가에서는 온실가스 감축, 에너지 사용, 신재생에너지 비중, 비정규직 차별, 양성평등, 재해·안전 등이 취약 분야로 평가되어 계획에 반영되었으며, 이와 함께 전문가 포럼/자문에서 지적된 양극화, 에너지, 지역불균형, 일자리, 취약한 거버넌스, 저출산 고령화, 대량생산과 대량소비 등의 이슈가 새로운 위협요인으로 계획에 반영되었다.

후 예정되어 있는 국가 지속가능발전 거버넌스 재편과 함께 논의되어야 할 것이다.

둘째, 이후 국가 지속가능발전 추진과 SDG 이행과정에서 최근 국내외 여건변화를 반영하여 녹색성장 정책에 대한 재검토가 필요하다. 녹색성장 전략은 과거 국가 지속가능발전 전략에서 특별히 구체화하지 않았던 기후변화와 에너지 관련 목표들을 중심으로 구성되었는데, 우리가 앞으로 이행해 나갈 17개 SDGs에 관련 목표들이 포함되어 있기 때문에 녹색성장 별도 국가전략 형태로 계속 유지할 것인지에 대한 검토가 필요하다.

셋째, 국가 지속가능발전 정책의 추진과 2030의제의 이행을 효과적으로 지원하기 위한 법·제도 정비가 필요하다. 현재 우리나라의 지속가능발전 관련 법·제도 체계는 지속가능발전법 및 지속가능발전위원회와 함께 녹색성장 전략 추진을 위한 저탄소녹색성장기본법과 녹색성장위원회라는 별도의 법·제도 체계를 가지고 있다. 향후 2030의제 이행 계획을 마련하고 이를 반영하여 국가 지속가능발전 및 분야별 정책을 수립하는 과정에서 어떤 것을 상위 국가전략으로 삼아 추진할 것인지를 결정하고 그에 상응하는 법·제도의 정비가 뒤따라야 한다.

참고문헌

국내문헌
- 관계부처합동(2011), 제2차 지속가능발전 기본계획(2011~2015).
- 관계부처합동(2014), 제2차 녹색성장 5개년 계획.
- 관계부처합동(2016), 제3차 지속가능발전 기본계획(2016~2035).
- 국가지속가능발전위원회(2008), 국가지속가능발전위원회 업무참고자료(미간행, 위원회 직원참고용 내부자료), 2008.4.
- 국무회의보고자료(1996), 환경의 날 추진현황 보고, 환경부.
- 김호석 외(2009), 지속가능발전 관점에서의 녹색성장 의미와 평가방안에 관한 연구, 한국환경정책 · 평가연구원.
- 김호석 외(2016), Post-2015 개발의제의 효과적 이행을 위한 기반구축 연구, 경제 · 인문사회연구회.
- 녹색성장위원회(2009a), 녹색성장 국가전략.
- 녹색성장위원회(2009b), 녹색성장 5개년계획(2009~2013).
- 녹색성장위원회(2011), 저탄소 녹색성장 3년 성과 및 향후 추진방향.
- 대한민국(1996), 유엔환경개발회의 의제21 국가실천계획.
- 대통령자문지속가능발전위원회(2002), 제1기 지속가능발전위원회 활동 요약(미간행 문서), 2000.9~2002.9.
- 대통령자문지속가능발전위원회(2006), 제4기 대통령자문 지속가능발전위원회 출범(보도자료), 2006.5.2.
- 대통령자문지속가능발전위원회(2003), 참여정부 지속가능발전위원회 기능개편 및 역할강화를 위한 토론회 자료집, 지속위 자료집 2003-5호, p.54.
- 대통령자문지속가능발전위원회(2005), 제3기 지속가능발전위원회 활동 및 평가보고서(2003.12.15~2005.12.14), 지속위 자료집 2005-38호, 2005.12., p.472.
- 대통령자문지속가능발전위원회(2008), 국가지속가능발전지표 평가 보고서.
- 대통령자문지속가능발전위원회(2008), 지속가능발전의 확산, 지속위 자료집 2008-3호, 참여정부 정책보고서 2-39, p.277.
- 대통령자문지속가능발전위원회(2007), 07년 주요업무 추진계획(미간행 문서), 2007.1.31., p.16.
- 대한민국(1996), 유엔환경개발회의 의제21 국가실천계획.
- 지속가능발전위원회(2012), 국가 지속가능발전 평가보고서, 대한민국.
- 지속가능발전위원회(2014), '14년도 국가 지속가능성 보고서, 환경부.
- 지속가능발전위원회(2016), 국가 지속가능성 보고서('12~'14), 환경부.
- 한국환경정책 · 평가연구원(2006), 녹색성장에 관한 서울이니셔티브 후속조

치 수립, 환경부.
- 환경의 날 추진현황 보고(1996), 국무회의보고자료, 환경부.

국외문헌
- O'Connor, David, James Mackie, Daphne van Esveld, Hoseok Kim, Imme Scholz, and Nina Weitz(2016), "Universality, Integration, and Policy Coherence for Sustainable Development: Early SDG Implementation in Selected OECD Countries." Working Paper. Washington, DC: World Resources Institute. Available online at http://www.wri.org/publication/universality_ integration_and_policy_coherence.
- OECD(2011), Towards Green Growth.
- UN DESA(2012), A Guidebook to the Green Economy, p.33.
- UN ESCAP(2005), Report of the Ministerial Conference on Environment and Development in Asia and Pacific.

2장

통합오염관리

한대호(한국환경정책 · 평가연구원)

01
배경 및 개요

통합오염관리(integrated pollution management)란 환경오염(pollution)을 일으키는 다양한 오염물질(pollutant)을 하나의 체계로 통합하여 그 영향과 배출을 최소화하도록 관리하는 제도와 수단, 방법의 총칭이라 할 수 있다. 환경오염물질은 환경오염의 원인이 되는 것으로서 대기, 물, 토양 등 다양한 환경매체(environmental media)의 오염과 질(quality)을 낮추고 사람과 생물의 건강에 위해를 미치는 원인 물질을 의미한다. 결국 통합오염관리를 위해서는 오염원에서 배출되는 다양한 오염물질에 대한 통합적 관리가 필요하다. 이런 오염물질을 발생시키는 오염원은 자연적인 오염원과 인위적인 오염원 등 매우 다양하게 구분이 되지만 환경에 미치는 영향의 크기와 관리의 필요성을 고려할 때 가장 큰 오염원은 인위적인 오염원이다. 나아가 실질적인 관리 대상은 인위적 오염물질을 배출하는 환경오염시설, 즉 오염물질을 배출하는 배출시설(installation&facilities)이라 할 수 있다.

현재 배출시설에서 배출되는 오염물질 관리는 수질, 대기, 폐기물, 소음 · 진동, 토양, 악취 등 매체별로 구분되어 관리되고 있으며 관련된 법, 정책과 규제도 매체별로 분리되어 관리되고 있다. 매체별 관리(multi-media)는 산업시설이 급속하게 발전되는 시기에 산업시설에서 발생되는 대량의 오염원들을 매체별로 분산, 집중적으로 관리하여 보다 효율적이고 전문적인 대응을 통해 환경개선을 이루는 과정에서는 큰 성과를 거두었다. 그러나 지속적인 매체별 관리는 배출오염물질을 통합적으로 고려하여 관리하는 것을 불가능하게 만들며, 더 복잡하고 단절된 관리 체계를 양산함과 동시에 매체별 전이·이동되는 현상(떠돌이 현상, cross-media)과 상호작용 현상(interaction), 급격하게 다변화되고 복잡해지는 업종의 특성이나 지역의 환경 여건, 기술적인 발전 및 변화 등 최근에 새롭게 요구되어지는 사항들에 대한 대응에 한계를 보이고 있다(환경부, 2017a). 단적으로, 각 매체별 오염원은 지속적으로 줄고 있으나 그것에 비하여 환경 전체의 질적 개선은 답보 상태인 것을 들 수 있다.

1971년, 배출시설에서 배출되는 다양한 오염원을 제어·관리·규제하기 위해서 '환경오염시설 허가제도'가 도입되었으며, 대기, 수질 등 오염매체별 인허가를 통해 오염원을 관리하기 시작하였다(환경부, 2017a). 그러나 앞서 언급한 것처럼 매체별 인허가로 인하여 동일한 사항에 대한 중복허가 및 중복규제가 발생하였으며, 배출구의 농도만을 획일적으로 규제하는 방식 등에 따라 규제를 준수하는 데 필요한 행정절차가 점차 늘어나게 되었다. 시간이 지남에 따라 점점 더 많은 행정절차의 처리 시간과 비용, 인력 등이 요구되어졌으며, 문서 위주의 형식적인 절차로 전락할 가능성이 높아졌다. 이는 결국 고비용, 저효율적인 제도라는 비판의 원인이 되었다. 또한 기존의 허가제도(permit system)가 오염물질의 발생예방 및 저감과 같은 사전예방적 기능보다는 기준준수, 지도·점검과 같은 사후 관리에 초점을 맞춘 정책을 추진함에 따라, 제도의 근본적인 목적인 배출시설에서의 오염물질의 원천적인 발생 저감과 위해성 경감, 환경개선을 통한 기업의 경쟁력 촉진이 제대로 이루어지지 못한 것으로 평가된다. 이런 매체별 허가제도의 문제점과 보다 높은 수준의 관리체계의 개선을 위하여 본래의 허가 기능을 정상화시키고 매체별 분리된 허가제도를 하나의 관리체계로 통합하여 전체적으로 높은 수준의 환경오염 저감과 환경보호, 환경질 개선, 맞춤형 및 수용체중심의 관리, 혁신적인 기술의 도입을 지향하는 통합환경관리제도(integrated pollution prevention and control system)가 도입되었다(환경부, 2016a).

통합환경관리제도는 통합허가(integrated permit)를 기반으로 하고 있다. 또한 단순한 인허가 제도의 개선뿐 아니라 기존의 매체별 허가제도를 단일 허가제도로 통합, 기술에 근거한 배출규제와 배출특성에 따른 업종별로 차등화된 맞춤형 배출규제, 다매체 간 오염물질의 통합관리 등 대부분의 오염 배출시설 관련 핵심적인 규제 사안들을 포괄하고 있다. 이는 환경오염시설에 대한 규제가 도입된 이래 지난 40여 년간 시행되어온 환경오염시설관리 제도를 근본적으로 바꾸는 획기적인 변화라고 볼 수 있다. 또한 제도의 변화 뿐만 아니라 제도의 시행을 지원하기 위한 다양한 기술적 인프라 구축, 전담 부서 및 운용기관 설치, 관련기술개발사업시행, 민감참여 방안 등 다양한 사업과 과제의 추진이 함께 진행되고 있다(김종환, 2014).

통합환경관리제도를 추진하게 된 배경에는 환경오염물질의 저감을 강제적이고 일률적인 규제 강화를 통해서가 아니라, 피규제자가 동의할 수 있으면서 해당 기업의 경쟁력 훼손이나 과도한 부담 없이 달성할 수 있는 합리적인 방식의 도입 필요성이 자리 잡고 있다. 과거 유럽, 미국과 같은 선진국에서는 국내보다 먼저 일반화된 환경규제의 새로운 패러다임, 즉 통합관리를 통한 오염원의 사전예방적, 고효율·저비용관리 제도 도입의 필요성을 논의해 왔으며, 국내에서도 환경오염물질을 점진적으로 저감해 나갈 수 있는 새로운 시스템의 구축이 필요하다는 인식이 꾸준히 증가해왔다(환경부, 2013).

통합환경관리제도의 경우, 일반적으로 처리기술이나 공정기술의 발전에 따라 오염물질의 배출을 저감할 수 있게 될 여지가 생길 때 이러한 기술의 발전을 반영하여 오염물질의 배출규제를 강화하는 방식을 취하고 있다. 이는 기술발전에 따라 지속적으로 오염물질 배출을 저감시키는 방식이다. 나아가 어느 정도 경제성이 있고 검증된 기술에 근거하기 때문에 배출기업들이 충분히 만족시킬 수 있는 수준 내에서 규제 강화가 이루어진다는 점에서 합리적인 관리체계라고 볼 수 있다. 특히, 다양한 오염물질 배출특성을 감안하여 실제 기술적으로 달성 가능한 수준을 맞춤형으로 제시한다는 점(최적가용기법, BAT)에서 일방적이고 일괄적인 규제강화와는 다른 새로운 환경규제의 패러다임이라고 할 수 있다(환경부, 2016a).

1990년대 이후 국내에서는 BAT 등 기술기반의 배출규제와 통합인허가 제도 도입의 필요성에 대한 논의가 계속되어 왔고, 이를 제도화하기 위한 해외 사례연구 등 기초연구가 꾸준히 진행되어 왔다. 이런 사회적 요구와 현실적인 제도 개선의 필요성을 근거로 2013년부터 '허가제도 선진화'를 목표로 통합오염원관리를 가능케 하는 통합환경관리제도가 준비되었으며, 2017년 1월부터 본격적으로 동 제도를 시행하기에 이르렀다(한대호, 2017).

여기에서는 기존 환경오염시설의 매체별 관리와 규제의 한계를 개선하여 보다 효율적이고 효과적인 오염원 저감과 관리를 위해 추진되고 있는 환경오염시설에 대한 '통합환경관리제도'를 소개하고, 본 제도의 특성과 장점 그리고 문제점을 살펴보고자 한다. 나아가 향후 통합오염관리를 위한 수단으로서 통합환경관리제도의 발전방향을 제안하고자 한다.

02
통합환경관리제도의 특성 및 주요 내용

가. 통합오염관리의 필요성

통합오염관리는 다양한 매체별 오염을 일으키는 모든 오염물질의 발생과 배출, 통제, 저감 그리고 오염의 발생 원인과 처리·처분 결과 등을 전체적으로 살펴보고 연계하여 진단하는 것이다. 그리고 이를 평가할 수 있는 프레임을 마련함으로써 보다 명확하고 정확한, 그리고 장기적인 해결책을 만들 수 있다는 장점을 가진다. 즉 각 매체별 이동과 전이, 변형 등을 정확하게 파악함으로써 단순한 한 매체의 감소만을 살펴보는 것이 아니라 오염원에서 발생되는 모든 오염물질을 근본적으로 저감할 수 있는 수단과 방법으로 사용될 수 있다. 또한 매체별 중복사항이나 이중적 비용과 노력을 절감하여 서비용, 고효율적인 제도 이행을 가능하게 하는 주요수단의 역할을 할수 있다. 이런 통합적 접근(integrated approach)으로는 1996년 마련된 유럽의 IPPC(Integrated Pollution Prevention and Control)제도를 들 수 있다(EC, 1996). 유럽연합은 이 제도를 통해 산업배출시설에서 발생되는 오염원에 대한 통합오염관리가 가능하다는 것을 실제 보여주고 있으며 현재까지도 통합허가(integrated permitting)와 최적가용기법(BAT: Best Available Techniques)을 기반으로 산업시설에서 배출되는 다양한 오염물질에 대해 통합적인 관리를 수행하고 있다(환경부, 2013).

이런 유럽식 산업배출시설의 통합적 관리는 국내에서 가장 취약한 환경오염시설의 통합적 관리에 가장 적합한 모델로 꼽혔다. 국내에서는 그동안 1996년 IPPC EU 지침 소개부터 시작하여 가장 최근의 산업배출지침(IED: Industrial Emission Directive)의 개정과 이행, 제도 적용 실태 등에 관한 많은 연구가 진행되었으며, 이를 토대로 국내 도입 시 문제점 및 개선방안 마련에 이르기까지 통합관리제도의 이행을 위한 기본적인 틀을 마련하였다. 이를 기반으로 2013년부터 통합환경관리제도 마련 작업을 통해 이를 실질적으로 이행할 「환경오염시설의 통합관리에 관한 법률(이하 통합법)」이 제정되었으며, 업종별 지침서(BREF)가 만들어지면서 2017년 1월부터 통합환경관리가 이행되었다. 본고에서는 통합오염관리의 대상을 '환경오염시설'로 한정하고 산업 활동에 따라 발생되는 오염물질과 오염을 예방 · 저감 · 관리하기 위한 사업장 중심의 '통합환경관리제도'에 초점을 맞추어 서술하고자 한다.

나. 통합환경관리제도 도입 과정 및 특성

1) 통합환경관리제도 도입 과정

통합환경관리제도 도입을 위해 2013년 4월부터 환경부 허가제도선진화 TF를 중심으로 국립환경과학원, 한국환경산업기술원, 한국환경공단, 한국환경정책 · 평가연구원, 법제연구원이 함께 현행 매체별 관리제도 및 허가제도의 문제점 분석과 EU의 통합관리제도에 대한 상세한 분석을 시작하였다. 이는 통합환경관리제도 마련의 당위성을 입증하고, 그 방향을 설정하기 위함이었다. 이러한 연구의 결과를 토대로 2013년 6월에 「환경오염시설 허가제도 선진화 로드맵」을 마련하였으며, 본 제도의 근간이 될 「통합법」 마련을 위한 연구와 관계기관 협업체계가 본격적으로 구축, 가동되었다. 특히 본 제도 도입의 타당성을 검토하기 위한 시범사업('13.7~'14.2)과 최적가용기법 마련을 위한 조사 및 연구가 실시되었다. 이와 동시에 환경부는 2013년 7월부터 2014년 1월까지 학계, 산업계 등 이해관계자로 구성된 포럼을 총 10차례 운영하였으며, 이를 통해 제도 · 기술 · 연구 등 제도마련에 필요한 다양한 의견을 수렴하고 제도 도입의 필요성에 합의를 이루었다. 기초연구와 제도 및 법률(안)을 만든 후 제도의 실질적 이행을 위해서 2014년 2월부터는 기존 3개 분과로 운영되던 포럼을 4개 분과(제도, 산업, 연구, 기술분과)로 확대하여 더 많은 이해당사자들과의 논의와 의견수렴을 시행하였다(한대호, 2014).

2014년 1월 27일 통합법 초안이 입법예고 되고(1.27~3.8) 각종 설명회 등이 개최됨과 동시에 '통합법 협의체'가 구성되었으며, 이를 통해 산업계 등 이해관계자의 의견을 사전수렴하고, 입법과정 및 제도도입 효과를 논의하였다. 통합법 협의체는 통합법의 하위법령 제정 시까지 지속적으로 운영되었다. 이런 제도 마련 노력에 힘입어 2015년 12월에 「환경오염시설의 통합관리에 관한 법률」이 제정되었다. 본 법률에 근거한 통합환경관리제도는 기존의 배출시설 허가제도가 비정상적으로 운영·관리됨에 따라 본래의 목적인 사전예방적 오염제어 기능을 다하지 못하고 있는 현실을 바로잡고, 변화된 현실 여건을 반영한 보다 진보한 제도로의 개선을 목표로 하였다. 나아가 이러한 목표를 효율적이면서 효과적으로 달성하기 위해 통합환경관리제도는 과거 대기·수질·폐기물·토양·악취 등 매체별로 분산된 개별적인 10개의 허가제도를 하나로 통합하였다. 오염배출허용기준을 사업장별 특성에 맞게 맞춤형으로 관리함과 동시에 오염물질 배출을 효과적으로 저감할 수 있으면서, 경제성도 갖춘 업종별 최적가용기법(BAT)을 적용하도록 하였다.

2017년부터는 기존 TF조직이었던 주무 부서를 환경부 기후미래정책국의 환경융합정책관내 통합허가제도과로 신설함으로써 실질적으로 통합환경관리제도를 총괄 운영하도록 하였다. 통합허가제도과에서는 통합허가 운영 및 허가 접수와 검토, 관련 법률 및 정책 개선과 보완, 통합사업장 관리, 이해관계자 협의와 위원회 운영 등 통합허가 전반에 관한 부분을 담당하며, 허가검토 및 제도 이행에 필요한 사항은 국립환경과학원의 통합환경관리체계 추진 TF의 지원을 받는다. 특히, 국립환경과학원의 통합환경관리체계 추진TF에서는 19개 업종에 대한 기술조사 및 최적가용기법 기준서를 작성하고 있으며 업종별 최대배출기준(BAT-AEL) 설정에 관한 사항을 전담하고 있다. 이와 함께 통합허가와 관련된 기술지원 및 진단 등을 담당하는 환경전문심사원을 한국환경공단에 설치하여 운영하고 있으며 심사원 내 통합관리 콜센터를 별도로 운영하여 통합허가 등 제도 전반에 관한 문의사항 접수와 상담 등을 효과적으로 진행하고 있다. 한편, 이러한 일련의 과정들을 효율적이고 체계적이며 통합적으로 운영하기 위해서 통합환경허가시스템을 구축 및 운영하고 있다(한대호, 2017).

자료: 한대호(2007), 통합환경관리제도 시행현황 및 향후 전망.

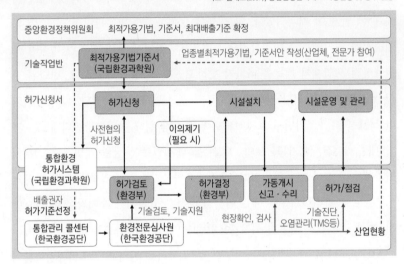

그림 1 · 통합허가 절차 및 각 기관별 역할

2) 통합환경관리제도의 특성

통합환경관리제도의 가장 큰 특성은 기존의 매체별 배출 중심에서 오염원이 발생되는 사업장 단위(사업장 부지경계면을 기준)로 대상을 명확하게 하고 사업장의 산업 활동에 따라 원료투입, 오염원의 발생과 이동, 배출 등 전 과정을 하나로 종합하여 관리하는 것에 있다. 또한, 이와 같은 통합관리는 오염물질의 발생 저감 및 배출의 최소화를 통해 주변 환경에 미치는 영향을 고려한 수용체 중심의 환경개선을 이룰 수 있다는 데에 의미가 있다. 특히, 최적가용기법(BAT)을 활용하여 사업장별 맞춤형 기준적용과 함께 환경기술의 발전뿐만 아니라 경제성을 고려함으로써 과거의 저효율·고비용 방식의 오염방지 기법들을 고효율·저비용 방식으로 전환함에 따라 기업 스스로도 기술과 경제적 경쟁력을 가질 수 있는 기반을 제공한다.

통합환경관리제도는 다음과 같은 5가지 사항을 특징으로 하여 환경개선과 함께 기술발전 촉진, 국민의 건강과 환경보호를 실천하도록 하고 있다. ①통합접근: 수질, 대기, 폐기물, 토양 등 환경 분야를 사업장별로 통합관리하여 환경개선 효과를 극대화한다. ②기술혁신 유도: 오염물질을 최소화하고 경제성을 갖춘 최적가용기법을 사업장에 적용하여 기술 발전과 환경개선이 동시에 이루어지도록 한다. ③현장맞춤: 업종·시설별 특성과 주변 여건을 반영하여 맞춤형 관리체계를 구축하고 조건과 기준을 주기적으로 검토한다. ④전문관리: 전문적인 환경허가와 사업장에 대한 기술지원을 통해 환경오염시설의 최적관리를 실현한다. ⑤협업체계: 기업·전문가·정부가 함께 최적가용기법을 선정하고 배출기준을 설정, 관리하는 등 환경영향 최소화를 위해 노력한다.

자료: 통합환경허가시스템, http://ieps.nier.go.kr, 검색일: 2017.10.27.

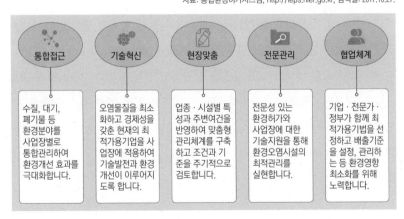

그림 2 • 통합환경관리제도의 특성

3) 통합법의 제정 및 의의

통합환경관리제도의 법적 근거는 통합법이며 통합법 제정의 가장 기본적인 목적은 통합관리에 필요한 통합허가(integrated permit)를 시행하는 데 있다. 통합법에서 규정한 통합허가는 과거 사업장에서 발생·배출되는 수많은 오염원을 매체에 따른 개별법으로 관리하는 분산형 방식과 달리 하나의 사업장을 기반으로 이 사업장에서 발생되는 모든 오염원을 통합적(integrated)으로 관리하는 시스템을 의미한다. 즉, 통합허가를 통해 매체별 인허가 절차의 통합과 간소화를 달성함으로써 효율성을 증대시키고, 업종별 특성 및 주변 환경을 고려한 맞춤형 배출기준(최대배출기준 및 허가배출기준)의 설정 및 최적가용기법 등의 도입을 통해 진정한 통합오염관리가 이루어진다. 이처럼 통합환경관리제도의 시행은 사회적, 기술적 변화 등을 적극적으로 반영하고, 매체 간 떠돌이 현상에 의한 오염원의 전이를 근본적으로 차단하는 등 저비용 고효율의 배출원 관리체계로의 전환을 의미한다.

통합법에서는 매체별 배출시설의 허가 사항 이외에 허가된 시설을 효율적이며 지속적으로 관리하기 위해 각 개별법에 흩어져 있는 시설운영 및 관리 관련 사항들을 통합법 차원의 가능한 범위 수준에서 포함하여 운영하도록 하고 있다. 또한 통합대상사업장을 포함하여 관련 업종의 종사자, 전문가, 학계 등이 참여한 기술작업반(TWG: Technical Working Group)을 기반으로 최적가용기법 및 최대배출기준을 설정하도록 하고 있다. 이렇게 통합법은 통합환경관리제도의 시작이며 제도의 이행을 위한 기본 틀의 역할을 수행하고, 궁극적으로는 사업장에서 배출되는 모든 오염물질에 대한 통합오염관리의 기초가 된다.

다. 통합법의 개요 및 주요 내용

1) 통합법의 구성 및 개요

통합환경관리제도는 통합법에 근거하기 때문에 통합오염관리의 이해를 위해서 통합법의 내용을 간단하게 짚고 넘어가고자 한다.

통합법은 전체 6장으로 구성되어 있다. 제1장 총칙, 제2장 통합관리사업장의 배출시설에 대한 허가, 제3장 통합관리사업장의 배출시설에 대한 관리, 제4장 최적가용기법, 제5장 보칙, 제6장 벌칙 등이며 추가적으로 5개의 부칙으로 구성되어 있다. 통합법의 시행령과 시행규칙은 법률 또는 시행령에서 위임한 사항에 대해 규정하고 있으며 시행령은 총 6장 37조, 시행규칙은 총 5장 36조로 구성되어 있다. 통합법은 기존 매체별 허가 및 신고제도를 규정하고 있던 「대기환경보전법」, 「소음진동관리법」, 「수질 및 수생태계 보전에 관한 법률」, 「악취방지법」, 「잔류성유기오염물질 관리법」, 「토양환경보전법」, 「폐기물관리법」 등 7개 법률상 시설허가 및 신고의 대상이었던 시설을 대상으로 한다. 관련 사항에 대해 서로 상충하거나 충돌 시에는 통합법을 우선 적용하도록 되어 있고 통합법에 규정하지 않은 사항에 대해서는 개별법의 규정을 따르도록 하고 있다(동법 제4조). 이에 따라 허가 및 신고 규정이 없는 「잔류성유기오염물질 관리법」의 경우를 제외하고는 6개 법률 10개의 허가, 승인, 신고를 통합법에 따른 허가로 대체하였다. 따라서 현행 통합법의 경우 기존의 매체별 법률을 모두 폐기하고 완전히 통합하여 하나의 통합법률체계를 만든 것이 아니라, 각 개별법의 공통사항이었던 허가 및 신고 규정에 한하여 통합함으로써 통합환경관리를 이행하고자 한 것이다(환경부, 2016b).

표 1 • 통합법 대상 법률 및 허가신고 사항

통합대상 관련 법률(7개)	통합허가 대상 허가신고 사항(10개)
대기환경보전법	• 대기오염물질 배출시설 설치허가 및 신고 • 비산먼지 발생사업의 신고 • 비산배출시설 설치 신고 • 휘발성유기화합물 배출시설의 설치 및 신고
소음진동관리법	• 소음진동 배출시설의 설치 허가 및 신고
수질 및 수생태계 보전에 관한 법률	• 폐수배출시설의 설치 허가 및 신고 • 비점오염원의 설치 신고
악취방지법	• 악취배출시설의 설치 신고
토양환경보전법	• 특정토양오염관리대상 시설의 설치 및 신고
폐기물관리법	• 폐기물처리시설의 설치 승인 및 신고
잔류성 유기오염 물질 관리법	

자료: 환경부(2016b).

2) 통합법의 주요 내용

통합환경관리제도의 근간인 통합법의 가장 큰 특징은 기존 7개의 개별 법률에서 관리하고 있던 오염물질, 시설설치 기준 및 배출허용기준 사항 등을 포함하여 6개의 개별 법률에서 시행되고 있던 10개의 인허가 절차를 단일 절차로 통일시켜 하나의 통합허가를 부여하는 것이다. 이런 통합절차와 관리를 위해서 마련된 통합법은 크게 ①법의 목적과 정의, 다른 법률과의 관계 ②통합허가, ③통합관리, ④최적가용기법, ⑤통합허가의 관리 지원 및 보고, ⑥벌칙으로 나뉜다. 통합법이 가지고 있는 주요 내용과 특성을 살펴보면 다음과 같다.

첫째, 통합법은 통합허가의 대상이 되는 통합관리사업장의 배출시설 및 방지시설에 대한 허가 및 관리에 관하여 기존의 개별법보다 우선 적용되는 특별법적 성격을 가지며 본 통합법에 규정되지 않은 사항에 대해서는 개별법을 적용하도록 하고 있다. 이를 통해 통합적으로 오염물질 및 오염원관리가 가능하다.

둘째, 통합허가대상은 환경에 미치는 영향이 큰 19개의 업종으로 한정하고 그 가운데에서도 대기 및 수질의 1, 2종 규모의 대형시설을 우선 적용대상으로 규정한다. 통합법에서는 별도의 조항을 두어 연도별 대상사업장을 구분하고 있으며, 2017년부터 2021년까지 5년간 단계적으로 확대 적용하도록 하고 있다. 다만, 신규 허가시설은 해당 업종의 적용 시기에 바로 적용되고('17~'21), 기존사업장에 대해서는 4년간 적용을 유예('17~'24)할 수 있도록 하고 있는데, 이는 기존의 사업장에 새로운 제도이행을 위한 준비시간을 허용하여 보다 쉽게 제도에 순응할 수 있도록 고려한 것이다.

표 2 • 통합법 대상 업종 및 적용시기

적용 연도	적용 업종 수(19개)	통합허가 대상업종(분류코드)
2017	3개	전기업(351), 증기 · 냉온수 공급업(353), 폐기물처리업(382)
2018	3개	1차 철강(241), 1차 비철금속(242), 유기화학(201, 203)
2019	4개	무기화학(201), 석유정제(192), 비료 및 질소제조(202), 기타화학(202)
2020	3개	펄프 · 종이(171), 기타 종이 · 판지(179), 전자제품(262)
2021	6개	도축, 육류가공 및 저장(101), 알콜음료(111), 섬유 · 염색(134), 플라스틱(222), 반도체(261), 자동차 부품(303)

자료: 환경부(2017b).

셋째, 통합허가절차에서는 기존의 개별법과 다르게 ①배출시설 및 방지시설의 설치 계획에 관한 사항, ②허가배출기준의 설정에 관한 사항, ③그 밖에 환경부령으로 정하는 사항에 대해 사전 협의를 할 수 있도록 하고 있다.

사전협의는 의무사항은 아니며 사전협의 없이 본 허가를 진행할 수도 있다. 그러나 담당자와 허가사항에 대해 사전에 협의하는 것은 허가에 대한 사업자의 불확실성을 해소하고, 신속하고 원활한 절차의 진행을 도우며, 담당자로 하여금 보다 상세한 검토가 이루어질 수 있도록 하는 효과가 있다.

넷째, 통합법의 가장 핵심은 통합허가이며 통합관리대상 사업장에서 배출시설 등을 설치·운영하려는 자는 환경부장관의 허가를 받아야 한다. 통합허가를 받기 위해서는 통합환경관리계획서를 작성하여 제출하여야 하는데 계획서에는 ①배출시설 등 및 방지시설의 설치 및 운영 계획, ②배출시설 등에서 배출되는 오염물질 등이 주변 환경에 미치는 영향을 환경부령으로 정하는 바에 따라 조사·분석한 배출영향분석 결과, ③사후 모니터링 및 유지관리 계획, ④환경오염사고 사전예방 및 사후조치 대책, ⑤사전협의 결과의 반영 내용(사전협의 결과를 통지받은 신청인이 그 결과를 반영하여 허가 또는 변경허가를 신청하는 경우만 해당한다), ⑥기타 환경부령으로 정하는 사항 등을 작성하도록 되어 있다. 이는 사업장 설치, 운영, 영향, 모니터링, 유지관리, 환경오염사고 예방 및 사후조치 등에 대한 상세한 내용을 미리 제시하도록 하여 보다 꼼꼼한 검토와 상세한 준비를 유도하기 위함이다.

다섯째, 통합허가에서는 개별허가와 다르게 사전 허가기준을 마련하여 허가가 가능한 경우를 명확하게 제시하고 있다. 허가기준은 ①배출시설 등에서 배출하는 오염물질 등을 허가배출기준 이하로 처리하도록 하며, ②사람의 건강이나 주변 환경에 중대한 영향을 미치지 아니하도록 배출시설 등을 설치·운영하여야 하고, ③환경오염사고의 발생으로 오염물질 등이 사업장 주변 지역으로 유출 또는 누출될 경우 사람의 건강이나 주변 환경에 미칠 수 있는 영향을 방지하기 위한 환경오염사고 사전예방 및 사후조치 대책을 적정하게 수립하도록 규정하여, 기존보다 엄격한 검토와 적용을 하도록 하고 있다.

여섯째, 통합법에서는 최적가용기법을 배출시설에 적용할 경우 오염물질 등이 배출될 수 있는 최대값인 최대배출기준을 토대로 최대배출기준 이하로 허가배출기준을 설정하도록 함으로써 개별법의 일률적인 배출허용기준이 아닌 사업장별 맞춤형 기준을 적용하고 있다. 맞춤형 기준 적용을 통해 주변의 사람, 동식물 등의 환경안전을 담보할 수 있고 주변환경영향을 저감할 수 있는 수용체 중심의 관리가 시행될 수 있도록 하고 있다.

일곱째, 통합관리사업장의 배출시설 등에 대한 운영, 관리를 위해서 개별법에서 적용되고 있는 ①가동개시 신고 및 수리, ②오염도 측정, ③개선명령을 통해 최종 허가를 부여하며 오염물질 등으로 인한 환경오염을 방지하거나 줄이기 위해 개별법과 동일한 배출부과금을 부과하고 징수하도록 하고 있어 사전 및 사후관리의 연속성을 유지하도록 하고 있다.

여덟 번째, 배출시설 등에서 나오는 오염물질의 배출수준 또는 배출시설이나 방지시설에 사용되는 용수, 전력 등의 사용량 등을 확인하기 위하여 개별법과 동일하게 수질자동측정기기, 굴뚝자동측정기기, 적산전력계, 적산유량계 등을 부착하도록 하고 이를 운영 · 관리하도록 하고 있다. 다만, 통합법에서는 보다 효율적이고 자율적인 관리를 위해서 모니터링에 대한 자동 및 자가측정 의무를 법적으로 강화하고 있으며, 이에 따른 관리가 이루어질 수 있도록 하고 있다.

아홉 번째, 통합법의 가장 큰 이행수단인 최적가용기법(BAT)을 마련하고 이를 적용하도록 하고 있다. 최적가용기법은 배출시설 및 방지시설의 설계, 설치, 운영 및 관리에 관한 환경관리기법으로서, 오염물질의 배출을 기술적 · 경제적 측면에서 가장 효과적으로 줄일 수 있는 관리기법들로 구성되며 최대배출기준을 정하는 것에 기초가 된다. 다만 최적가용기법의 적용은 의무사항은 아니지만, 이는 다양한 이해관계자들이 작업반활동을 통해 선정 및 결정한 것이다. 이를 토대로 최대배출기준이 최종 승인되며, 이는 결국 허가배출기준의 중요한 요소로 작용한다고 할 수 있다. 그 밖에 통합법은 주기적인 실태·기술조사와 함께 최적가용기법 마련을 위한 기술개발을 지원을 하도록 하고 있다.

열 번째, 통합관리 사업자는 ①배출시설 및 방지시설의 운영과 관리, ②설치·관리 및 조치 기준의 준수, ③자가측정, ④운영, 관리, 이행사항 등에 대한 기록·보존, ⑤연간보고서 제출의 의무를 수행하여야 한다. 이를 통해 기존 지도·점검 위주의 사후관리가 아닌 사업장 중심의 자율 관리체계가 이루어지도록 하고 있다.

열한 번째, 통합법에서는 허가와 관련된 ①사전협의에 대한 환경전문심사원의 검토 내용, ②사전협의 결과, ③허가 또는 변경허가의 신청 및 결정에 관한 정보, ④연간 보고서 등에 대한 정보를 공개하도록 되어 있다. 다만, 사업장의 영업비밀 등에 관한 정보보호 요청 시 '통합환경관리 정보공개심의위원회'의 심의를 통해 공개 여부를 재고하고 있어 정보공개를 통한 국민의 알권리 보장과 사업장의 영업비밀을 적절하게 보호할 수 있도록 규정하고 있다.

열두 번째, 통합허가 신청 및 처리 등을 위해서 통합환경허가시스템을 구축하도록 하고 있으며, 사전협의, 통합환경관리계획서에 대한 검토, 현장 확인, 기술지원 등을 위해 환경전문심사원을 운영하도록 되어 있다. 통합환경허가시스템을 통해 원스톱(One stop) 허가절차를 실현하였으며, 관련 정보를 빅데이터(Big data)화하고 있다. 또한, 환경전문심사원을 통해 보다 꼼꼼하고 체계적인 기술검토와 폭넓은 지원이 이루어지도록 하고 있다.

열세 번째, 통합법에서는 의무이행의 확보수단으로 ①조업정지명령, ②허가의 취소, ③과징금 부과, ④배출부과금, ⑤벌칙 등을 마련하여 제도의 이행이 담보되도록 하고 있다. 특히, 주기적인 인허가조건의 재검토 및 사업장의 환경관리수준 평가를 토대로 기존의 단속중심의 관리에서 과학적 점검·지원·평가를 통한 사업체 스스로의 관리를 유도하고 있다.

비록, 현행 제도상 통합법과 개별법의 이중 구조가 남아 있어 대상법률에 따라 사업장별 규제수준 및 절차가 상이할 수는 있으나, 통합환경관리제도는 기존의 환경법령체계에 대한 새로운 변화를 야기해 환경규제의 프레임과 수준을 근본적으로 바꿈으로써 기존의 획일적이고 경직된, 단일·일방적 규제를 개선한다는 데에 큰 의의가 있다.

03
통합환경관리제도의 기대효과 및 한계점

가. 통합환경관리제도의 장점

통합환경관리제도의 가장 큰 장점이자 목표는 오염물질을 배출하는 사업장을 기반으로 발생되는 전체 오염원을 통합적으로 관리하여 주변에 미치는 영향을 최소화하고 사람의 건강과 환경을 보호한다는 통합오염관리라 할 수 있다. 또한 제도 시행을 통해 기술혁신과 경제적 효율성 달성, 현장맞춤형 관리이행, 전문적인 역량 강화, 기업·전문가·정부가 함께 하는 협업체계를 유지한다는 데 있다. 이러한 통합환경관리제도는 2017년부터 시행되기 때문에 국내에 실제적인 적용사례가 없어 통합환경관리제도를 통해 달성하려고 했던 목표에 대한 정량적인 결과 또는 가시적 효과를 바로 제시할 수 있는 방법이 매우 제한적이다. 이런 현실을 고려하여 본 제도의 기본 토대가 되고 있는 EU 회원국의 사례를 중심으로 제도 도입의 기대효과와 이점을 간단하게 설명하고자 한다. 이러한 사례 연구는 국내에서 통합환경관리제도가 더욱 효율적으로 시행될 수 있는 기반이 될 것이다.

첫째, 복잡하고 중복적인 행정 처리로 인해 비효율성으로 지적되었던 현행 매체별 허가를 하나로 통합하고 절차를 간소화하여 사업장 내 활동에서 나오는 모든 오염원을 하나로 관리함으로써 오염원관리 및 행정절차의 효율성을 증대시키고, 허가제도를 정상화할 수 있을 것으로 기대된다. 영국의 경우 통합환경관리제도를 도입하기 위해 관련법들을 종합하고 매체별 허가절차를 일원화시켜 상당 부분의 법률조항을 줄였으며, 지속적으로 관련법들의 단일화를 시행함으로써 효율적인 제도 체계를 갖추었다. 또한 EU의 회원국들이 허가 관련 모든 사항들에 대한 가이던스, 위해성평가 프로그램 등을 만들어 제공함으로써 오히려 단일화에 따른 행정적, 법적 혼란을 최소화시켜 왔다. 또한 실제 허가 이행자들과 관리감독자들이 업무의 효율 및 객관성과 투명성을 높이는 특성을 보이고 있다. 국내의 통합환경관리제도도 동일한 과정을 거친다면, 배출영향분석 프로그램 및 각종 지침과 안내서 등을 토대로 유럽과 동일한 수준의 결과를 달성할 수 있을 것으로 판단된다(환경부, 2013).

둘째, EU의 경우, 비용/편익 관련하여 IPPC지침 등 통합적 환경오염원 관리체계의 도입에 따른 환경개선 편익은 소요비용을 크게 초과한 것으로 조사되었다. 통합관리의 도입에 따른 기업부담(설비개선 등)은 있으나, 오염물질 발생의 양적 저감을 유도하고 처리효율을 제고하여 경제적 편익이 투자비용을 상쇄하는 사례가 다수 있는 것으로 나타났다. 오염물질의 양적 저감에 따른 편익으로는 폐기물, 폐수, 대기오염물질 처리비용의 감소가 있고, 자원 및 에너지 재활용 증가에 따른 편익으로는 부자재 비용, 에너지비용의 절감 등이 있다. 이와 같은 경제적 편익의 발생으로 투자비용을 초기에 회수(1~2년 이내)하는 경우가 제시되고 있다(Commission of the EC, 2007).

국내에 통합환경관리제도가 도입되었을 때를 가정하여 2016년~2030년까지의 총편익과 총비용을 사회적 할인율 5.5%로써 현재가치화하여 추정해 본 결과, 대기질과 수질 개선으로 2016년에서 2030년 동안 나타나는 총편익의 현재가치는 약 2조 6,569억 원 정도이며, 총비용의 현재가치는 1조 1,189

억 원으로 나타났다. 따라서 B/C 비율은 2.37, 순현재가치(NPV)는 약 1조 5,380억 원 정도로 계산되며, 통합환경관리제도의 도입은 환경개선뿐만 아니라 경제성이 있다고 결론내릴 수 있다(환경부, 2013).

셋째, 그간 일률적으로 적용되어 왔던 배출기준을 BAT에 근거한 시설별 맞춤형 기준으로 전환함으로써, 환경성과의 측면에서 생산과정 상 발생하는 환경적 영향을 종합적으로 관리할 수 있고, 전반적인 환경 개선 및 오염 예방 효과를 달성할 수 있을 것으로 기대된다. BAT 적용을 위한 충분한 투자 및 적극적 기술 적용을 바탕으로 환경개선이 가능하며, 사전 영향에 대한 관리를 촉진함으로써 환경오염 예방기능이 강화된다. 또한, 기존의 배출허용 기준의 일률적 적용과 피크제도에 따른 배출구 관리에서 사업장의 특성 및 성상을 반영하고, BAT-AEL(최대배출 기준) 적용을 통한 기술적 수준 및 모니터링 결과에 대한 과학적 근거로 지도·점검이 이루어짐에 따라 사업체와의 마찰을 최소화하고 보다 합리적이고 효율적인 사업장 관리가 이루어져서 높은 수준의 환경관리가 이루어질 것으로 기대된다.

넷째, 19개 업종별 최적가용기법 기준서를 지속적으로 발행, 이를 최신화하고 새로운 기술과 기법의 적용을 허가의 주기적 재검토로 점검함으로써 우수기술의 적용을 유도할 경우, EU의 경우와 동일하게 BAT 기반 통합관리는 다양한 방식으로 기술, 관리 개선 및 혁신을 촉진시켜 환경오염 저감 및 생산성 향상을 동시에 달성하는 상생(win-win)효과를 창출할 것으로 기대된다. 나아가 관련 기술의 주도적 개발 및 도입을 통한 '선행자 이득(early-mover's advantage)' 효과가 있어, 우수사례 확산을 제도적으로 뒷받침하여 중장기적으로 기업의 생산성 향상 및 경쟁력 확보에 긍정적으로 기여할 것으로 판단된다.

다섯째, 단속을 통한 규제보다 기업이 자율적으로 사후관리 할 수 있도록 기반을 마련해줄 경우 이해관계자의 역량 강화 및 수용성이 향상되고, 환경규제 설계과정에 피규제자의 제도적 참여를 보장함으로써 피규제자의 규제 준수 역량 제고 및 규제의 투명성 확보 효과가 기대된다. EU의 경우 통합환경관리제도를 통해 환경규제 담당 인력의 기술전문성 확보를 통한 규제역량 강화, 종합적 환경관리를 통한 기업의 지속가능경영 촉진, 민간 참여활성화를 통한 환경의식 제고 등 이해관계자의 역량 강화 등의 효과가 있는 것으로 나타났다. IPPC-IED와 같은 통합환경관리가 환경 · 경제 · 사회적 측면에서 총체적 이익을 동시다발적으로 가장 비용효율적인 방식으로 달성하도록 유도하고 있다는 점으로 미루어 볼 때, 국내에서도 동일한 효과가 발생될 것으로 판단된다.

지금까지 살펴본 것처럼 EU의 통합환경관리제도(IED)는 기존의 분산 · 중복된 허가제도를 통합하고 저비용 · 고효율의 BAT을 적용하며, 행정 절차는 간소화하면서도 오염은 최소화하는 통합환경관리방식으로 전환하여 사업장에 우수한 환경기술 및 운영방식을 정착시켰다. 또한 이 제도는 관리효율 향상 및 경제성을 달성하고 사업장이 직접 참여하여 관련기준을 마련하는 등 자발적인 모니터링을 통해 사업장을 관리하도록 유도함으로써 보다 더 높은 단계의 환경의 질을 달성하였다고 평가된다. 이러한 사례의 검토를 통해 국내의 통합환경관리제도 또한 장기적으로는 동일한 효과를 나타낼 것이라 확신한다.

나. 통합환경관리제도의 한계점

EU 등 외국의 경우, 통합환경관리제도는 오랜 기간 이행되고 정착단계에 있다. 그러나 국내에서는 2017년 처음으로 이행되는 제도이다. 제도 마련 시 다른 제도와 다르게 이해당사자들의 수많은 의견수렴과 수정 · 보완이 있어 왔으나, 실제 국내에 적용된 사례가 없기에 이행 시 어떤 문제가 발생될지 정확하게 파악하기에는 분명히 한계가 있다. 이러한 현실을 고려하여 아직까지 실질적인 허가 사례는 없으나, 시범적용 사례와 기존의 연구결과 등을 토대로 선결과제로 제기되고 있는 주요한 문제점은 다음과 같다.

첫째, 가장 큰 문제점으로 지적되는 것은 통합법과 개별법이 완전하게 통합되지 못하고 이중체계로 유지된다는 것이다. 이러한 제도 통합의 불안정성으로 인하여 제도 초기의 적용·이행 사항에 대한 혼선이 유발될 수 있으며, 통합에 따른 효율성을 저해하고 행정 처리의 비효율성을 가져올 수 있다는 우려가 제기된다. 이는 법적인 부분뿐만 아니라 통합대상 업종과 대상사업장(수질, 대기 1·2종)이 제한적으로 적용됨에 따라 제도의 통합적용의 어려울 수 있으며, 법률 간의 형평성의 문제를 야기할 가능성이 있다. 또한 대기 및 수질 매체 중심의 통합허가 대상 및 관리에 따라 타 매체의 통합효과가 미진하다는 지적도 있다.

둘째, 통합법의 경우 기존의 10개 인허가를 하나로 통합관리 한다는 이점을 가지고 있으나 기존에는 '신고'를 통해 보다 완화된 적용을 받을 수 있었던 사항들이 통합에 의해 '허가'로 모두 변경됨에 따라 다소 완화된 규정보다 규제가 강화된다는 우려가 있다. 즉, 개별법에 비하여 통합법에서 보다 유인수단이 미흡하다는 지적이 제기됨에 따라 이에 대한 대안 마련이 필요하다.

셋째, 기존 개별법에 비하여 적용되는 기준체계가 매우 복잡하다는 문제점을 가지고 있다. 즉, 최적가용기법을 마련하여 우수하면서도 경제성을 고려한 환경기법을 적용한다는 것에는 동의하지만 최적가용기법 선정이 쉽지 않으며 최적가용기법을 통해 결정되는 최대배출기준 설정에 장시간이 소요되는 문제점이 야기된다. 이와 함께 사업장별 수준 차이에 따른 기준의 적합 여부의 결정에 어려움이 발생할 가능성이 높다는 문제점이 있다. 또한 기존의 단일 배출허용기준체계에서 최대배출기준, 허가배출기준 등 새로운 기준체계가 도입됨에 따라 이에 대한 혼선과 맞춤형 기준적용에 어려움을 초래할 수 있다.

넷째, 기존 제도와의 상충되는 부분에 대한 해결책 제시가 필요하다. 통합법은 다양한 이점을 제공함에도 불구하고 엄격한 기준설정과 시설관리, 통합환경관리계획서 작성 및 제출, 배출영향분석 등 많은 새로운 의무사항들이 도입된다. 이로 인해 기존의 대기 및 수질오염총량제도와의 상충 문제나 환경영향평가제도와의 연계여부 등 다양한 사항에 대한 해결책 마련이 필요하다.

다섯째, 통합환경관리제도의 경우 기존의 허가제도 보다 폭넓은 자료와 정보를 수집, 정리, 제공하도록 하고 있으며 이를 통해 허가절차 시 보다 꼼꼼하고 정확한 진단과 평가를 거치도록 하고 있다. 이런 관계로 일부 사업체에서는 기업의 주요비밀 사항 등에 대한 유출을 걱정하고 이에 대한 우려를 제기하고 있다. 이런 문제점을 해결하기 위해서 통합법에서 다양한 정보보호 대안을 제시하고 있다. 그러나 실질적으로 사업체의 불안을 해소하는 데는 많은 노력과 협의가 필요할 것이다.

여섯째, 통합환경관리제도는 산업체, 민간, 정부 등의 협업이 가장 중요한 요소이다. 이에 따라 산업에 관한 전문가와 허가관련 자료, 정보, 기술 등에 관한 전문가 양성과 도입이 필요하다. 그러나 아직까지 통합허가를 위한 민간 부문의 전문성 확보와 경험부족으로 인하여 제도 초기에 제대로 된 허가서 마련 및 제도 순응에 차질이 발생할 가능성이 높을 것으로 판단된다.

04
통합환경관리제도의 발전방향

환경부는 통합오염관리의 시발점이 되고 있는 통합환경관리제도의 제도설계 초기단계에서 부터 시행에 따른 다양한 문제점을 예측하고, 이를 해결하고자 노력하였다. 사업체, 정부, 전문가 등으로 구성된 협의체가 마련되어 본 제도에 대한 논의가 수차례 계속되었으며, 충분한 의사 및 정보교환 과정을 통해 다양한 문제점을 해결·개선하고자 하였다. 따라서 통합환경관리는 타 제도에 비해 이행가능성 및 제도순응성이 비교적 높을 것으로 기대된다.

그럼에도 불구하고 통합환경관리제도의 이행에 있어 부정적인 부분으로는 통합법·개별법의 이중체계의 유지, 제한된 업종과 대상, 기존 제도와의 상충과 형평성의 문제, 제도 유인을 위한 인센티브의 제한, 제도 순응비용의 상승, 제도 이행의 고도화 및 정교화를 대비할 기업자체 인력 및 기술의 미비와 민간전문가 및 컨설팅기관, 분석기관의 영세성, 협업과 협치의 지속여부의 불확실성 등을 들 수 있다. 그러나 통합환경관리는 이미 국제사회에서 환경적, 경제적 효과가 입증된 환경정책의 방향과 추세로 기존에 우리나라에서 불완전하고 비정상적으로 운영되던 환경오염시설의 관리 제도를 개선하고 사업장 환경관리를 선진화하기 위해 꼭 필요하다. 이는 기존의 비효율적인 제도에 대한 문제 인식과 통합환경관리에 대한 사회적 공감대의 형성에서 시작되었으며, 오랜 시간 산업계 등 이해관계자들의 동의를 얻어 시행되었다. 따라서 통합환경관리제도의 정착은 기존의 과도한 행정비용, 중복 규제 등의 문제를 해결하고 저비용을 달성할 것이다. 동시에 환경오염물질이 물, 대기 등 여러 매체를 통해 환경에 미치는 영향을 파악하고 이들의 상호 영향, 매체별 떠돌이 현상의 부정적 영향을 통합적으로 고려하여 관리를 수행하도록 함으로써 전체적인 환경오염을 저감시킬 수 있을 것이다. 한편으로는 통합환경관리제도상 허가절차 및 지도·점검의 통합적인 접근방식, 비용효율적인 기술 개발과 적정기술의 적용 등을 통해 기업의 경쟁력도 확보할 수 있는 계기가 됨으로써, 새로운 환경제도의 이정표를 마련할 것으로 전망된다.

05
마무리하며

통합오염관리는 환경정책 패러다임의 새로운 전환을 의미한다. 환경관리제도의 이행은 전 지구적 · 시대적 요구사항이며 총체적으로 발생되는 환경오염시설의 문제점을 혁신적으로 개선하려는 노력이다. 통합환경관리제도 에서는 적용대상 사업장과 이 제도를 운영하는 담당자가 매우 중요한 역할을 하며, 최적가용기법의 작성 과정에 참여하는 다양한 이해관계자와 전문가 또한 제도의 완성도와 이행력을 높이는 데 중대한 역할을 수행한다고 할 수 있다. 따라서, 지도 · 단속 중심으로 운영되었던 과거의 수동적인 환경오염시설 관리가 아니라 사업장의 자발적인 참여와 환경인식의 변화, 협업이 제도의 이행을 위한 필수 요소임을 재차 강조하고 싶다.

국내에 도입되는 통합환경관리제도는 기존의 단일 매체 관리정책의 한계점과 현행 산업배출시설의 허가제도의 문제점을 바로잡아 산업배출 오염물질을 효과적으로 감소 및 최소화시키고자 한다. 또한 최적관리를 통해 사업장의 여건에 맞는 적용체계를 마련하고 환경기술의 발전을 촉진함으로써, 사업장의 환경수준을 제고하고 국민의 건강과 환경을 보호하는 새로운 제도로써 자리매김을 할 것이다.

새롭게 시행되는 통합환경관리제도의 경우 제도 초기에 일부 시행착오가 있을 수 있으며, 제도 운영상 예기치 못했던 문제점들이 나타날 수도 있다. 이는 EU의 제도 도입 초기에도 나타났던 현상이며, EU는 이러한 과정을 오랜 기간 경험하고 슬기롭게 해결했다. 국내의 통합환경관리제도가 이를 답습하지 않기 위해서는 이해당사자들의 도움이 필요하다. 사업장에서는 제도에 대한 이해와 함께 이를 활용하여 기존에 개선하지 못했던 사업장관리의 수준을 높이도록 노력하여야 하며, 효율적인 이행전략을 세워 궁극적으로

경영상 비용적인 부담을 덜고 환경의 질 또한 담보할 수 있는 기회로 활용하여야 한다. 이를 통해 현행 통합법, 개별법의 이중적 체계가 아닌 진정한 통합오염관리로서의 새로운 패러다임 전환 제도로 운영되도록 하여야 한다.

참고문헌

국내문헌   ·김종환(2014), 통합환경관리 정책방향 및 기대효과, 코네틱리포트, Special Issues, 제129호 한국환경산업기술원, pp.1-15.
·한대호(2014), 통합환경관리 정책방향, 첨단환경기술.
·한대호(2017), 통합환경관리제도 시행 현황 및 향후 전망, 코네틱리포트, 한국환경산업기술원, pp.1-13.
·환경부(2013), 통합환경관리제도 도입검증 및 효과분석 시범사업.
·환경부(2016a), 통합환경관리제도 리플렛.
·환경부(2016b), 환경오염시설의 통합관리에 관한 법률, 법률 주요 내용 및 하위법령 제정방향, 발표자료, pp.6-9.
·환경부(2017a), 2017 환경백서, p.218.
·환경부(2017b), 환경오염시설의 통합관리에 관한 법률, pp.1-11.

국외문헌   ·EC(1996), Council Directive 96/61/EC, Concerning Integrated Pollution Prevention and Control, IPPC.
·Commission of the EC(2007), Commission Staff Working Document, Impact Assessment.

온라인자료 ·법제처, 환경오염시설의 통합관리에 관한 법률 시행령, 시행규칙, http://law. go.kr, 검색일: 2017.10.23.
·통합환경허가시스템, http://ieps.nier.go.kr/web/main, 검색일: 2017.10.27.

3장
환경경영 정책의
배경과 현황

이병욱(세종대학교)

01
배경 및 개요

가. 정의와 범위

선진국을 중심으로 환경경영에 대한 현실적 필요성이 제기되면서 본격적으로 이론적 논의와 사례가 소개되기 시작한 시기는 1990년 전후라 할 수 있다. 이때 제시된 환경경영에 대한 학자들의 견해는 대체로 두 가지 부류로 나뉜다. 하나는 기업의 환경성과 개선을 위한 구체적 기능이나 방법을 중심으로 한 좁은 의미의 환경경영이며, 다른 하나는 환경 문제가 전반적인 기업 활동과 연계된다는 관점에서 기업의 환경 이슈를 경영 전략 차원에서 해석하고 접근하려는 보다 넓은 의미의 환경경영이다.

　환경경영을 "환경에 미치는 기업의 유해한 영향을 통제하고 감소시키는 것"(Wolters, T., M. Bouman and M. Peeters, 1995, pp.63-72)이라고 설명한 월터스(T. Wolters) 등이나 "오염의 사후처리 방식에서 탈피하여 폐기물 및 오염의 예방과 청정생산으로의 전환을 지원하는 일련의 기법과 실천수단"(Christie, I., H. Rolfe and R. Legard, 1995, p.54)으로 해석한 크리스티(I. Christie) 등의 견해는 좁은 의미의 정의로 볼 수 있다. 한편 환경경영을

"기업의 환경적 입장을 검토하고 그것을 개선하기 위한 방침이나 전략을 개발 · 시행함과 동시에 지속적인 개선 및 효과적인 관리 시스템을 갖추는 일련의 환경 대응활동"(Gray. R., J. Bebbington and D. Walters, 1993, p.6)이라고 설명한 그레이(R. Gray) 등이나 "기업의 경제적, 생태적 성과를 최적화하기 위해 환경보호를 기업의 전반적 경영활동에 통합하는 것"(North. K., 1992, p.164)이라는 노스(K. North)의 견해 등은 보다 넓은 의미의 정의로 볼 수 있다. "기업 활동 전 과정에 걸쳐 환경성과를 개선함으로써 경제적 수익성과 환경적 지속가능성을 동시에 추구하는 일련의 경영활동"(이병욱, 1997, p.91)이란 이병욱의 정의도 이 범주에 해당한다.

1995년 12월 제정된 후 여러 차례 개정을 거친 「환경친화적 산업구조로의 전환 촉진에 관한 법률(약칭: 친환경산업법)」에서는 환경경영을 "기업 · 공공기관 · 단체 등이 환경친화적인 경영목표를 세우고 이를 달성하기 위하여 인적 · 물적 자원 및 관리체제를 일정한 절차와 기법에 따라 체계적이고 지속적으로 관리하는 경영활동"으로 정의하고 있다. 하지만 이 정의는 환경경영체제를 염두에 둔 시스템적 관점에 한정되어 있다는 점에서 관련 정책 전반에 대한 논의의 근거로 삼기에는 미흡한 면이 있다. 특히 국제표준화기구(ISO: International Organization for Standardization)[1]에서도 환경경영체제에 대한 국제표준 규격을 제정하면서 환경경영에 대한 정의를 내리지 못했다는 점도 참고할 필요가 있다.

나아가 2000년대 초부터 경제와 환경뿐만 아니라 사회적 이슈도 포함하는 '지속가능경영'의 필요성에 대한 논의가 확산함에 따라 경제와 환경의 조화에 초점을 두어 온 환경경영도 그 범위를 넓혀 해석하려는 경향이 나타나

---

1) 국제표준화기구(ISO)는 1947년 2월에 창설된 비정부기구로, 전 세계 약 140개 나라의 국가표준기관의 연합체이며, 현재 제네바에 사무국을 두고 있다.

게 되었다. 이러한 추세를 반영하여 2010년 4월에 시행된 「저탄소 녹색성장 기본법(약칭: 녹색성장법)」에서는 '환경경영' 대신 '녹색경영'이란 용어를 사용하면서 "기업이 경영활동에서 자원과 에너지를 절약하고 효율적으로 이용하며 온실가스 배출 및 환경오염의 발생을 최소화하면서 사회적, 윤리적 책임을 다하는 경영"이라고 정의하고 있다. 이는 기존의 환경경영에서 나아가 기후변화 대응을 강조함과 동시에 사회적 측면까지 고려한 경영이라는 확장된 개념이다.

여기서는 우리나라의 환경경영 관련 정책 전반에 관한 내용을 검토 대상으로 삼고 있으므로 녹색성장법에서 정의하고 있는 녹색경영의 개념을 환경경영과 동일한 것으로 보고 논의의 범위를 설정하고자 한다. 즉 환경경영, 녹색경영, 지속가능경영, 그리고 최근에 거론되고 있는 탄소경영까지 아우르는 '포괄적인 개념으로서의 환경경영'을 전제로 관련 정책들을 논의하려는 것이다.

나. 국제적 논의 과정

기업 또는 경제활동이 환경문제를 일으키고 그것이 인간의 삶에 부정적 영향을 미치고 있음을 인식하기 시작한 것은 아마도 레이첼 카슨(Rachel Carson)의 「침묵의 봄(Silent Spring)」[2]이 출간된 1965년 즈음인 것으로 보인다. 그 후 1972년에 스웨덴 스톡홀름에서 열린 '유엔인간환경회의(UNCHE: United Nations Conference on the Human Environment)', 그리고 같은 해 로마클럽(Club of Rome)이 발표한 「성장의 한계(The Limits to Growth)」[3] 등을 통해 환경문제가 경제성장에 부정적 영향을 미칠 수 있

---

2) Carson, R., Silent Spring, Harmondsworth: Penguin Books, 1965.
3) Meadows, D. H., D. L. Meadows, J. Randers and W. Behrens, The Limits to Growth, London: Pan Books, 1972.

다는 우려가 급격히 확산되었다.

1982년 유엔 총회에서는 자연 생태계 파괴 및 악화가 지나친 소비와 자연 자원의 오용 때문이라는 인식으로 24개의 자연보호 원칙을 담은 '세계자연 헌장'을 채택했다. 또한 1984년에 열린 '환경경영을 위한 제1차 세계산업계 회의(WICEM I : The First World Industry Conference on Environmental Management)'에서는 500명이 넘는 세계적 경제인들이 참가하여 환경문제 와 기업경영을 주제로 열띤 토론을 가졌다.

이 회의에서 논의된 결과를 실천하고자 국제상업회의소(ICC: International Chamber of Commerce)는 환경경영 정보의 산업 간 교 류를 위해 '국제환경국(IEB: International Environmental Bureau)' 을 설치했다. 독일에서는 1984년 환경을 고려한 기업경영 방법론을 연구 하기 위해 '독일환경경영학회(BAUM: Bundesdeutscher Arbeitskreis für Umweltbewusstes Management)'를 발족하였다. 1987년 유엔 '세 계환경개발위원회(WCED: World Commission on Environment and Development)'는 국제관계 및 세계경제의 관점에서 환경문제를 다룬 「우리 공동의 미래(Our Common Future)」[4]라는 보고서에서 환경적 한계가 기술 및 사회 구조에서 비롯된 문제임을 지적한 바 있다. 하지만 선진국을 비롯한 국제사회가 이러한 노력을 기울이고 있는 동안에도 1984년 인도의 보팔 사 고[5]와 1989년 알래스카 근해의 발데즈호(號) 사고[6] 등 대규모 환경오염 사건

---

4) WCED, Our Common Future(Oxford: Oxford University Press, 1987). 일명 'Brundtland Report'라고 불린다.
5) 미국계 다국적 화학회사 유니언카바이드(Union Carbide)의 인도 보팔 농약 공장에서 발생한 대규모 유독성 화학물질 유출 사건이다.
6) 알래스카 근해에서 미국 엑슨사의 유조선 발데즈호의 기름 유출로 발생한 대규모 해양오염 사건이다. 이 사 고를 계기로 환경보호에 대한 산업계의 역할이 크게 강조되기 시작했으며, 산업계의 구체적 역할을 담은 10 개 항의 「발데즈 원칙(Valdez Principles)」이 제정 · 공표되었다. 이 원칙은 추후 「세리즈(CERES: Coalition of Environmentally Responsible Economies) 원칙」으로 이름이 바뀌었다.

이 발생함으로써 산업 활동에 따른 환경문제의 충격과 우려가 확산되었으며 이에 대한 산업계의 대응을 촉구하는 목소리가 커지게 되었다.

이즈음인 1991년 네덜란드에서 열린 '환경경영을 위한 제2차 세계산업 계회의(WICEM Ⅱ)'에서는 전 세계 700여 명의 기업가가 모여 환경문제에 대한 산업계의 역할을 심도 있게 논의했으며, 1992년 초 그 결과를 16개 항에 담아 '지속가능한 발전을 위한 ICC 기업헌장'이란 이름으로 공표했다. 이 헌장의 내용은 그 뒤 영국의 환경경영체제(EMS: environmental management system) 표준규격인 BS 7750과 환경경영에 관한 국제규격인 ISO 14000 시리즈에도 반영되었다.

이러한 산업계의 노력을 구체적으로 보여주는 결과물은 바로 '지속가능발전기업협의회(BCSD: Business Council for Sustainable Development)'[7]가 1992년 브라질 리우데자네이루에서 열린 '유엔환경개발회의(UNCED: UN Conference on Environment and Development)'[8]에 즈음하여 발간한 「변화의 길(Changing Course)」[9]이라는 보고서라 할 수 있다. 지속가능발전, 환경가치, 에너지와 자본시장, 혁신과 기술, 청정생산과 친환경 제품에 이르기까지 환경을 고려한 기업경영의 방향을 다각적으로 제시한 바 있다.

리우회의는 1972년 스톡홀름 회의 이래 20년간 끌어온 지구 환경 문제에 대한 종합적 규범 마련에 합의했다는 데에 큰 의의가 있다. 이때 발표된 '리우선언(Rio Declaration)'과 별도의 세부 실천과제를 담은 '의제21(Agenda 21)'은 오늘날 환경 논의의 근간이 되는 '환경적으로 건전하고 지속가능한 발전(ESSD: Environmentally Sound and Sustainable Development)'의 이

---

7) BCSD는 1995년 WICE(World Industry Council for the Environment)와 통합하여 현재 '세계지속가능발전기업협의회(WBCSD: World Business Council for Sustainable Development)'라는 이름으로 활동하고 있다.
8) 일명 '리우회의', '지구정상회의(Earth Summit)', 혹은 '리우정상회의(Rio Summit)'라고도 불린다.
9) Schmidheiny, S. with BCSD, Changing Course, Cambridge: The MIT Press, 1992.

념을 구체적으로 실천하기 위한 사회 · 경제 전반에 걸친 내용을 담고 있다.

2002년에는 리우선언 이후 10년간의 성과를 검토하고, 21세기의 과제를 논의하는 '지속가능발전세계정상회의(WSSD: World Summit on Sustainable Development)'[10)가 남아프리카공화국 요하네스버그에서 개최되었다. 이 회의에서 선진국들은 교육, 에너지, 아프리카 개발 등을 위한 지원을 천명하면서 개발도상국의 관리 시스템 개선을 강조했으며, 개도국은 공적개발원조(ODA) 확대와 '공동의 그러나 차별화된 책임(common but differentiated responsibility)'을 강하게 주장했다.

2012년에는 리우회의 20주년을 계기로 '유엔지속가능발전회의(UNCSD: UN Conference on Sustainable Development)'가 브라질 리우에서 다시 개최되었다. 일명 'Rio+20'라고 불리는 이 회의에서는 'Rio+10' 회의의 주요 성과와 과제를 평가하는 한편, 녹색경제(green economy)와 지속가능발전목표를 중심으로 하는 새로운 세계질서의 방향을 담은 결의문 'The Future We Want'를 채택하였다.

이와 같은 선진국 및 국제기구 · 단체들의 노력과 함께 학계 차원에서도 별도의 논의가 전개되었는데, 1992년부터 매년 대규모 국제 학술대회를 개최해 온 GIN(the Greening of Industry Network)이 바로 그 중심에 있었다. 초기에는 환경경영의 개념과 이론을 정립하고 실천사례를 발굴하여 그 결과를 공유하기 위해 유럽과 북미지역 학자들이 중심이 되어 시작한 학술모임이었다. 매년 유럽과 북미지역을 오가면서 'International Research Conference of the Greening of Industry Network'라는 이름으로 개최된 이 학술행사는 수백 명의 학자가 머리를 맞대고 환경경영을 논의하는 포럼이었다. 그로부터 약 20년 동안 이 행사가 지속되었으며 참여 범위도 전 세

---

10) 일명 Rio+10으로 불린다.

계로 확대되었고 여기서 논의된 결과가 오늘날 전 세계 환경경영 연구 및 정책 수립에 지대한 영향을 미치게 되었다.

다. 우리나라의 환경경영 정책화 과정

급속한 산업화 과정을 경험한 우리나라에서도 경제활동에서 비롯된 크고 작은 환경사고가 적지 않게 발생하였으나, 더 잘살아보자는 사회적 분위기에서 먹고 사는 데 더 많은 초점이 맞춰졌다. 이러한 탓에 각종 환경사고는 여론의 큰 주목을 받지 못했다. 하지만 1991과 1994년 두 차례에 걸쳐 발생한 낙동강 유역 환경사고는 이전의 여타 환경사고와는 달리 엄청난 사회적 파장을 가져왔다. 첫 번째 사고는 낙동강 상류 지역의 구미공단에 소재한 두산전자 구미공장에서 페놀이 누출되어 낙동강에 흘러 들어간 사고(소위 낙동강 페놀 유출 사고)였으며, 둘째는 대구성서공단 소재 폐수처리업체가 다량의 유기용제를 금호강에 누출시킨 사고였다. 낙동강으로 유입된 오염물질이 수원지를 오염시키고 정부의 초기 대응 잘못까지 겹쳐 악취가 진동하는 수돗물을 공급하는 바람에 다수의 대구, 부산, 경남지역 주민들이 설사와 복통으로 고생하게 되자 기업과 정부에 대한 극도의 분노와 불신이 노정되었다.

이 사고는 두 가지 관점에서 우리나라 환경정책에 획을 긋는 기폭제가 되었다. 하나는 정부의 정책 및 기능 면에서 큰 변화가 있었다는 점이다. 정부의 환경정책에 대한 신뢰가 크게 추락하면서 이례적으로 당시 환경처 장·차관이 동시에 경질되었고, 국무총리의 4대강 수질개선대책 발표, 상·하수도 업무(건설부)와 음용수관리 업무(보건사회부)의 환경처 이관 등 후속조치가 이어졌다. 이어서 1994년에는 환경처가 환경부로 개편됨으로써 규제 위주였던 환경행정의 한계를 넘어 각종 지원·육성 시책까지 가능하게 되는 등 환경정책의 범위가 크게 확대되는 계기가 되었다.

유의미한 또 하나의 변화는 기업 활동과 환경 이슈에 대한 새로운 인식과 대응이다. 페놀사고 이후 해당 업체는 최고경영자를 해임하고 담당조직을 신설하여 회사 전반에 걸쳐 환경업무를 점검하는 등 광범위한 조치가 이어졌다. 이후 두산그룹은 사업구조 개편을 통해 기존 사업을 접고 전혀 다른 업종으로 진출하게 된다. 그 당시가 바로 리우회의 전후였으며 전 세계적으로 환경경영이 화두로 대두되기 시작한 때였는데, 우연히 같은 시기에 우리 산업계에서도 큰 변화가 일어났던 것이다.

우리나라에서 도입한 최초의 환경경영 관련 정책은 1992년 6월에 시행된 '환경마크' 제도라 할 수 있겠지만, 우리 정부가 법적 근거를 마련하여 환경경영을 본격적으로 정책의 대상으로 다루기 시작한 것은 1995년 즈음이라 할 수 있다. 환경부는 1994년 12월 제정된 「환경기술 개발 및 지원에 관한 법률」[11]을 중심으로 환경기술을 매개로 한 기업경영 관련 정책을 도입하기 시작하였다. 1996년부터 시행된 환경친화기업 지정제도를 필두로 이듬해인 1997년 환경정책실에 '환경경제과'를 신설하는 등 규제 위주의 전통적 정책 수단의 범주를 넘어 시장경제적 유인책 도입을 확대해 나가는 방향으로 정책 패러다임의 변화가 진행되었다.

거의 같은 시기에 또 다른 변화의 움직임은 산업정책을 총괄하는 산업통상자원부[12]에서 일어나기 시작했다. 우선 산업 분야의 환경문제를 담당하는 '기후변화산업환경과'(당시 명칭은 산업환경과)를 신설하고 제도적 기반 마련에 착수하였다. 그 결과 1995년 말에 「친환경산업법」을 제정하고 1996년 7월부터 시행하게 된다. 이어서 동 법을 근거로 산하기관인 한국생산기술원 내에 국가청정생산지원센터(KNCPC: Korea National Cleaner Production Center)를 설치하여 본격적인 환경경영 관련 정책 및 프로그램을 개발하여

---

11) 2008년부터 「환경기술 및 환경산업 지원법」이란 명칭으로 개정하여 오늘에 이르고 있다.
12) 당시 명칭은 '통상산업부'였으며, 그 후 '산업자원부', '지식경제부'로 바뀌었고, 2013년부터 현재의 이름인 '산업통상자원부'로 변경되었다.

시행하기 시작하였다. 아울러 '국가기술표준원(구 국립기술품질원)'에서 환경경영 분야의 국제표준규격인 ISO 14000 시리즈 관련 업무를 본격적으로 다루기 시작했다.

이때부터 약 10년 동안 환경부와 산업통상자원부, 양 부처는 경쟁적으로 환경경영 관련 업무를 확대·시행해 왔다. 부처 특성에 맞게 환경부는 규제와 지원이 양립하는 제도적 기반 구축과 시행에 주력해 왔으며, 산업통상자원부는 '친환경 공급망관리 정책'과 같이 기업에게 직접적인 도움을 주는 지원 프로그램 중심으로 시책을 개발하여 시행했다. 이 외에도 두 부처는 환경경영체제, 전과정평가(LCA), 친환경 설계, 청정생산, 녹색구매, 환경회계 및 보고 등 환경경영 관련 기법 개발 및 보급을 위해서도 경쟁적으로 노력했다.

2008년 8월 15일 광복절 행사에서 대통령이 공표한 범국가적 차원의 '저탄소 녹색성장(low carbon green growth)' 정책은 환경경영 관련 정책 전반에 엄청난 파장을 가져왔다. 그 후 수개월 동안의 준비 기간을 거쳐 2009년 7월 '녹색성장 국가전략'이 마련되고 '녹색성장위원회'가 출범했다. 2010년 4월 「녹색성장법」이 제정됨으로써 거의 모든 정부 부처가 녹색 관련 정책을 마련하기 시작했고, 그 범위가 국제사회로까지 확대되는 등 가히 '녹색바람'이라 할 만큼 광폭의 정책적 분위기가 형성되었다. 그러나 그 열기는 2013년 정권 교체 후 차갑게 식어 버렸다.

수년 동안 강력하게 추진되었던 녹색성장 정책에 대한 평가도 긍정과 부정이 함께 한다. 긍정적인 성과로는 녹색성장의 국가발전 의제화, 녹색기술 개발을 통한 성장동력 기반 구축, 녹색성장의 글로벌 의제화 및 국제기구 설립·유치 등을 들 수 있으며, 부정적인 면은 선택과 집중을 통한 실질적 성과 창출 미흡, 정부주도 및 공급 중심 정책 추진, 이해관계자 소통 및 사회적 형평성에 대한 고려 부족 등이 꼽히고 있다.

02
우리나라 주요 환경경영 정책

앞에서 언급한 바와 같이 우리 정부가 지난 1995년경부터 약 20년 동안 산업계의 환경경영 도입 및 확산을 위해 도입·시행해 온 정책적 시도는 실로 다양하다. 하지만 여기서 그간의 모든 정책을 일일이 나열하여 살펴보는 데에는 여러 제약이 따를 수밖에 없다. 이에 여러 정책 가운데 녹색기업, 환경경영체제(ISO 14001), 친환경 공급망관리, 환경라벨링, 녹색구매, 에코디자인(Eco-design), 녹색인증 등 7가지 대표적 제도 및 시책을 중심으로 살펴보고자 한다.

이외에도 환경부가 환경경영 확산을 위해 시행해 온 사업 가운데 특기할 만한 시책은 2009년부터 추진하고 있는 비제조업 분야(건설, 보건·의료, 공공행정, 교육, 숙박 등) 친환경 경영 확산사업을 비롯하여 신기술 인증 및 기술검증 제도, 녹색금융 기반 구축 사업, 그린카드 제도 등이 있다. 산업통상자원부에서도 청정생산 지원 시책을 비롯하여 도시광산 및 재제조산업 육성, 생태산업단지 구축, 각종 종합정보망 구축(국제환경규제, 녹색제품, 물질정보) 등 다양한 사업을 추진해 왔다.

가. 녹색기업 지정제도

환경친화기업 지정제도로 출발한 이 제도는 환경부가 1995년 4월 '환경친화기업 지정제도 운영규정'을 제정하고, 그해 12월 「대기·수질환경보전법」에 제도운영 근거를 마련한 뒤 이듬해인 1996년 7월 1일부터 시행되었다. 이후 2003년 5월 「환경기술 개발 및 지원에 관한 법률」로 지정, 근거 규정을 일원화한 바 있다. 제도의 근원은 1988년에 도입된 '환경관리 모범업소 지정제도'에서 찾을 수 있지만 당시 국제적인 논의를 거쳐 제정이 마무리 단계에 있었던 환경경영체제에 관한 국제규격(ISO 14001)과도 무관하지 않다.

ISO 14001이 국제규격이긴 하지만 환경경영체제 구축 여부에 초점을 둔 민간 차원의 인증제도라는 점에서 기업의 실질적인 환경성과를 보장하기 어렵다고 판단한 환경부가 보다 구체적으로 기업의 환경개선 효과를 도모하고자 본 제도를 시행하게 된 것이다. 환경부는 그 목적을 "기존의 규제 중심적 환경정책에서 벗어나 기업 스스로가 환경성을 평가하고 개선계획을 실행토록 하여 사업장의 자율적 환경관리 체제를 구축하기 위한 것"으로 규정하고 있다. 이에 본 제도를 통해 제품설계로부터 원료조달, 생산공정, 사후관리 등 경영 활동 전반에 걸쳐 공정개선, 관리개선, 방지시설 운영 최적화 등에 대한 개선을 유도하고, 환경친화기업으로 지정된 기업에 대해서는 원칙적으로 정기 지도 · 점검을 면제해 주고 배출시설 설치허가를 신고로 대체하는 등의 혜택을 부여해 왔다.

2003년 5월 지정 근거를 일원화하면서 지정취소 · 지위승계에 대한 근거 규정 법제화, 지도 · 점검 면제범위를 폐기물, 유해화학물질, 소음 · 진동, 오수 등으로 확대하였다. 2009년 12월에는 환경친화기업을 대상으로 환경정보 공개제도를 도입하여 해당 기업으로 하여금 배출부하량, 법규 준수여부 등 11개 항목은 의무적으로, 그리고 환경기술 도입, 환경투자, 녹색구매 등 16개 항목은 자율적으로 공개하도록 하는 등 총 27개 항목의 일반 공개를 유도하였다. 이어 2010년 4월 「녹색성장법」 시행과 함께 '환경친화기업'의 명칭이 '녹색기업'으로 변경되었다.

나. 환경경영체제(ISO 14001) 인증

환경경영 분야의 국제표준규격인 ISO 14000 시리즈의 제정은 국제상업회의소(ICC)가 1991년 '지속가능한 발전을 위한 기업 헌장'을 선포하고 지속가능발전기업협의회(BCSD)[13]와 공동으로 국제표준화기구(ISO)에 환경경영 국제표준 제정의 필요성을 제기함으로써 비롯되었다. 이에 ISO는 1991년 국제전기기술위원회(IEC: International Electrotechnical Commission)와 공동으로 환경경영 국제표준의 필요성을 검토할 환경전략자문그룹(SAGE: Strategic Advisory Group on Environment)을 발족했다.

SAGE는 이듬해인 1992년 10월 3가지 원칙[14]을 토대로 환경경영에 관한 국제표준을 제정할 것을 ISO에 건의했다. 곧바로 ISO는 1993년 2월 환경경영에 관한 국제표준화 업무를 담당할 기술위원회(TC 207: Technical Committee207)를 설치하여, 환경경영 규격 제정을 추진하게 했다. 그리고 SAGE에서 제안한 환경경영 규격안(案)을 발전시키고 차후 지원 규격의 개발 가능성을 검토하기 위한 제1차 ISO/TC 207 총회가 1993년 6월 캐나다 토론토에서 개최되었다. 이후 수차례에 걸친 회의를 통한 논의를 거쳐 1996년 9월 말 환경경영체제 국제표준 규격인 ISO 14001이 제정되었으며, 같은 해 10월에는 환경심사 규격인 ISO 14010 시리즈가 잇따라 제정·공표되었다.

우리나라에서도 1996년 12월 7일, 국가기술표준원(구 국립기술품질원)에서 ISO 14001과 동일규격인 KSA 14001을 제정했다. 나아가 정부는 1995년 12월 제정된 「친환경산업법」을 통해 ISO 14001 규격에 따른 인증 제도를 법적으로 뒷받침하고 있으며, 1996년 동법 시행령 및 시행규칙과 운영요령 등을 제정·고시하여 제도 시행의 기반을 정비했다. 아울러 민간 주도의 ISO 14001 인증 필요성을 감안하여, 1995년 민간 주도로 설립한 (재)한국인정지원센터(KAB: Korea Accreditation Board)[15]에 인정 업무를 위임하여 시행하고 있다.

---

13) WBCSD의 전신임.
14) ⓐ 환경경영의 통일된 접근방법 개발 및 보급, ⓑ 환경성과 개선을 달성하고 측정할 수 있는 조직의 능력 배양, ⓒ 환경을 빌미로 한 무역장벽 철폐와 국제교역 추진.
15) 1995년 (사)한국품질환경인증협회로 출범하여 2001년 (사)한국인정원으로 개명하였다가 2013년 (재)한국인정지원센터로 전환하였다.

다. 친환경 공급망관리 정책

정부(산업통상자원부)는 환경경영 기법의 개발 및 보급을 통해 공급망 환경관리 체제를 구축하고자 '공급망 환경관리(SCEM: Supply Chain Environmental Management)' 정책을 도입했다. 「친환경산업법」에 근거하여 국내 기업들에게 환경경영과 청정생산을 확산하기 위한 사업의 일환으로 국가청정생산지원센터에서 이 사업을 주관해 왔다. 2003년부터 청정생산기술사업의 일환으로 우선 대기업의 공급망 관리체제를 활용한 SCEM 사업을 시작하였는데, 이는 대기업의 역할을 통해 국내 중소기업이 청정생산 및 환경경영 능력을 배양하여 국제 환경규제에 효과적으로 대응할 수 있도록 하려는 취지가 담겨 있었다.

2005년을 기준으로 전자, 자동차, 석유화학, 철강, 제지, 식품 등 6개 업종 8개 업체(산업단체 포함)에서 SCEM 사업이 진행되었다. 2008년 이후에는 정부의 녹색성장 5개년 계획에 따라 기후변화협약 대응지원 사업 등을 적극적으로 추진하였으며, 2003년부터 2013년까지 17개 업종, 35개 모기업, 1487개 중소협력사가 이 사업에 참여하였다. 그동안 공급망 환경관리와 관련하여 진행된 주요 사업은 다음과 같다.

①그린파트너십 사업(2003): 모기업의 공급망을 활용한 중소협력사의 제품 환경규제대응 체계 구축 지원
②녹색성장 5개년 계획(2008): 산업의 녹색화 및 녹색산업 육성정책 추진에 따라 대·중소 그린파트너십 확대 추진
③기후변화협약 대응지원 사업(2008): 협력사의 탄소경영체제 구축, 제품 전 과정 온실가스 배출량 감축 활동을 지원하는 '탄소파트너십'으로 확대
④저탄소 녹색성장기본법(2010): 대기업과 중소기업의 공동사업 우선 지원 및 대기업의 중소기업에 대한 기술지도, 기술이전 등 지원 명시

⑤친환경산업법(2011): 기업의 녹색경영 파트너십 확산 및 해외 진출 국내 기업의 녹색경영 지원을 위해 녹색제품파트너십, 글로벌그린파트너십 사업 추진

표 1 • 그린파트너십 사업(2003~2013)

사업	업종	모기업	협력사
그린 파트너십	철강, 제지, 자동차, 석유화학, 전기전자, 디스플레이, 식품, 정밀화학, 유통, 가구	16	619
탄소 파트너십	자동차, 제지, 정밀화학, 전기전자, 철강, 디스플레이, 발전, 반도체, 유통, 의료기기, 식품, 기계, 조선, 섬유, 중공업	22	693
제품 파트너십	전기전자, 정밀화학	4	124
글로벌 파트너십	정밀화학, 디스플레이, 섬유	8	51

라. 환경라벨링 제도

환경라벨링 제도는 제품의 환경성 정보를 제품에 표시함으로써 소비자의 친환경 소비를 촉진함과 동시에 기업에게 친환경 제품의 생산 · 공급을 확대해 나가도록 유도하는 제도이다. 국제표준화기구 ISO에서는 환경라벨링을 제3자 인증 여부와 환경라벨 부여 기준에 따라 세 가지 유형으로 분류하고 있다. 우리나라도 이 세 가지 유형의 환경라벨링을 모두 도입하여 시행하고 있으며, 각 유형의 환경라벨링과 국내 관련 제도를 비교해보면 다음 〈표 2〉와 같다.

표 2 · ISO의 환경라벨링 분류

구분	〈타입 I〉 환경라벨링	〈타입 II〉 환경라벨링	〈타입 III〉 환경라벨링
ISO 규격	ISO 14024	ISO 14021	ISO 14025
일반 명칭	환경표지	환경성 자기주장	환경성적표지
인증기관	한국환경산업기술원	기업자체 인증	한국환경산업기술원
표시방법	로고/간단한 설명	문구/심볼	로고/환경성적
특기사항	제품 전 과정에 걸친 환경성 우수제품 선별 · 인증	기업의 기만적 환경성 주장은 공정거래 차원에서 규제	제품 전 과정에 걸친 정량적 환경정보 표시, 탄소성적표시제도로 확대

자료: 한국환경산업기술원(2017), 환경성적표지 인증안내서, p.5.

우리나라의 환경표지제도(타입 I)는 1992년 6월 시행된 「환경표지인증에 관한 업무규정」에 의거하여 시작되었으며, 1994년 12월 「환경기술산업법」에 그 법적 근거를 두고 있다. 이는 제품의 전 과정을 고려하여 자원 및 에너지 절약, 환경오염 예방, 인체 유해성 저감 등에 대한 환경기준과 품질기준을 설정하고 이 기준에 적합한 제품에 대해 제3의 기관이 환경표지(일명 환경마크) 사용을 인증하는 제도이다.

정부는 환경표지 인증에 대한 홍보 등 판로 개척을 지원하고 공공기관에게는 이를 의무적으로 구매토록 하는 등의 혜택이 주어진다. 또한 인증업체에게는 기업 이미지 제고 효과와 함께 녹색기업 지정 시 가산점 부여, 정부 및 공공기관의 각종 환경관련 포상 추천, 해외 환경표지 인증 및 해외전시회 참가 지원 등 다양한 지원책을 실시하고 있다.

'자기선언 라벨'이라고도 불리는 〈타입 II〉 환경라벨링은 제3자 인증과 상관없이 기업 스스로 선언하는 것으로, 환경성에 대한 자기주장 및 환경광고가 이 범주에 해당한다. 하지만 '환경친화적', '무공해', '그린' 등 포괄적인 용어의 무분별한 사용으로 소비자의 혼란을 일으키는 행위는 허용하지 않고 있다. 따라서 이 유형은 제품의 공급자가 자체적으로 제품의 환경성 주장을 할 수 있는 방법과 준수요건을 규정하여 기업의 무분별한 주장에 따른 소비자 기만행위 및 혼란 예방을 위한 가이드라인을 제시하고 있다.

'정보 제공 라벨'이라고도 불리는 타입 III 환경라벨링은 제품의 전 과정에서 발생하는 환경 영향 정보를 '정량화된 제품 정보(QPI: quantified product information)' 형태로 소비자에게 제시하는 것이다. 이때 제품 정보의 항목과 기준은 자격을 갖춘 제3자에 의해서 미리 결정되며, 제품 정보 역시 제3자로부터 검증을 받는다. 환경부는 이를 '탄소성적표지 제도'라는 이름으로 2000년 2월 「환경기술산업법」에 법적 근거를 마련하고 2001년 2월부터 시행하고 있다.

제도운영을 총괄하는 환경부를 중심으로 인증 및 작성지침 개발, 전 과정 목록분석(LCI) 데이터베이스 구축 및 정보망 운영 등의 업무는 한국환경산업기술원이 수행하고 인증심사원 양성 교육 업무는 환경보전협회에서 담당한다. 2013년 6월 본 제도의 활성화를 위해 '환경성적표지제도 대상제품과 작성지침'을 전면 개정하여 개별제품별 작성지침 체계를 단일 작성지침 체계로 일원화하였고, 환경성적표지 제품군 검증체계도 도입하였다.

한편 정부의 저탄소녹색성장 정책에 부응하여 2009년 2월부터 또 하나의 〈타입 III〉 환경라벨링인 '탄소성적표지(탄소라벨링)' 제도를 도입·시행하고 있다. 이 제도는 제품과 서비스의 모든 과정에서 발생하는 온실가스 배출량을 이산화탄소 배출량으로 환산하여 공개하는 것으로, 환경표지 제도를 담당하고 있는 한국환경산업기술원에서 운영하고 있다. 이와 같은 제도 시행의 목적은 제품과 서비스의 생산성 및 수송, 유통, 사용, 폐기 등의 과정에서 발생하는 온실가스의 배출량을 제품에 표기하여 소비자에게 제공함으로써 시장주도로 저탄소 소비문화 확산에 기여하기 위한 것이다.

이 제도는 전 세계가 동일한 방법론에 기초하여 제품의 온실가스 배출량을 산출하고자 2013년 5월에 제정된 국제표준 'ISO/TS 14067(Carbon footprint of products)'에 의거하여 시행하고 있다. 나아가 2014년 9월 탄소중립제품[16] 인증을 도입함으로써 탄소배출량 인증(1단계), 저탄소제품 인증(2단계), 탄소중립제품 인증(3단계) 등 3단계에 걸친 탄소라벨링 인증의 제도적 체계를 갖추었다.

환경부가 주관하는 환경라벨링 제도 외에도 산업통상자원부가 시행하고 있는 'GR(good recycled) 마크'가 있다. 품질이 우수한 재활용품에 부여되는 마크로서 자원 재활용에 대한 인식을 확산시키기 위해 1997년 5월 산업통상자원부 산하기관인 국가기술표준원이 도입한 제도이다. GR 마크는 기존 기술의 개량이나 개선, 신기술 개발을 통해 품질이 향상된 재활용 제품에 부착한다. 재활용업체의 신청에 의해 국가기술표준원의 제품검사 및 공장심사 등을 거쳐 우량제품을 계속 생산할 수 있는 시스템을 갖춘 업체에 한해 부여한다. 이 마크를 획득한 업체들은 낮은 이자로 시설 및 운전자금을 조달할 수 있으며 공공기관의 우선 구매 등 여러 가지 혜택을 받을 수 있다.

마. 녹색제품 구매제도

2017년에 개정된 「녹색성장법」에서는 녹색제품을 "에너지·자원의 투입과 온실가스 및 오염물질의 발생을 최소화 하는 제품"으로 정의하고 있는데, 이는 "동일 용도의 다른 제품 또는 서비스에 비하여 자원 절약에 기여하고 환경오염을 줄일 수 있는 제품"이라는 기존의 정의를 개선한 것이다. 국제적으로 점차 고조되고 있는 기후변화 대응 노력의 일환으로 온실가스 감축이 중요한 과제가 되자 이를 녹색제품의 범위에 포함시킨 것이다. 구체적으로는

---

16) 탄소배출량 인증을 받은 제품 가운데 배출량이 동종 제품군 평균 배출량보다 낮거나 국가 온실가스 감축목표(3년간 4.24%)보다 높은 감축률을 달성한 것으로 인증된 제품.

「환경기술산업법」에 의거한 환경표지 인증제품 및 동 인증기준과 「자원의 절약과 재활용 촉진에 관한 법률」 및 「산업기술혁신촉진법」에 따라 산업통상자원부 장관이 정하여 고시하는 GR마크 인증제품 및 동 인증기준에 적합한 제품을 의미한다.

환경부는 1994년부터 녹색제품 보급 확산을 위해 공공기관을 대상으로 환경표지 인증제품 및 재활용 제품에 대한 우선 구매를 추진해 왔다. 하지만 의무적이 아닌 권고 형식의 제도로는 녹색구매를 확산하는 데 한계가 있었다. 이에 기존의 한계를 극복하고 녹색제품 보급을 활성화하기 위해 「녹색제품 구매촉진에 관한 법률」을 제정하여 2005년부터 시행해 왔다. 이 법률은 환경표지 및 GR 마크 인증제품을 녹색제품으로 정하고, 공공기관에서 구매하고자 하는 품목에 녹색제품이 있을 경우 이를 의무적으로 구매하도록 규정하고 있다. 아울러 매년 기관별 녹색제품 구매계획과 실적을 의무적으로 공표하도록 함으로써 공공기관이 책임감을 가지고 적극적으로 녹색제품 구매를 확대해 나갈 것을 주문했다.

한편 공공기관 중심의 녹색구매 보급 활동을 민간부문에도 확산시키기 위해 우선 산업계와 '녹색구매 자발적 협약'을 맺고 참여기업을 대상으로 녹색구매 가이드라인 제공, 녹색구매 시스템 도입, 녹색제품 교육·홍보 실시 등 다각적인 노력을 기울여왔다. 또한 일반소비자들의 녹색구매 활성화를 위해 대규모 점포 등에 녹색제품 판매장소 설치·운영 의무화(2006), 녹색매장 시범사업 실시(2010) 등을 시행하기도 했다. 2011년 4월에는 「녹색제품 구매촉진에 관한 법률」을 개정하여 민간 부문의 녹색구매 활성화를 위한 '녹색매장 지정제도'와 함께 환경부 장관이나 지방자치단체의 장이 '녹색구매지원센터'를 설치·운영할 수 있도록 했다.

바. 에코디자인(Eco-design) 제도

환경부는 1999년 에코디자인 확산방안을 수립하고 2000년 「환경기술산업법」 개정 시 에코디자인 기법 개발 및 보급 확산을 위한 법적 근거를 마련하였다. 이는 2000년대 초부터 잇달아 등장한 각종 국제 환경규제에 대응하기 위한 것이었다. 유럽연합을 중심으로 전자 · 전기제품에 대한 '유해화학물질 제한지침(RoHS)', '폐전자 · 전기제품처리지침(WEEE)', '에너지 사용 제품에 대한 친환경설계 지침(EuP)', '에너지 관련 제품에 대한 친환경 설계지침(ErP)' 등 다각적인 환경규제 조치가 시행됨에 따라 제품의 환경성과 개선이 국제경쟁력 확보에 중요한 요소로 등장함에 따른 것이다.

2001년부터 2년 동안 차세대핵심환경기술사업의 일환으로 컴퓨터, 진공청소기, 주방가구시스템, 타이어 등 4개 제품에 대한 에코디자인 소프트웨어를 개발하였고, 2002년에는 모든 산업계가 사용할 수 있는 에코디자인 일반지침 및 소프트웨어 개발을 완료하였다. 2008년부터는 유럽연합 에코디자인 지침을 적용하여 제품군별 매뉴얼을 개발하여 보급하였고, 2009년부터는 '중소기업 친환경설계 현장 진단지도 사업'을 통해 기업의 친환경 제품개발에 실질적인 도움을 주고 있다.

이 외에도 2003년부터 에코디자인 전문교육 과정을 운영하고 2009년에는 4개 대학에 에코디자인 특성화 대학원을 지정하는 등 전문 인력을 양성해 왔다. 한편 산업통상자원부 산하 국가청정생산지원센터에서도 수차례에 걸쳐 친환경설계 제품개발을 위한 제품분석 및 전 과정평가(LCA) 기법 등에 대한 교육을 실시하였으며, 제품의 환경친화성 평가방법의 국제표준인 ISO 14040 규격을 기반으로 하여 환경친화적 제품개발을 지원하는 LCA 소프트웨어[17]를 개발하여 제공하고 있다.

---

17) PASS(Product Assessment for Sustainable Solutions)로 제품의 정량적 환경성 평가 도구임.

사. 녹색인증 제도

정부[18]는 2010년도부터 「녹색성장법」에 근거를 두고 녹색인증 제도를 운영해 왔다. 이는 유망한 녹색기술 또는 녹색사업을 선정하여 인증을 부여하는 제도로 녹색기술 및 녹색사업 인증, 녹색전문기업 확인, 그리고 2012년에 추가된 녹색기술제품 확인 등 네 분야를 대상으로 하고 있다. 8개 중앙 정부부처가 공동으로 운영하고 있는 이 제도의 업무를 총괄 지원하는 전담기관은 산업통상자원부 산하 한국산업기술진흥원이며, 각 부처 소속의 평가기관이 소관 분야의 평가를 담당하는데 환경부 소속 평가기관은 한국환경산업기술원이다. 녹색인증을 받은 유망 녹색기술 및 프로젝트를 사업화할 경우 세제 혜택이 주어지는 녹색금융 상품을 우선적으로 지원받을 수 있다. 이외에도 녹색기술 사업화 기업에 대해서는 자금, 기술개발, 수출, 마케팅 등에 대한 다양한 지원이 주어진다.

여기서 말하는 '녹색기술 인증'은 온실가스 감축기술, 에너지 이용 효율화 기술, 청정생산 기술, 청정에너지 기술, 자원순환 및 친환경 기술 등 사회·경제 활동의 전 과정에 걸쳐 에너지와 자원을 절약하고 효율적으로 사용하여 온실가스 및 오염물질의 배출을 최소화하는 기술을 대상으로 하고 있다. 한편 '녹색사업 인증'에서는 녹색기술을 활용하여 에너지와 자원을 절약하고 효율적으로 사용하여 온실가스 및 오염물질의 배출을 최소화하는 사업이 그 대상이다. '녹색전문기업 확인'은 창업 후 1년이 경과된 기업으로 인증 받은 녹색기술에 의한 직전년도 매출액 비중이 총매출의 20% 이상인 기업을 대상으로 하며, '녹색기술제품 확인'은 인증 받은 녹색기술을 적용하여 판매를 목적으로 상용화된 제품인지의 여부를 현장 조사를 통해 평가하여 확인하게 된다.

---

18) 본 제도는 산업통상자원부, 환경부, 기획재정부, 과학기술정보통신부, 문화체육관광부, 농림축산식품부, 국토교통부, 방송통신위원회 등 8개 정부부처가 공동으로 운영하고 있다.

03
시사점 및 제언

1995년 즈음 국제적으로는 리우회의 여파로 소위 '그린라운드' 열풍이 일었고 때마침 국내에서도 낙동강 페놀사고를 겪었던 터라 기업경영에서의 환경문제에 대한 관심이 고조되었다. 이러한 시대적 배경과 맞물려 정부는 정책개발 및 제도적 기반구축을 시작하고 산업계는 환경경영에 대한 실천 전략과 기법 도입에 관심을 확대해 왔다. 이제 우리나라 환경경영 정책의 역사도 어언 20년을 넘어가고 있다. 하지만 대부분의 정책이 그렇듯이 특정 정책의 성과를 계량적 또는 체계적으로 분석하여 평가하기에는 상당한 한계가 있으므로, 여기서는 관련 이론과 그간의 정책 시행과정을 종합하여 정성적 방법으로 살펴보고자 한다.

경제학자들은 환경재에 대한 시장의 부재와 실패, 소유권의 결여 등을 환경문제 발생의 원인으로 보고, 환경정책은 적절한 시장을 조성하고 소유권을 가급적 명확하게 정리하는 데 초점을 맞추어야 한다고 주장한다. 이는 결국 직접규제와 시장유인책이라는 정책수단으로 귀결된다. 환경경영 정책도 다르지 않다. 하지만 기업의 환경문제는 이미 수많은 환경정책 수단을 통해 엄격히 규제해 왔고, 그 대상도 점차 확대되어 왔다. 따라서 환경경영을 촉진하기 위한 정책은 기존의 규제정책과는 달리 기업의 전략적 변화를 유도하는 지원책에 더 많은 비중을 두게 되고, 결국 환경정책과 산업정책의 경계를 넘나들 수밖에 없다.

앞에서 살펴본 바와 같이 우리나라의 환경경영 관련 정책도 그 범위나 강도 면에서 상당한 수준으로 진행되어 왔다고 평가할 수 있다. 하지만 2013년에 실시한 연구에 따르면 "대부분의 국내 기업에서 녹색구매, 청정생산, 친환경 제품, 환경경영체제 등 전반에 걸쳐 환경경영이 제대로 이루어지지 않고 있는 것"(이창훈 외, 2013, p.52)으로 조사되었다. 그 이유로는 환경경영이 기업의 경영성과에 그다지 도움이 되지 않기 때문이라는 것이다. 이에 환경경영이 기업의 재무적 성과에 직결된다면 정부의 정책적 노력이 없더라도 기업이 자발적으로 환경경영을 추진할 것이라는 분석이 뒤따른다.

그렇다고 해서 지금까지의 환경경영 관련 정책이 아무런 성과를 내지 못했다고 단정할 수는 없다. 이러한 평가를 내리려면 기존의 정책적 노력이 없었을 때를 가정한 또 다른 분석이 필요하기 때문이다. 하지만 향후 우리 기업의 환경경영을 촉진하기 위해서는 보다 효과적인 정책 수단 마련이 필요한 것은 분명해 보이며, 그 방향은 환경이슈에 대해 당위론적 주장이 아니라 경제메커니즘 또는 시장현실을 고려하여 접근해야 한다는 점을 시사하고 있다.

그렇다면 어떤 유형의 정책 수단이 보다 효과적인 대안이 될 수 있을까? 이 물음에 답하기 위해서는 우리나라가 범국가 차원에서 녹색성장 정책을 추진했던 경험에 비추어 그 결과를 점검해 보는 것도 의미 있는 일이다. 당시 정부가 제시한 녹색성장 정책수단은 국가의 직접투자, 직접규제, 경제적 유인책, 외부경제의 내부화, 도덕적 설득 등 크게 다섯 가지 범주로 구성되어 있다(녹색성장위원회, 2009, p.55). 기존에 주로 활용되어 오던 정부의 직접투자와 규제, 유인책에 더하여 외부경제의 내부화 및 도덕적 설득 등을 추가함으로써 가히 가용한 정책 수단을 총망라한 것이라 할 수 있다. 하지만 정부의 강력한 의지를 담아 이처럼 포괄적인 정책수단을 구상하고 추진하려 했음에도 불구하고 실제 시행과정과 결과에 대해서는 상당 부분 아쉬움이 남는다.

지금까지 20년 이상 시행되어온 환경경영 관련 정책에서 미진했던 부분을 녹색성장 정책에서 제시한 정책 틀을 참고하여 분석하고 그것을 바탕으로 향후 관련 정책이 나아가야 할 방향을 제시해 보면 다음과 같다.

첫째, 환경에 대한 근본적인 철학과 성찰이 부족했다는 점을 지적할 수 있다. 환경의 가치에 대해 국민적 공감대를 조성하기 위한 노력이 절대적으로 부족한 데다가 기존의 성장패러다임 위주에서 벗어나 인류의 보편적 가치를 소중히 여기는 수준에 이르지 못했다는 것이다. 최근 기후변화협약에 대한 우리나라의 입장이나 UN이 제시하고 있는 17개 '지속가능발전목표(SDGs: Sustainable Development Goals)'에 대한 우리 사회의 대응 등을 종합해 볼 때 이러한 평가를 무리라고 볼 수 없다. 특히 환경가치에 대한 법·제도적 반영이 절대적으로 미흡한 상태에서 기업경영자가 스스로 그 가치를 고려하면서 친환경 경영을 해 나갈 것으로 기대하기는 어렵다. 이에 환경가치에 대한 철학적 공감대 조성과 이를 바탕으로 한 관련 법·제도 정비가 이루어져야 제대로 된 환경경영이 가능할 것이다.

둘째, 시장원리에 기반을 둔 경제·산업·환경정책 도입이 부진했다는 점이다. 즉 친환경 세제 도입이나 환경재 및 서비스에 대한 가격 조정 등에 의한 친환경 시장 조성이 미진했던 것이다. 그 결과 기업의 자발적이고 전략적인 변화를 유도하지 못했으며, 중화학공업 중심의 산업구조가 상당 기간 고착화되고 있어 향후 환경적으로 큰 부담이 될 것으로 보인다. 이는 이미 20여 년 전인 1995년에 「환경친화적 산업구조로의 전환 촉진에 관한 법률」이란 명칭의 법률을 제정했던 사실에 비추어 볼 때 몹시 아쉬운 부분이다. 이 법의 명칭과는 달리 우리 정부가 경제·산업 정책에서 친환경 산업구조로의 전환을 심도 있게 다루었던 적이 거의 없었다. 녹색성장 정책에서 어느 정도 시도는 했었지만, 그것도 주류 경제정책의 뒷받침이 거의 없어 시늉에 그친 수준이었다. 비록 늦은 감이 있지만 1973년 '중화학공업 선언' 이래 거의 반세기 동안 지속되어온 기존의 경제성장 패러다임을 넘어선 전략적 환경경영이 절실히 필요한 때이다.

셋째, 도덕적 설득에 의한 의식 전환 추진이 체계적으로 이루어지지 않았다는 점이다. 전통적으로 이 부분은 환경단체를 중심으로 한 비정부 부문의 역할로 다루어져 왔다. 하지만 환경경영은 기업의 최고경영자가 전략적 차원에서 추진해야 하는 고도의 전문성이 요구되는 분야라는 점에서 새로운 차원의 접근이 필요하다. 특히 대학이나 연구소를 중심으로 체계적인 교육과 연구가 이루어져야 하는 분야지만, 이러한 주장이 제기된 지 20년이 훨씬 지난 지금도 그 실태는 매우 열악한 실정이다. 사실 최근의 시장 현실을 직시한다면 이는 이해하기 어려운 면이 있다. 신재생에너지, 전기자동차, 친환경 먹거리 및 생활용품 등에서 보듯이 이미 실제 시장에서 제품의 환경성이 매우 중요한 경쟁요인으로 작용하고 있음에도 이것이 전략적 환경경영의 핵심 연구 대상이라는 점을 제대로 이해하지 못하고 있는 것이다. 대학의 교과과정은 물론 기업에서도 환경경영 전략 및 기법 개발, 그리고 실행에 보다 많은 관심을 기울여야 하는 이유이다.

참고문헌

국내문헌　· 김홍균 외(2013), 환경경제학, 경문사.
· 녹색성장위원회(2009), 녹색성장 국가전략.
· 산업자원부(2006), 산업계 환경경영 촉진을 위한 기획연구.
· 이병욱(1997), 환경경영론, 비봉출판사.
· 이병욱, 안윤기(2015), 환경경영의 이해, 에코리브르.
· 이창훈 외(2013), 녹색경영 확산을 위한 법·제도 개선방안, 한국환경정책·
　평가연구원.
· 정회성 외(2014), 한국의 환경정책, 환경과문명.
· 한국환경산업기술원(2017), 환경성적표지 인증안내서.
· 환경부(2001), 에코2 프로젝트 환경경영팀 구성 및 운영.
· 환경부(2007), 환경경영학 교육·연구 활성화 방안 연구.
· 환경부(2010), 환경30년사.
· 환경부, 환경백서, 각 연도.

국외문헌　· Carson, R.(1965), Silent Spring, Harmondsworth, Penguin Books.
· Christie, I., H. Rolfe and R. Legard(1995), Cleaner Production in
　Industry: Integrating Business Goals and Environmental Management,
　London, Policy Studies Institute.
· Gray, R., J. Bebbington and D. Walters(1993), Accounting for the
　Environment, London, Paul Chapman Publishing.
· Lee, B. W. and K. Green(1994), "Towards Commercial and
　Environmental Excellence: A Green Portfolio Matrix," Business Strategy
　and the Environment, 3(3), pp.1-9.
· Meadows, D. H., D. L. Meadows, J. Randers and W. Behrens(1972),
　The Limits to Growth, London, Pan Books.
· North, K.(1992), Environmental Business Management, Geneva,
　International Labor Organization.
· Schmidheiny, S. with BCSD(1992), Changing Course, Cambridge, The
　MIT Press.
· WCED(1987), Our Common Future, Oxford, Oxford University Press.
· Wolters, T., M. Bouman and M. Peeters(1995), "Environmental
　Management and Employment: Pollution Prevention Requires

Significant Employee Participation," Greener Management International, 11, pp.63-72.

온라인자료 • 국가청정생산지원센터, http://www.kncpc.or.kr, 검색일: 2017.11.14.
• 법제처, "환경기술 및 환경산업 지원법 (약칭: 환경기술산업법)", http://www.law.go.kr, 검색일: 2017.10.12.
• 법제처, "환경친화적 산업구조로의 전환촉진에 관한 법률 (약칭: 친환경산업법)", http://www.law.go.kr, 검색일: 2017.10.12.
• 법제처, "저탄소 녹색성장 기본법(약칭: 녹색성장법)", http://www.law.go.kr, 검색일: 2017.11.09.
• 산업통상자원부, http://www.motie.go.kr, 검색일: 수시(2017.10.10.~11.27.).
• 한국인정지원센터, http://www.kab.or.kr, 검색일: 2017.11.13.
• 한국환경산업기술원, http://www.keiti.re.kr, 검색일: 2017.10.12.
• 환경부, http://www.me.go.kr, 검색일: 수시(2017.10.10.~11.27.).

4장
한국의 환경거버넌스 관련 정책 변천

이창우(한국도시농업연구소)

01
서론

환경정책의 기본원칙에는 오염자부담의 원칙, 사전예방의 원칙, 협력의 원칙 등이 있다. 이 가운데 협력의 원칙이 점점 더 중시되고 있다. 협력의 원칙은 모든 이해관계자가 공동의 책임을 지고 참여해서 협력하여 환경문제를 해결해야 한다는 원칙이다. 국가가 환경정책을 수립하고 집행하는 데 있어 여성, 지방자치단체, 과학자 등을 포함하는 주요 그룹과 기타 이해관계자[1]가 공동으로 환경정책 과정에 참여하면 환경정책 목표를 효율적으로 달성할 수 있다는 점에서 협력의 원칙을 기반으로 하는 환경거버넌스 제도가 중요하다.

여기에서는 한국의 환경거버넌스 관련 정책 변천을 다룬다. 특히 중앙과 지방간 역할 분담, 국제환경협력, 민관환경협력, 환경갈등 분야를 중심으로 살펴본다. 정부와 기업 간 환경협력 분야는 자발적 협약과 기업의 사회적 책임 등의 분야에서 상당한 성과를 거두어왔으나 지난 수십 년에 걸친 환경정

---

1) 여성, 어린이와 청소년, 원주민, NGO, 지방정부, 노동자와 노동조합, 기업, 과학기술계, 농민 등 전통적인 9개 주요 그룹과 이에 포함되지 않는 기타 이해관계자를 합쳐 유엔에서는 '주요 그룹 및 이해관계자(MGoS: Major Groups and other Stakeholders)'라고 부른다.

책 변천 과정이라는 측면에서 다루기에는 상대적으로 그 역사가 아직 일천하다고 보아 여기서 다루지 않기로 한다.

우리나라에서는 1995년 지방자치제 도입으로 환경행정에서 중앙과 지방의 역할 분담이 본격 논의되기 시작하였다. 지방 환경거버넌스의 패러다임 변화가 '지방의제 21'을 계기로 일어났으며 지금은 지방의제 21 운동이 지방 차원의 유엔 지속가능발전목표 수립 운동으로 전환되고 있다. 국제환경거버넌스 분야는 국제환경협약의 이행을 포함하여 동북아 환경협력과 관련된 사항이 중심을 이룬다. 민관환경협력의 강화는 시민사회의 발달과 궤적을 같이 하는데, 주요 환경운동단체가 발전하는 과정에서 민관환경협력 관련 정책도 다양하게 전개되어 왔다. 환경갈등 문제를 환경정책과 연계하기 위해서는 환경분쟁조정제도의 발달 과정을 더욱 자세히 살펴볼 필요가 있다.

이에 우선 환경거버넌스의 개념을 정의한 후, 이 글에서 다룰 환경거버넌스 유형을 분류하기 위해 공간 부문들과 참여 주체 부문들 간 상호작용하는 환경거버넌스 구조를 제안한다. 다음에는 위에서 언급한 네 가지 주요 분야별로 정책 변천 과정을 살펴본 후 마지막으로 환경거버넌스와 관련한 주요 이슈와 문제점을 제시한다.

02
환경거버넌스의 개념과 구조

세계적으로 볼 때 환경거버넌스는 지구환경문제 해결을 위한 국제환경협력 차원에서 논의되기 시작했다. 우리나라에서는 환경갈등의 증가, 지방자치의 발달, 환경단체의 정치세력화와 같은 여건 변화에 따라 정부, 시민사회, 기업의 파트너십에 기초하여 환경문제를 해결해야 한다는 점이 강조되고 있다.

거버넌스는 참여 주체의 영향력 정도에 따라 시장주도형, 정부주도형, 시민사회 주도형으로 구분한다(환경부, 2004). 특히 국가 차원의 환경거버넌스 유형은 직접 조정, 간접 조정, 자율적 조정 등 세 가지로 구분되는데, 이 가운데 시민사회의 능동적인 역할 수행까지 포함하는 자율적 조정 방식이 거버넌스 이념에 가장 가깝다고 말할 수 있다(환경부, 2004, pp.55-56). 환경거버넌스는 환경문제 해결을 위한 정책수단의 변화로 문제해결형, 환경갈등의 해결방식으로서의 갈등관리형, 지속가능발전을 위한 목표달성형으로 나누기도 한다. 우리나라의 자율환경관리가 문제해결형 환경거버넌스의 좋은 예이다. 여러 정책참여자 사이의 이해관계가 반영되어 환경갈등이 나타나므로 참여와 협력의 원칙에 기초하여 서로 상충되는 이익을 조정하는 갈등관리형 환경거버넌스도 좋은 대안이 될 수 있다. 참여민주주의의 역량과 자치기반이 약하던 우리나라에서 지방의제 21이 지속가능발전을 위한 목표달성형 환경거버넌스로서의 가능성을 보여주었다고 말할 수 있다(고재경, 2007).

한편 환경거버넌스는 자연생태계와 자연자원에 대한 공동 관리에 초점을 두는 협의의 환경거버넌스와 사회제도적 개선을 통한 환경문제의 총체적 해결을 추구하는 광의의 환경거버넌스로 구분하기도 한다(환경부, 2004, p.57). 다양한 이해관계자들이 참여하여 협력할 수 있도록 제도적 변화를 설계하면서 정책대안의 범위를 확장하고 문제해결 능력을 높이고자 하는, 광의의 환경거버넌스가 점점 더 중시되는 경향이다.

지속가능성 전환(Sustainability Transition)이 성숙하고 있는 현 시점에서 우리나라의 환경거버넌스는 지속가능발전을 달성하기 위한 정책 목표를 효율적으로 이행하기 위한 정책수단이라는 의미가 중시되는 방향으로 패러다임이 바뀌고 있다. 다시 말해 무게중심이 환경에서 지속가능성으로 변화하면서 환경거버넌스가 환경적, 경제적, 사회적 측면이 통합되는 방향으로 발전하고 있다.

환경거버넌스는 다양한 시각에서 다양한 개념 정의가 가능하겠지만, 여기서는 '시민사회, 정부, 기업 부문의 다양한 이해관계자가 참여와 협력을 통하여 환경문제를 공동으로 해결해나가는 체제'라고 정의해둔다.

한편 인류가 환경에 미친 막대한 영향 때문에 지구가 새로운 지질시대로 진입하게 되었으며 이를 '인류세(Anthropocene)'라고 불러야 한다는 주장이 제기되고 있다.[2] 인류가 플라스틱이나 이산화탄소와 같은 온실가스를 대기와 지층, 바다와 빙하에 축적시키는 과정에서 이전 시대와 다른 지질학적 변화를 지구에 가져오고 있다는 것이다. 인류세에서 가장 중요한 도전은 인간이 지배하는 생태계에서의 자원관리가 인간 행동의 관리에 초점을 두어야 한다는 인식 전환이다(Young, Oran R., 2013, p.123). 인류세의 환경거버넌스는 지금까지와는 달리 지속가능성을 중시하는 방향으로 나아가고 있다. 인류세의 환경거버넌스는 지구온난화나 생물다양성 감소와 같은 악순환의 고리를 끊고 선순환의 방향으로 나아가도록 인간의 행동을 유도하는 것이어야 한다(Young, Oran R., 2013, p.163). 환경문제 발생의 원인이 사회구조적 특성에서 기인한다고 볼 때 궁극적으로 환경거버넌스는 사회체계와 제도의 개선을 중시할 필요가 있다.

환경거버넌스는 공간을 중심으로 지방, 국가, 지구로 구분되는 수직축과 참여 주체를 중심으로 시민사회, 정부, 기업으로 구분되는 수평축 사이에서 상호작용하는 복잡한 구조를 이룬다. 여기서는 정책 변천이라는 관점에서

---

2) 파울 크루첸(Paul Crutzen)과 유진 스토머(Eugene Stoermer)는 2000년 5월, IGBP(국제 지권 생물권 연구계획) 뉴스레터에 공동으로 「인류세(Anthropocene」라는 짧은 글을 기고하였다. 크루첸은 단독으로 2002년 1월 과학잡지 네이처에 「인류의 지질(Geology of Mankind)」이라는 제목이 붙은 1쪽 분량의 짧은 논문을 투고하였다. 그는 인간이 지질학적 특성에 강력하게 영향을 미치는 존재가 되었는데, 그 영향력이 매우 커서 이러한 상황을 정확하게 기술하기 위해서는 새로운 지질시대를 지정할 필요가 있으며, 이 새로운 '인간의 시대(Age of Humans)' 즉 인류세가 18세기 후반에 일어난 산업혁명과 함께 시작되었다고 주장하였다(Crutzen, Paul J., 2002, p.23).

공간축의 국가가 참여주체축의 정부 부문과 맞닿는 영역인 중앙과 지방의 역할 분담(〈그림 1〉의 A) 분야, 국제환경협력(〈그림 1〉의 B) 분야, 참여주체축의 시민사회 부문과 맞닿는 영역인 민관환경협력(〈그림 1〉의 C) 분야, 그리고 다양한 부문과 광범위하게 맞닿는 영역인 환경갈등 분야를 다룬다.

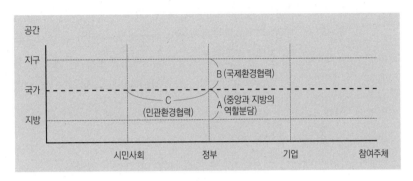

그림 1 • 환경거버넌스의 구조

03
주요 분야별 정책 변천

가. 중앙과 지방 간 역할 분담[3]

1) 특별지방행정기구의 설치와 변천 과정

1977년 환경보전법 제정 이후 환경법령 제정과 규제기준 설정을 비롯하여 환경정책의 기본구조를 마련하는 기능은 중앙정부가 맡고, 배출시설 관리업무 등 집행과 관련한 기능은 일정 부분 시·도가 담당하는 역할 분담이 있었다. 1980년 설립된 환경청은 수계별 수질오염 실태, 대기영향권별 대기오염

---

3) 정회성 외, 2014.

실태를 파악하기 위해 지방환경측정사무소를 설치하였다. 환경청은 1984년 임시기구로 11개 중앙지도점검반을 편성하여 전국 19개 주요 공업단지와 여타 지역에 입지한 대형 배출업소를 집중관리하기 시작하였다. 1986년 중앙지도점검반은 지방환경측정사무소와 통합되어 전국 6개소의 환경지청으로 발전하였다. 배출시설 관리업무는 중앙의 특별지방행정기구인 환경지청과 시·도가 분장하게 되었다. 1990년 환경청이 환경처로 되면서 환경지청은 지방환경관리청으로 개편되었다. 이후 지방환경관리청은 1994년 낙동강 수질오염사고에 따른 정부개편과정에서 4대강 유역별 환경관리청으로 다시 개편되었다. 현재 4대강 수계의 유역을 관리하는 특별지방행정기관으로 한강, 낙동강, 금강, 영산강 유역환경청과 원주, 대구, 새만금 지방환경청이 있고, 수도권 대기환경 개선업무 전담기구로 수도권대기환경청이 있다.

2) 배출업소 관리에 대한 지방환경관서와 시·도 간 업무 분담

개별 배출시설에 대한 허가와 지도 점검 업무는 시도에 위임되어 있었으나 환경청이 배출업소 지도 점검 업무에 개입하면서 지방환경관서와 시·도 간 업무 분담은 시기에 따라 변하게 되었다. 1980년대에 울산, 온산 공단지역 환경오염 문제를 계기로 편성된 중앙 환경오염 특별점검반이 정규조직으로 발전하면서 환경청 소속기관으로 환경지청이 출범하게 되었다. 당시에는 공업단지 내 업소와 공업단지 외 지역에 소재하는 배출업소라도 오염물질 배출량이 많은 1~3종 배출사업장은 환경지청에서 관리하고, 그 외 지역에 있는 소규모 배출시설은 시도에서 관리하였다. 1991년 3월 낙동강 페놀오염사고가 발생하면서 지방환경관서의 기능은 수계관리 등 영향권 관리 기능으로 전환하고 배출업소 허가 및 지도점검 권한은 시도로 일원화되었다. 그러나 1994년 낙동강 페유기용제 수질오염사고가 다시 발생하면서 배출업소 관리업무를 시·도가 전담하는 데 문제가 제기되었고, 공업단지 지역 내 배출업소 관리는 다시 지방환경관서에서 담당하는 것으로 조정되었다. 1996년부터 지방자치제가 본격 시행되면서 중앙정부 기능을 대폭 지방자치단체에 이양 또는 위임해야 한다는 목소리가 컸다. 하지만 환경오염의 광역성과 위해성을 이유로 주요 오염원은 지방환경관서가 담당하여야 한다는 의견이 우세하여 지방환경관서와 지방자치단체가 이원적으로 관리하는 체제가 유지되었다. 2002년 8월 한강특별법을 비롯한 4대강 특별법 제정을 계기로 지방환경관서의 기능을 4대강 유역관리체제로 전환함에 따라 배출업소에 대한 관리는 완전히 지방자치단체로 일원화되었다. 하지만 4대강 유역환경청에 환경감시대가 설치되어 배출업소에 대한 지방자치단체의 지도점검 업무를 보완하고 있다.

3) 중앙과 지방 간 역할분담체계

시 · 도의 광역자치단체와 시군구의 기초자치단체는 고유업무는 물론 위임업무로 환경정책 기능을 수행한다. 지방자치단체의 고유업무에는 관할구역 환경보전대책 수립과 시행, 생활폐기물 수집과 처리, 오수 · 분뇨 · 축산폐수 처리, 소음진동과 자동차 배출가스 규제 등이 있다. 환경부장관 위임사무로는 환경오염물질 배출업소 관리와 환경개선부담금 부과 및 징수 등의 업무를 수행하고 있다. 광역자치단체로 위임되어 있는 업무 중 일부는 기초자치단체로 재위임되어 수행되고 있다. 2001년 지방이양촉진위원회의 결정으로 환경관리청과 지방자치단체가 공단 내외로 나누어 분장하고 있던 배출업소 지도 · 단속업무는 2002년 7월부터 지방자치단체로 일원화되었다.

현재 환경부는 환경관계법령 제정과 규제기준 설정을 비롯하여 환경정책의 기본 틀을 마련하고 있으며, 집행의 책임은 환경관리청과 지방자치단체가 서로 분담하고 있다.

지방자치단체의 환경행정기구는 지방자치단체마다 조금씩 다르다. 16개 광역자치단체는 환경녹지국, 환경산림국, 환경보전국 또는 환경과 해양, 문화, 관광 등을 통합한 부서를 설치, 운영하고 있다. 기초자치단체는 환경보호과, 환경정책과, 환경관리과 또는 지역별로 식품위생, 해양관리 기능 등을 통합한 부서를 설치, 운영하고 있다.

나. 국제환경협력의 강화[4]

우리나라의 국제환경거버넌스는 크게 동북아지역을 중심으로 한 지역별, 국가 간 환경협력, 국제환경협약 대응, 국제기구와의 환경협력, 국제환경 · 무역협상의 네 부분으로 나누어 살펴볼 수 있다. 여기에서는 지역별, 국가 간 환경협력 분야를 우리나라의 대표적인 국제환경거버넌스 영역으로 보고 중점적으로 살펴본다.

1) 동북아지역 환경협력

황사, 대기오염, 유해폐기물을 비롯한 동북아지역 환경문제를 해결하기 위한 협력방안을 도출하고, 한국과 중국, 일본 삼국 간 환경공동체 의식을 제고하기 위해 1998년 우리나라가 제안하여 1999년부터 매년 정기적으로 '한 · 중 · 일 환경장관회의(TEMM: Tripartite Environment Ministers Meeting)'가 개최되고 있다. 이 회의는 동북아지역의 유일한 환경 분야 각료급 회의이며 3국 사이의 환경협력을 위한 최고위급 조정기구로서, 2016년까지 총 18차례 개최되었다.

2007년 3월과 9월에 한국과 일본에서 열린 '황사 대응 한 · 중 · 일 국장급 회의'에서 '한 · 중 · 일 황사공동연구단'의 구성에 합의하였고, 2007년 12월에 일본 토야마현에서 열린 제9차 TEMM에서 3국 환경장관의 승인을 얻어 황사 대응을 위한 공동연구를 시작하였다. 2008년부터 기상 · 예보 분야의 한 ·

---

4) 환경부(2017), 환경백서.

중·일 황사공동연구단 실무그룹 회의를 개최하고 있으며, 생태복원 분야의 한·중·일 황사공동연구단 실무그룹 회의도 2008년부터 개최하고 있다.

2009년 6월에 중국 북경에서 개최된 제11차 TEMM에서는 지난 10년의 성과를 평가하고 2010년에서 2014년에 걸쳐 우선협력 분야 10개항에 합의하였다. 2010년 5월 일본 홋카이도에서 개최된 제12차 회의에서는 2009년 6월 합의안을 이행하기 위한 공동실행계획을 채택하였다.

2011년 4월 부산에서 개최된 제13차 회의에서는 학생과 산업계를 비롯한 민간 분야가 참여한 '학생 및 산업계 포럼'을 열었다. 공동합의문에는 지진, 화산 폭발 등 재난으로 발생하는 환경피해의 예방과 극복을 위해 3국이 협력 방안을 모색하자는 내용이 포함되었다.

2013년 5월 일본 기타큐슈에서 개최된 제15차 회의에서는 대기오염, 황사, 생물다양성, 기후변화, 녹색기후기금 분야에 대한 3국 협력 강화에 합의하였다. 이 회의에서는 특히 황사와 미세먼지를 비롯한 동북아 대기오염문제에 대응하기 위한 '한·중·일 대기분야 정책 대화'를 창설하기로 하였다.

2014년 4월, 대구에서 열린 제16차 회의에서는 공통적인 새로운 관심 분야를 반영하고, 기존 우선협력 분야를 부분적으로 조정하여 2015년부터 2019년까지 진행할 새로운 9대 우선협력 분야를 선정하였다. 2015년 4월 중국 상하이에서 개최된 제17차 회의에서는 지난 회의 합의안 이행을 위해 2019년까지 중점적으로 추진할 9대 우선협력 분야의 37개 협력사업이 포함된 3국 공동실행계획을 채택하였다.

2016년 4월, 일본 시즈오카에서 열린 제18차 회의에서는 지난 회의에서 합의한 공동 실행계획의 이행 현황을 점검하였다. 서울에서 열린 6차 한·일·중 정상회담 후속조치 이행을 위해 '환경산업·기술 공유 네트워크' 창설에 합의하는 한편, 대기정책대화 산하의 실무그룹이 2019년까지 이행할 작업계획을 승인하였다.

2) 국가 간 환경협력

중국과의 환경협력은 1993년 10월 한 · 중 환경협력협정을 체결한 것을 계기로 본격화되어 2003년에는 양국 환경부 간에 '한 · 중 환경협력 양해각서'를 체결하였으며, 2014년 7월에 동 양해각서를 개정하여 체결하였다. 1994년 제1차 한 · 중 환경협력공동위원회가 창설된 이래, 2015년 11월 중국 베이징 회의까지 총 20차례의 회의가 개최되었다. 동 위원회를 통해 양국은 환경정책을 공유하고 환경산업 · 기술, 건강영향연구 분야에서 협력사업을 추진 중이다. 2015년 6월 베이징에 한 · 중 대기질 공동연구단을 개소하였으며 초미세먼지 발생특성 연구 등을 추진하고 있다. 중국 내 미세먼지 저감과 대중국 환경산업 진출 확대를 위해 양국 정부와 기업이 협력하여 2016년까지 대기오염저감 실증사업 계약을 체결하였다. 한편, 2016년 4월 양국 환경부는 국장급 정례 협의체 신설, 한 · 중 환경협력센터 설치, 주요 분야 중장기 협력계획 마련을 위해 노력하기로 합의하였다. 양국 환경부는 「환경협력 강화를 위한 협력의향서」를 체결하였으며, 2016년 11월 서울에서 제1회 한 · 중 환경부 국장급회의를 개최하여 대기 · 물 · 토양 분야 환경정책을 공유하고 한 · 중 환경협력 발전방안을 논의하였다.

일본과의 환경협력은 1992년 1월에 열린 한 · 일 정상회담의 후속조치로 1993년 6월에 한 · 일 환경협력협정이 체결되면서 본격적으로 시작되었다. 1994년부터 매년 한 · 일 환경협력공동위원회를 개최하여 환경정책을 소개하고 환경문제의 지역 · 국제 협력방안을 논의하며 공동위원회 차원의 협력사업 이행 상황을 점검하고 있다. 2015년 5월 일본 도쿄에서 개최된 '제17차 한 · 일 환경협력공동위원회'에서는 기후변화 대응 COP 20 평가 및 향후 협력방안과 생물다양성협약 제12차 당사국총회 협력방안 등을 논의하였다. 2016년 4월 양국 환경부는 국장급 협의체를 신설하기로 하였다. 2017년 2월 일본 도쿄에서 제1차 한 · 일 환경부 국장급회의를 개최하여 양국의 자원순환 정책 현안을 논의하였다.

한편, 중국과 일본과의 환경협력 이외에도 다양한 국제 협력을 진행하였다. 먼저 2007년 1월에 서울에서 개최된 한·몽골 환경장관 회의에서 두 나라는 황사문제가 동북아시아지역의 현안이라는 점에 공감하고 황사문제 해결을 위해 협력하기로 하였다. 러시아와는 1994년 6월 한·러 환경협력협정에 서명한 후 1995년 1월 한·러 환경협력공동위원회를 열고나서부터 지속적으로 협력해오고 있다. 동남아지역은 환경시장 규모가 증가하고 있어 환경외교와 환경산업 측면에서 중요성이 커지고 있다. 한·베트남 환경장관회의, 아세안+3 환경장관회의, 동아시아정상회의 산하 환경장관회의 등 정기회의를 개최하여 동남아 지역 환경협력 논의를 선도하고 있다.

석유와 천연가스를 비롯한 자원이 풍부한 중동 및 중앙아시아 국가와 자원외교를 펼쳐야 할 필요성이 있어 환경부는 우리나라의 환경산업 진출을 지원하고 있다. 환경부는 2010년 11월 한·아프리카 환경협력 포럼을 열어 한·아프리카 환경협력방안 논의 기반을 마련하고 매년 포럼을 개최하고 있다.

선진 환경정책·제도와 환경기술을 도입하여 국내 환경을 개선하고자 북미와 유럽 등 선진국과 환경협력도 추진하고 있다. 특히 미국, 프랑스, 독일 등의 국가와 환경협력 양해각서(MOU)를 체결하여 공동협력 사업을 수행하고 있다. 아울러 에콰도르, 칠레, 멕시코 등 중남미 국가와도 환경협력 MOU를 체결하여 생물다양성과 폐기물 분야를 중심으로 환경협력을 추진하고 있다.

EU와의 환경협력의 경우, 2001년 4월 한·EU 기본협력협정 발효 후 EU 대표부에 환경공무원을 파견하여 EU의 환경정책동향을 파악하고 있다. 매년 브뤼셀과 서울에서 한·EU 공동위원회 회의를 열어 환경분야 협력방안을 논의하고 있고, 2015년부터 한-EU 공동위원회 산하에 환경·기후변화·에너지 작업반을 새로 만들어 환경·기후변화 분야 협력방안 논의를 강화하고 있다. 유럽 개별국가와의 양자협력도 추진되고 있다. 1998년 3월에 동유럽 국가로는 최초로 헝가리와 환경협력 MOU를 체결하였고, 2012년 9월에는 한-덴마크 환경장관회의를 열어 1998년 체결한 환경협력 MOU를 개정 체결했다. 배출권거래제 시행과 관련하여 영국, 독일, 프랑스와 협력도 강화하고 있다.

다. 환경운동의 발달과 민관 환경협력

1) 환경운동의 발달

환경정책과정의 참여자 중 시민사회단체의 중요성이 점점 커지고 있다. 우리나라에서 1980년대 이후 본격 논의되기 시작한 시민사회는 당시의 등장 배경이나 역할에 근거해 볼 때 '국가에 대항하는 시민사회'라는 의미가 강했다(환경행정연구회, 2017, p.131). 환경단체는 일반국민을 환경보호의 지지집단으로 동원하고, 정치 체제가 환경문제 해결에 적극 나서도록 압력을 가하며, 기업이 환경규제에 반대하지 못하게 하는 선도적 역할을 한다(정준금, 2007, p.267).

우리나라 환경운동은 1960~1970년대의 태동기와 1980년대의 내부적 성숙기를 거치고, 1990년대 이후 외부적 성장기를 거쳐 지금에 이르렀다(정준금, 2007, pp.275-286). 1960~1970년대 환경운동은 주로 공단지역을 중심으로 공해 때문에 일어난 재산 피해를 보상받기 위한 지역주민의 일회성 피해 보상운동이 주를 이루었다.

1980년대에 들어서면서 좀 더 조직적인 환경운동단체들이 나타났다. 이 단체들은 민주화 요구 세력과 더불어 환경운동을 사회변혁운동의 하나로 발전시켰는데 한국공해문제연구소(1982), 공해반대시민운동협의회(1986) 등이 이 시기에 활동한 대표적인 단체이다.

1990년대에는 기존의 여러 환경운동단체가 통합하였고 환경운동의 대중화가 시작되었으며 환경운동의 유형, 목적, 수단이 다양해졌다. 대표적인 환경운동단체의 하나인 녹색연합은, 1991년 6월 결성된 푸른한반도되찾기 시민의 모임과 1993년 3월에 만들어진 배달환경클럽에 뿌리를 두고 있다. 1994년 4월, 이 두 모임과 녹색당 창당준비위원회가 배달녹색연합으로 합쳐지고 1996년 4월 명칭이 녹색연합으로 변경되었다. 한편 1991년에는 환경정책연구소, 환경을 살리는 여성들 등 여러 환경운동단체들이 속속 등장하기도 하였다.

환경운동연합은 공해반대시민운동협의회, 공해추방운동청년협의회가 1988년 통합하여 출범한 공해추방운동연합(이하 공추련)을 뿌리로 한다. 공추련은 1987년 6월 항쟁 이후 높아진 시민의 사회참여 기운에 힘입어 우리나라에서 대중적인 환경운동의 서막을 열었다. 1992년 리우회의를 계기로 한국의 환경운동이 새로운 변화를 추구할 즈음인 1993년 4월, 공추련 등 전국의 8개 환경단체가 통합되어 전국 조직인 환경운동연합이 탄생했다. 아시아 최대 규모의 환경단체인 환경운동연합은 2002년에 세계 3대 환경운동단체 중 하나인 '지구의 벗' 회원단체로 가입하여 '지구의 벗 한국'으로 협력하고 있기도 하다.

환경정의는 1992년 11월 설립된, 경제정의실천시민연합 산하 환경개발센터에 뿌리를 두고 있다. 이 센터가 1998년 11월 환경정의시민연대로 이름이 바뀌었으며 1999년 7월 경실련에서 독립하여 같은 해 9월 재차 창립되었다.

한편 「기부금품의 모집 및 사용에 관한 법률」에서는 시민단체가 환경보전에 관한 사업이나 시민참여, 자원봉사 등 건전한 시민사회 구축에 관한 사업 등을 하기 위하여 기부금품을 모집하여 사용할 수 있도록 법적으로 보장하고 있다. 「소득세법」에서는 시민단체 기부금에 대해 소득공제가 적용되도록 하고 있다.

통계청에서 운영하는 'e-나라지표'에 따르면 2016년 현재 우리나라에 등록된 비영리민간단체 수는 1만 3,464개에 이른다. 이 중 중앙행정기관 등록단체는 1,599개, 시·도 등록단체는 1만 1,865개이다. 환경부에는 2016년 12월 말 기준 181개의 환경 관련 비영리민간단체가 등록되어 있다. 정부는 2000년 「비영리민간단체 지원법」을 제정하여 민간단체 활동을 보장하는 한편 공익활동을 지원하고 있다.

지난 수십 년간 전개되어온 우리나라 환경운동은 이제 양적으로 증가하고 질적으로 전문화되었다. 환경운동의 목표와 수단이 다양화되었으며 영향력도 크게 증대되었다. 많은 환경운동단체 활동가들이 정계와 행정기관에 진출하여 민·관 환경거버넌스에 크게 기여하면서 바람직한 환경정책 형성과 집행 과정에 주도적인 역할을 하고 있다.

2) 민·관 환경협력

우리나라의 민·관 환경협력은 1994년부터 소개되기 시작한 '지방의제 21'로 촉발되었다. '지방의제 21'은 1992년 개최된 리우회의에서 채택된 의제21의 28장에서 세계 각국 지방정부가 수립하도록 권고한, 지방의 지속가능발전을 위한 행동계획이다. 지방의제 21의 핵심은 다음과 같다. 첫째, 도시환경보전 활동을 지구 차원에서 조망하고 연계시켜야 한다. 둘째, 지속가능한 발전 이념과 의제21의 원칙에 기초하여 작성되어야 한다. 셋째, 시민과 기업과 지방정부가 서로 협의하여 공동으로 만들어야 한다. 지난 20여 년간 서울시를 비롯하여 우리나라 거의 모든 지방자치단체가 지방의제 21을 수립하여 실천해 왔다. 현재는 지방의제 21 실천협의회들이 모두 지속가능발전 실천협의회로 명칭을 변경하고, 2030년을 목표연도로 하는 유엔 지속가능발전목표를 지방정부 차원에서 이행하기 위한 지방 지속가능발전목표를 수립하고 실천하는 작업을 추진하고 있다.

한편 지방의제 21과는 다른 경로로 발전해온 정책협의회 형태의 민·관 환경협력도 있다. 이러한 형태의 민·관 환경거버넌스는 정부와 환경단체

간 상호 이해와 교류 활성화, 환경정책 및 환경현안에 대한 협의, 공동조사와 연구를 위하여 1994년 '민간환경단체정책협의회'를 구성한 이후 협의회 형태로 운영되어 왔다. 2006년 2월 '민·관 환경정책협의회'로 이름이 바뀌었고 2009년까지 협의회를 8차례 개최하였으나, 2009년 3월 민간단체 촛불시위와 4대강사업 반대 등을 계기로 공식 대화통로가 단절되면서 협의회 운영이 중단되었다. 2013년 7월 민·관 환경정책협의회가 복원되었는데, 같은 해 10월 환경부 등록단체가 중심이 된 민·관 환경협의회가 추가로 구성되면서 민·관 환경거버넌스가 확대되었으며, 2014년부터 민간단체 전문성을 고려하여 자연·국토, 기후·대기 등 6개 분과위원회를 구성하여 환경정책을 논의하였다.

2015년에도 민·관 환경정책협의회와 민·관 환경협의회 신년 간담회를 시작으로 국민이 체감할 수 있는 안건을 중심으로 간담회를 개최하여 주요 환경정책을 논의하였으나, 2015년 9월 민·관 환경정책협의회 구성단체에서 설악산 케이블카 조성사업 추진절차가 부적절하다는 의견을 제기하여 민·관 환경정책협의회 운영이 중단되었다.

3) 각종 환경협의회

환경정책 결정과정에서 이해관계자인 기업과 의견을 교환하고 협력을 강화하기 위해 1998년 6월부터 '기업환경정책협의회'를 운영하고 있다. 2000년 7월 「기업환경정책협의회규정」을 제정하여 공식적인 기구로 만들고 8개 유역(지방)청에도 지역협의회를 각각 구성하여 운영하고 있다. 2004년 11월부터 중소기업을 대상으로 하여 환경정책과 관련한 홍보와 협의를 강화하기 위해 정부와 중소기업 업종별 협동조합 임원 등을 위원으로 하는 '중소기업 환경정책협의회'를 구성하여 운영하고 있다. 협의회를 통해 정부와 기업 사이의 협력체계를 구축하고 있는데, 2013년부터 경제 5단체와 포럼이나 간담회를 열어 법안 제정 및 시행 과정에서 깊이 있게 논의하기 위해 노력하고 있으며, 2015년부터는 기업의 애로사항을 상시적으로 해소하기 위해 분과별 실무위원회와 수시 간담회를 운영하고 있다.

종교계와 함께 환경문제 해결을 위한 논의와 실천방안 마련을 위해 2000년 1월부터 종교단체 환경정책 실천협의회를 구성·운영하고 있다. 불교, 기독교, 천주교를 비롯한 7개 종단에서 참여하고 있으며, 2016년 12월까지 53차례의 협의회 개최를 통해 환경현안을 논의하고 실천방안을 모색하였다.

환경부와 국방부는 군부대 환경 현안에 대해 대책을 마련하고 환경보전활동을 서로 지원하기 위해 1998년 6월부터 군·관 환경협의회를 구성·운영하고 있다. 군·관 환경협의회는 중앙협의회와 유역(지방)환경청·해당지역 군부대·광역자치단체로 이루어진 지역협의회로 나누어 운영하고 있으며, 2016년 12월까지 총 34차례의 협의회를 개최하였다.

라. 환경갈등과 환경분쟁조정제도

1) 환경갈등과 환경분쟁의 개념

갈등은 "정책을 수립하거나 추진하는 과정에서 해당 정책이나 사업으로 인하여 영향을 받는 이해관계자 상호 간 또는 이해관계자와 해당기관 간에 발생하는 이해관계의 충돌"이다(환경행정연구회, 2017, p.184). 분쟁이란 행위주체들 간의 적대적 교호작용으로 인한 심리적 대립감과 이에 따른 대립적 행동을 나타내는 개념이다.

환경갈등을 갈등의 내용에 따라 분류하면 수자원관리, 환경기초시설, 경제활성화정책 관련 갈등으로 유형화할 수 있다. 수자원관리 관련 갈등으로는 상류 지역과 하류 지역 간의 갈등, 상수원보호구역 지정과 관련한 갈등, 수질보호 관리와 관련한 갈등이 있다. 환경기초시설과 관련한 갈등으로는 쓰레기소각장 건설 혹은 쓰레기 매립장 건설, 하수분뇨처리장 건설 등을 들 수 있다. 경제활성화정책 관련 갈등으로는 공단 건설, 고속도로 건설, 골프장 건설, 산업단지 조성 등과 관련한 갈등을 들 수 있다(김번웅, 오영석, 2004).

환경분쟁은 "현재 및 미래에 걸쳐 일정 지역에서 인간의 환경권을 침해하거나 자연환경을 파괴하는 사태에 직면하여 일어나는 당사자 간 또는 관련 집단 간의 다툼이 합의에 이르지 못한 상태"를 말한다(정회성, 변병설, 2014, p.265). 환경분쟁은 환경갈등으로 인하여 발생하는, 갈등의 외형적 표출이다. 환경분쟁은 형태나 내용이 일정하지 않기 때문에 여러 기준에 따라 다양하게 분류할 수 있다. 분쟁의 주제나 내용에 따라 나누기도 하고, 이슈나 분쟁의 강도, 장애물의 강도 등에 따라 분류하기도 한다. 환경분쟁이란 결국 환경문제를 둘러싼 두 개 이상의 주체 간에 발생하는 상반되는 목표나 이해관계로 인한 심리적 충돌이나 대립적 행동의 표출을 의미한다(환경행정연구회, 2017, p.185). 여기서는 행정기관의 전문성과 신속성을 활용하여 소송외적 방법으로 환경분쟁을 처리하기 위해 마련된 제도인 환경분쟁조정제도의 변천이라는 관점에서 환경갈등이라는 주제를 다루고자 한다.

2) 환경분쟁조정제도[5]

환경피해의 사법적 구제나 사적 구제가 효율적인 환경분쟁의 해결방안이 되지 못함에 따라 이를 상당 부분 대신할 수 있는 전문적인 행정적 구제제도의 필요성이 대두되었다. 이에 따라 발전된 것이 환경분쟁조정제도이다. 이 제도는 사법기관에 의한 소송절차의 장점이 될 수 있는 공정성·확실성을 취하고 행정기관이 지니고 있는 전문성과 과학적인 지식 및 정보를 활용하여 신속하게 분쟁조정 절차를 마무리하는 행정적 구제장치로써, 선진국에서 일찍이 도입·시행되었던 제도이다. 세계적으로 공해 피해를 일찍이 경험한

---

5) 환경부, 2010, pp.616-623.

일본은 1970년대 당시 빈발하던 공해 관련 분쟁을 신속히 처리하기 위하여 「공해분쟁처리법」을 제정하고 환경분쟁조정제도를 도입·시행하였는데, 이 것이 우리나라 제도의 모델이 되었다. 아래에서 우리나라 환경분쟁조정제도 의 발전단계를 제도의 도입, 가동 시도, 정비·시행, 발전의 4단계로 나누어 살펴본다.

가) 제도의 도입 – 공해방지법 시대

1963년에 제정된 「공해방지법」을 1971년 1월 전문 개정할 때 제19조 내지 제 22조의 3개 조문에서 공해 분쟁 관련 조항을 넣었다. 즉 공해로 인한 손해 배상에 관한 분쟁이 발생한 경우, 당사자는 피해 근거가 될 수 있는 물적 증 거 등의 자료를 갖추어 서울특별시장 또는 도지사에게 분쟁 조정을 신청할 수 있게 규정함으로써 '분쟁조정제도'를 처음 도입하였다. 이 법에 의한 분쟁 조정제도가 일단 도입되었으나 세부 시행규정 미비로 실제로 운영되지는 못 하였다. 이는 당시까지 우리나라에서 환경오염문제가 심화되지 않은 관계로 환경피해분쟁이 빈발하지 않은 이유도 있겠으나, 이 분쟁조정제도가 애초부 터 법적 실효성을 갖추지 못하였던 점도 원인이었다.

나) 제도의 가동 시도 – 환경보전법 시대

1977년 12월 「공해방지법」을 대체하기 위하여 제정된 「환경보전법」에서는 제9 장에서 환경분쟁조정제도의 내용을 보완하여 제도 시행을 위한 법적 근거를 마련하였다. 환경오염으로 인한 분쟁의 조정을 위하여 시·도지사 및 보건사 회부장관 소속하에 각각 15인 이상 20인 이하의 위원으로 구성되는 지방환경 분쟁조정위원회와 중앙환경분쟁조정위원회를 두도록 하였다. 중앙조정위원 회는 둘 이상의 시·도에 걸치는 분쟁과 지방조정위원회에서 스스로 조정하기 가 곤란하다고 결정하여 이송된 분쟁을 조정하고, 지방조정위원회는 관할구역 내 분쟁을 조정하도록 하였다. 분쟁조정의 신청이 있을 때에는 조정위원 중에서 5인 이내의 조사위원을 지정하여 조정하도록 하고, 조정위원회는 당사자 간에 개입하여 조정안을 마련하고 당사자가 이를 수락하면 피해배상방법·배상액·배상시기·배상범위 등에 관한 조정조서를 작성하여 당사자가 서명·날인하도록 하였다. 이 조서는 민사소송법에 의한 화해조서와 동일한 효력이 인정되었다. 이 법에서는 환경오염으로 인한 분쟁이 발생한 때에 당사자는 각 시·도에 분쟁의 조정을 신청할 수 있다고 규정하여 환경피해의 가해자나 피해자 모두가 분쟁당사자가 되어 조정신청을 할 수 있었다.

그러나 「환경보전법」에 의한 분쟁조정제도에는 몇 가지 문제점이 있었다. 환경분쟁조정신청을 하려면 구비서류로 피해 사실을 증명할 수 있는 물적 증거·증명서·진단서·피해조사서류 등 입증자료가 있어야 하는데, 보통 경제적으로 약자인 피해자가 개인적 차원에서 전문지식이 필요한 입증서류를 갖추기란 거의 불가능하였다. 분쟁 조정이 임의적 제도였기 때문에 당사자와 상대방이 조정을 원치 않을 경우, 이를 진행할 수 없는 한계도 있었다.

이외에도 분쟁해결 수단으로 조정제도만 있고 알선·재정 등의 여타 방법이 없어 복잡·다양한 환경분쟁의 해결에 한계가 있었고, 인과관계 입증이나 피해조사 등을 수행할 사무국이 없어 조정위원회가 적절한 조정활동을 수행하기가 어려웠다. 조정위원회가 어렵게 조정안을 마련한다 하더라도 어느 일방이 수락하지 않으면 그간의 조정 노력이 무위로 돌아가게 되어 있었으며, 쌍방이 합의한다 해도 민사소송법상의 화해조서로의 효력만 인정되어 조정결과의 법적 집행력이 결여되어 있었다. 이와 같은 문제점 때문에 「환경보전법」에 의한 분쟁조정제도가 시행된 1981~1989년 환경피해 진정건수는 매년 1,000건을 상회하였으나 그 기간 중 분쟁조정 건수는 10건에도 미치지 못하였다.

다) 제도의 정비와 시행 – 환경오염피해 분쟁조정법 시대

우리나라에서 환경분쟁조정제도가 본격적으로 시행된 것은 1990년 「환경보전법」을 폐지하고 이를 분야별로 분법화하여 「환경정책기본법」 등 6개의 개별법을 제정할 당시 「환경오염피해분쟁조정법」을 별도의 법으로 제정하고부터다. 모든 환경행정법의 규범법이라 할 수 있는 「환경정책기본법」에서는 "국가 및 지방자치단체는 환경오염 및 환경훼손으로 인한 분쟁, 기타 환경 관련 분쟁이 발생한 경우에 그 분쟁이 신속하고 공정하게 해결되도록 하기 위하여 필요한 시책을 강구하여야 한다"고 규정함으로써 신속하고 적정한 환경피해 분쟁의 해결을 위한 정부의 행정상 절차를 요구하였다. 이에 따라 환경피해의 행정적 구제장치로 환경분쟁조정제도를 정비하여 내실 있게 시행하기 위한 절차법으로 「환경오염피해 분쟁조정법」을 제정하였다.

이 법에서는 비상설기구이던 분쟁조정위원회를 상설기구로 하였으며, 중앙환경분쟁조정위원회에는 위원회를 보좌할 사무국도 설치하였다. 환경부에 설치되는 사무국에는 심사관을 두어 분쟁 사건의 사실 조사와 인과관계의 규명 등 전문적인 조사 · 피해조서의 작성 · 피해액 산정 등의 사무를 담당하도록 함으로써 분쟁 조정신청에 따른 피해자의 부담을 덜어줄 수 있게 되었다. 사안이 복잡한 경우에는 전문가를 위촉하여 조사 등을 할 수 있게 하고, 관계행정기관은 위원회 요청에 따라 의견 개진 및 관련 자료 제공 등의 협조를 하도록 하여 분쟁조정의 전문성과 공정성을 확보하도록 하였다.

분쟁조정의 유형으로 「환경보전법」에서는 조정만 채택하던 것을 새 법에서는 알선 · 조정 · 재정으로 다원화하고 확대하였다. 새로 제정된 법에서는 간단한 신청서와 참고자료를 첨부하도록 하고, 심사에 필요한 사항은 사무국 심사관이 필요한 조사를 하도록 하여 분쟁조정이 신속 · 공정하게 처리될 수 있게 되었다. 이 법에 따라 1991년 5월 중앙환경분쟁조정위원회 사무국 직제가 공포되고, 같은 해 7월 중앙환경분쟁조정위원회가 업무를 개시함에 따라 실

제적인 시행에 들어갔다. 새로운 제도가 시행되자 1980년대의 「환경보전법」에 의한 분쟁조정제도의 시기와 비교하여 분쟁조정 건수가 급격히 증가하기 시작하다. 1980년대에는 모두 합쳐서 10건 미만이었던 것이 1993년에는 31건으로 늘어났고, 1997년에는 44건으로 해마다 조정 건수가 차츰 증가하였다.

라) 제도의 발전 - 환경분쟁조정법 시대

「환경오염피해 분쟁조정법」에서는 분쟁조정 대상이 이미 발생된 환경오염피해에 국한되었고, 분쟁조정위원회가 행한 조정의 법적 집행력이 담보되지 못하는 점 등 몇 가지 문제점이 있었다. 이에 따라 1997년 7월 법의 명칭도 「환경분쟁조정법」으로 바꾸면서 분쟁조정제도를 대폭 정비·강화하였다. 「환경분쟁조정법」에서는 환경분쟁의 원인이 되는 '환경피해'의 용어를 "사업활동 기타 사람의 활동에 의하여 발생하거나 발생이 예상되는 피해"로 정의함으로써 종전에 발생한 '환경오염의 피해'뿐 아니라 발생이 예상되는 피해까지 분쟁조정대상에 포함하였다. 분쟁의 범위도 "환경의 파괴나 훼손과 같은 모든 환경피해에 대한 다툼과 폐기물처리시설, 하수종말처리시설, 분뇨 처리시설과 같은 환경기초시설의 설치 관리와 관련된 다툼"까지 확대하였다. 당사자 적격의 범위를 확대하여 자연생태계 피해와 관련한 분쟁의 경우 환경단체가 당사자를 대리해서 조정 신청을 할 수 있는 권한을 인정하여 주었다.

1997년 「환경분쟁조정법」 제정 시 재정위원회는 환경피해의 복구를 위하여 원상회복이 필요하다고 인정하는 경우에는 손해배상에 갈음하여 당사자에게 원상회복을 명하는 재정결정을 할 수 있도록 하였다. 또 환경피해의 제거 또는 예방을 위하여 필요하다고 인정하는 경우에는 관계 행정기관의 장에 대하여 환경피해의 원인을 제공하는 자에 대한 개선명령, 조업 정지명령 또는 공사 중지명령 등 필요한 행정조치를 취하도록 권고할 수 있게 하는 등 피해구제수단의 폭을 넓혔다. 2006년에는 「환경분쟁조정법」을 개정하여 조정대상이 되는 환경피해의 범위에 '대기오염 · 수질오염 · 토양오염 · 해양오염 · 소음 및 진동 · 악취 · 자연생태계 파괴' 이외에 '일조방해 · 통풍방해 · 조망저해'를 추가하였다.

2008년 3월에 다시 「환경분쟁조정법」을 개정하여 분쟁조정제도를 개선하였다. 먼저 중요한 제도 개선의 하나로, 종전에는 당사자가 수락한 조정위원회의 조정결과에 대하여 '조정조서와 동일한 내용의 합의' 또는 '재정내용과 동일한 합의' 등의 법적 효력만 인정하던 것을 조정위원회가 작성한 조정조서나 재정문서를 당사자가 수락하고 일정 기간이 경과하도록 불복의 소송을 제기하지 않으면 이에 대하여 재판상 화해의 효력을 부여하였다.

최근에는 2015년 「환경분쟁조정법」 개정을 통하여, 도입한 중재 제도의 시행을 위한 기반을 구축하였고, 환경피해 배상수준을 현실화하기 위해 공사장 소음 배상수준 제고, 빛공해 및 통풍방해로 인한 농작물 피해와 지하수위 변화로 인한 건물 피해에 대한 배상수준을 마련하는 등 정부는 실질적인 피해구제 실현을 위해 노력하고 있다.

현재 환경분쟁조정의 종류는 알선, 조정, 재정, 중재의 4가지가 있고, 처리형태는 조정, 재정, 중재합의로 이루어지며 주로 재정사건으로 처리되고 있다. 중앙환경분쟁조정위원회에서 2016년 조정 · 처리한 162건 중 분쟁원인이 소음 · 진동인 사건이 122건(75.3%)으로 가장 많았고, 일조가 25건으로 예년에 비해 크게 증가하였으며, 대기오염이 10건으로 그 뒤를 이었다. 피해 내용은 정신적 피해가 다수를 차지하고 있다(환경부, 2017, p.226).

04
주요 이슈와 문제점

가. 주요 이슈

1) 환경거버넌스의 제도화

환경거버넌스의 제도화를 위해서는 법적 근거, 인사, 예산을 연계해야 한다. 환경거버넌스를 구조적 차원에서 제도화하는 방안으로는 다음과 같은 것을 들 수 있다.

첫째, 거버넌스 조직의 위상과 권한 강화

둘째, 정부, 기업, 시민 등 참여주체 간 수평적 네트워크 구축

셋째, 민간 참여주체의 전문성과 문제해결능력 강화

넷째, 행정기관과 민간부문 주체 간 장벽 제거

다섯째, 정책과 현안에 대한 정보공유 시스템 구축

여섯째, 중앙정부와 지방자치단체의 녹색화[6]

일곱째, 정부기관의 통합형 업무추진체계 개발

여덟째, 지속가능발전위원회 구성 및 지속가능발전협의회 기구와의 구조적 연계[7]

2) 환경거버넌스의 성과 평가

환경거버넌스의 중요성에 대한 논의는 많이 되고 있으나 환경거버넌스의 성

---

6) '녹색국가' 이론은 지속가능성을 향한 거버넌스체계의 변화 과정을 이해하는 유용한 틀이 될 수 있다(Duit, Andreas, 2014).

7) 지난 25년간 세계 여러 나라의 국가지속가능발전위원회가 환경거버넌스 구축에 크게 기여해왔다(The Friends of Governance for Sustainable Development ed., 2015).

과 평가에 대한 연구는 별로 없다. 거버넌스 방식이 다른 문제해결 방식과 비교해서 얼마나 더 효과적인지, 환경개선에 어떻게 기여했는지를 구체적이고 객관적으로 평가할 필요가 있다. 이를 위해서는 환경거버넌스를 더욱 명확히 정의하고 체계적으로 하부영역을 분류한 후 환경거버넌스의 현황을 진단하고 모니터링할 수 있는 지표체계의 구축이 필요하다. 이러한 평가결과를 기초로 하여 환경거버넌스 개선을 위한 우선순위가 도출될 수 있을 것이다. 이와 더불어 포용성 원칙을 중시하는 세계적 흐름을 반영하여 데이터 세분화작업도 함께 이루어져야 한다. 국가와 지방자치단체의 통계기반을 전반적으로 재검토하여 지역, 성별, 연령 등을 기준으로 데이터를 세분화하고 세분화된 데이터를 체계적으로 생산할 때 환경거버넌스가 더욱 더 발전할 수 있을 것이다.

3) 지속가능발전목표와 연계한 새로운 환경거버넌스 체계 구축

2015년 9월, 제70차 UN총회에서 17개 목표와 169개 세부목표로 이루어진 지속가능발전목표(SDGs: Sustainable Development Goals)를 채택한 이후, SDGs 달성을 위한 재원 확보, 점검 체계 등에 대한 국제적 논의가 계속 진행되고 있다. 우리나라에서는 2016년 9월 UN SDGs 국내 이행을 위한 정부–시민사회 간담회가 열리기도 했다. 특히 환경부는 대학생 SDGs 아이디어 공모전을 시행하고 지방정부 SDGs 가이드라인 연구를 추진하는 등 SDGs의 국내 이행계획 수립과 인식 제고를 위해 많은 노력을 기울이고 있다. 중앙정부와 지방자치단체 차원에서 SDGs의 국내 이행전략 및 점검체계 구축이 시급한 가운데 17번 목표인 파트너십 강화는 물론이고 나머지 지속가능발전목표를 달성하기 위해서도 새로운 환경거버넌스 시스템이 필요하게 되었다.

나. 현행 환경거버넌스 제도의 문제점

그동안 우리나라 환경거버넌스가 발전을 거듭해왔음에도 불구하고 환경정책에 대한 시민참여는 아직도 환경오염 감시에 머물러 있으며 정책집행 단계에서 최소한의 자원 공유를 하는 데 불과한 실정이다. 공청회와 설명회 등을 제외하면 환경정책의 의사결정과정에 주민이 적극 참여할 수 있는 여건은 여전히 미흡하다. 각종 위원회를 통한 정책과정 참여는 여전히 전문가 중심이고 위원회 개최 횟수가 적어 이해관계자 참여 통로로 역할을 제대로 못하는 경우가 많다.

우리나라에서 지부까지 포함하여 1만 3,000여 개의 시민단체가 각 분야에서 활동하고 있는 등 환경거버넌스의 중요한 한 축을 이루는 시민사회단체가 양적으로 상당한 수준에 이르렀다. 하지만 일부 전국적인 환경단체를 제외하고 여전히 많은 지역 환경단체가 재정상의 독립성 결여로 자율성 확보에 어려움을 겪고 있기도 하다.

환경거버넌스의 성과를 평가할만한 통계 기반이 미흡하고 성과 평가 지표와 기법도 제대로 개발되어 있지 않은 문제점이 있다. 중앙정부와 지방자치단체의 환경거버넌스 역량을 정기적으로 평가하는 체계도 갖추어져 있지 않다. 현재 우리나라에서 광역자치단체를 중심으로 지방정부 차원의 지속가능발전 지표 개발과 이행계획 수립이 진행되고 있으나 거버넌스와 관련한 목표, 이행계획, 평가지표, 방법 등에 대한 언급은 거의 없는 실정이다.

환경거버넌스의 정책적 우선순위가 어디에 있는지, 어디에 있는 것이 바람직한지에 대한 논의가 미흡하고 이에 대한 연구도 제대로 수행되지 않고 있는 문제점도 있다.

05
결론

환경거버넌스는 공간을 중심으로 하는 지방, 국가, 지구의 수직축과 참여주체를 중심으로 하는 시민사회, 정부, 기업의 수평축 사이에서 상호작용하는 복잡하고 다양한 구조를 이루고 있다. 이 글에서는 특히 중앙과 지방의 역할 분담, 국제환경협력의 강화, 환경운동의 발달과 민관 환경협력, 환경갈등과 환경분쟁조정제도를 중심으로 우리나라 환경 거버넌스의 제도 변천과정을 간략하게 살펴보았다.

환경거버넌스의 성과 평가가 미흡하고 정책 우선순위가 모호한 문제점이 있음에도 불구하고 우리나라 환경거버넌스는 양과 질 측면에서 모두 크게 성장한 것으로 판단된다. 환경정책의 지방분권화가 확대되고 있는 가운데 중앙과 지방의 역할 분담이 점점 명확해지고 있음을 알 수 있다. 미세먼지 등 현안문제를 중심으로 중국, 일본과의 국제환경협력이 다양한 방면에서 깊이 있게 이루어지고 있는 점도 확인할 수 있다. 환경운동이 양적으로 증대하고 질적으로 전문화되고 있으며 민관환경협력이 더욱 활성화되고 있다. 환경갈등 해소를 위한 환경분쟁조정제도는 시행착오를 거치며 제도적으로 정착해가고 있다.

지속가능성 전환(Sustainability Transition) 시대를 맞이하여 환경거버넌스가 더욱 중시되고 있다. 인간 활동이 생태계를 지배하는 인류세에서 환경거버넌스의 혁신이 필요하다. 적응 능력을 키우고 불확실성에 대처하기 위해 기울이는 모든 이해관계자의 노력은 새로운 환경거버넌스 형성에 중요한 역할을 할 것이다. 나아가 지금은 기후 전환(Climate Transition) 시대이기도 하다. 기후변화 대응이라는 관점에서 환경정책을 포함한 모든 문제에 협치적으로 접근해야 할 필요도 있다.

지속가능성 전환 시대와 기후 전환 시대를 맞아 현 시점에서 우리나라에 가장 적합한 환경거버넌스 모델을 찾는 일이 과제로 남아 있다. 환경거버넌스가 지속가능성 거버넌스로 논의의 초점이 바뀌고 있는 가운데 환경부의 역할과 과제는 무엇이 되어야 하는 것인지 깊이 있게 검토해야 한다. 환경경영 부문이 점점 중시되고 있는 가운데 앞으로 정부와 기업 간의 환경거버넌스도 체계적으로 심도 있게 연구할 필요도 있다.

　환경부는 민간 환경단체와 지방정부는 물론이고 다른 수많은 이해관계자와 주요 정책 및 환경현안에 대하여 협의하는 등 상호 이해와 교류 협력을 증진하기 위하여 앞으로도 지속적인 노력을 기울여 나가야 할 것이다.

참고문헌

국내문헌
- 고재경(2007), 환경거버넌스 평가에 관한 연구, 경기개발연구원.
- 김번웅, 오영석(2004), 환경행정학, 서울: 대영문화사.
- 정준금(2007), 환경정책론, 서울: 대영문화사.
- 정회성 외(2014), 한국의 환경정책, 서울: 환경과 문명.
- 정회성, 변병설(2014), 환경정책론, 서울: 박영사.
- 환경부(2004), 지속가능한 지역발전을 위한 환경거버넌스 구축방안.
- 환경부(2010), 환경30년사.
- 환경부(2017), 환경백서.
- 환경행정연구회(2017), 환경정책론, 서울: 대영문화사.

국외문헌
- Crutzen, Paul J.(2002), "Geology of Mankind," Nature, Vol 415, p.23.
- Duit, Andreas ed.(2014), State and Environment – The Comparative Study of Environmental Governance, Cambridge, Massachusetts: The MIT Press.
- Young, Oran R.(2013), On Environmental Governance – Sustainability, Efficiency, and Equity, London: Routledge.
- The Friends of Governance for Sustainable Development ed.(2015), Governance for Sustainable Development: Ideas for the Post 2015 Agenda, New World Frontiers.

5장
물관리

수질오염 총량관리제도의 빛과 그림자

이창희(명지대학교)

비점오염 관리정책

최지용(서울대학교)

수질오염 총량관리제도의
빛과 그림자

01
들어가는 말

2014년부터 본격적으로 시행된 수질오염총량관리제(이하 총량관리제)는 우리나라 수질관리 정책의 대표적인 성과로 꼽을 수 있다. 총량관리제는 관리대상이 되는 유역말단에 목표수질을 설정하고, 목표수질을 달성 또는 유지할 수 있는 허용총량을 산정하여 해당 유역에서 배출되는 오염물질의 양을 허용총량 이내로 관리하는 제도이다(환경부, 2004). 실제 달성하고자 하는 목표를 수질에 근거하여 기준으로 오염 물질의 배출량을 제어한다는 점에서 근본적으로 기존의 점오염원 사후처리에 근거한 배출량 제어 시스템과는 차별된다. 또한 수질개선의 수단이지만 필요하다면 지역개발을 제어할 수 있는 유례를 찾아볼 수 없는 포괄적이고도 강력한 관리수단이다(배명순, 2011).

총량관리제는 2004년부터 생물학적산소요구량(이하 BOD)을 관리대상으로 하여 한강수계는 임의제 형태로, 그 외 3대강 수계는 의무제 형태로 전면적으로 시행되었다(표 1-1 참고). 일부 팔당호 상류 시군에 시행되던 한강수계의 총량관리제는 2013년부터 의무제로 전환되었고 이와 더불어 관리대상 항목도 BOD와 더불어 총인(이하 TP)이 추가되었고 시행지역도 한강수계 전체로 확대되었다.

표 1-1 • 수질오염총량관리제 시행 현황(2017년 기준)

대상 지역		대상 물질	시행 기간	비고
주요 수계	팔당호 상류	BOD	2004~2012	임의제 (기초자치단체별 시행)
	한강수계	BOD, TP	1단계(2013~2020)	전면 의무제 시행 중 (강원, 충북은 2021년부터 시행)
			2단계(2021~2030)	예정
	금강, 영산강 (섬진강 포함), 낙동강 수계	BOD	1단계(2004~2010)	전면 의무제
		BOD, TP	2단계(2011~2015)	전면 의무제 (금강은 대청호 상류만 TP 적용)
			3단계(2016~2020)	시행 중
			4단계(2021~2030)	예정
기타 수계	진위천수계	BOD	1단계(2012~2020)	의무제 시행 중
	삽교호(곡교천, 천안천, 남원천)	BOD	1단계(2019~2018)	예정
연안특별관리해역	마산만	COD	1단계(2008~2012)	
		COD, TP	2단계(2013~2017)	시행 중
			3단계(2018~2012)	예정
	시화호	COD, TP	1단계(2013~2017)	시행 중
			2단계(2018~2012)	예정
	부산 (수영만)	COD	1단계(2015~2019)	시행 중
	울산만	구리, 아연, 수은	1단계(2017~2021)	시행계획 수립 중 (수질이 아닌 퇴적물의 대상 물질 농도 기준)

한강수계를 제외한 금강, 영산강 낙동강 등 3대강 수계도 2011년부터 시작된 2단계부터 TP가 대상항목으로 추가되었고 현재는 3단계(2016~2020) 총량관리가 시행되고 있다. 또한 「수질및수생태계보전에관한법률」에 근거하여 기타 수계인 진위천도 BOD를 대상으로 2012년부터 동 제도가 시행되었고, 해양환경관리법에 의해 마산만, 시화호 및 부산해역 등의 특별관리해역에서도 순차적으로 연안수질오염총량관리제(이하 연안총량관리제)가 시행되고 있다. 따라서 연안유역을 제외하면(연안유역이라도 일부 지역은 총량관리 시행 중) 거의 전 국토에 걸쳐 총량관리제가 시행되고 있으며 앞으로도 그 시행 지역은 더욱 확대될 예정이다.

총량관리제 시행이 10년이 경과함에 따라 다양한 측면에서 제도의 성과와 문제점에 대한 재검토 논의가 시작되고 있다. 정부는 총량관리제가 수질개선과 부하량 삭감에 가시적인 성과를 거두었음을 적극적으로 홍보하는 반면 일각에서는 총량관리제가 가지는 문제점에 대한 조속한 보완을 꾸준히 요구하고 있는 실정이다. 따라서 본고에서는 총량관리제의 긍정적인 성과와 부족한 부분을 동시에 살펴보고 향후 제도의 발전방향을 모색하고자 한다.

02
총량관리제의 긍정적 효과

가. 수질개선과 지역개발의 두 마리 토끼를 잡다

원래 미국의 Total Maximum Daily Load(이하 TMDL)이나 일본의 수질오염총량규제는 공히 기존의 일반적인 수질관리 수단을 통해 수질개선이 어려운 지역에 대해 특단의 처리대책을 통해 수질개선을 도모하겠다는 개념이다 (USEPA, 1999; MOE Japan, 2015). 우리나라의 총량관리도 표면적으로 이런 개념을 차용했지만 한정된 지역에 대한 특단의 처리대책보다는 넓은 유역에 대한 오염원 제어에 방점을 두고 있다는 특징을 가지고 있다. 이는 팔당호 수질보전을 위해 지정한 팔당특별대책지역의 지속적인 규제완화 요구를 더 이상 감내하기 힘든 상황에서 수질개선을 담보하는 조건에서 지역개발을 허용하는, 즉 규제완화를 위한 안전장치로서 고안한 제도를 전 수계에 확대 적용했기 때문이다. 따라서 총량관리제는 구조적으로 수질개선 측면과 해당지역이 오염원 제어(지역개발 제어) 측면이 직접적으로 연계되도록 설계 되어 있다(환경부, 2004; 박배경 외, 2012).

총량관리는 유역 말단부에 설정된 목표수질을 달성하는 조건에서 유역의 개발을 허용한다는 개념에서 출발했기 때문에 처리기술에 근거한 전통적인 접근법과 달리 수질에 근거한 접근법을 사용하고 있다. 따라서 제도의 성패는 가장 우선적으로 공공수역의 수질을 원하는 수준까지 개선했는지의 여부에 의해 가름된다. 이런 점에서 수질오염총량관리제는 많은 문제점의 제기에도 불구하고 본연의 시행 목적을 충분히 달성했다고 볼 수 있다. 일단 수질오염총량관리제의 대상 항목이 되는 하천의 BOD 및 TP 농도는 명확하게 개선되었다. 예를 들어 낙동강 수계 물금에서의 연평균 BOD농도는 2004년 2.7mg/ℓ에서 2015년 2.2mg/ℓ로 개선되었고, TP의 경우에는 0.116mg/ℓ에서 0.043mg/ℓ로 급격하게 개선되었다. 이는 직접적으로 대상물질의 부하량 삭감에 기인하는데 낙동강 수계의 경우 BOD 배출부하량이 2002년 176,080 kg/일에서 2015년 70,384kg/일로 약 60% 감소하였고, TP 배출부하량은 2010년 11,121kg/일에서 2015년 6,225kg/일로 약 44% 감소하였다(환경부, 2017). 한편 연안수질오염총량관리의 경우 제도가 가장 먼저 시행된 마산만의 하계 COD 농도는 2005년 2.59mg/ℓ에서 2014년 1.74mg/ℓ로 약 34% 개선되었다(해양수산부, 2015).

이 기간에도 지속적인 유역개발로 인해 오염부하량의 부하가 지속적으로 증가된 것을 고려한다면 개발에 따라 증가된 개발부하량을 상쇄하고도 더 많은 부하량을 감축했다는 의미이다. 즉, 제도 도입 목적의 하나로 제시했던 수질개선과 지역개발이라는 두 마리 토끼를 잡겠다는 제도 도입의 목표를 달성했다는 의미이기도 하다. 특히 팔당특별대책지역에 속한 팔당호 상류 기초자치단체의 경우 특별대책지역 내 행위제한 배제, 특별대책지역 내 구리배출규제 개선(하이닉스) 및 자연보전권역 규제완화 등이 이루어졌고 각종 규제로 인해 추진되지 못했던 지역숙원 개발사업 들이 총량관리제 시행과 더불어 추진될 수 있었다. 3단계 총량관리가 시행되는 3대강 수계에서도 현재까지 제도 시행 초기에 지방자치단체의 우려와는 달리 일부 사례에 한해 일시적으로 지역개발 사업의 추진이 지연된 사례는 있었지만 총량관리제가 지역개발 사업의 추진을 궁극적으로 막는 경우는 없었다. 그럼에도 불구하고 수질이 꾸준하게 개선된 것은 과거 우리나라 수질관리가 가졌던 고질적인 악순환인 '선개발 후처리'의 고리를 끊고, '선처리 후개발'이라는 어쩌면 당연한 수질관리의 개념이 총량관리제 시행 이후 정착되었음을 반영한다.

나. 자연스럽게 유역관리체제로의 전환을 유도하다

총량관리제의 시행은 행정구역이 아닌 유역 단위의 관리, 수질을 포함한 통합적 사고 및 이해당사자 역할과 책임의 분담 등의 속성을 가진 유역관리체제의 전환을 의미한다. 상류에서 흐르는 물의 기본적인 속성상 수질문제는 인위적으로 구분된 행정구역의 문제가 아니라 자연적으로 형성된 유역의 문제이므로 그 해결책 또한 유역 차원에서 다루어야 한다(안형기 · 정회성, 2008; 환경부, 2014b). 총량관리의 가장 핵심이 되는 목표수질은 환경부가 광역자치단체의 경계에 설정하지만(31개 지점), 이에 근거하여 지방자치단체 관할 구역 내 단위유역의 말단부에 경계 지역 수질을 달성하기 위한 목표수질이 설정되고(99개 지점), 이렇게 설정된 목표수질을 달성하기 위해 관할 행정구역

단위로 별도의 목표수질을 설정하여 부하량을 관리하도록 하고 있다. 현재
의 단위유역은 대부분 2~3개 이상의 기초자치단체가 포함되기 때문에 목표
수질의 달성을 위해서는 동일한 단위유역에 속한 상하류 자치단체와 다양한
이해당사자가 역할과 책임을 분담할 수밖에 없다.

　유역관리체제로의 전환은 총량관리시행을 위한 강력한 관리수단을 확보하
지 못한 연안총량관리제에서 빠르게 진행되었다(그림 1-1 참고).

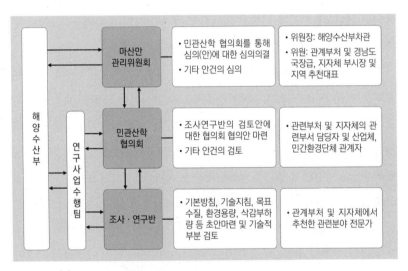

그림 1-1 • 총량관리를 시행을 위한 유역관리체제(마산만 사례)

　연안특별관리해역 중 총량관리가 가장 먼저 시행된 마산만의 사례를 보
면 유역관리체제는 총량관리제 시행과 연관하여 민관산학협의회를 통해 상
정된 심의안건(안)을 심의·의결하는 최고의 의사결정기구인 마산만관리위
원회, 주요 이해당사자의 실무대표로 구성되어 총량관리 관련 목표수질 설
정, 부하량 할당 및 안전율 설정 등 민감한 문제를 조율하는 민관산학협의
회, 총량관리계획 수립과정에서 직면하는 많은 과학적·기술적 문제 또는

한계에 대한 자문을 담당하는 조사·연구반, 그리고 실제 총량관리계획 수립과 유역관리체 운영에 요구되는 다양한 자료를 제공하는 연구팀으로 구성되어 있다. 즉, 원활한 총량관리의 시행을 위해 대상지역의 관련 이해당사자가 참여, 협력 및 책임을 공유하는 지역 거버넌스와 더불어 기술적·과학적 자료가 실제 정책의 결정과정에 적절하게 공급되고 재생산되는 유기적인 연결 체제를 구축하고 있다(이창희 외, 2009). 이러한 지역기반 유역관리체제는 연안총량관리 시행에 상당한 기여를 했고, 이러한 모델에 따라 시화호 등 타 해역의 연안총량관리제 시행을 위해서도 유사한 형태의 유역관리체제가 구축·운영되고 있다.

지금까지 환경부 총량관리제 시행 사례를 보면, 기존처럼 단순히 배출허용기준 또는 방류수 수질기준만 준수하도록 감시하는 역할을 담당하는 기초자치단체가 수질개선을 담보하면서도 최대의 지역개발 부하량을 확보하기 위한 다양한 삭감 노력을 주도적으로 전개하고 있음을 볼 수 있다. 공공처리시설의 방류수 수질기준 강화, 축산 및 산업폐수의 연계처리, 처리구역의 확대, 하수관거 개선사업, 비점오염원 처리시설의 설치, 농업 BMP 적용, 신규개발지에 대한 LID/GI의 적용 및 공공처리시설 방류수의 유역 외 배출 등 다양한 부하량 삭감방법을 지역의 특성 및 여건에 따라 개발하여 사용하고 있다. 이러한 삭감대책을 통해서도 할당량 충족이 어려운 경우에는 인근 자치단체 간의 배출권 거래, 개발사업 규모 및 시기의 조정, 민간시설의 협약을 통한 자발적 부하량 삭감 등의 추가적인 방법을 사용하기도 한다. 또한 총량관리제 시행과정에서 직접적인 이해당사자뿐만 아니라 민간의 참여도 권장하고 있다(김홍태 외, 2013). 당연하게 이 과정에서 삭감 방안 개발을 위한 고민과 삭감방안의 이행을 위한 이해당사자 간의 협의와 책임 분담이 필수적으로 수반된다. 따라서 총량관리제의 시행은 기존의 수동적인 '규제와 순응'의 체제에서 벗어나 이해당사자들의 보다 적극적인 '참여와 책임분담'을 요구하는 데에 크게 기여하였다.

다. 환경 부문의 새로운 고용 수요를 창출하다

총량관리시행에 따라 공공 부문, 민간산업 부문 및 조사연구 분야의 새로운 고용수요를 창출하였다. 총량관리제와 직간접적으로 연관된 공식적인 고용통계가 부재하므로 정량적인 접근은 어렵지만(문현주·황석준, 2005) 간접적·정성적으로 가늠해 볼 수는 있다. 먼저 중앙부처인 환경부에는 유역총량과가 신설되었고, 이를 과학적으로 지원하기 위해 국립환경과학원에 50명 내외의 석박사로 구성된 수질총량관리센터가 신설되었으며, 광역자치단체의 총량관리 전문위원이 고용되었고, 총량관리제를 시행해야 하는 많은 기초자치단체에서는 총량관리팀이 신설되었다. 또한 총량관리를 기술적으로 지원하기 위해 수질오염총량측정망이 신설되어 국가수질측정망이 대폭 확대되었으며, 전산망 및 정보시스템을 포함한 전국오염원 조사 및 관리체계가 구축되었다.

총량관리를 위해서는 매 5~10년 단위로 환경부는 목표수질을 설정하고 광역자치단체는 기본계획 수립한다. 또한 기초자치단체는 동일 주기로 시행계획을 수립하고 매년 시행계획에 대한 이행평가를 실시한다. 전국에 제주도를 제외한 16개 광역자치단체가 있고, 경기도만 해도 1단계 총량관리계획 기간(2013~2020년) 중에 26개 기초자치단체가 계획을 수립하였고 매년 이행평가를 수행하고 있다. 환경부가 진위천 수계까지 총량관리지역을 확대하였고, 해양수산부는 마산만, 시화호, 부산 수영만, 울산만까지 연안총량관리제를 시행하고 있으며, 2단계 총량관리부터는 한강수계의 강원도와 충청북도 총량관리지역에 편입되기 때문에 제주도와 전 연안유역(일부 연안총량관리 대상, 즉 특별관리해역. 진위천 유역, 삽교호 일부 유역을 제외)을 제외한 전국에서 총량관리가 시행된다고 볼 수 있다. 따라서 총량관리계획의 수립과 이행평가를 위한 환경컨설팅사가 적어도 광역자치단체별로 2~3개 이상 창업되었고, 기존 환경사업체를 위해서는 해당 계획의 이행을 위한 각종 처리시설의 설치, 관리 및 평가를 위한 사업 영역이 크게 확대되었다.

과학적 기술적 자료가 요구되는 총량관리의 특성상 총량관리 시행과 더불어 조사연구의 수요가 크게 증가하였다. 목표수질 설정과 평가를 위한 수질 및 유량모니터링, 오염원조사와 부하량 산정을 위한 조사연구, 부하량의 할당과 평가를 위한 수질 및 유역모델링 기법 개발, 총량관리 지원을 위한 정보시스템의 개발 등에 상당한 재원이 투자되었다. 이러한 조사연구에 대한 투자는 일차적으로 총량관리 시행을 위해 기본적으로 요구되는 분야에 집중되었다는 한계는 있지만, 이를 통해 공공 수역의 수질문제를 원인-과정-결과의 전 과정에 걸쳐 파악하는 데 큰 도움이 되었다. 물론 이를 수행하는 과정에서 양성된 연구 인력이 총량관리의 성공적인 시행을 위해 재투입되는 선순환이 이루어지기도 하였다.

03
총량관리제의 한계

가. 제도적으로 허약한 밑천이 드러나다

총량관리제가 결과적으로 수질개선이라는 목표를 달성했지만 내용적으로 보면 여러 가지 측면에서 만족할 수 없는 면이 있다. 첫 번째는 수질개선을 위한 부하량 삭감의 부담이 전적으로 점오염원인 공공처리시설에 할당되었고, 민간 배출시설에 대한 삭감부하량 할당은 명목적인 수준에 머무르고 있다는 사실이다(문현주, 2009; 국립환경과학원, 2011a; 2011b; 2011c; 2013). 냉정하게 본다면 이는 총량관리의 시행 없이도 기존의 하수도정비계획의 정상적인 운영을 통해서도 충분히 달성할 수 있는 내용이다. 총량관리제의 차별성은 민간배출시설과 비점오염원에 대해서는 부하량을 할당할 수 있다는 점이다. 민간 배출시설에 대한 할당이 어려운 것은 미국의 오염총량(Total Maximum Daily Load)(이하 TMDL)이나 일본의 수질오염총량규제와 달리 우리나라 수질오염총량관리는 부하량을 민간배출시설에 할당할 수 있는 기본적인 관리수단이 미비하기 때문이다(이창희, 2007). TMDL의 경우 NPDES를 통해 배출허가 갱신 시 민간시설에 대해서도 부하량을 할당할 수 있는 관리수단이 있으며, 일본은 대상지역의 민간배출시설에 대해서는 국가 배출허용기준보다 훨씬 강화된 업종별 배출허용기준을 설정함으로서 신규 오염원의 부하량을 삭감하는 효과를 거두고 있다(그림 1-2 참고). 반면 이러한 관리수단이 부재한 우리나라의 경우, 짧은 총량관리계획 수립기간 중 삭감부하량을 현실적으로 할당할 수 있는 대상은 공공처리시설이 될 수밖에 없다. 향후 총량관리의 실효성 확보를 위해서는 민간시설에 대해서도 부하량 할당을 강제할 수 있어야 하면, 이런 측면에서 주기적 배출허가시스템의 도입을 통해 배출허가의 갱신 시 필요한 지역에 필요한 항목에 대한 배출허용기준 또는 방류수 수질기준을 강화할 수 있는 관리수단이 반드시 마련되어야 한다.

둘째는 비점오염부하량과 연관된 다양한 문제이다. 총량관리제 시행 이후 비점시설 설치의무 및 비점관리지역의 지정과 같은 비점오염원관리제도가 정비되었지만 총량관리제에 있어 비점오염부하량의 산정, 부하량의 할당 및 비점삭감부하량의 인정 등에 상당한 모호함이 정비되지 않은 상태로 제도가 운영되고 있다(최지용, 2014). 원칙적으로는 유역모델을 포함한 다양한 비점부하량 산정 방법을 인정하고 있지만, 2단계 기술지침에서도 현실적으로는 원단위법에 의한 비점부하량 산정방법을 사용함으로서 개발에 따른 비점부하량을 과도하게 추정하고 있다(환경부, 2014a). 비점부하량의 과도한 추정은 개발부하량을 확보하기 위해 점오염부하량, 주로 공공처리시설에 대한 과도한 투자와 직접적으로 연결될 수밖에 없는 문제를 야기하고 있다. 또한 비점배출부하량의 산정은 원단위법에 근거하는 반면 비점처리시설의 삭감부하량 인정은 유량 및 수질의 실측법에 근거하기 때문에 계획수립과 평가 단계 부하량의 동등성을 근본적으로 훼손하고 있다. 이외에도 토지피복이 아닌 토지이용목적에 따른 원단위를 사용함으로서 실제 토지피복에 따른 유출특성을 반영하지 못한다는 점과 지역의 유출특성을 지나치게 일반화하고 있다는 많은 기술적인 문제가 제기되고 있다. 최근 비점관리제도의 개선 및 일련의 연구를 통해 이러한 문제를 극복하려는 노력이 전개되고 있으나 (송시훈, 2014; 박배경, 구본경, 2013; 강민지, 2017), 근본적으로 수질에 대한 영향 정도에 근거해 점부하량과 비점부하량을 구분하여 다루는 제도적 유연성이 확보되지 않으면 이러한 문제는 향후에도 지속될 것으로 예상된다.

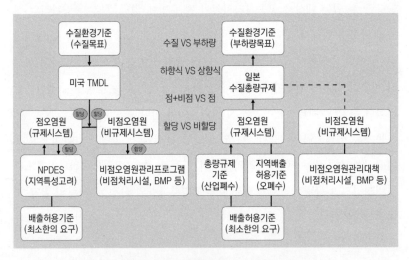

그림 1-2 • 총량관리 시행을 지원하기 위한 하부 관리구조의 예

나. 수질개선 효과를 체감하기 어렵다

수질개선에도 효과에도 불구하고 일반 주민이 체감하는 수질개선의 정도는

지역에 따라 편차가 심하게 나타난다. 이는 적어도 다음 두 가지 원인에서 기인한다(안기홍 외, 2016; 유지철 외, 2016). 첫째는 총량관리제의 목표 수질이 지류보다는 본류 중심으로 설정되어 있으며, 본류의 수질개선이 반드시 지류의 수질개선과 연결되지 않는다는 점 때문이다. 즉 비록 본류의 수질은 개선되었다 하더라도 지류 수질의 본류에 상당하는 만큼 개선되지 않으면, 지류 유역에 거주하는 주민은 수질개선을 체감할 수 없다. 둘째는 총량관리의 대상물질이 여러 오염물질 중 BOD와 TP에 국한되고 있다는 사실이다. 즉 대상물질에 대한 목표수질이 달성되었어도, 대상물질 이외의 물질[예를 들어 탁도(부유물 농도), 클로로필, 부유 쓰레기 등]로 인해 수질이 악화된 경우 수질이 개선되었다고 느끼기 어렵다.

총량관리의 효과에 대한 과대한 평가도 수질개선 효과를 체감하기 어렵게 하는 요인 중의 하나이다. 주목할 사실은 지역적으로 문제가 제기되는 오염물질을 총량관리 대상물질로 선정한 것이 아니라 광역수계에서 공통적으로 관리할 수 있는 물질, 기술적 또는 경제적으로 처리가 가능한 물질을 선정했다는 점이다. 대부분의 공공처리시설이 생물학적 처리에 근거하기 때문에 적어도 BOD에 대해서는 상당히 높은 처리율을 기대할 수 있다. 또한 2단계 총량관리부터 대상물질 포함된 TP의 경우, 4대강 사업에 따른 녹조제어를 위해 집중적인 투자를 할 수 밖에 없는 상황이었다. 이러한 점을 고려해 선택된 한정된 대상물질에 대한 수질개선은 당연히 지역적적으로 문제되는 타 수질항목의 개선과는 근본적인 괴리가 있을 수밖에 없다. 또한 액면 그대로 대상물질의 수질개선을 전적으로 총량관리제의 시행 효과로 보기는 어려운 측면이 있다. 실제 동일한 유기물 지표라 하더라도 난분해성 유기물을 포함하는 COD와 공공처리시설을 통해 상대적으로 처리가 어려운 총질소(이하 TN)의 농도는 감소되지 않고 대부분의 하천에서 오히려 증가되고 있는 실정이다.

이러한 문제를 극복하기 위해서 최근 환경부는 소위 '지류총량제' 도입을 추진하고 있다(표 1-2 참고). 지류총량제는 문제가 되는 지역에 한해, 문제가 되는 오염물질을 대상으로 자발적 총량관리를 실시하겠다는 개념으로 자발적 시행체제를 제외하면 개념적으로 우리나라 총량관리제가 벤치마킹한 미국의 TMDL과 동일한 제도이다(황하선 외, 2016). 여기서의 의문은 왜 현행 수질오염총량관리제도의 대상항목에 대한 유연성만 확보되도록 제도를 개선하면 될 것을 굳이 '지류총량제'라는 옥상옥 제도를 도입하는가 하는 것이다. 이는 수질개선을 위해 지역개발을 제어하겠다는 정책적 의지와 과학적 불확실성 때문이다.

표 1-2 • 총량관리제와 지류총량와의 비교

구분	유역총량(총량관리)	지류총량
공간범위	수계 내 모든 지역	특정 지류 지역
대상물질	단일 공통 오염물질 (BOD, TP)	지류별 문제 오염물질 (유기물, 영양염류, 유해물질 등)
목표수질	주요상수원(본류)의 목표달성을 위한 단위유역별 목표수질 설정	지류별 옹며물질별 수질개선을 위한 목표 설정
관리기준	단일 공통유량 조건	다양한 유량조건, 계절 조건
지역참여	의무적	자발적

자료: 황하선, 2017.

다. 과학적 불확실성이 발목을 잡다

총량관리제도 도입의 과정에서 강조된 내용 중 하나는 총량관리가 과학적 토대 위에 시행된다는 점이다. 실제 총량관리는 목표수질의 설정, 오염원 및 배출경로의 파악, 부하량의 산정, 목표수질에 근거한 영향유역별 기준배출부하량의 추정 및 기준배출부하량의 점부하량, 비점부하량 및 안전부하량에 대한 할당에 이르기까지 기존의 접근체제와는 달리 상당한 수준의 과학적

엄밀성을 요구한다(이창희, 2007). 이러한 점이 시행 초기에는 제도 도입의 근거로 작동했지만, 본격적인 시행 이후 10년 이상이 경과한 현 상황에서는 오히려 여러 가지 측면에서 제도의 발전을 저해하는 요인이 되고 있다.

환경부는 총량관리제와는 별도로 '지류총량제' 도입을 추진하고 있다. 현행 수질오염총량관리제도의 개선을 통해 적용지역 및 대상물질 선정에 대한 유연성만 확보하면 될 문제를 별도의 제도를 도입해서 해결하겠다는 의도이다. 지류총량제의 도입 배경은 여러 측면에서 논의될 수 있지만 가장 확실한 것 중 하나는 다양한 오염물질을 총량으로 관리하기 위한 과학적 기반이 취약하다는 점이다. 미국의 TMDL과는 달리 우리나라 총량관리제도의 특성은 거의 유역관리계획 수준으로 그 적용지역이 넓다는 것이다. 광역수계에서 나타나는 다양한 수질오염물질을 총량적 관점에서 다루기에는 과학적 자료가 부족한 것이 사실이다. 따라서 수질오염과 그 원인과의 인과관계를 상대적으로 쉽게 파악할 수 있으며, 해당 지역의 조사·연구만으로도 부하량 추정이 가능한 특정 수계구간의 특정 오염물질을 대상으로 하는 지류총량제 도입을 고려하게 되었다.

더욱이 우리나라 총량관리제는 수질개선과 지역개발이 매우 직접적으로 연동되는 구조이다. 목표수질이 설정되면 지역의 개발부하량은 전적으로 목표수질에 근거하여 추정한 기준배출부하량과 이를 어떤 수준으로 삭감부하량과 안전부하량에 할당에 반영하는지에 따라 좌우된다. 이해당사자가 지역개발을 위한 부하량 확보에 총력을 기울이는 상황에서, 대상물질이 추가된다면 환경부는 추가된 물질에 대한 목표수질의 설정, 부하량의 산정, 모델을 이용한 기준배출부하량의 추정 및 안전부하량의 할당 등에 대해 상당한 수준의 과학적 정보를 제공하고 이를 통해 이해당사자를 설득할 수 있어야 한다. 그러나 현행과 같이 환경부가 총량관리제를 통해 지역개발을 제어하겠다는 정책적 의지를 견지하는 한 제공되는 자료에 대한 과학적 불확실성은 이해당사자로 하여금 어떠한 제도개선도 거부할 수 있는 설득력 있는 근거가 될 수 있다. 환경부가 이러한 입장을 가진 이해당사자를 설득하여 현행 총량관리제를 개선하기 위한 노력을 당초에 포기하고 상대적으로 용이하게 추진할 수 있는 지류총량제라는 우회전략을 선택한 이유이다.

04
정책 제언

이상에서 살펴본 바와 같이 총량관리제는 성공적으로 정착하였고 지금까지는 그 효과 또한 명확하게 나타나고 있다. 환경부의 계획에 따르면 총량관리 대상지역을 확대하는 것을 제외하면 적어도 향후 10년간은 현행과 유사한 체제로 운영할 계획이다. 그러나 분명한 것은 공공처리시설을 통한 점오염부하량 삭감의 한계에 이른 현 상황을 고려할 때 향후에도 현행과 동일한 형태로 총량관리제를 운영하는 것은 수질개선 효과성 및 경제적 효율성을 고려할 때 행정력의 낭비가 될 소지가 크다. 환경부도 이러한 한계를 인지하고 있기 때문에 지류총량제 도입을 추진하고 있으나, 보다 근본적인 처방이 필요한 상황이다.

우리나라의 총량관리는 미국의 TMDL과 비교하면 역방향으로 전개되고 있다(이창희, 2014). 즉 미국의 TMDL은 지류총량제와 유사한 체계로 시작하여 유역관리체계로 통합되는 과정을 거치고 있는데, 반대로 우리나라는 유역총량관리제에서 시작하여 지류총량제를 도입하는 과정을 거치고 있다. 국가마다 정책여건이 다르므로 어떤 접근이 옳다고 판단할 수는 없지만, 현행 총량관리제의 문제를 해결하려면 지류총량제를 도입과 병행하여 다음과 같은 측면에서 제도의 전면적인 검토 · 개선이 요구된다.

첫째, 총량관리계획은 수질 부문 최상위 계획이 아닌 특별수질관리계획이 되어야 한다. 일부 수질항목만을 대상으로 하는 계획은 최상위 계획이 될 수 없다. 이미 물환경관리기본계획 등 수질 및 수생태계를 총괄하는 최상위계획이 있기 때문에 총량관리계획은 특정한 오염물질 관리를 위한 특별관리계획으로 자리매김해야 한다. 이러한 측면에서 도입 예정인 지류총량제는 임의제가 아닌 의무제가 되어야 한다. 필요하다면 의무적 지류총량제 도입과 현행 총량관리제의 변경(완화)을 맞교환하는 방법도 고려할 수 있다.

둘째, 향후 총량관리제(지류총량제 포함)의 실효성을 확보하기 위해서는 민간배출시설에 대해 부하량을 할당할 수 있는 기본적인 관리수단의 확보가 필요하다. 미국의 NPDES 형태 또는 일본의 업종별, 지역별 배출허용기준의 강화 등 어떤 형태로던 총량관리계획의 할당량을 강제할 수 있는 수단이 마련되지 않으면 향후 추가적인 부하량 삭감에는 한계가 있다. 특히 개별 산업계 배출시설 밀집지역을 통과하거나 영향을 받는 하천의 수질개선은 공공처리시설의 할당만으로는 해결할 수 없는 문제이다.

셋째, 총량관리제의 개선은 기존에 시행 중인 수질관리 관련 제도를 적절하게 활용하는 측면에서 이루어져야 한다. 지금까지 총량관리계획의 거의 전부라 할 수 있는 공공하수처리시설에 대한 부하량 삭감은 국가하수도계획, 유역하수도정비계획 및 하수도정비기본계획 등 기존의 하수처리계획이 정상적으로 운영되면 충분히 가능하다. 특히 유역하수도정비계획은 부하량 측면의 분석만 강화하면 훨씬 더 공공하수처리시설의 BOD, TP 삭감이 보다 직접적이다(환경부, 2013). 마찬가지로 비점오염원의 부하량 삭감도 비점오염원 관리수단 및 비점오염원관리계획과의 실질적 연계를 통해 추진되어야 한다. 즉, 총량관리계획이 모든 문제를 감당할 필요는 없다.

05
맺는말

총량관리제는 해외에서 사례를 찾아보기 어려운 독특한 제도로서 제도 자체가 가지는 근본적인 한계에도 불구하고 지금까지 수질개선, 수질개선과 지역개발과의 조화, 이해당사자의 인식 제고 및 수질 분야 환경산업의 발전에 상당한 역할을 했다고 판단된다. 그러나 이러한 긍정적인 성과에도 불구하고 기술적 한계에 대한 보완은 더디게 진행되고 있으며, 상당 부분의 제도적인 한계는 여전히 해결되지 못하고 있다. 특히 제도적 측면에서 총량관리가 성공하기 위해서는 민간 배출시설에 대한 부하량 할당을 가능하도록 하는 배출허가갱신시스템 등 기본적인 부하량 관리수단이 조속히 개발될 필요가 있다. 기술적인 부분에서는 비점오염부하량의 추정 및 비점부하삭감량의 인정방법, 경직된 안전율의 조정 방법, 배경부하량의 도입 등에 대한 지침이 제시되어야 한다.

상당한 수질개선에도 불구하고 일반 국민이 체감하는 개선 수준은 이에 미치지 못하고 있는 실정이다. 일부 관리항목에 대해, 광역수계를 대상으로, 본류를 중심으로 시행하고 있는 현 총량관리제의 한계로 판단된다. 이런 문제를 해결하기 위해 도입할 예정인 지류총량제는 총량관리를 통해 지역개발을 지속적으로 제어하려는 정책적 의도와 기술적 불확실성과 연관된 이해당사자의 반발을 피해 현행 총량관리제의 한계를 보완하려는 우회전략으로 보인다. 그러나 국민이 체감하는 실질적인 수질개선을 이루기 위해서는 지난한 과정이 될 수도 있지만 현행 총량관리제도의 전면적인 개편을 진지하게 고려할 시점이다.

비점오염 관리정책

우리나라는 그동안 하수처리장 등 환경기초시설이 건설되면서 점오염원의 관리가 강화되어 공공수역으로 배출되는 총 오염물 부하는 지속적으로 감소하고 있다. 그러나, 토지이용 고도화에 따른 불투수면 확대 등으로 비점오염물질은 2015년 하천오염 부하율(BOD)의 약 70%를 차지하고 있으며, 이는 계속 증가하여 2020년에는 약 72%에 달할 것으로 예측되는 등 공공수역 수질에 대한 비점오염원 기여율은 지속적으로 증가 추세에 있다. 특히 비점오염원에는 처리가 어려운 난분해성 물질도 많이 포함되어 있어 이들이 공공수역으로 유입되면서 주요 오염원으로 작용하고 있다. 또한, 기후변화에 따른 강우강도 증가 등으로 지표면에 축적된 비점오염물질이 하천으로 유출, 수질오염을 가중시키고 있으므로 비점오염원 관리 필요성은 갈수록 커지고 있다. 이에 앞으로는 하수처리장 확충 등 점오염원 관리뿐만 아니라 강우 시 유출되는 비점오염원 관리도 지속적으로 추진해야 공공수역의 수질목표를 달성할 수 있다. 이에 정부는 2004년 국가 차원의 '비점오염원 관리종합대책'을 추진한 이후 2016년 물순환 선도도시 추진까지 비점오염원 관리를 위해 지속적으로 노력하고 있다. 본 장에서는 정부의 물관리 정책 중 중요한 축으로 자리 잡은 비점오염원에 대한 특성을 비롯하여 관리제도, 추진 실적과 평가, 발전 방향 등에 대해 고찰하고자 한다.

01
비점오염원 특성

가. 비점오염원 발생

수질오염원은 도시나 공장에서와 같이 한 지점에서 연속적으로 발생하는 점오염원(point source)과 주로 강우 시 도로, 농경지 등에서 쓸려 나오는 오염된 빗물유출수와 같이 여러 지역에서 분산되어 수시로 발생하는 비점오염원(nonpoint source)으로 구분할 수 있다. 즉, 비점오염원이란 "공장, 하수처리장 등과 같이 일정한 지점으로 오염물질을 배출하는 점오염원 이외에 불특정하게 오염물질을 배출하는 도로, 공업지업, 도시지역, 농경지 등"의 오염물질 발생원을 가리킨다.

우리나라의 2015년 수질오염물질 배출량을 하루 BOD 1,618톤, TP 91.4톤이며, 그중 비점오염원은 BOD 1,135톤으로 전체 오염발생량의 약 70%를 차지하고, TP 57.9톤으로 전체발생량의 63%를 차지하고 있다. 점 및 비점오염원을 합한 총 배출부하량 중에서 향후에도 점 오염원 처리율이 계속 향상되어 배출량이 감소하기 때문에 비점오염 부하량 비중은 지속적으로 커질 것으로 전망된다.

표 2-1 • 배출부하량 발생과 전망
단위: 톤/일, %

	BOD			T-P		
	점	비점	합계	점	비점	합계
2015년	482.5 (29.8)	1,135.5 (70.2)	1,618.0 (100)	33.5 (36.6)	57.9 (63.4)	91.4 (100)
2020년	444.7 (27.9)	1,151.6 (72.1)	1,596.3 (100)	26.7 (31.4)	58.3 (68.6)	85.0 (100)

자료: 관계부처합동, 제2차 비점오염원관리 종합대책, 2012.

특히 비점오염원 발생량이 많은 대지, 도로 등 도시지역 비중이 계속 증가하는 추세이다. 2020년에는 우리나라의 비점오염원 배출량은 BOD 1,152톤, TP 58.3톤으로 예측되어 각각 총 수질오염물질 배출량의 72.1%, 68.6%를 차지할 것으로 전망되고 있다(관계부처합동, 2012).

나. 비점오염물질 영향

비점오염물질은 대지 · 도로 · 농지 · 공사장 · 임야 등의 비점오염원에서 주로 강우 시 공공수역으로 직접 유출되어, 수질 및 수생태계에 악영향을 끼친다. 주요 비점오염물질로는 토사 등 토양침식물, 비료 등의 영양물질을 비롯하여 박테리아 등 병원균과 납 등의 중금속, 제초제 · 살충제 · 항곰팡이제 등의 농약과 기름과 그리스 등 유류, 각종 도시쓰레기 등이 있다.

토사는 대표적인 비점오염물질로 수생생물의 광합성, 호흡, 성장, 생식에 장애를 일으켜 생존에 큰 영향을 미친다. 유류는 적은 양으로도 수표면에서 산소공급 차단 등으로 수생생물에 치명적일 수 있다. 중금속은 하천으로 유입되는 총 금속물질량 중 과반 이상이 비점오염원에서 배출된다. 농약은 적은 양으로도 플랑크톤과 같은 수생생물에 축적되고, 먹이사슬을 통한 생물농축으로 어류와 조류 등에 치명적인 결과를 초래할 수 있다.

특히 도시화에 따라 대지, 도로 등의 불투수율 증가 등으로 자연토양을 포함하는 녹지에서는 강우의 15%만이 유출되는 반면 불투수층이 많은 도시에서는 55~70%가 유출되며, 이때 지표면에 축적된 비점오염물질이 일시에 배출됨으로써 물고기 폐사사건 등 수질오염문제를 일으킨다(환경부, https://www.me.go.kr/nonpoint/). 이뿐만 아니라, 물순환 구조 악화는 토양침투량 감소, 침수 발생빈도 증가, 갈수기 하천 건천화 심화 등으로 유역의 수생태 건강성에 장해를 초래한다.

02
비점오염원 관리 제도

토지이용 고도화와 불투수층 증가 등으로 비점오염원 유출이 증가하고 동시에 점오염원 관리강화로 인해 비점기여율이 증가하였다. 이에 정부는 비점오염관리를 위해 1994년부터 비점오염에 의한 수질기여율 조사 등 관리기반을 구축하고 다음과 같은 각종 대책과 제도를 마련하여 대응하고 있다. 특히 4대강 사업 이후 하천의 물리적 환경변화에 따른 수생태계 건강성 확보가 중요한 문제로 등장하였고, 이를 위한 비점오염원 관리의 중요성이 더욱 강조되고 있다.

가. 비점오염원 관리 대책

1) 4대강 비점오염원 관리종합대책

비점오염원 관리의 중요성을 인식한 정부는 1995년 비점오염원 원단위 조사를 시작하였고, 2004년에는 '비점오염원관리 종합대책'('04~'20)을 범부처적으로 수립하여 비점오염원 관리를 추진하였다. 당시 계획에 따르면 비점오염원 관리계획 초기에는 국가가 주도하여 비점오염원 관리를 위한 기본적인 제도를 마련하되, 후반부에는 지자체가 중심이 되고 국가가 지원하는 비점오염원 저감을 위한 본격 사업을 추진하고자 하였다.

'비점오염원관리 종합대책'의 전반기인 1단계('04~'05)에는 국가(중앙정부)가 시범사업을 추진하고, 후반기인 2단계('06~'11)에는 중앙정부와 지자체가 합동으로 비점오염원의 최적관리 사업을 추진하며, 그 이후 3단계('12~'20)부터는 지자체가 중심이 되어 본격적인 비점오염원 관리사업을 추진하는 쪽으로 제안되었다(관계부처합동. 2004). 각 부처별 비점오염원 관리정책은 환경부를 비롯해 농림축산식품부 등 각 부처에서는 관련 업무와 연계된 비점오염원 관리정책을 추진하였다.

표 2-2 • 4대강 비점오염원관리 종합대책('04.3) 개요

구분	제1차 기간		제2차 기간
	1단계('04~'05)	2단계('06~'11)	3단계('12~'20)
제도	기본제도 마련 (국가 · 지자체 관리책무 등)	주요 오염원 관리의무 부여	관리의무 강화 지속 추진
관리 사업	시범사업 (국가)	4대강유역 최적관리 사업 (국가 · 지자체)	본격사업 추진 (지자체 중심, 국가지원)
조사 연구	원인규명, 처리기법 개발 중심	모니터링 기법 및 설치기준 정립	비용 효율성을 고려한 최적관리기술 개발 · 보완

자료: 관계부처합동, 2004.

2) 제2차 비점오염원관리 종합대책

4대강 비점오염원관리 종합대책을 기반으로 보다 개선된 비점오염원관리 대책이 2012년 5월 '제2차 비점오염원관리 종합대책'('12~'20)이 마련되어 2017년 현재 추진되어 오고 있다. 2004년부터 추진된 비점오염원관리 종합대책에서는 비점오염원 설치신고제도와 관리지역 지정제도는 비교적 잘 정착되었다는 평가를 받았으나 저감시설 설치 등 발생 후 관리 및 유지관리 문제, 비점오염관리 확산을 위한 제도 연계가 미흡하였다. 이러한 평가를 바탕으로 제2차 종합대책에서는 우수유출량 저감과 물순환, 토지이용 시 사전예방적 대책 강조 등 발생원 단계에서 비점오염원 관리를 강화하는 정책이 담겨있다. 환경부와 국토부, 지자체를 중심으로 저영향개발(LID: Low Impact Development) 기법과 그린인프라(GI: Green Infrastructure) 도입 및 초기우수의 관리강화를 중심으로 여러 제도개선 및 사업을 추진하는 것을 중점과제로 하였다. 구체적 내용으로는 비점오염저감형 그린빗물인프라 구축 및 빗물오염요금 도입 추진, 투수면적율 도입 등이 있다.

2차 비점오염원관리 종합대책은 단기 대책과 장기 대책으로 구분하여 추진되며, 2012~2015년을 대상으로 하는 단기 대책은 4대강 유역의 비점오염을 집중적으로 관리하고, T-N, T-P 등 영양염류 및 BOD의 집중적 관리와 조류예방을 추진한다. 2016~2020년을 대상으로 하는 장기 대책은 이러한 정책을 전체 유역으로 확대 시행할 계획이다(관계부처합동, 2012).

표 2-3 • 제2차 비점오염원관리 종합대책('12.12) 개요

구 분	단기	장기
	'12~'15	'16~'20
지역	4대강 유역 중점 추진	전국 확대
주요 관리대상	영양물질	영양물질, 조류예방
주요 추진사항	저영향개발, 물순환 구조개선, 점과 비점 통합관리 등 추진	

자료: 관계부처합동, 2012.

나. 비점오염원 관리를 위한 법률

비점오염원 및 빗물 관련 법률은 1991년 「수질환경보전법」 제정 이후 현재까지 개정 등을 통하여 변화해 왔다. 비점오염원 및 빗물이용과 유출 관련 법률을 수질 및 수생태계 관련 법률과 상·하수도 관련 법률로 나누어 그 변화 과정을 살펴보면 다음과 같다. 먼저 1996년에 수질 및 수생태계 관련 법률에서 공공수역에 대한 토사유출행위를 금지하는 항목이 도입되어 비점오염원의 유출에 대한 첫 행위금지 항목이 도입되었다. 이후 2006년에 개정된 법률에서는 비점오염원이 법정 오염원으로 자리매김하였다. 즉 수질오염원을 점오염원과 비점오염원, 기타 수질오염원으로 분류하고, 비점오염원에 대한 법적인 관리 근거를 마련하였다. 이에 따라 각종 수질보점 및 관리계획 수립 시 비점오염원 관리대책을 포함하도록 하였고, 현재 시행 중인 비점오염원

설치신고 제도와 비점오염원 관리지역 지정제도 또한 이를 근거로 도입되었다. 2007년에는 법률명이 「수질 및 수생태계 보전에 관한 법률」로 변경되어 수질을 고려함에 있어 수생태계 개념을 포함하도록 하였다. 2013년에는 상수원 보호 구역 등에 대하여 도로 비점오염저감시설의 설치를 의무화하였다. 2018년부터 법률명이 「물환경관리법」으로 변경되어 점, 비점, 생태 등 포괄하는 법으로 자리매김하였다.

다. 비점오염원 관리를 위한 주요 사업

정부는 비점오염원 관리를 위한 주요 사업을 관련법 및 정책에 따라 추진해 왔으며 비점오염원 관리 주요 사업을 살펴보면 다음과 같다. 먼저 비점오염원 관리사업의 시작이라고 할 수 있는 비점오염원 원단위 조사 및 기여율산정이 1995년 추진되었고, 이어 2001년 고랭지 지역을 중심으로 '흙탕물 저감사업'이 추진되었다. 이후 2004년 정부 합동으로 비점오염원관리 종합대책이 마련되면서 저감시설 시범설치 및 모니터링 사업 또한 추진되어 본격적인 비점오염원 관리사업이 시작되었다. 2006년부터는 비점오염원 설치신고 제도가 시행되었으며, 2007년에는 비점오염원 관리지역 지정제도가 시행되어 비점오염 관리의 핵심인 두 제도가 시작되었다.

2007년에 주요 비점오염원 시설에 대한 모니터링 연구 수행과 비점오염원 설치신고대상확대 등 각종 제도가 시행되었고 2008년에는 지자체 비점오염저감사업 국고지원이 시작되어 정부 시범사업이 아닌 지자체 시행 사업에 대해서도 국고가 지원되었다. 이처럼 2003년 제1차 종합대책 이후 2007~2008년에 각종 제도 및 사업이 시행되어 비점오염 관리의 기초를 마련할 수 있었다. 이후 2009년에는 하수도정비계획 수립지침이 개정되어 하수처리시설의 초기 우수저류 및 처리가 가능하도록 하였고, 2010년에는 도로유지관리 지침에 따라 비점오염 저감시설을 설치하도록 하였다. 2011년에는 도시공원 및 녹지 내 저류시설을 설치하도록 하였으며, 앞서 시행된 제도 및 사업을 바탕으로 2012년에는 제2차 비점오염원관리 종합대책이 발표되었다 (김호정 외, 2014). 제2차 비점오염원관리 종합대책의 가장 큰 특징으로는 먼저 비점오염원 저감뿐 아니라 물순환 구조 개선과 침수 예방, 경관 개선 등의 통합적인 효과를 도모한다는 것이다. 또한 점오염원과 비점오염원을 통합적으로 관리하고, 신규 사업과 기존 지역 및 시설에 대한 관리방안을 차등화하며, 중앙정부 및 지자체의 선도적인 정책 추진을 그 특징으로 하고 있다. 이러한 정책목표 달성을 위해 2016년 환경부는 물순환 선도도시 시범사업을 광주, 대전 등 5개 도시를 선정하여 추진하고 있다.

라. 비점오염원 관리를 위한 재정 투입

비점오염원 관련 사업은 크게 국고사업과 국고보조사업, 수계관리기금 사업으로 나눌 수 있다. 전액 국비로 추진되는 국고사업에는 비점오염 저감시설 설치 시범사업과 완충저류시설 설치사업 등이 있다. 비점오염원 저감 국고보조사업은 「수질 및 수생태계 보전에 관한 법률」 제2조, 제12조의2호에 따른 '비점오염저감시설을 설치하는 사업'과 '고랭경작지 흙탕물 저감사업', 기타 비점오염원을 관리하기 위한 '초지 및 습지 등의 조성사업'으로 구분된다. 또한 「하수도법」 제2조의3호에 따른 '하수저류시설(하수관거 월류수 처리시설)' 설치사업 또한 지자체 특성에 따라 30~70%까지 국고가 지원되고 있으며, 2010년에 시작된 이 사업은 특히 2012년과 2013년에 지원액이 급격히 증가하여 2016년 준공 시까지 총 3,860억 원이 투입되었다. 비점오염원 저감 국고보조사업에 대한 국고지원 비중은 2011년도 50%에서 2012년부터는 최고 70%까지 지원할 수 있게 되었고, 지원액 또한 매년 지속적으로 증가하고 있다(관계부처합동, 2012). 4대강 수질개선 및 상수원 관리지역 주민지원사업 등을 위하여 설치된 '수계관리기금'에서 지원하는 비점오염 저감관련 사업으로는 토지매수사업, 수변녹지조성사업 등이 있다.

03
비점오염원 관리 평가

가. 추진경과 및 실적

2004년 03월 관계부처 합동으로 '4대강 비점오염원관리 종합대책'을 수립 ·
추진하였다. 당시 관련 부처는 국무총리실(수질개선기획단), 행정자치부(소
방방재청), 농식품부, 지식경제부, 환경부, 국토해양부, 산림청 등 7개 부처
에서 12개 분야 34개 과제를 선정하여 시행하였다. 비점오염원저감시설 시
범설치 및 모니터링 사업은 한강 25개소('06), 금강 7개소('09), 영산강 5개
소('09), 낙동강 5개소('09) 및 도시기반시설을 활용한 생태유수지 1개소('09)
등 43개소 순차적 설치 완료 및 모니터링을 실시하고 있다. 그리고 도시지
역 LID기법 시범설치 및 모니터링도 2011년부터 실시되고 있다(관계부처합동,
2012).

  비점오염원 저감을 위한 사업으로는 2005년 '임하댐 탁수저감대책'이 환
경부 흙탕물저감사업, 농림부 밭기반정비사업 등 관계부처 합동으로 10개
장 · 단기 대책('05~'15)으로 추진되었다. 그리고 2005년 3월에는 비점오염
원 설치신고제도가 수질환경보전법 개정을 통해 법적근거가 마련('06.4 시
행)되어 국가 및 지방자치단체에 비점오염원 관리책무 부여 등이 추진되고
있다. 환경영향평가법에 의한 6개 개발사업, 폐수배출시설 등 7개 사업장에
대한 설치신고제도는 정착되었다.

  2006년 11월에는 '도암댐 수질개선대책'이 수립(환경부)되어 대관령
면 흙탕물저감사업 등 9개 사업이 현재('08~'17, 9개년) 추진 중이고,

2007~2010년에는 '환경친화적인 도로건설지침'이 환경부 · 국토부합동으로 개정되어 비점오염유출저감 및 유출후 저감시설 설치 근거를 마련하였다. 이어 2007년 3월에는 '소양강댐 탁수저감대책(관계부처 합동)'을 수립하여 밭기반정비사업 등 13개 시설대책 및 10개 제도개선 추진계획('07~'13)을 확정하였다.

2007년 8월에는 비점오염원에서 유출되는 강우유출수로 인하여 하천 호소 등의 이용목적, 주민의 건강 · 재산이나 자연생태계에 중대한 위해가 발생하거나 우려가 있는 지역을 지정(비점오염원관리지역 지정제도를 도입 및 지정)하였다. 대상은 유역 비점오염 기여율이 50% 이상인 지역, 비점오염물질에 의해 자연생태계에 중대한 위해 초래 예상지역, 인구 100만 명 이상 도시로서 비점오염원관리가 필요한 지역, 산업단지 지정 지역 등이다(관계부처 합동, 2012). 2007년 11월에는 비점오염원 설치신고제도 대상사업을 확대(음식료품 제조업 등 18개 개발사업 · 사업장 추가)하였다.

2008년부터는 국고보조금을 통한 지자체 비점오염저감사업을 지원하고 있으며, 국고 보조금액은 지속적으로 증가하고 있다. 2011년 8월에는 도시공원 및 녹지 등에 관한 법률 시행규칙 개정하여 강우유출저감을 위한 도시공원 및 녹지 내 저류시설 확대설치 기반도 마련하였다.

2012년에 제2차 비점오염원관리 종합대책수립은 비점오염원 관리에 전환점을 마련하였다. 비점오염원 관리는 발생 후 관리보다는 발생 전 관리, 특히 사전예방을 고려하여 토지이용계획 수립 시 물순환과 비점오염원 유출억제가 연계될 수 있도록 하였다. 지금까지 추진된 각종 개발사업은 개발 이전의 물순환을 크게 고려하지 않고 경제적인 측면에서 가장 효율적인 토지이용을 주된 목적으로 추진하였다. 그러나 이러한 토지이용은 유역의 물순환을 왜곡과 더불어 비점오염원 유출에 의해 수환경에 악영향을 미치고 있으며 이는 하수처리장 등 환경관리시설만으로는 관리가 어려울 지경에 이르게 되었다. 결국 LID/GI 기법을 기본으로 하는 친환경적 토지이용이 환경적, 경제적으로 지속가능한 물관리 수단이란 것을 깨닫게 되었다. 현재 비점오염원 관리에 있어서도 LID/GI 기법을 기반으로 물순환기법에 대한 중요성이 부각되어 비점오염원 관리에 있어 주요한 수단으로 활용되고 있다. 이에 정부는 2016년 물순환 선도도시 5개를 선정하고 비점오염 관리와 물순환을 고려한 시범사업을 추진하고 있다.

나. 비점오염관리의 명과 암

우리나라의 비점오염관리는 비교적 빨리 중앙정부 주도로 각종 대책 수립과 추진 등으로 관리 기반을 마련하였다. 특히 2004년 국가 비점오염원 관리종합대책을 범부처적으로 수립 추진한 것은 매우 적절한 정책추진이었다. 지금까지 수행된 국가 비점오염 관리대책의 잘된 점과 보완할 점은 각각 다음과 같다.

잘된 점은 첫째, 2004년 종합대책에 계획했던 대부분의 과제가 적기에 추진되었으며, 대책에 따른 34개 과제 대부분이 완료 또는 정상 추진되었다. 둘째, 법령 개정 등을 통해 비점오염원 저감 기틀을 마련하였다. 특히 2006년의 비점오염원 설치신고 제도 및 2007년의 비점오염원관리지역 지정제도, 2008년의 하천 인근 신규 영농 금지 등은 적절한 정책이었다. 그리고 2004년의 인공습지 조성 등 지자체 비점오염저감시설 설치 지원 등의 비점오염원 저감사업 추진을 통해 저감사업을 효과적으로 추진하였다.

우리나라의 '4대강 비점오염원 관리종합대책'은 환경부를 비롯한 농림부, 국토부 등이 참여한 종합적인 비점오염원 관리대책으로 세계에서 유일한 범부처적 대책이다. 비점오염원관리가 일천한 사항에서 범 부처가 참여한 종합대책이 수립된 것은 수질오염원 관리 주무부서인 환경부의 비점오염원 관리중요성에 대한 인식과 더불어 관련 부처의 적극적인 참여와 이해에서 비롯되었다.

현재는 각 부처별로 비점오염원관리의 필요성에 대한 인식 확산과 제도개선을 위한 연구 및 시범사업 등을 통해 시급한 제도개선사항 등을 추진하고 있다. 그리고 정부종합대책에 따라 관리향상을 위해 준비하는 단계로 일부 대책은 정부 계획보다는 다소 지연되고 있으나 대부분의 부처에서는 지속적으로 비점오염원관리 노력을 강구하고 있다. 특히 환경부의 경우 비점오염원을 법적 오염원으로 인정하고, 짧은 기간 안에 국가 차원에서의 효율적인 비점오염원 관리를 제도적 기반을 구축하였다. 국토교통부와 농림축산식품부도 비점오염원 관리의 중요성을 인식하고 제도개선을 위한 기초연구와 시범사업을 추진하여 일부 개발 및 농업 관련 지침에 저영향개발(LID) 기법을 반영하는 등 적극적인 노력을 강구하고 있다.

이와 같이 비점오염원 관리는 그리고 국토교통부, 농림축산식품부 등 각 부처는 정부 종합대책의 큰 틀 안에서 각 부처별 소관 업무를 중심으로 추진하고 있으며, 환경부는 수질관리 주무부처로서 적극적으로 제도개선과 시범사업 등을 주도하고 있다.

반면에 보완할 점도 다수 있었다. 첫째, '04년 대책 추진을 통해 비점오염원 관리의 시발점은 마련하였으나 제도·정책 추진 과정에서 부처별 관리대책을 추진하고 있어서 부처 간 상호연계성은 미약하였다. 각 부처에서 활용하는 조사분석 자료나 제도개선 시 부처 간의 인식 및 자료공유는 원활하지 못한 수준이었다. 부처별 수행대책의 효율성 측면도 각종 자료, 시범사업의 공동 참여 등이 미흡하였다. 비점오염원 저감을 위한 시범사업 추진 시 관련 부처 및 전문기관의 공동참여 시 비점오염원 관리효율성이 제고되리라 본다. 예를 들면 비점오염원 저감 시범사업의 경우 제일 어려운 문제가 시설설치를 위한 토지 확보이며, 이 경우, 국토부나 지자체가 공동으로 참여할 경우 저감시설 설치를 위한 최적의 위치선정과 토지확보 차원에서 국공유지

활용 등에서 협조 등이 가능하다.

둘째, 비점오염저감사업에 대한 재원투자 및 기술개발·보급이 미흡하였다. 2010년 환경부 물관리 분야 국고 약 2.2조 원 중 비점오염관리 분야는 457억 원으로 점오염원 분야에 비해 약 2%에 불과(관계부처합동, 2012)하는 등 아직도 점오염원 위주의 예산 편성과 비점 저감시설의 표준화 및 성능 개선이 미흡하였다. 특히 공공수역 오염기여도가 70% 수준인데 비해 관리를 위한 재원투자는 중요성에 비해 미흡한 수준이다.

셋째, 대부분의 개발사업자들이 장치형 위주의 비점오염원관리를 선호하여 토지이용계획 차원에서의 유지관리를 고려한 지속가능한 비점오염원관리가 어려운 경우도 있었다. 특히 도시개발사업의 경우 공원, 보행로, 녹지 등을 활용하여 자연친화적인 방법으로 관리할 수 있는 방법이 있음에도 불구하고 자연형 비점관리시설 보다는 막대한 운영비용을 부담해야하는 장치형 시설이 주를 이루고 있어 비효율적이었다. 장치형 시설에서 벗어나 다양한 저영향개발(LID) 기법을 적용한 비점오염원 최적관리 대안을 제시하고, 비점관리계획 수립 시 이와 같은 다양한 관리대책을 간편하게 적용할 수 있도록 하는 유인정책이 미흡하였다(최지용 외, 2009).

넷째, 비점오염원 관리와 총량과의 연계가 미흡하였다. 비점오염원 저감시설로 인한 배출부하량 산정방법은 원단위법을 이용하여 생활계, 산업계, 축산계, 매립계, 양식계, 토지계로 나누어 산정하고 있다. 대부분의 비점오염 관리대책은 오염원을 제거하는 계획과 장치형 시설 도입을 통하여 이루어지고 있으며, 계획단계에서 고려될 수 있는 저감요소임에도 불구하고 비용투입형인 장치형 시설이 주로 이용됨에 따라 효율적 비점오염 관리에 어려움이 있었다. 수질오염총량제도가 확대됨에 따라 점오염원 저감만으로 개발부하량을 충족시킬 수 없으며 비점오염원을 지속적으로 관리할 수 있는 대안 제시가 미흡하였다(최지용 등, 2009).

다섯째, 최근의 비점오염원 관리정책이 발생원 단계에서의 관리의 필요성 중요성을 강조하고 있으나, 관리의무를 제도화한다거나 적극적인 관리를 유도하는 유인책을 제공하는 등의 제도적인 뒷받침은 부족한 실정이다. LID 나 GI는 신규 개발사업의 계획 단계에서 주로 고려되며, 이미 비점오염물질이 포함된 다량의 강우유출수를 발생시키는 기존의 토지이용·관리 행위를 변화시키는 단계까지 이르지 못하고 있다. 이와 함께 비점오염원 발생이 심각한 지역을 대상으로 비점오염원 관리대책(사업)이 진행되고 있으나, 비점오염원에 대한 토지 이용자의 인식이 부족하여 사업의 효율성을 저해하기도 한다. 일례로 국고가 지원된 '흙탕물 저감사업'에 대한 현지조사에서는 영농장비의 이동, 객토, 밭두렁 태우기 등 토지이용주체의 부주의로 비점오염저감시설이 훼손되거나 기능을 하지 못하는 경우도 있다. 따라서 기존의 토지이용을 효율적으로 하기 위해 도시지역은 빗물요금제 등 도입과 기타지역은 주민이 스스로 참여할 수 있도록 제도 도입 등이 필요하다(김호정 등, 2014).

마지막으로, 사전예방적 비점관리를 위한 인센티브가 부재하였다. 또한 개발사업 추진 시 LID 기법을 강제할 수 있는 규정이 미흡하였으며, 비점오염원 설치신고 대상 사업장에 대한 비점오염원 저감시설의 적정설치 여부를 조사한 결과 가동 시 유지관리가 어려운 구조로 설치되거나 비점오염원 저감시설 운영 시 모니터링이 적절히 실시되지 않는 사례가 많은 빈번한 것으로 나타났다. 그리고 사업장에 대한 개발 및 관리에 관련된 법규와 지침이 여러 부처에 산재되어 혼란을 야기한다는 점이 지적되었으며, 설계, 시공 기술지침 및 적용확대를 위한 제도와 규정이 미흡하다는 점도 문제점도 지적되었다. 비점오염원은 발생원에서 배출이 안 되도록 관리하는 것이 가장 효율적이며, 이런 측면에서 토지이용자가 적절한 수준의 사전예방적 관리책임을 부여하는 정책도 미흡하였다.

04
비점오염원 관리 발전방안

우리나라는 정부 차원에서 처음으로 2004년 '4대강 비점오염원관리 종합대책'을 수립하였고, 2012년에는 이를 개선한 '제2차 비점오염원관리 종합대책'('12~'20)을 수립하여 추진하고 있다. 4대강 비점오염원관리 종합대책을 통해 비점오염원 설치신고 제도, 비점오염원관리지역 지정제도를 도입하는 등 비점오염원 저감의 기틀을 마련하였다. 또한, 지자체의 비점오염저감시설 설치를 지원하고 밭기반 정비사업 등 타 부처도 비점오염물질 저감사업을 진행하였다. 현재는 '제2차 비점오염원관리 종합대책'에 따라 비점오염원 관리 효율화를 위해 사전예방, 토지관리, 유출량 관리 등 비점오염원 저감을 위한 새로운 방안을 강구하고 있다. 이와 같은 중앙정부의 적극적인 비점관리 정책의 추진으로 공공수역에 주요한 오염원으로 대두된 비점오염원 관리를 위한 제도적 기반을 갖추었다. 그러나 지속적 정책 추진을 위한 재원확보 방안, 비점오염원의 주요 발생지인 농업 및 축산 부문에 있어 사전예방적이고 효율적인 대책 추진, 물순환 강조, 관련 부처 간 공조, 기존 비점오염 저감을 위한 제도 등 시설의 유지관리대책의 실효성 제고 등의 필요성이 제기되고 있다. 비점오염원의 효율적인 관리방안이 정책에 적극 반영될 수 있도록 다음과 같은 방안 마련이 필요하다.

가. 재원 확보

안정적인 비점오염원 및 우수유출수 관리를 위한 재원확보 방안을 조속히 마련해야 한다. 그 대안으로는 외국처럼 빗물요금제 또는 우수유출수관리요금 등 비점오염원 관리재원확보를 위한 새로운 제도의 도입이다. 그리고 비점오염저감사업의 범위가 비점오염저감시설의 설치뿐 아니라 설치 후 유지

관리까지 해당하는 것으로 인식하고, 비점오염저감사업계획 수립 시 유지관리 재원도 반드시 포함되도록 해야 한다. 비점오염저감시설이 증가하고 유지관리 요건이 강화되는 등 현재보다 비점오염저감시설의 유지관리 또는 비점오염원 관리비용이 크게 증가하게 되는 경우에도 안정적으로 대응토록 해야 한다.

빗물요금제는 비점오염원 관리를 위한 재원으로 기능하면서, 동시에 요금 감면 또는 할인을 받기 위해 토지 소유·관리자가 각종 BMPs를 적용하는 효과도 가져온다. 빗물저장 credit 인정 및 빗물 거래제도의 도입 등 시장 메커니즘이 도입되면서 빗물 저장·이용에 따른 경제적 이익이 확대되고 이는 신규 개발 또는 도심 재개발 과정에서 LID 및 GI의 도입을 촉진하는 역할도 할 수 있다. 재원확보 방안은 LID시설과 그린인프라를 확대하기 위해 경제적 유인책과 연계해야 한다. 현행 하수도 요금체계에 강우유출수 요금제를 도입하여 불투수층이 많은 면적을 차지하고 있는 시설이나 건축물에 대해 추가요금을 부과하되 향후 LID 시설이나 그린인프라 시설 도입 시 추가로 부담시킨 요금을 환급해 주는 인센티브를 시범도입하여 성과를 분석할 필요가 있다.

나. 사전예방적 관리

경제적 유인책 등을 활용한 사전예방적 비점오염원 관리가 활성화되도록 하여야 한다. 유역 내의 비점오염원 관리는 불투수면 관리 등 건전한 물순환을 달성하여 강우 시 오염물질이 수계로 유입되는 것을 최소화하여야 한다. 수질과 수량의 연계관리와 토지이용자 및 소유자에게 친환경적 토지이용을 적극적으로 유도하여 비점오염원의 사전예방적 관리를 강화해야 한다. 전통적으로 대형 관거·처리장을 통해 지표수를 신속히 공공수역으로 방류하는 방식에서 벗어나 발생원 지역에서 물을 재이용하고 불투수면적을 감소시켜 토양으로의 침투와 저류능력을 향상시켜 비점오염원 유출을 감소시키는 시스템으로 전환해 나가야 한다.

도시의 경우, 기존의 규모 이상의 공공시설 중심에서 주택, 아파트 등 대형건물에서 빗물이용시설을 확대하고, 도심 재개발 및 신규조성 시 불투수면적율 도입과 하수도 요금제 등에 경제적 유인책을 도입하여 저영향개발기법의 적용을 확대한다. 소유역 관리도 강화하여 불투수면적이 일정 기준 이상인 유역에 대해서는 해당 지자체의 공공소유 토지 및 도로의 불투수면의 관리를 우선적으로 의무화하고, 강우유출수에 의한 수질오염이 평균 이상 높은 지역은 신규·기존 도로에 대해 저영향개발기법 적용을 의무화한다.

농촌의 경우 현재 농식품부에서 시행 중인 친환경농업직접지불제, 토지개량제보조금제 등을 활용하여 일정 수준 이상의 최적영농기법을 도입한 참여자에게 보조금을 지급하는 교차준수제도를 조속히 도입해야 한다. 우선 농촌비점오염원의 영향이 큰 지역을 비점관리지역으로 지정하고, 국가보조금사업을 활용하여 농민들이 최적영농기법(BMP: Best Management Practices)을 적용 시 보조금을 지급하고 이행을 점검하여 전국적인 확대적용 가능성을 검토해야 한다. 또한, 상수원 등 수체에 가까이에서 환경오염을 유발하는 영농행위(농약 및 퇴비, 비료사용 규정)에 대해서는 관리를 강화한다. 고랭지 등 토사 유출에 많이 일어나는 지역에 탁수 저감에 효과가 큰 경작지를 대상으로 토사 유출이 적게 일어나는 작목으로 전환을 하는 경우 관계부처와 협동으로 토지정리, 배수로 구축 등을 지원한다(한혜진, 2017).

다. 물순환 강조

우리나라의 도시지역은 도시화, 산업화 과정을 거치면서 불투수 면적이 빠르게 증가하였으며, 농촌 지역도 시설영농과 농업기계화 등으로 불투수면적이 크게 증가하였다. 불투수면적은 수계와 임야를 제외한 전 국토의 22.4%

에 달하며, 전체 6%에 해당하는 51개 소권역은 물환경 훼손이 심각한 수준인 불투수 면적이 25%를 넘어선 상황이다(환경부, 2014). 불투수면적의 증가는 표면유출수 증가로 비점오염물질의 유입을 증가시키는 등 수질관리를 저해함과 동시, 토양 침투량을 감소시키고 이는 기저유출량 감소로 나타나 갈수기에는 하천의 건천화를 유발시키는 등 건전한 유역 물순환 체계를 악화시킨다. 따라서 강우 시 비점오염물질이 다량 유출되는 것을 방지하고 동시에 유역의 건전한 수환경을 유지하기 위해서는 강우유출수에 대한 관리가 중요하다. 토지의 투수성을 높여 물의 저류, 함양기능을 확대하기 위해 불투수층으로 덮여있는 도시지역에 저영향개발기법 및 그린인프라를 확대·보급한다. 이를 위해서는 우선적으로 기술적 측면에서 유역의 토지이용과 유출 특성을 고려하여 소규모·분산형 시설에서부터 중대규모 저류형 시설 등을 고려한 우리나라의 특성에 적합한 저영향개발기법과 그린인프라 시설을 개발하여 적용을 확대해야 한다.

최근 수질오염원 관리 패러다임도 비점오염원 기여율 증가에 따라 과거의 시설중심의 점과 선 관리에서 유역의 수생태계 건강성 제고를 위한 물순환 고려 등 통합 환경관리로 변화되고 있다. 이에 부응하여 비점오염물질을 차집·처리하는 사후처리적 형태에서 침투량 증대 등 사전예방적 관리로 전환되고 있다. 따라서 비점오염원 관리도 빗물 유출 저감, 침투기능 및 자정능력 확대를 위한 저영향개발 기법 적용 확대를 통한 실질적 유출량 저감과 동시에 홍보·교육 등을 통한 지역적 단위의 주민참여 확대가 중요하게 대두되고 있다. 정부는 빗물의 자연적인 침투를 늘려 표면으로 유출되는 강우유출수의 양을 줄여 물순환을 회복하고 비점오염원의 발생을 최소화하고자 하는 저영향개발(환경부, https://nonpoint.me.go.kr/) 또는 그린빗물인프라(GSI: Green Stormwater Infrastructure)의 도입·적용을 장려하여야 한다.

라. 관계부처 협업 강화

국내 물관리 체계는 각 부처가 고유 기능을 수행하기 위해 개별 법령에 따라 다원화된 시스템으로 운영되고 있다. 그러나 세계적으로 효율적인 물관리를 위해 통합관리를 강조하고 있고 우리나라도 이러한 추세를 반영해 통합관리의 시발점으로 물관리 일원화를 시도하고 있다. 종전 공공수역에서의 수질·수량 연계 대책과 함께 비점오염원 측면에서도 물순환 및 비점오염원 관리대책을 연계 추진하고 사전예방적 대책을 위한 주민 참여 등 통합관리를 추진하는 것이 그 사례이다. 비점오염원 관리 관련해 주요 부처와 협력강화가 필요하고 구체적 방안이 다음과 같다.

국토교통부와의 협력방안으로는 각종 개발 관련 법제에서의 물순환 강조 및 비점오염원 발생과 유출저감을 위한 계획기법의 발굴과 이를 법과 지침 등에 반영하여 실제 도시 개발과 관리에서 적용될 수 있도록 하여야 한다. 이뿐만 아니라 각종 개발 관련 지침과 시방서 등에서 비점오염원 유출을 근원적으로 관리할 수 있는 설계기준을 도입하고 적용하여야 한다.

농축산부와의 협력방안으로는 「친환경농업육성법」의 목적이 '농어업의 환경보전기능을 증대시키고 농어업으로 인한 환경오염을 저감하는 것'이므로, 농약이나 화학비료 등 화학자재의 사용뿐만 아니라 농경지로부터의 토양유실량 또는 비점오염원의 저감에 대한 내용을 포함하도록 관련법 개정 및 보완이 필요하다. 농촌 지역에서의 주요 비점오염 발생원인 가축분뇨에 대한 적극적인 관리가 필요하다. 가축분뇨의 사전관리, 처리, 이용 등을 위한 가축분뇨 자원화 단지 조성, 가축분뇨 사전예방대책 강화 등 가축분뇨 발생량을 근원적으로 줄이는 방안 강구가 필요하다.

산림청과의 협력방안으로는 현행 「산지관리법」 상에는 산지전용허가 제한 지역 지정, 불법개간지 단속반 구성·운영 및 원상복구 조치 명령 등 산지관리 대책을 규정하고 있으나, 탁수저감 목적의 산림청의 사유림 매수사업 실적은 계획에 비해 40~60%에 머물러 부진한 상황으로 산림청 등 관계부처를 대상으로 탁수저감 사업의 추진에 적극적인 동참이 필요하다.

마. 기타 신규 비점오염원 관리제도 발굴

비점오염저감시설에 대한 최소 요구 성능이나 시설 설치 후 사후 모니터링 의무가 없는 상황에서, 시설의 성능과 관계없이 가장 저가의 시설(제품)이 시장에서 선호될 우려가 있다. 따라서 공통의 조건에서 테스트한 오염물질 제거효율에 대한 최소한의 객관적인 정보를 제공하는 제도를 마련할 필요가 있다. 제품의 객관적인 성능이 공개되면 효율이 나쁜 제품들은 시장에서 선택을 받지 못하고 일정 수준 이상의 성능을 발휘하는 제품만이 소비자의 선택을 받게 될 것이다. 인증제는 또한 현행 수질오염총량제와 연계하여 운영하는 방안을 강구하여 인증을 받은 제품만을 삭감시설로 인정하는 경우에 부적격 또는 성능 미달 제품이 설치되어 실제 처리효율과 다르게 삭감량이 반영되는 것을 방지할 수 있다.

그리고 도시 또는 유역 차원의 불투수면 관리제도 도입도 적극 고려해야 한다. 이는 개발로 인해 증가하는 불투수면 및 강우유출수를 해당 부지 내에서 저감하는 것이 경제적·기술적으로 가능하지 않을 경우에, 도시와 유역 차원에서 해당 부지 바깥에서 그 증가한 양의 불투수율 및 강우유출수를 관리하기 위한 방안이다. 이러한 관리방식의 가장 큰 장점은 산재한 여러 불투수 및 빗물저류시설을 점검하고 관리하는 대신에, 지자체가 지역 및 유역차원에서 최적의 효과를 거둘 수 있는 지점에 비점저감과 물순환을 위한 저류/처리시설을 설치하여 효율적으로 관리할 수 있다.

국내문헌　• 강민지(2017), 주요 비점 관리정책과 수질총량제 연계방안, (In) 제14회 수질오염총량관리 워크숍 자료집.

• 국립환경과학원(2011a), 낙동강수계 1단계 수질오염총량제 시행성과평가 최종보고서.

• 국립환경과학원(2011b), 금강수계 1단계 수질오염총량제 시행성과평가 최종보고서.

• 국립환경과학원(2011c), 영산강 · 섬진강수계 1단계 수질오염총량제 시행성과평가 최종보고서.

• 국립환경과학원(2013), 한강수계 임의제 수질오염총량제 시행성과평가.

• 김홍태 · 신동석 · 박지형 · 박배경 · 박재홍 · 정제호 · 김용석 · 황하선 · 오승용 · 최문수 · 정유진(2013), 수질오염총량제의 민간참여 효과분석과 활성화 방안, 국립환경과학원.

• 문현주 · 황석준(2005), 총량관리체제 하에서의 지역환경관리, KEI 2005-0.

• 문현주(2009), 수질오염총량관리를 위한 배출권거래제 적용방안 연구, KEI 2009-04.

• 박배경 · 서지연 · 최인욱 · 김은경 · 김혜원 · 김용석 · 이재관(2016), 총량관리제도 시행효율화 방안 연구(Ⅲ), 국립환경과학원.

• 박배경 · 구본경(2013), 도로청소를 통한 비점오염 저감효과 및 총량제 적용방안 연구, 국립환경과학원.

• 박배경 · 박재홍 · 박지형 · 김홍태 · 김보배 · 김현정 · 손지형 · 이재관 · 김용석(2012), 개발과 환경보존의 공존을 위한 친환경 유역관리방안 연구, 국립환경과학원.

• 배명순(2011), 수질오염총량관리제 시행의 문제점과 개선방안, 대한환경공학회지, pp.390-395.

• 송시훈(2014), 농촌지역 비점오염원 관리계획 수립 가이드라인 마련 연구, 국립환경과학원.

• 안기홍 · 박지형 · 김용석 · 이재관 · 김옥선 · 김석규 · 오승영 · 한미덕 · 이성준(2016), 수질오염총량관리 시행지역의 탄력적 공간범위 적용에 관한 연구, 국립환경과학원.

• 안형기 · 정회성(2008), 오염총량관리제의 성공적 정착과 유역관리공동체 구축방안, 한국사회와 행정연구, 18(4), pp.91-114.

• 이창희(2007), 기술적 한계를 고려한 팔당호 상류유역에서의 단계적 수질오

염총량관리제 시행방안, 경기논단, 9(2), pp.93-107.

- 이창희 · 장원근 · 고성훈 · 남정호(2009), 마산만 특별관리해역의 수질오염총량계획에 반영된 부하량 할당 특성 및 한계, 해양정책연구, 24(2), pp.1-26.
- 이창희(2014), 미국 TMDL 시행사례 분석을 통한 소유역 단위의 총량관리 접근법, (In) 제11회 수질오염총량관리 워크숍 자료집.
- 최지용(2014), 유역기반 선진 총량관리 제도 변화, (In) 제11회 수질오염총량관리 워크숍 자료집.
- 환경부(2004), 수질오염총량관리 업무편람.
- 환경부(2013), 유역하수도정비계획수립지침.
- 환경부(2014a), 수질오염총량관리기술지침.
- 환경부(2014b), 유역관리정책: 상생의 강, 화합의 강으로.
- 환경부(2017), 수질오염총량관리제 추진현황 및 정책방향, (In) 제14회 수질오염총량관리 워크숍 자료집.
- 황하선 · 이성준 · 류지철 · 박지형 · 김용석 · 안기홍(2016), 지류총량관리를 위한 관리유역 선정 방법에 관한 연구, 한국물환경학회지, 32(6), pp.528-536.
- 황하선(2017), 지류총량제 시범사업 추진현황 및 향후 계획, (In) 제14회 수질오염총량관리 워크숍 자료집.

국외문헌

- MOE Japan(2015), National Strategy of Total Pollution Load Control System, International Conference on 10th Anniversary of Costal Total Pollutant Load Management System Implementation, Changwon.
- USEPA(1999), New Policies for Establishing and Implementing Total Maximum Daily Load.

온라인자료

- 해양수산부(2015.12.15), "연안오염총량관리 시행 10년, 마산만 · 시화호 다시 살아나", http://www.mof.go.kr/article/view.do?articleKey=10299&searchSelect=content&searchValue=%EA%B4%80%EA%B4%91&boardKey=10&searchStartDate=2015-12-15&searchEndDate=2015-12-21&menuKey=376&currentPageNo=1, 검색일: 2017.12.20.

참고문헌 비점오염 관리정책

국내문헌
- 관계부처합동(2012), 제2차 비점오염원관리 종합대책('12~'20).
- 관계부처합동(2004), 4대강수계 비점오염원관리 종합대책 마련.
- 환경부(2014), 전국불투수율 조사 및 관리방안 연구.
- 김호정, 한혜진, 한대호, 최사라(2014), 비점오염원 관리 실효성 제고를 위한 토지 소유·이용자의 합리적 책임부여 방안.
- 최지용, 정주철, 이병국, 장수환, 이주희, 한대호 외(2009), 오염총량관리를 위한 개발사업 및 사업장 비점오염원 최적관리방안 연구.
- 한혜진(2017), 제2차 물환경관리 기본계획('16~'25).

온라인자료
- https://nonpoint.me.go.kr.

6장
대기

자동차 환경관리의 빛과 그림자

조강래((사)녹색교통운동)

사업장 대기오염물질 총량관리제의 빛과 그림자

유경선(광운대학교)

자동차 환경관리의
빛과 그림자

01
들어가는 말

가. 자동차 배출가스 규제 강화란?

우리나라의 제작자동차 배출가스 농도는 환경보전법 시행령(1978.6.30제정)을 통해 최초로 도입되었으며, 1980년 환경청의 발족과 더불어 본격적으로 시행되었다.

최초로 도입된 제작자동차 배출가스 농도는 일본에서 1973년부터 적용한 기준과 시험방법을 그대로 도입하여 휘발유승용차는 10모드 시험방법에 의하여 일산화탄소(CO) 26.0g/㎞, 탄화수소(HC) 3.8g/㎞, 질소산화물 3.0g/㎞ 이하로 규제하였다.

한편, 1985년 이후 승용차의 소유가 보편화됨에 따라 승용차의 수요가 급격히 증가하였으며, 1986년의 아시안게임과 1988년 서울 올림픽 경기대회를 앞두고 스포츠 기록에 영향을 미치기 때문에 대기오염을 개선하지 않고는 성공적인 올림픽 대회를 치를 수 없다는 여론이 대두되었다. 이와 함께 1984년 초에는 국회 보건사회위원회에서 혈중 납농도가 높다는 학계의 연구결과가 나왔는데, 이에 따라 정부는 대기오염 개선대책을 간구하였다. 이에 자동차 제작사, 연료 생산자 및 상공부 등 관련 부서와 협의 후 납이 포함되지 않은 무연휘발유를 사용하여야 하는 자동차(삼원촉매장치 부착)를 생산할 수 있도록 강화된 배출허용 기준을 도입하여 1987년 7월 1일부터 적용하였다.

휘발유자동차는 2000년에 들어와 미국 연방정부의 1994년에 강화된 기준인 NOx 0.25g/km로 강화하였으며, 2003년부터는 세계에서 가장 엄격한 자동차 배출가스 규제를 실시하고 있는 미국 캘리포니아주에서 1995년부터 2003년까지 단계적(Phase-in)으로 적용했던 LEV I(Low Emission Vehicle) 프로그램 중 LEV 기준을 도입하여 2003년부터 2006년까지 단계적으로 적용하였다. 2006년부터는 캘리포니아주에서 2004년부터 2010년까지 단계적으로 적용하였던 LEV II 프로그램 중 ULEV(Ultra Low Emission Vehicle) 기준을 도입하여 2006년부터 2009년까지 단계적(Phase-in)으로 적용하였다.

나아가 2009년부터는 캘리포니아주에서 시행하고 있는 LEV II 프로그램의 평균 배출허용 기준(FAS: Fleet Average Standard)을 적용하였다. FAS 프로그램은 자동차 제작사별로 LEV, ULEV, SULEV(Super Ultra Low Emission Vehicle) 및 전기자동차(ZEV: Zero Emission Vehicle)를 보급할 수 있으나 연도별로 전체 판매하는 자동차의 평균 탄화수소배출량이 평균 배출허용 기준(FAS)을 만족해야 한다.

이와 함께 2016년부터는 캘리포니아주에서 2015년에서 2025년까지 단계적으로 적용하는 LEV III 기준을 도입하여 2016년부터 2025년까지 단계적으로 적용하고 있다.

지금까지 살펴본 바와 같이 휘발유자동차는 경유자동차에 비하여 미세먼지가 아주 적게 배출될 뿐만 아니라 2차 생성 미세먼지의 원인물질인 질소산화물도 크게 저감시키고 있다. 그러나 최근에 많이 보급되고 있는 직접분사

엔진(GDI: Gasoline Direct Injection)을 사용하는 휘발유자동차는 미세먼지가 발생하여 2009년 규제부터 PM 0.004g/km 이하로 규제하기 시작하였다.

나. 경유자동차에 대한 배출규제

경유자동차는 1978년 제정된 환경보전법에서 매연만을 규제하다가 1984년 '가스상물질'을 추가로 규제하였다. 경유자동차의 배출가스 규제는 일본에서 1974년부터 적용된 6모드 시험방법에 의한 CO 980ppm, HC 670ppm, NOx 직접분사식 1,000ppm/부실식 590ppm를 도입하여 규제하였다.

경유자동차 배출가스 규제강화는 NOx농도를 단계적으로 강화하여 오다 승용차는 1993년부터, 소형화물자동차 및 중량자동차(차량총중량 3.5톤 이상)는 1996년부터 미국 연방정부의 배출허용 기준을 참고하여 규제하였다. 그러나 1990년대에 국내에서 생산한 경유승용차는 매연이 많이 배출되고 소음진동이 심하여 소비자의 인기를 얻지 못했다. 결국 1990년대 말, 국내에서 생산된 경유자동차는 생산이 중단되었고, 1993년부터 강화된 경유승용차 배출허용 기준은 적용되지 않았다.

2000년 대기환경보전법 시행규칙 개정(2000.10.30) 시에는 다목적용 승용차를 제외하고 승용차는 생산·판매되고 있지 않았다. 이 때문에 경유자동차가 대기오염의 중요한 원인이 되고 있다는 점을 감안하여 국내의 경유승용차 제작자가 선진국 수준의 기술을 확보할 때까지 시장진입을 억제해야 한다는 전문가와 제작사의 의견이 제시되었다. 이에 정부에서는 경유승용차 배출허용기준을 아주 엄격하게 규제하여 경유승용차의 판매를 중단하였다.

그러나 2002년부터 경유승용차를 생산하여 유럽시장에 수출을 시작한 일부 국내 자동차 제작사에서는 수출용 자동차의 국내시장 판매가 필요하였다. 이 때문에 국내 자동차 제작사는 내수시장의 허용을 위한 검토를 정부에 요청하였으며, 유럽의 자동차 제작사에도 경유승용차 배출허용 기준의 완화로 시장개방을 요구하는 등 통상압력도 거세져 경유승용차의 배출허용기준의 조정이 불가피하게 되었다.

이에 정부에서는 정부, 시민단체 및 전문가로 구성된 '경유차환경위원회'를 2003년 1월 11일에 구성하여 경유승용차 배출허용기준의 조정과 더불어 경유자동차에 의한 대기오염저감대책을 마련하였다. 이와 함께 경유자동차와 승용차는 2005년 1월 1일부터 EURO3 기준을 도입하여 적용하며, 2006년부터는 EU에서 2005년 1월부터 적용했던 EURO4 기준을 1년 뒤에 적용한다는 조건으로 경유승용차 도입을 허용하였다.

경유자동차의 배출가스 규제가 강화됨에 따라 규제를 만족시키기 위하여 다양한 배출가스 저감기술이 도입되었다. 이와 같은 배출가스 저감기술은 엔진의 성능과 연비를 저하시킨다. 특히 질소산화물을 저감시키기 위하여 도입된 EGR는 배출가스의 일부를 엔진에 도입함으로써 질소산화물은 현저히 저감되지만 엔진의 성능과 연비가 악화된다. 자동차제작자는 경유자동차는 성능과 연비가 좋다는 소비자의 기대를 충족시키기 위하여 배출가스 인증시험조건에서만 질소산화물을 저감시키고 그 외의 조건에서는 EGR의 작동을 정지시켜 성능과 연비의 손상이 없도록 엔진을 맵핑하였다.

경유자동차의 인증시험은 실험실의 차대동력계에서 일정한 주행패턴(NEDC모드)으로 자동차를 운전하면서 배출가스를 측정하였다. 하지만 실도로주행조건에서 질소산화물이 과다하게 배출됨을 확인하였는데, 환경부의 보도자료(내일신문, 2016.5.16)에 의하면 국내에서 판매되고 있는 EURO6적용 경유승용차 20대에 대한 실도로주행 NOx 배출량 측정결과 1개 차종을 제외하고는 모두 인증기준을 초과하였으며 평균은 인증기준의 6배를 초과하였고 최대는 18.4배를 초과하였다. 정부에서는 이러한 실도로주행 질소산화물 과다배출문제를 해결하기 위하여 자동차에 PEMS(Portable Emission Measurement System)를 장착하고 실도로를 주행하면서 배출가스를 측정하는 RDE-LDV 기준을 도입하여 2017년 9월부터는 인증기준의 2.1배, 2020년부터는 1.5배로 규제하기로 하였다.

다. 자동차 미세먼지 관리

2000년대 초반 서울의 대기오염도는 뉴욕, 런던, 파리, 도쿄 등 선진국의 주요 도시에 비해 매우 높은 수준으로 밝혀졌다. 구체적으로 PM_{10} 농도는 약 1.9~3.6배, (NO_2) 농도는 1.4~1.9배나 높은 매우 심각한 상황이었다. 또한 비수도권 지역에 비해서도 대기오염이 심하여 전국 오존주의보의 90%, 환경기준 초과율 중 (PM_{10}) 60%, (NO_2)의 99%가 수도권 지역에 집중되었다.

이와 함께 대기오염으로 인한 사회적 피해비용이 연간 10조 원으로 추정되었으며 건강피해도 심각하여 서울의 미세먼지로 인한 조기 사망자 수는 연간 9,641명으로 추정되었다. 나아가 대기오염 노출인구 중 조기사망 비율은 0.09%로 프랑스 등 선진국의 0.05~0.07%에 비해 높은 수준이었다.

이처럼 수도권 지역의 심각한 대기오염을 개선하기 위하여 정부에서는 「수도권대기환경개선특별법」을 제정(2003.12.31)하고, 수도권 대기환경관리 기본계획을 마련하여 2005년부터 2014년까지 10년간 대기오염저감대책을 추진하였다.

1) 노후경유차 저공해화

2005년부터 2014년까지 10년간 노후경유차 저공해화 사업내용을 보면 2007년 이전 생산자동차(2003년 규제 경유자동차, EURO3)로서 배출가스 보증기간을 경과한 노후경유차를 대상으로 배출가스 저공해화사업을 추진하였다.

노후경유차 저공해화사업은 총 2조 2,851억 원의 보조금을 지원하여 디젤산화촉매장치(DOC) 14만 6,629대, 부분매연여과장치(p-DPF) 13만

4,491대, 매연여과장치(DPF) 14만 3,569대를 부착하고, LPG엔진개조 18만 6,689대 및 20만 8,172대를 조기 폐차하여 10년 동안 PM_{10} 1만 4,530톤, NOx 2만 1,619톤을 삭감하였다.

운행차 배출가스 저감사업에 의한 대기환경 개선효과에서도 특별대책 추진 이전 2004년의 서울의 (PM_{10})농도는 $59\mu g/m^3$이었으나, 목표연도인 2014년에는 $44\mu g/m^3$로 개선되었다. (NO_2)농도는 2004년 37ppm에서 2014년 33ppm으로서 (PM_{10})에 비하여 개선효과가 크지 않았다. 이와 같은 이유는 기본계획기간중 질소산화물 저감장치인 PM · NOx동시저감장치의 부착 등 질소산화물 저감대책을 본격적으로 실시하지 못했기 때문이었다. 더불어 제작차 배출허용기준 강화에도 불구하고 실도로주행 질소산화물은 저감되지 않은 것도 개선효과를 보지 못한 이유였다.

2) 저공해자동차 보급

저공해자동차 종류는 제1종 저공해자동차, 제2종 저공해자동차, 제3종 저공해자동차로 구분하였으며, 제1종 저공해자동차는 전기자동차 및 수소연료자동차와 같이 무공해자동차를 말하며, 제2종 저공해자동차은 현행 자동차 배출허용기준보다 한 단계 강화된 차기 자동차 배출허용기준을 만족하는 자동차로 정의하였다.

제3종 저공해자동차는 휘발유 및 가스자동차는 일반적으로 차기 배출허용기준을 만족하는 자동차를 말하며, 경유자동차는 적용 연도에 따라 상이하다. 즉, 2005년에는 중소형자동차는 2006년식 배출허용기준(EURO4)보다 PM 및 NOx를 50% 정도 강화된 기준을 만족하는 자동차이며, 대형자동차는 매연여과장치를 부착하여 PM을 80%이상 저감시킨 자동차이다. 2006년에는 중소형자동차는 매연여과장치를 부착하여 PM 80% 이상 저감시키고 NOx를 50% 정도 저감시킨 자동차이며, 대형자동차는 PM만을 50% 저감시킨 자동차이다.

2009년 규제 제3종 저공해자동차는 일반자동차에 이미 DPF를 부착하여 보급하였기 때문에 EURO5보다 PM만을 10%강화된 기준으로서 저공해자동차 보급에 따른 미세먼지 저감효과는 크기 않았다. 한편, 2012년 규제 제3종 저공해자동차는 EURO5보다 NOx 27%를 강화하였고 2014년 규제 제3종 저공해자동차는 EURO6보다 NOx 25%를 강화하고 있던 까닭에 저공해자동차 보급에 따른 미세먼지 저감효과는 크지 않았다.

2005년부터 2013년까지 저공해자동차 보급 현황은 90만 대로서 제1종인 전기자동차 689대, 제2종 저공해자동차 7만 5,000대, 제3종 저공해자동차 82만 4,000대였으며, 저공해자동차 보급에 따른 오염물질 저감량은 PM 8톤, NOx 2,196톤으로 노후경유차 저공해화 사업에 비하여 저감효과가 크지 않았다.

라. 자동차 연료의 품질 개선

자동차 연료 가운데 황함유량은 자동차의 배출가스 중 미세먼지에 영향을 미친다. 연료 중 황함유량이 높으면 연소 시 생성되는 아황산가스(SO_2)에 의해 엔진의 부식과 황산염의 생성에 의한 미세먼지의 배출량이 증가하며, 배출가스 후처리장치로 부착한 디젤산화촉매(DOC)에 의하여 아황산가스의 산화가 촉진되어 황산염으로 배출됨으로 미세먼지의 증가를 가져온다.

이와 같이 미세먼지에 영향을 미치는 연료 중 황함유량은 2005년까지 휘발유는 130ppm, 경유 430ppm으로 상당히 높았으나 2006년부터 휘발유 50ppm, 경유 30ppm으로 대폭 저감되었으며, 2009년부터는 휘발유 및 경유의 황함유량을 10ppm 이하로 규제함으로써 무황연료 시대를 열어나갔다. 결국 이는 황함유량에 의한 자동차 배출가스 중 미세먼지 배출 문제가 크게 개선되었음을 시사하고 있다.

02
자동차환경관리의 성공적 사례

우리나라는 1987년 7월 1일부터 미국 연방정부에서 1981년부터 적용한 엄격한 배출허용기준 CO 2.11g/km, HC 0.25g/km, NOx 0.62g/km를 만족하는 휘발유승용차를 생산하였다. 이 기준은 1980년에 적용한 배출허용기준에 비하여 CO 92%, HC 93% 및 NOx 79%를 저감하여 오염물질이 아주 적게 배출되었던 까닭에 '저공해자동차'라 하였다. 그 당시만 하더라도 이러한 저공해자동차는 미국, 일본, 캐나다에서만 보급하였으며, 자동차선진국인 유럽연합에서도 1992년 7월 1일부터 보급하였다는 것을 감안할 때 얼마나 앞선 기술이었는가를 짐작할 수 있다.

저공해자동차에는 삼원촉매장치를 부착하여 오염물질을 정화하며, 삼원촉매장치의 정화성능을 유지하기 위해서는 휘발유에 납이 포함되지 않은 무연(無鉛)휘발유를 사용하였다. 저공해자동차에 유연휘발유를 사용하면 납에 의해 삼원촉매장치의 귀금속이 피독되어 성능이 현저히 저하된다.

저공해자동차 보급과 더불어 무연휘발유를 공급하기 위하여 정부에서는 유연휘발유와 무연휘발유 가격을 동등하게 하였으며 차액을 보조금에 의해 보전해 주었다. 또한, 무연휘발유차의 연료탱크 주유구를 유연휘발유차 연료탱크 주유구보다 적게 하여 유연휘발유 주유건이 무연휘발유 연료탱크에는 삽입될 수 없도록 하였다.

이와 같은 조치를 통하여 저공해자동차가 보급된 지 2~3년 이내에 전국의 주유소에서 무연휘발유만 판매하게 함으로써 선진국에서 크게 문제되었던 삼원촉매장치의 납피독에 의한 배출가스 성능저하를 막을 수 있었다. 우리나라의 무연휘발유 보급 정책은 미국, 유럽 등 선진국에서도 부러워했던 성공적인 사례였다.

휘발유승용차의 배출가스 규제정책은 「대기환경보전법(1990.8.1 제정)」에서 미국 연방정부의 제작차 배출허용 기준과 배출가스 관리정책을 도입하였으며, 2000년부터는 Tier 1 배출허용기준을 적용하였다. 이후 2003년부터 세계적으로 가장 엄격한 배출허용기준을 적용하고 있는 미국 캘리포니아주의 LEV프로그램을 적용하였다.

2003년부터는 LEV I 프로그램 중 LEV허용기준을 도입하고, 2006년부터 LEV II 프로그램 중 ULEV기준을 도입하였으며, 2009년부터는 LEV II 프로그램의 평균배출허용기준(FAS)을 적용하고 2016부터는 LEV III 프로그램을 도입하여 2025년에는 기업평균 배출허용 기준이 SULEV 수준으로 깨끗한 자동차가 보급될 것으로 예측된다. 이와 같이 휘발유자동차의 배출가스 규제 및 관리정책을 세계에서 가장 엄격하게 시행하고 있는 캘리포니아주의 제작차배출가스 프로그램을 도입함으로서 대기질 개선에 기여함은 물론 자동차산업의 국제 경쟁력을 확보하는 데 기여하였다.

2014년부터 경유자동차의 질소산화물 배출허용기준이 대폭 강화됨에 따라 질소산화물 정화장치로 LNT를 사용하고 있다. LNT의 촉매는 황에 피독되어 촉매의 활성을 떨어뜨리므로 경유중 황함유량이 문제가 된다. 그러나 2009년부터 경유 중 황함유량을 10ppm 이하로 규제함으로써 질소산화물의 정화장치의 성능을 향상시키는 데 크게 기여하였다.

03
자동차환경관리의 아쉬운 사례와 한계점

가. 제작자동차 배출가스 규제 및 관리의 이원화

우리나라의 자동차배출가스 규제 및 관리정책은 2006년부터 이원화되었다.

휘발유자동차는 미국 캘리포니아의 자동차배출가스 관리정책을 적용하였고 경유자동차는 유럽연합(EU)의 자동차배출가스 관리정책을 적용함으로써 자동차배출가스 규제 및 관리정책을 이원화하였다.

EU의 자동차배출가스 규제 및 관리정책은 미국 및 캘리포니아주에 비하여 완화된 기준을 적용하고 있으며, 배출가스 보증기간 등 제작차배출가스 관리에 엄격하지 않다. 2006년부터 경유자동차의 규제 및 관리정책을 이원화하여 EU정책을 도입하게 된 것은 미국에는 휘발유승용차만 수출하고, 경유승용차는 주로 유럽에 수출하고 있는 국내 자동차산업 육성차원에서였다고 볼 수 있다.

나. 경유자동차의 실도로주행 질소산화물 과다배출

미국 및 캘리포니아주는 휘발유승용차와 경유승용차의 배출허용 기준을 동일하게 규제하고 있으며 배출가스 시험방법도 CVS-75모드, 고속도로주행모드, 고속고부하운전모드(US06모드), 에어컨가동상태를 반영한 모드(SC03)모드 및 일산화탄소 저온주행모드 등 5가지 배출가스 시험모드를 사용하고 있어 EU의 실도로주행 질소산화물 과다배출 문제가 크게 부각되고 있지 않다.

EU의 경유승용차 배출가스 시험방법은 정속모드인 NEDC모드에 의하여 배출가스를 측정하고 있기에 실도로주행 질소산화물 과다배출문제가 야기되었다. 배출가스 인증 시에는 제작사 배출허용기준을 만족하고 있으나 실도로주행 시 질소산화물 배출량은 인증시험 시보다 4~8배나 많이 배출되는 것으로 알려졌다.

경유자동차의 배출가스 규제 및 관리를 EU의 정책을 도입함에 따라 EU의 경유승용차 및 RV가 국내 시장에서 인기리에 판매되어 자동차 신규 등록대수가 2013년을 기점으로 역전되었다. 이에 2015년에는 신규 등록대수의

53%가 경유자동차일 정도로 경유자동차의 등록대수가 급격히 증가하여 2차 생성 미세먼지의 원인물질인 질소산화물의 배출량이 크게 증가되고 있다고 볼 수 있다.

다. 대형 및 초대형 경유자동차의 배출가스 관리 완화

2003년부터 적용한 대형 및 초대형 경유자동차의 배출허용 기준은 EU의 배출허용 기준보다 2~3년 뒤에 적용하였으나 경유자동차 배출가스 저감기술이 EU의 자동차선진국에 비하여 많이 뒤떨어져 있었기 때문에 배출가스 보증기간, 배출가스 관련 부품의 보증기간 및 배출가스 관련 부품의 결함시정 현황을 보고하는 기간이 많이 완화하여 적용하였다.

이와 같은 경유자동차에 완화하여 적용한 배출가스 관련 부품 보증기간 등 부품의 내구성능과 관련된 보증기간을 완화하여 적용하는 것은 부품의 보증기간(2년 또는 16만km)을 경과하면 DPF 등 고가의 부품에 결함 발생 시 소비자의 비용으로 교체 또는 수리해야 하는 문제점이 있다.

04
향후 발전방향과 정책제언

가. 경유자동차의 실도로주행 질소산화물 관리 철저

미세먼지의 주범인 경유승용차(RV포함)의 증가를 억제하고 실도로주행 시 질소산화물의 과다배출문제를 해결하기 위해서는 RDE-LDV시험을 엄격히 시행해야 한다. 실도로주행 시 질소산화물 배출량의 최소화뿐만 아니라 DPF파손에 의한 미세먼지의 배출을 억제하기 위하여 미세먼지 개수농도를 측정하여야 하며, 제작차 인증뿐만 아니라 배출가스 보증기간 이내에서 실시하는 결함확인 검사에 의한 부품의 결함을 찾아내 시정해야 한다.

나. 경유자동차의 배출가스 내구성능을 확보하기 위한 조치 강화

경유자동차의 PM을 저감하기 위하여 부착한 DPF와 질소산화물을 저감시키기 위한 EGR, LNT 또는 Urea-SCR장치의 자동차 사용기간 중 내구성능을 최대한 확보하기 위하여 경유자동차에 완화 적용된 소형자동차의 결함확인검사 대상기간, 대형 및 초대형자동차의 배출가스보증기간에 적용된 비고 (인증시험 및 결함확인검사에만 적용) 및 배출가스 관련 부품 보증기간 등을 합리적으로 조정해야 한다.

다. 운행 경유자동차의 PM 및 NOx 관리 강화

경유자동차의 PM을 저감하기 위하여 부착한 DPF와 질소산화물을 저감시키기 위한 EGR, LNT 또는 Urea-SCR장치의 내구성능은 휘발유자동차에 비하여 짧게 설정되어 있어 내구성능 보증기간이 경과된 운행 경유자동차의 핵심 배출가스 저감장치의 결함을 찾아내 정비하기 위한 정밀검사를 철저히 실시해야 한다.

이를 위해서는 정밀검사 시 수행하는 육안검사 및 기능검사 방법을 강화하여 부품의 결함을 찾아내 수리 및 교체할 수 있도록 해야 한다.

라. 건설기계 운행차 배출허용 기준 설정

「대기환경보전법」 제63조제1항에 "정밀검사지역에 등록된 자동차와 건설기계 소유자는 관할 시도지사가 조례로 정하는 바에 따라 실시하는 정밀검사를 받아야 한다"로 규정하고 있으며 「건설기계관리법」 제13조제1항2호에 건설기계는 대기환경보전법 제63조에 따른 운행차의 정기검사를 받아야 한다고 규제하고 있다. 그러나 건설기계의 운행차배출허용 기준이 설정되어 있지 않아 건설기계에 대한 정기검사 및 정밀검사를 실시할 수 없으므로 건설기계에 대한 운행차 배출허용에 대한 기준 설정이 필요하다.

05
맺는말

그간 자동차환경 관리에서는 저공해자동차 보급을 위해 여타 선진국과 비교하여 앞선 기술과 배출허용 기준을 가지고 적극적으로 노력해왔다. 저공해자동차 보급과 더불어 무연휘발유 공급 등 취발유자동차의 배출가스 규제 및 관리 정책 등을 성공적으로 마련하였다. 또한 경유자동차 관리 중 황함유량 규제를 통한 질소산화물의 정화장치 성능 향상에도 기여하였다.

　반면에 제작 자동차 배출가스 규제 및 관리정책이 휘발유와 경유 사용에 따라 이원화되어 경유자동차의 실도로주행 질소산화물이 과다 배출되는 문제점이 발생되었다. 대형 경유자동차의 배출가스 관리도 국내 배출가스 저감기술을 고려하여 완화되어 관련 부품의 내구성능과 보증기간이 짧아 대기오염물질 배출관리가 어려운 점이 있었다. 이러한 제도 현황의 문제점을 개선하여 앞으로 자동차환경관리 제도가 효과적인 대기질 개선에 큰 도움이 되기를 기대한다.

사업장 대기오염물질 총량관리제의
빛과 그림자

01
들어가는 말

국내에서는 대기오염을 관리하기 위하여 배출시설에 대한 배출허용 기준을
「대기환경보전법」에 제시하고 있다. 배출허용 기준은 5년마다 매번 강화되고
있으며 현재 2020년 배출허용기준 강화를 예고하고 있다. 일반적으로 대기
오염물질의 배출수준이 높은 경우 배출허용기준 강화를 통한 관리가 효과적
인 것으로 알려져 있다. 문제는 배출허용 기준이 일정 수준 이하로 내려가거
나 배출허용 기준만으로 효과적인 관리가 용이하지 않을 경우 정책적 대안
으로 총량제가 고려될 수 있다.

국내에서는 수도권의 심각한 대기오염을 선진국 수준으로 개선하기 위하
여 2003년 12월 「수도권대기환경개선에관한특별법」이 제정되며 대형사업장
을 대상으로 사업장 오염물질 총량관리 제도를 확정하였다. 이 제도에서는
수도권에서의 사업장설치의 허가, 배출허용총량의 할당과 배출권의 거래,
배출부과금의 감면과 총량초과과징금에 대한 내용을 규정하고 있다.

수도권사업장 대기오염물질 배출량 산정 및 시범사업 실시 연구용역을
2004년 9월부터 2년간 추진하며 과거 5년간 배출량, 연·원료 사용량 및 제

품생산량, 그리고 방지시설의 설치·운영 현황을 파악하였고 배출권 모의거래를 실시하였다. 이러한 결과를 기반으로 수도권에 위치한 100개 사업장에 대한 총량관리제 시범실시 사업을 수행하여 100개 대상 사업장에 대한 배출허용총량 할당 및 월별 배출량 산정 등 총량관리제 수행하였다. 이후 2007년 6월 측정기기, 총량할당계수, 최적방지시설 등에 관한 하위법령을 개정하며 총량관리 제도를 시행하였다(환경부, 2007).

대상오염물질은 아황산가스, 질소산화물, 먼지로 규정하였으나 먼지의 경우 배출되는 입자크기에 따른 환경피해의 정도가 상이하고 굴뚝에서의 미세먼지 연속측정이 용이하지 않아 제도시행에서 유보되었다. 그러나 최근 미세먼지 문제가 부각되며, 이를 해결하기 위한 정책수단의 하나로 먼지 총량제에 대한 시행이 재검토되고 있다.

오염물질 총량관리 대상 사업장은 대기오염물질 발생량 기준으로 산정된 종산정 결과를 기반으로 1종·2종 사업장에 대하여 총량관리제도를 시행하였으며 제2차 수도권 대기환경 계획(2015~2024년) 수립을 통하여 대상사업장이 3종까지 확대되었으며, 대상 권역도 확대되어 총량관리 제도에 참여하는 사업장 수가 증가하였다.

가. 총량관리제도란?

사업장 대기오염물질 총량관리제도는 대상 사업장을 선정하고 사업장에 연도별 배출허용총량을 할당량으로 부여하고 허용총량 이내에서 과부족 할당량을 한계비용이하로 거래하여 부여된 배출허용총량을 준수하도록 하는 시장기반 제도이다.

배출되는 오염물질의 농도가 높으면 배출허용기준을 강화하는 것이 오염물질 저감과 대기질 관리에 효율적인 수단이 된다. 방지시설 설치로 배출농도가 감소하고 대기질 수준이 개선되면 배출허용기준 강화 수단은 효율성을 상실하게 된다. 이것은 배출허용기준 강화 수준이 20~30% 수준이어도 방지시설을 설치하여야 하며 이는 최소 60~90% 수준의 결과를 보이기 때문이다. 또한 배출시설에 따라 오염물질 저감원단위가 상이하여 배출농도가 낮은 상황에서 배출허용기준을 강화하면 오염물질의 저감원단위를 크게 상승하게 하는 요인이 될 수 있다.

이를 보완하는 방안의 하나로 고려할 수 있는 제도가 총량기반의 배출권거래제도(Cap&Trade)다. 오염물질 저감의 비용 효율성은 시설의 규모가 클수록 높아지므로 배출량이 많은 시설에서 추가적으로 저감한 오염물질 배출량을 배출권의 형태로 배출원단위가 높은 중소규모 시설에서 구매하여 전체 총량을 감소시키는 형태가 가장 합리적인 결과를 보여준다. 피규제 대상자의 경우 오염물질 저감원단위를 고려하여 시설투자를 통한 오염물질 저감과 배출권 판매를 같이 고려할 수 있어 제도의 유연성은 보다 높아지고 기술개발 수요 또한 증가할 수 있다. 총량관리제도가 효율적으로 운영되기 위해서는 아래의 항목들을 고려하여야 한다.

- 유연성 – 관리권역 내의 위해성, 고농도 발생지역 등 제한요소의 고려
- 저감비용 차이 – 시설별 노후정도, 적용기술 및 사용연료의 차이 고려
- 배출원수 – 시장 활성화를 위하여 충분한 배출원수가 필요
- 관리기관 – 적절한 시행 및 시설별 노후정도, 적용기술 및 사용연료의 차이 고려
- 관리권한 – 정부가 해당 관리지역에 대한 관할권 확보 여부
- 측정 – 배출원의 배출량 측정의 정확성

총량관리제도는 배출권의 거래를 동반하지 않으면 비용효율성을 확보할 수 없기 때문에 시장 참여자에게 다양한 정보의 제공을 통하여 제도의 일관

성과 예측 가능성을 높이는 것이 매우 중요한 요소가 된다.

나. 배출허용총량 할당방법

대상 사업장에 대하여 초기할당을 시행하고 최종연도의 최종할당은 최적방
지시설을 설치하였을 때의 배출 수준을 고려하여 5년간의 삭감계획이 포함
된 최종할당을 부여한다. 최적방지시설은 현재 사용되고 있는 대기오염물질
저감 기술 중 저감효율이 매우 우수한 시설로서 기술적 · 경제적으로 적용
가능한 수준으로 결정된다. 중간년도는 초기할당과 최종할당의 차이를 선형
비례삭감을 원칙으로 하였다.

　할당계수는 설비의 종류, 연료사용량, 제품생산량 등을 기준하여 산정한
오염물질의단위 배출량을 도출하며 초기할당계수는 아래의 수식을 이용하
여 도출하였다.

$$초기할당계수 = \frac{동일업종내설비연료그룹내의기준연도연간배출량평균의총합}{동일업종내설비연료그룹내의기준연도최고활동도의총합}$$

　초기할당계수는 업종의 평균배출량 수준의 할당이 가능하도록 구성되었
으며 최고활동도를 적용하여 평균적인 배출량을 갖는 사업장에게도 배출권
의 여유를 주는 방식으로 결정되었다. 초기의 할당방식으로 대부분의 시장
참여자는 배출권이 남는 상황이 발생하였고 배출권 거래 활성화가 일어나지
못하며 과할당 논란이 일어나게 되었다.

　이후 2차 할당에서는 할당방식을 배출구별 개별할당으로 전환하였으며 아
래의 산식으로 사업장의 오염물질 할당량이 결정되었다. 할당방식은 최적방
지기술 수준을 고려하여 개별 배출구별로 할당을 진행하였다. 적용된 최적
방지시설 기준농도는 운영되고 있는 배출시설의 방지기술별 배출농도를 활
용하여 산출한다.

02
사업장 총량제의 성과와 한계

가. 오염물질 저감 측면

사업장 총량제 시행 이후 연도별 배출허용총량 대비 배출량 자료를 그림에 정리(그림 2-1, 그림 2-2 참고)하였다(수도권대기환경청, 2016.5, 신규 총량사업장을 위한 총량제 설명회). 그림에 제시한 바와 같이 질소산화물의 배출허용총량은 2008년 6만 5,308톤에서 2015년 3만 6,778톤으로 감소하였고 배출량은 2008년 2만 8,080톤에서 2015년 기준으로 2만 2,928톤으로 감소하였다. 지난 8년간의 활동도 증가를 고려하였을 때 질소산화물의 배출량은 25% 이상 감소하는 결과를 보여주었다. 황산화물의 경우 2008년 2만 2,809톤에서 1만 3,214톤으로 할당량을 설계하였고 배출량은 1만 418톤에서 1만 266톤으로 나타나고 있다. 단기적으로 유연탄 사용 발전시설의 증가로 황산화물 배출량의 증가가 나타났지만 이후 할당량 감소에 따라 배출량도 완만히 감소하는 경향을 보여주고 있다.

할당량은 앞서 설명한 바와 같이 초기할당과 최종할당을 선형적으로 삭감하는 선형비례 삭감 원칙으로 시행되었으나 종사업장별로 할당시기가 일치하지 않고, 2차 기본계획 수립과 시행으로 대상 사업장의 증가와 권역의 확대로 허용총량의 변화가 나타나 실질적인 할당량의 변화가 선형으로 보이지 않게 되었다. 대책 시행 초기는 할당량 6만 5,308톤 대비 배출량이 2만 8,080톤으로 과(過)할당 논란이 있었다. 이는 배출허용기준 강화와 총량제 시행예고로 배출시설의 조기삭감 영향과 제도 순응성 개선을 위한 최대 활동도 선정 기간의 증가(5년에서 7년으로) 요인이 복합적으로 작용한 것으로 판단된다.

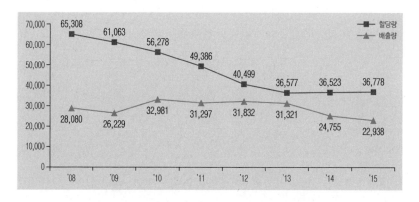

그림 2-1 • 질소산화물의 할당량과 배출량의 시계열 변화

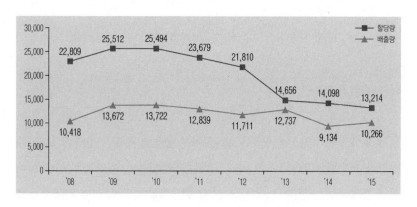

그림 2-2 • 황산화물의 할당량과 배출량의 시계열 변화

〈그림 2-3〉은 미국의 할당 대비 배출량 변화를 보여준다. 미국의 사례에서도 볼 수 있는 바와 같이 제도시행 첫해인 1994년의 할당량 4만 2,000톤은 그해의 배출량 2만 6,000톤과 비교하면 두 배 가까이 높은 값을 유지하였음을 확인할 수 있다. 미국 사례의 경우 2000년에 할당 대비 배출량이 증가하며 배출권의 공급이 용이하지 않아 배출권 가격이 폭등한 바 있다. 미국 EPA에서는 발전시설의 방지시설을 모두 상당 수준으로 개선하도록 강제한 후 이 제도를 다시 시행하였고, 현재 안정적인 제도 운영이 유지되고 있다. 이는 배출권 할당과 배출량의 관계를 통해 확인할 수 있다.

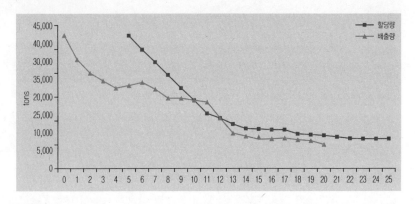

그림 2-3 · 미국 AQMD 연도별 질소산화물 할당과 배출량 변화

나. 배출권거래 측면

〈그림 2-4〉는 수도권대기환경청에서 발표한 연도별 배출권 거래량과 거래실적 요약결과이다. 거래량은 2008년 이후 완만히 증가하여 연간 1,000톤 수준에서 2013년 5,000톤 수준으로 5배 증가하였으며, 거래금액은 3,000만원 수준에서 10억 원 수준으로 30배가량 증가하였다. 단순 거래량 대비 금액을 환산하면 2008년의 경우 톤당 거래단가는 2만 8,713원이며 2013년의 거래단가는 20만 1,095원으로 계산된다.

황산화물의 저감비용은 적용기술의 종류에 따라 변화하지만 가장 많이 사용되는 습식배연탈황기법을 대형배출시설에 적용하는 경우 저감 원단위는 톤당 80만 원, 선택적촉매환원기법을 적용하는 질소산화물의 경우 톤당 150만 원 수준으로 보고되고 있다(환경부, 2011a). 발표된 저감비용만을 기준하면 보고된 평균 거래단가는 이보다 낮은 수준을 보이며 제도가 합리적으로 운영되고 있음을 보여주고 있다.

그러나 가장 높은 거래량 5,000톤을 고려하여도 황산화물과 질소산화물 할당량이 대략 5만 톤 수준임을 고려하면 실제로 거래되는 배출권의 양은 10% 수준이며 할당 대비 배출량이 감소하는 13년 이후는 거래량이 다시 감소하는 것을 알 수 있다.

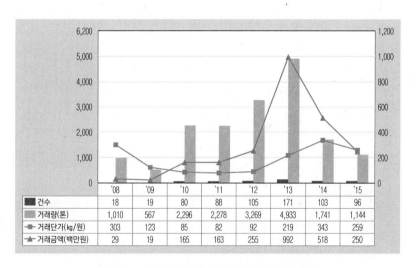

	'08	'09	'10	'11	'12	'13	'14	'15
건수	18	19	80	88	105	171	103	96
거래량(톤)	1,010	567	2,296	2,278	3,269	4,933	1,741	1,144
거래단가(kg/원)	303	123	85	82	92	219	343	259
거래금액(백만원)	29	19	165	163	255	992	518	250

그림 2-4 • 연도별 배출권 거래량 및 거래금액 실적

다. 경제적 효과 측면

2010년도에 수행된 사업장 대기총량관리제 성과분석 연구에 따르면 대기오염물질NOx와 SOx에 따른 통합분석을 실시한 결과, 운영비가 투자비의

5%일 때 순편익은 1조 714억 원, B/C ratio는 2.34이고, 10%일 때 순 편익 8,346억 원, B/C ratio는 1.81로 추정되어 사업장 총량관리제의 비용효율성이 확인된 바 있다. 오염물질별로 수행한 결과에서는 황산화물의 비용효율성이 질소산화물보다 높은 것으로 추정되었으며 이는 연료전환을 선택한 결과로 나타났다. 세부적인 계산결과는 아래의 표에 정리되었다.

표 2-1 • 대기총량관리제 운영비에 따른 경제적 효과

구분			운영비(5%)	운영비(10%)
통합분석	순 편익		1조 714억 원	8,346억 원
	B/C		2.34	1.81
개별분석	NOx	순 편익	3,957억 원	2,873억 원
		B/C	2.21	1.66
	SOx	순 편익	523억 원	512억 원
		B/C	14.57	11.40

03
발전방안과 정책제언

가. 총량대상 사업장 확대가 필요하다

총량제 대상시설을 확대하는 것이 총량제의 효율적인 운영에 있어서 매우 중요한 요소가 된다. 총량제는 기본적으로 시장접근법이므로 시장 참여자의 수가 많고 배출량의 규모가 클수록 보다 합리적인 의사결정과 배출권의 가격이 형성될 가능성이 높다.

국내의 총량대상 사업장은 2차 기본계획 수립을 통하여 관리권역을 확대

하였고, 대상 사업장을 3종 사업장으로 확대하였다. 그러나 시장 참여는 총량대상 사업장으로 한정하고 있으며 자료의 공개도 제한적으로 이루어지고 있다. 향후 시장 참여자를 사업장 민간 영역까지 확대하는 것을 고려할 필요가 있으며 이를 위하여 민간의 오염물질 배출을 정량화할 수 있는 수단에 대한 검토가 요구된다. 또한 사업장 확대를 위하여 발전시설만을 대상으로 하는 전국규모의 총량제의 시행이나 오존농도가 높은 여름에 관련 배출시설에 대한 배출권 거래제도 운영을 모색할 필요가 있다.

나. 거래대상 배출권의 연계가 필수이다

현재 국내 배출권거래제도는 아황산가스, 질소산화물, 그리고 온실가스에 대하여 운영되고 있으며 향후 먼지가 총량거래제도 안으로 포함될 가능성이 높다. 사업장의 경우 언급된 오염물질과 온실가스의 배출이 동시에 진행되고 있으며 가격도 시장에서 결정되고 있으므로 이를 연계하여 온실가스와 오염물질 간의 거래를 유도하는 것이 배출권거래제의 효율성 향상에 기여할 것으로 예상된다. 단기적으로는 행정비용을 줄이는 방법이 될 것이며 장기적으로는 온실가스와 오염물질의 연계삭감 방안으로 거론되는 co-benefit 효과를 극대화할 수 있는 수단이 될 것으로 예상된다.

단기적으로 대기오염물질 저감과 이산화탄소 연계는 공통분모로 고려될 수 있는 N2O를 포함하는 질소산화물과 온실가스의 연계를 추진하고 향후 먼지와 아황산가스에 대한 연계를 추진하는 것이 바람직할 것으로 예상된다. 중장기적으로는 SRF 또는 Bio-SRF 연료 사용 시설의 온실가스 배출 저감과 사업장 총량제의 오염물질 배출 연계성을 확대하는 것이 필요할 것이다.

다. 배출권 거래 활성화를 모색해야 한다

배출권 거래 활성화는 사업장 총량제의 효율성을 가늠할 수 있는 척도이므로 시장 참여자의 합리적인 의사결정이 진행되도록 제도의 효율적인 운영과 예측 가능성이 담보되어야 한다. 배출허용총량의 경매제도를 통하여 미할당 사업장 또는 신·증설 사업장에 유상 할당을 유도해야 한다. 배출권의 경매는 시장에서의 배출권 가격의 변화를 가늠할 수 있는 신호로 작동될 수 있으며 사업장의 경우 부족할 수 있는 배출권에 대한 안정적인 공급을 기대할 수 있다. 현재, 이산화탄소 할당의 경우 벤치마크 기반의 유상할당으로 전환될 예정이므로 오염물질에 대한 할당 역시 유상할당으로 전환하는 것이 필요하다.

배출량을 산정할 때 2종사업장까지는 굴뚝 자동측정기가 설치되어 있어 배출량에 대한 정확한 산정에 무리가 없지만 3종 사업장의 경우 연료사용량에 따른 배출계수법을 적용하고 있어 연소장치 종류와 노후 정도에 따라 배출량의 변화가 발생할 수 있다. 배출량 불확도는 재화의 불확도와 직접적으로 연동되기 때문에 제3자 검증을 통한 배출권 이전 시스템의 투명성 제고를 위한 노력이 필요하다.

현재, 배출권 거래는 온실가스 배출권 거래제도와 마찬가지로 배출사업자로 한정하고 있다. 그러나 해외 사례에서 볼 수 있는 바와 같이 시장 참여자의 범위를 사업장뿐만 아니라 공공기관이나 일반인 등으로 확대하는 것이 시장의 배출권 거래 활성화를 위하여 필요하다. 미국의 경우 배출권 거래에 일반인 참여를 허용하고 있으며 환경단체가 배출권을 구매하여 소각하는 행위에 대해서도 용인하고 있다. 대기오염을 개선하기 위하여 이해당사자의 적극적 행위를 허용하는 제도의 유연성이 시장 활성화에 도움을 주고 있다.

국내의 경우, 자동차에서 배출되는 질소산화물을 자동차 주행거리 등록을 통하여 사업장의 배출권 거래와 연동하는 방안을 고려해 볼 수 있다. 초기에는 택시나 버스와 같이 운송사업자를 대상으로 추진하고 향후 개인까지 확대하여 대기오염물질의 저감에 다양한 이해당사자를 참여시키면 제도 효율성과 실효성이 개선될 수 있을 것이다.

라. 제도의 효율성 개선을 위한 인프라 투자가 중요하다

오염물질 총량관리제도의 성패는 오염물질 삭감효과와 배출권 거래 활성화에 좌우된다. 총량제도의 운영이 배출허용기준 강화와 같이 이해되어 모든 사업장이 총량을 맞추기 위하여 방지시설을 모두 설치하는 형태로 운영된다면 총량제의 취지는 무색해지고 만다. 이미 유럽의 일부 국가에서는 총량제의 비용효율성이 낮아 제도의 폐지를 시행한 바 있다. 우리나라도 이러한 전철을 밟지 않으려면 사업자에게 할당된 총량을 준수하기 위한 수단으로 배출권 거래를 적극적으로 고려해야 한다. 정부는 제도설계 단계에서 오염물질 삭감량을 확정하고 목표 달성 수단의 선택에는 관여하지 않고 시장에서 일정한 수준의 배출권 가격이 형성되고 적절한 거래량이 발생할 수 있도록 제도를 효율적으로 설계하여야 한다. 결국 시장의 실패를 불러오지 않도록 다양한 영역에 대하여 정교한 설계와 관리가 함께 이루어져야 한다.

04
맺는말

사업장 대기오염물질 총량관리제도는 선정된 대상 사업장에 연도별 배출허용총량을 할당량으로 부여하고 할당량을 채우지 못하거나 초과 달성한 경우 배출권 거래제도를 통해 총량규제에 의한 비효율성을 줄여주는 시장기반 제도이다. 따라서 배출권에 대한 거래가 매우 중요한 요소이다. 배출권 구매에 대한 확신이 들지 않으면 시장 참여자는 대부분 방지시설 설치를 선택할 것이며, 결과적으로 매우 높은 저감 비용으로 총량기반의 배출권 거래제도(Cap & Trade)가 아닌 총량규제(Cap Regulation)가 되어 제도의 의미를 잃게 된다. 또한, 시장을 방치하면 미국 사례와 같이 배출권 가격의 비이상적인 상승을 초래하여 시장기능이 상실될 수도 있다. 따라서 제도의 효율적인 운영을 위하여 사업장 확대, 거래대상 배출권의 연계, 거래 활성화 외에도 인프라 투자와 충분한 정보를 기반으로 사업자가 전략을 수립할 수 있는 수준의 교육과 소통이 강화되어야 한다. 이를 통해 국내에서 사업장 대기오염물질 총량관리제도가 성공적으로 운영되기를 기대한다.

참고문헌   환경관리의 빛과 그림자

온라인자료   • 내일신문(2016.5.16), 「환경부 국내판매 경유차 배기가스 불법조작 실태조사」
              클린디젤이라더니 질소산화물 '펑펑', http://m.naeil.com/m_news_view.
              php?id_art=195857, 검색일: 2017.11.11.

참고문헌   사업장 대기오염물질 총량관리제의 빛과 그림자

국내문헌   • 수도권대기환경청(2010), 사업장 대기총량관리제 성과분석 및 향후 발전방향
              연구.
           • 환경부(2007), 수도권 사업장 대기오염물질 총량관리제 업무편람.
           • 환경부(2011a), 배출허용총량 공매제도 도입 및 시행방안 마련연구.
           • 환경부(2011b), 수도권 사업장 대기오염물질 배출량 산정(V).
           • 환경부(2014), 대기총량 대상사업장 확대를 위한 기초조사.

국외문헌   • EPA(2003), Tools of the Trade: A Guide to Designing and Operating a
              Cap and Trade Program for Pollution Control.
           • Napolitano et. al.(2007), The U.S. Acid Rain Program: Key Insights from
              the Design.
           • Operation, and Assessment of a Cap-and-Trade Program, The
              Electricity Journal, 20(7), pp.47-58.

7장
자원순환

생산자책임재활용제도(EPR)의
빛과 그림자

01
배경 및 개요

생산자책임재활용제도는 소비자가 사용하고 난 다음 버린 물건(폐기물) 중 일정량 이상을 생산자가 회수하여 재활용하도록 의무화하는 제도이다. 우리나라는 이 제도를 1991년부터 시행하여 오고 있는데 우리보다 앞서 이 제도를 시행하고 있는 유럽에서는 확대생산자책임제도(Extended Producer Responsibility)로 부르고 있다.

생산자의 책임범위가 사용 후 버려지는 물건에 대한 처리책임으로까지 확대하게 된 것은 재활용을 촉진하는 데 있어 생산자가 가장 유리한 위치에 있기 때문이다. 효과적인 재활용 시스템을 구축하기 위해서는 제품을 만들 때부터 재활용이 용이하도록 소재와 구조를 선정하는 것이 중요한데 이를 결정하는 것이 바로 생산자의 역할이다. 즉, 생산자에게 재활용의무를 부과함으로써 재질을 단순화하고 재활용이 쉬운 구조로 바꾸도록 유도할 수 있다.

폐기물을 수집하는 데에도 생산자가 가지고 있는 이점이 있는데, 이는 바로 제품을 파는 유통시스템을 구축하고 있다는 점이다. 물건을 배달하고 돌아오는 빈차에 폐기물을 실어 온다면 수집비용을 획기적으로 줄일 수 있다.

또한 재활용 과정을 거쳐 만들어진 재생원료를 다시 소비할 수 있다는 장점도 지닌다. 아무리 재활용을 잘 해도 팔리지 않으면 재활용사업이 존립할 수가 없다. 생산자가 재활용책임을 지게 되면 재활용을 늘리기 위해서라도 재생원료를 사용하게 될 것이다.

또한 폐기물을 수거하고 재활용하게 되면 그에 따른 비용이 늘어나게 되지만 이 비용은 결국 상품가격 인상을 통하여 소비자에게 전가된다. 처음에는 기업들이 비용 상승과 경쟁력 약화를 염려하지만, 궁극적으로는 그 비용이 소비자에게 전가되므로 기업은 비용부담을 면하게 되고 기업의 역할을 거쳐 재활용 비용은 사회구성원 간에 적절히 배분된다.

무엇보다 가장 중요한 것은 우리가 지금 과잉소비시대에 살고 있다는 점이다. 이 과잉소비를 야기하는 상당량의 책임이 생산자인 기업에 있다. 세상은 물건들로 넘쳐나고 있고 사람들은 필요가 아닌 즐거움을 위해서 소비하는, 소비 자체가 목적인 세상에 살고 있지만 이러한 세상, 또는 소비만능의 새로운 문명의 배후에는 대대적인 마케팅과 광고, 판촉 등을 이용한 유행창조의 실질적인 역할을 담당하는 기업이 있기 때문이다.

이처럼 재활용 촉진과 폐기물 문제 해결에 있어 기업의 역할은 매우 중요하지만 이 제도를 처음 도입하는 과정은 결코 순탄하지 않았다. 여기에 기업의 이해부족과 제조원가 상승에 대한 염려는 기업들의 조직적인 반대를 야기 시켰고 이에 가세한 정치권의 반대로 이 제도의 도입은 처음부터 난항에 부딪혔다. 일부의 강한 의지와 노력으로 제도는 시행되었지만 반대 의견을 설득하고 조율하는 과정에서 타협이 이루어졌고 결과적으로 당초의 도입취지가 흐려지기도 하였다. 또한 긴 시행과정에서 여건변화를 제대로 반영하지 못하여 그 효과가 점차 퇴색하거나 심지어 제도가 당초 목적했던 자원순환사회 구축이라는 과정에 방해물로 나타나기도 하였다. 모든 정책은 살아있는 유기체와 같아서 도입 탄생과 성장, 발전, 쇠퇴의 길을 걷기 마련이

지만 이 제도도 초기 도입과 발전 그리고 성숙의 시기를 지나 여건과 환경변화에 제대로 적응하지 못하여 쇠퇴의 길을 걷고 있다는 시각도 있다. 이제는 이 제도도 여건변화를 고려하여 새롭게 재탄생해야 할 시점에 이르렀다고 생각한다.

02
EPR제도 도입의 배경

절대 빈곤에 시달리던 한국경제가 1980년대를 지나며 초유의 고속성장 시대를 맞이하게 되었다. 우리도 모르는 사이에 우리 사회는 부족의 시대에서 풍요의 시대로 넘어가고 있었고 절약의 시대에서 소비의 시대로 넘어가고 있었다. 집집마다 넘치는 물건들로 폐기물은 폭발적으로 늘어나고 있었지만 높아진 시민들의 환경인식과 지역이기주의의 팽배로 매립장이나 소각로 부지확보는 점점 더 어려워지고 있었다. 폐기물 문제가 우리 사회의 커다란 사회문제로 부상하게 되었고 이 문제를 해결하기 위한 방안으로 정부는 쓰레기의 양을 줄이는 폐기물 정책을 시행하게 되었다.

감량 목표의 폐기물 정책의 핵심은 재활용을 촉진하는 데 있다. 재활용은 매립이나 소각에 비하여 사회적 비용이 가장 적게 드는 방법이기 때문이다. 문제는 실제 재활용을 하는 사업자 입장에서는 이익이 잘 나지 않는다는 것이다. 재생원료를 팔아서 얻는 수입보다 인건비와 물류비용이 증가하여 발생하는 비용이 더 크기 때문에 수익성은 떨어지고 재활용사업은 점점 줄어들게 된다. 국가적으로는 재활용의 증가가 필요한데 시장여건은 재활용사업의 축소를 야기하는 것이다. 결국 어떠한 형태로든 정부가 나서서 인위적으로 재활용을 늘릴 수밖에 없으며 다양한 방법을 통한 정부개입이 필요하게 된다. 그러한 정부개입의 한 방법으로 생산자로 하여금 재활용 책임을 나누어 갖게 하는 생산자책임재활용제도를 도입하게 된 것이다.

03
생산자책임재활용제도의 도입과 초기 시행

가. EPR제도의 한국형 모델: 예치금제도

폐기물의 수거 재활용 책임을 기업에게 부과하는 EPR제도를 도입할 당시 당국자와 정책입안자가 가장 우려하였던 것은 기업의 수용과 시행효과의 실효성을 어떻게 확보할 것인가에 있었다. 재활용 산업이 제대로 발전되어 있지 않고 인프라도 전무한 상태에서 기업으로 하여금 그 책임을 감당하게 하고 실질적으로 이 제도를 시행하는 것은 지극히 염려스러운 것이었다. 초기 유럽—독일, 프랑스—영국의 모델을 연구하고 검토한 끝에 내려진 결론은 이들 유럽 모델과 다른 한국 모델이 필요하다는 것이었다.

제안된 한국 모델, 혹은 버전은 정부차원의 대집행을 염두에 두고 그 비용 확보에 더 중점을 두는 예치금제도였다. 기업으로 하여금 자신의 폐기물을 수거하고 재활용하는 데 드는 비용을 정부에 예치하게 하고 수거 재활용한 양에 따라 해당 예치금을 반환하는 것이다. 이 제도는 폐기물의 수거 재활용 책임을 기업에 부과하는 생산자책임재활용제도(EPR제도)와 내용이 같지만 시행방법이 직접적으로 재활용책임을 부여하는 유럽방식과는 다르다. 전문가들은 이를 재무적 형태의 생산자책임재활용제도(Financial EPR)로 분류한다. 그렇다면 유럽방식은 물리적 형태의 생산자책임재활용제도(Physical EPR)로 분류할 수 있을 것이다. 그 외에도 대상 폐기물의 범위와 의무부과 방식 등에 있어서 한국의 예치금제도는 유럽의 제도와는 차이를 보였다.

나. 초기 예치금제도(Deposit-refund)의 특징과 장단점

생산자책임재활용제도의 시행에 앞서 새로운 법률이 제정되었다. 이는 「자원의 절약과 재활용촉진에 관한 법률」로, 폐기물 책임을 지방정부에서 국가와 기업과 소비자를 포함하는 국민 일반으로 이전(From tax payers to Producers and Consumers)하는 공유책임제도(shared responsibility)와 폐기물 분야에 오염자부담원칙(Polluters Pay Principle)을 정립하는 내용을 담았다.

한국의 EPR제도와 유럽의 제도는 예치금제도의 대상이 되는 폐기물의 범위가 다르다는 차이점이 있다. 유럽의 경우 포장폐기물을 그 대상으로 하고 있었지만 우리는 처음부터 포장재 이외의 내구재도 포함시켰다. 특히 전자제품을 포함시킨 것은 우리가 앞섰다고 할 수 있다. 몇몇 나라에서 전자제품이나 자동차를 생산자의 재활용책임으로 부여하고 있었지만 본격적으로 EPR제도 내에 전자제품을 포함시킨 것은 우리가 처음이라고 할 수 있을 것이다.

또한 결과적으로 지원을 받는 주체를 재활용사업자로 한다는 점이다. 유럽은 대부분 수거시스템을 지원하고 수거된 폐기물을 재활용하는 최종 재활용사업자에 대해서는 지원을 하지 않는 방식인데 반하여, 국내에서는 지원이 재활용사업자에게 주어지도록 설계되었다. 법률규정에 지원금이 누구에게 돌아가느냐에 대한 것은 없었지만 기업들이 재활용의무를 위탁할 수 있는 주체는 현실적으로 영세업자들인 수집업자보다는 상대적으로 규모가 있는 재활용사업자들밖에 없었기 때문이다. 추후 도입된 제3자 반환규정도 수집업자가 아닌 재활용사업자들에게만 적용되었다.

다음으로, 우리나라는 유럽의 제도들이 공통적으로 시행하고 있던 재활용표시제도(Green Dot)를 도입하지 않았다는 것이다. 그린 도트 시스템은 EPR제도에 가입한 기업의 생산제품에 녹색마크를 표기하도록 한 것으로,

소비자들이 이들을 편리하게 분리 배출하고 재활용사업자들이 효율적으로 수집하도록 하기 위한 것이다. 그러나 현실적으로 소비자들이 그린 도트 부착여부를 따져서 포장폐기물을 배출하지 않을 뿐만 아니라 의무대상 생산자들이 혼합 배출된 폐기물 중에서 자기 상품을 가려서 수집하는 것도 현실적으로 불가능하다. 이런 실제적인 이유를 고려하여 우리는 이 제도를 도입하지 않았다.

다. 예치금제도의 시행과 문제점 발생

초기 예치금제도의 시행에 있어서 가장 큰 문제는 예치금 반환율이 낮았다는 것이다. 당초 도입과정에서 기업들의 강력한 반대와 정치권의 동조로 예치금 요율은 일부 시민단체와 언론의 면죄부 발행이라는 비판을 들을 정도로 굉장히 낮은 수준으로 결정되었으며 결과적으로 기업은 새로운 세금 정도로 치부하고 예치금 반환에 적극적으로 나서지 않았기 때문이었다. 이래서는 제도의 도입취지인 재활용 촉진은 기대할 수 없었고 정부는 재원조달의 방편으로 제도를 시행한다는 비난을 면할 수 없었다. 그러면서도 예치금 요율은 올릴 수 없었고 결국 제3자 반환제도를 도입함으로써 재활용사업자 지원의 길을 열게 되었다.

이후 소수의 기업이 자신의 물류시스템과 시설을 이용하여 폐기물을 회수하게 되었고 재활용이 전문이 아닌 기업들은 조합을 이용하거나 협회를 설립하여 재활용의무를 이행하기 시작하였다. 이들 조합이나 협회는 반환받은 예치금으로 재활용사업자에 대한 위탁을 통하여 재활용 의무를 이행하였으며 제3자 반환이 허용되면서 결과적으로 예치금은 재활용사업자 지원금으로 사용되었다. 그리고 생산자의 재활용책임 이행방법으로 자체재활용, 위탁, 공제조합 가입의 세 가지 옵션이 정착되었다.

라. 생산자책임재활용제도(EPR제도)로의 전환

예치금제도가 시행되면서 기업들의 인식도 달라져 재활용책임을 당연한 것으로 받아들이기 시작하였다. 그러면서 반환예치금을 목적으로 하는 사업에도 관심이 늘어나면서 직접적으로 재활용을 하려는 기업도 늘어나게 되었다. 이러한 여건변화를 반영하여 2003년 재무적 형태의 EPR제도가 물리적 형태의 생산자책임재활용제도로 전환되었다. 이제 생산자는 재활용 비용을 미리 예치하여야 하는 의무는 없지만 부여된 일정량(판매량의 일정비율로 계산)의 폐기물을 회수 재활용할 책임을 지게 되며 이 의무량을 달성하지 못하게 되면 재활용부과금이라는 벌과금을 납부하여야 한다.

04
2단계 발전

가. 제도의 정착과 산업의 발전

예치금제도 하에서도 지원금에 힘입어 재활용산업은 영세 개인 활동에서 사업 활동수준으로 발전하였지만 본격적인 생산자책임재활용제도 시행으로 지원체제가 정비되고 수집체계가 구축되면서 재활용사업은 산업발전 단계로 진입하였다. 1995년에 시행된 종량제는 분리배출제도의 정착을 이루어 공동주택을 중심으로 재활용 폐기물의 분리배출이 수익사업으로 진행되었다. 수집사업도 산업수준으로 발전하였으며 지속적인 원료 폐기물 공급에 힘입어 재활용산업은 비약적인 발전을 이루었다.

나. 전자제품의 독립

2008년부터 전자폐기물을 EPR 대상에서 독립시켜 환경성보장제도를 시행하게 되었다. 매출시점과 폐기물 배출시점 간의 시차가 적은 포장 폐기물과 달리 전자제품은 내구연수가 길어 매출시점과 폐기물 발생시점 간의 시차가 크게 나타나고 물류시스템도 많이 다르다. 또한 유해물질 함유에 대한 제한 이나 규제의 필요성 등의 차이가 있어 포장 폐기물 위주의 EPR제도에 포함 시켜 같이 관리하기에는 문제가 많아 독립시키게 된 것이다. 전자폐기물을 독립시키면서 자동차도 포함시키도록 규정되었지만 아직 자동차는 대상으로 포함되지 못하고 있다.

다. 품목 범위 확대

EPR 대상 품목의 범위는 행정관리 조직과 능력의 증가, 수집인프라 구축, 관련 재활용 기술의 향상으로 꾸준히 증가되어 왔다. 포장재의 범위를 계속 늘려왔고 형광등과 전지류를 포함시켰으며 전자제품의 범위도 초기 4개 가전제품에서 10개 품목으로 늘어났다. 환경성보장제 실시 이후에는 4개 제품군, 27개 품목으로 확대되었으며 궁극적으로는 모든 전자제품으로 그 범위를 확대할 계획에 있다.

라. 의무이행 방법의 변화와 공제조합의 발전

생산자의 재활용 의무이행의 방법으로 자가 재활용, 위탁 재활용, 공제조합 가입을 통한 공동 재활용의 세 가지 방법이 허용되었는데 이 중 위탁 재활용이 악용되는 사례가 나타났다. 생산자가 공제조합에 가입하여 납부하는 분담금의 대부분은 직접적으로 재활용사업자를 지원하는 데 사용되었지만 일부는 지자체의 미비한 수집체계를 지원하고 관련 인프라를 구축하는 데 사용되었다. 이로써 국가 전체의 수집비용이 절감되고 재활용비용 인하에 기여하게 되었다. 그러나 일부 생산자들은 조합에 가입하지 않으면서 저비용의 재활용사업자들에게 재활용의무를 위탁함으로써 비용절감을 꾀하게 되었다. 이에 편승하여 재활용사업자의 재활용실적을 사고파는 유사조합이 나타났으며 이들은 생산자들의 분담금으로 구축되는 수집인프라에 무임승차하고 있었다. 이에 조합 가입 생산자와 조합과 계약을 맺은 재활용사업자들의 불만이 생겨나면서 위탁재활용은 금지되었다. 사실 위탁재활용은 재활용이 본래 업무가 아닌 생산자들에게 선택의 기회를 늘려주는 점에서 필요한 것이었음에도 그 부작용으로 인하여 폐지된 것이지만, 자체재활용이 어려운 현실에서 공제조합에의 가입이 사실상 강제되면서 조합으로 인한 부작용도 나타나기 시작했다.

특히 여러 재질의 포장재를 사용하는 주류와 음료 의무생산자 입장에서는 여러 개의 조합에 가입해야 하는 불편이 있었고 지원금이 주요 수입원인 재활용사업자는 조합에의 예속이 불가피하였다. 또한 조합의 최대주주격인 생산자의 영향력이 커서 분담금의 현실화가 지연되고 분담금 수입은 거의 직접적인 재활용사업자 지원에만 사용됨에 따라 장기적으로 재활용비용을 낮출 수 있는 인프라 구축은 등한시될 수밖에 없는 현실이 지속되었다.

마. 공제조합의 역할 변화와 통합

재활용공제조합은 당초 의무생산자들에 대한 폭넓은 옵션제공의 한 방법으로 도입되었다. 초기에는 동종업계의 공동의무이행을 지원하기 위해 설립된 생산자 단체(공제조합 또는 협회)가 그 역할을 수행하였으나 점차 재활용 관련 업무가 늘어남에 따라 독립된 재활용공제조합이 설립되었다. 법상 공제조합은 자유설립이 허용되고 복수조합이 원칙이나, 실제로는 생산자 공동조합이 그 역할을 맡다가 독립되는 과정에서 제품의 경우 제품단위로 조합이 설립되었고(타이어, 윤활유, 형광등, 전지류, 전자제품), 포장재의 경우 재질별로 조합이 설립되었다(종이팩, 금속캔, 유리병, PET, 플라스틱).

그러다가 2013년 재질별 공제조합이 하나로 통합되었다. 통합과 함께 유통지원센터가 설립되었다. 지원센터는 조합으로부터 받은 분담금 수입으로 재활용사업자를 지원하는 역할을 수행하는 데 직접적인 지원 외에도 수집체계 구축 등 인프라 사업에도 지원을 확대하고 있다. 특히 이전에 최종 재활용사업자에 대한 지원에 한정하던 것을 수집자 지원으로 다변화하고 있으며 지자체와의 역할 재편성을 시도하고 있다.

바. 질적 재활용 추구

제도가 시행되고 상당기간 정부의 관심사는 양적인 것에 머물러 있었다. 그리하여 재활용 목표율 향상을 일차적 목표로 삼았고 재활용의 방법과 내용에 대해서는 무관심하였다. 그러나 점차 수익성이나 경제성이 떨어지는 저품위 재활용의 필요성과 당위성에 대한 회의가 늘어났고 이러한 저간의 반론을 반영하여 보다 가치 높은 방법의 재활용을 추구하는 질적 재활용 목표가 추가되었다. 이때부터 'Recycling' 용어를 대신하여 'Upcycling'이 유행하기 시작했다. 조합과 유통지원센터에서도 재활용의 내용에 따라 지원금을 차등화하는 제도를 시작하였지만, 시장에서는 이미 품위에 따라 가격이 달라지는 자율촉진 시스템이 가동되고 있었다.

사. 전자폐기물 재활용목표제도의 변화

한편 EPR제도로부터 독립한 전자제품의 환경성보장제도는 유해물질 규제와 재질구조개선의 사전적 의무제도가 시행되고 전자공제조합을 중심으로 재활용율 향상을 위한 다각적인 노력이 경주되었다. 삼성과 엘지의 양대 전자회사는 각각 재활용센터를 설립 운영하였고 초기의 지원금으로 운영되던 센터들은 얼마 지나지 않아 독자적으로 수익을 내는 사업체로 발전하였다. 그리고 공제조합(당시 전자환경협회)은 두 전자회사가 공동 출연하여 수도권 재활용센터를 설립 운영하여 왔고 2014년부터는 판매량 대비 재활용 목표량을 국민 1인당 목표로 변경하여 시행하고 있다. 또한 설립 당시 생산자의 민간 사단법인으로 출발한 전자환경협회는 2015년 생산자와 재활용사업자가 공동 참여하는 공익법인(전자제품자원순환공제조합)으로 재출범하였다.

05
제도의 빛과 그림자

생산자책임재활용제도는 우리나라 폐기물 정책 역사상 폐기물 수수료 종량 제와 더불어 가장 획기적인 정책도입으로 기록되고 있으며 이전까지 폐기물 문제는 지방정부의 단독책임으로만 여겨져 왔던 국민의식에 일대 전환을 가 져 온 가히 혁명적인 조치라고 할 수 있다. 이 제도의 도입으로 무엇보다 기 업의 커다란 인식전환이 이루어졌으며 재활용산업의 기반이 조기에 구축되 었고 재활용 활동이 산업수준으로 크게 발전하였다.

그러나 이러한 성과 이면에는 문제점이나 부작용도 적지 않았는데 문제점 으로 생각되는 첫 번째 것은 재활용사업자의 난립이라고 할 수 있을 것이다. 사업이라는 것은 자체의 수익성을 기반으로 형성되어야 하며 정부지원은 초 기 유치단계에서 일시적으로 이루어지고 빠른 시일에 독자적 수익성을 회복 하는 것이 원칙이지만, 우리나라의 재활용산업은 너무 오랫동안 지원금에만 의존하여 왔으며 독자적인 수익기반을 구축하지 못하였다. 예를 들면 RDF 와 같은 사업은 초기 투자비용이 적게 들어 많은 기업이 설립된 결과 평균 가동률이 절반 이하로 맴돌았고 많은 기업이 설립 후 얼마 견디지 못하고 폐 업하였다. 또한 지원이 최종 재활용사업자에 한정된 결과 수집산업이 제대 로 활성화되지 못하였고 지자체의 소극적인 대응도 이에 한몫을 하였다. 늦 게라도 수집지원으로 방향을 돌리기는 했지만 시기가 늦은 감이 있고 이미 우리 재활용시장은 수집자 우위의 시장으로 변해 버렸다.

다음으로 아쉬운 점은 EPR 대상으로 자동차가 포함되지 못한 것이다. 예치금 도입 당시부터 자동차는 초기 정책안에 포함되어 있었지만 업계의 저항과 로비, 정치권의 합세로 제외되었다. 그 이후에도 자동차를 포함시키려는 노력이 계속되어 왔지만 번번히 반대에 부딪혀 좌절되었고 시범사업이 추진되었지만 아직은 가망이 없어 보인다.

셋째, 위탁재활용의 금지와 조합의 독점적 지위 문제는 계속하여 제도 발전의 걸림돌로 작용할 것이다. 이미 복수조합제도를 시행하고 있는 독일이나 영국의 예를 보면 경쟁체제의 필요성은 명확해 보인다. 이제 우리 재활용산업도 유치단계를 벗어나 제대로 갖춰진 산업수준으로 발전하기 위해서는 복수공제조합제도가 허용되어야 하고 위탁재활용도 그간 일어났던 문제점을 방지하는 정책과 함께 다시 실시되어야 한다.

현재 제도의 운영과 관련하여 가장 우려되는 부분은 제도 운영의 경직성이라고 할 수 있다. 이미 많은 유럽 국가들이 재활용목표율로 옮겨간 현실에서 우리나라는 여전히 의무율 제도에 고착되어 있다. 다른 나라의 수준을 크게 웃도는 높은 재활용률에도 불구하고 정부는 단선적으로 재활용목표율을 상향조정하고 있으며 이 목표율은 전망치가 아닌 의무율로 바뀌어 매년 의무율 미달성과 재활용 부과금 납부로 이어지고 있다. 이에 따른 불법 내지 편법 재활용도 여전히 성행하고 있고 이에 따른 정부기관의 관리, 감독 강화는 지나친 간섭으로 재활용산업의 자율적 발전을 압박하는 요소로도 작용하고 있다.

시장에서 충분히 자율적으로 재활용이 이루어지고 있는 품목에 대한 졸업제도도 시행되지 않고 있으며, 기업의 예견과 장기계획 수립과 대비를 목적으로 도입된 장기 재활용목표율 제도도 경직되어 제구실을 못하고 있다. 제도 도입당시와 달리 이제 우리나라 재활용산업은 기업수준으로 성장하고 있으며 시장의 자율로도 재활용 활동은 충분한 수준으로 이루어지고 있다. 이제 정부는 직접적인 관리에서 벗어나 간접적인 지원으로 그 역할을 한정하고 관리감독도 탄력적으로 운영하여 대부분의 중추적 역할을 시장에 일임할 시기가 오고 있다.

06
미래적 발전방향: Post EPR

당초 EPR제도를 도입하면서 계획하였던 것은 정부 주도의 재활용 촉진은 자립기반 구축 시까지 한시적으로 시행한다는 것이었다. 자본주의 경제 하에서 경제 활동은 원칙적으로 개인의 자유 활동에 맡겨져야 하며 정부의 개입은 최소한에 그쳐야 함은 모두 알고 있는 사실이다. 정부의 개입은 유치단계의 산업에 대하여 일정기간 이루어져야 하며 그조차도 지나친 간섭이 되지 않도록 유연성과 탄력성을 잃지 말아야 한다. 이제 EPR제도도 시행된 지 30년이 다 되어간다. 그동안 재활용산업은 양적인 면에서나 질적인 면에서 괄목할 만한 발전을 이루었고 기반도 구축되었다고 할 수 있다.

이제 정부는 서둘러 후속체제(Post EPR)로의 전환을 준비하여야 한다. 먼저 시장자율로 잘 이루어지고 있는 품목의 졸업제도를 시행하여야 한다. EPR 대상에서 제외된다고 하여도 그 활동에 대한 정부의 관리가 사라지는 것은 아니다. 관련 재활용사업자의 허가권은 여전히 정부에 있고 환경오염 가능 활동은 다른 법령에 의하여 엄격하게 관리된다. 재활용의 방법이나 내용도 시장 수요와 여건변화에 맞춰 자율적으로 발전해 나갈 것이다. 다음으로 정책목표를 탄력적으로 운영해야 한다. 지금처럼 단선적으로 목표율을 상향조정해가는 것은 바람직하지 못하다. 살아 움직이는 시장의 구조와 생리를 역행하여 부작용을 낳을 뿐만 아니라 신축적 적응을 통하여 발전기반을 스스로 구축해가는 기업의 자율적 조절기능을 억제하기 때문이다. 재활용목표율이 높다고 해서 무조건 좋은 것은 아니다. 재활용도 그냥 이루어지는 것은 아니다. 수집과 재활용 과정에서 사적비용과 함께 외부비용도 수반되는 것이며 이러한 사회적 비용이 재활용으로 얻는 사회적 편익을 초과하게 되면 재활용은 경제적 타당성을 상실하게 되는 것이다. 이제는 적정 또는 최적(optimum) 재활용률의 개념을 도입하여 정부의 정책목표 관리에 도입할 시기이다. 마지막으로 EPR제도는 재활용을 촉진하기 위한 유일한 수단이 아니라는 점을 이해하여야 한다. 재활용의 촉진과 관련 산업의 발전은 여러 측면의 지원으로 이루어지며 지원주체도 정부 이외의 다른 주체로 확대되어야 한다. 그리고 관련 정책이나 제도들 간의 균형과 조화가 이루어져야 한다. 지금은 재활용 촉진 정책들을 모두 통합하여 검토하고 재평가하여 자원순환사회 혹은 순환경제의 구축이라는 국가적 목표 달성을 위한 다양한 전략과 정책 그리고 제도 간의 적절한 재편성(policy remix)을 위한 노력이 요구되는 때이다.

음식물쓰레기 자원화,
빛나는 실패 혹은 아쉬운 성공

01
들어가며

우리나라 생활쓰레기 관리체계 중 세계에 내놓아도 손색없는 것 두 가지를 꼽으라면 단연 쓰레기종량제와 음식물쓰레기[1] 분리배출이다. 재활용품과 음식물쓰레기 분리배출 체계를 전국적으로 단시간 내에 구축하여 정착시킨 것은 폐기물 관련 사례에서 전 세계적으로 유래를 찾을 수 없는 일대 사건이다.

우리나라가 자랑하는 두 개의 제도 중 쓰레기종량제는 여러 가지 누적된 문제가 노출되고 있기는 하지만 여전히 생활쓰레기 관리체계의 핵심제도로 기능을 하고 있다. 그렇지만 음식물쓰레기 분리배출제도의 경우 제도유지의 필요성과 효용성에 대해 의문을 가지고 있는 사람이 많으며, 음식물쓰레기 분리배출 체계의 대안적 체계를 제시하는 사람도 많다. 음식물쓰레기 분리배출로 야기되는 위생의 문제와 분리배출 후 자원화의 실효성에 대한 의심 때문이다.

그렇기 때문에 음식물쓰레기 분리배출 및 자원화 사업에 대해서는 빛나는

---

1) 폐기물관리법에서 사용하는 공식적인 법률용어는 음식물류폐기물이지만, 국민들이 일상적으로 익숙하게 사용하는 말은 음식물쓰레기이기 때문에 본 글에서는 음식물쓰레기라는 말을 사용하기로 한다.

실패 혹은 아쉬운 성공이라는 어정쩡한 평가를 내릴 수밖에 없다. 음식물쓰레기 분리배출 및 자원화 정책의 역사를 보면, 정책이란 움직이는 생물이며 오랜 인내와 일관된 철학 없이 이 생물을 키울 경우 어떤 기형적인 돌연변이가 나올 수 있는가를 곰곰이 생각하게 된다.

우리나라 음식물쓰레기 분리배출 및 자원화의 역사와 현황을 살펴보면서 향후 정책추진에서 어떠한 교훈을 얻어야 할 것인지에 대해 되새겨 생각해 볼 필요가 있다. 음식물쓰레기와 관련된 쟁점은 감량의 문제, 분리배출에 따른 위생관리의 문제, 자원화 단계의 문제로 크게 구분된다. 각 단계의 문제는 많은 세부쟁점을 가지고 있으며, 각 세부쟁점별 무수히 많은 이해관계가 난마처럼 얽혀 복잡한 문제를 낳고 있다. 이 글에서는 이들 쟁점을 모두 다룰 수 없기 때문에 음식물쓰레기의 분리배출 후 자원으로 이용하는 문제와 관련한 쟁점을 다루고자 한다.

음식물쓰레기와 관련된 문제 중에서도 자원화의 문제는 가장 핵심적인 문제라고 생각한다. 각 단계별 쟁점은 고유의 문제발생의 원인을 가지고 있지만 근본적으로는 음식물쓰레기 자원화에서 파생된 문제라고 생각하기 때문이다. 따라서 음식물쓰레기 문제해결의 큰 줄기를 잡기 위해서는 음식물쓰레기 자원화의 문제를 이해하는 것이 필요하다.

02
음식물쓰레기 분리배출 및 자원화 추진과정

정연희의 소설 「난지도」를 보면 난지도 주변 판자촌에 사는 주민들이 난지도 쓰레기 중 부잣집에서 버린 음식물쓰레기를 골라 다시 요리를 하는 장면이 나온다. 먹고살기 힘들었던 시절 쓰레기는 큰 문제가 아니었고, 오히려 가난한 사람들의 벌이수단이었다. 남은 음식물을 가축의 사료로 먹이는 것은 아주 오래된 관행이다.

우리나라에서 쓰레기문제가 본격적인 사회문제로 대두되기 시작한 것은 1990년대부터이다. 본격적인 소비문화의 확산에 따라 생활쓰레기의 발생량이 증가한 반면 국민들의 권리의식이 높아지면서 쓰레기 처리시설은 정부에서 원하는 대로 설치하는 것이 여의치 않게 되었다. 1990년대의 쓰레기문제의 해결이 쉽지 않을 것이라는 것을 본격적으로 보여준 사례는 난지도 매립지를 대체하기 위하여 당시 김포지역에서 조성하기 시작한 매립지(현재 인천 수도권매립지)에 대한 지역주민들의 집단반대이다. 매립지 문제에 대응하기 위하여 1990년대 초부터 계획을 수립하고 추진하기 시작한 쓰레기 소각시설 역시도 서울시를 비롯한 대도시 지역에서 극렬한 주민반대를 야기하였다.

점점 심각해질 것으로 예상되는 쓰레기문제에 대한 근원적인 처방을 내리기 위하여 1995년 쓰레기종량제가 도입되었다. 쓰레기종량제는 1990년대 초반부터 시범적으로 추진되던 재활용품 분리배출을 전국적으로 확대하고, 배출량에 비례하여 처리수수료를 냄으로써 주민들이 쓰레기를 줄이도록 유도하는 제도이다. 많은 우려 속에서 시행된 쓰레기종량제는 다행스럽게 초반의 혼란을 조기에 수습하면서 성공적으로 정착하였다.

쓰레기종량제의 성공은 역설적으로 또 다른 쓰레기문제를 대두시켰다. 생활쓰레기 중 약 30% 이상을 차지하는 재활용품이 분리배출 되면서 종량제 봉투 속 음식물쓰레기의 비중이 상대적으로 높아지게 되었고, 음식물쓰레기로 인한 악취와 침출수 문제가 도드라지게 되었다. 또한 수도권 지역의 종량제 봉투가 수도권매립지로 집중되는 구조와 맞물리면서 매립지 주변 지역주민들이 음식물쓰레기 반입을 거부하는 운동이 일어났다. 1996년부터 시작된 수도권매립지 주변 지역주민들의 음식물쓰레기 반입거부 운동은 음식물쓰레기 소각장 반입거부 운동으로까지 확산되었다.

1990년대 초반부터 폐기물관리법에서 집단급식소 및 대형음식점 등 다량 배출 사업장 위주로 음식물쓰레기 감량의무화 정책이 조금씩 도입되었지만, 1996년부터 쓰레기처리시설 주변지역 주민들이 음식물쓰레기 반입거부 운동을 하면서부터 가정에서 배출되는 음식물쓰레기 문제에 대한 대책마련이 시급하게 되었다. 1997년 7월 폐기물관리법 시행규칙이 개정되면서 2005년부터 전국 시 단위 이상의 도시에서 배출되는 음식물쓰레기는 바로 매립하는 것을 금지하고, 소각 · 퇴비화 · 사료화 · 소멸화 처리 후 잔재물만을 매립하도록 하였다. 2005년 이후부터 도시지역 음식물쓰레기 직매립 금지가 예고되면서 일부 지역에서 시범사업으로 시행되던 음식물쓰레기 분리배출 및 자원화사업이 탄력을 받아 진행되었다. 1997년부터 2004년까지는 음식물쓰레기 자원화시설의 여러 가능성을 검증하는 사업들이 진행된 시기였고, 2005년 이후부터는 전국 시 · 군 · 구 · 읍 지역에서 음식물쓰레기 분리배출 및 자원화가 본격적으로 시행되면서 음식물쓰레기 자원화시설이 본격적으로 확장된 시기라고 할 수 있다.

음식물쓰레기 자원화의 복잡다변한 제도변천 역사 중 몇 가지 유의미한 것을 뽑으면 다음과 같다.

2004년 폐기물관리법 시행규칙을 개정하여 음식물쓰레기로 동물의 사료를 만들 경우 반추동물의 먹이로 주는 것을 금지했으며, 사료관리법에 따른 사료제조업등록을 받아 사료의 유해성 관리기준을 따르도록 했다. 음식물쓰레기 자원화 사업 이후 심심찮게 터진 가축의 집단폐사 문제와 광우병 발생 우려에 대응하기 위한 조치였다. 음식물쓰레기 사료와 관련된 규정은 2011년 다시 한 번 강화된다.

음식물쓰레기 자원화 과정에서 발생하는 폐수('음폐수'라는 약자로 통용된다) 처리와 관련하여 2008년부터 해양환경관리법에 의해 해양배출(해양투기)이 허용된다. 그렇지만 음폐수가 가축분뇨와 함께 해양투기를 통해 해양환경을 오염시키는 주범으로 비판을 받으면서 2013년 이후부터는 해양배출이 금지되고, 이후 음폐수 처리문제는 음식물쓰레기 자원화의 중요한 문제로 여전히 진행 중에 있다.

음폐수의 과도한 배출과 해양투기 문제는 분리배출 된 음식물쓰레기가 과연 적정하게 자원화 되고 있느냐 하는 의문과 연결되어 있다. 음식물쓰레기를 자원화한 사료나 퇴비의 수요처가 없고, 제대로 된 사료나 퇴비를 만드는데 많은 비용이 들어가기 때문에 분리수거한 음식물쓰레기를 자원화업체에서 폐수로 둔갑시켜 저렴한 비용으로 해양투기 하는 것 아니냐는 것이다. 과도한 음폐수의 배출과 낮은 자원화율에 대한 문제에 대응하기 위해 2010년 폐기물관리법 시행규칙을 개정하여 음식물쓰레기 자원화시설의 경우 시설에 유입된 고형물 중에서 무게 기준으로 2012년 12월 31일까지는 60% 이상, 2013년 1월 1일부터는 70% 이상을 사료나 퇴비 등의 원료로 사용하여야 한다는 규정을 추가하였다.[2]

03
음식물쓰레기 자원화 현황 및 문제점

가. 음식물쓰레기 발생 및 처리현황

음식물쓰레기 발생량은 2015년 기준으로 연간 약 558만 톤이다. 1인당 매일 약 0.29kg의 음식물쓰레기를 배출하고 있다. 음식물쓰레기 발생량은 2004년까지 감소하거나 정체상태에 있다가 2005년 이후 증가하는 흐름을 보이고 있다. 통계상 확인되고 있는 2005년 이후의 음식물쓰레기 증가흐름은 통계

---

2) 음식물쓰레기의 경우 80% 이상이 수분이다. 음식물쓰레기 중 사료나 퇴비로 자원화 될 수 있는 핵심성분은 고형물의 양이다. 따라서 자원화가 적정하게 되었는지 여부를 판단하는 기준으로 음식물쓰레기 중 고형물이 폐수로 유실되지 않고 사료나 퇴비 등 유용한 물질로 전환된 비율을 설정한 것이다.

집계 방식의 변화에 따른 착시현상일 수도 있다. 2005년 이후 음식물쓰레기 분리배출이 전면적으로 시행되면서 분리배출된 음식물쓰레기의 양을 별도로 계량하면서 음식물쓰레기 발생량에 대한 집계가 이전에 비해 상대적으로 더 정확해졌기 때문이다.

2005년 이후의 음식물쓰레기 발생량을 보면, 2008년을 정점으로 2013년까지 지속적으로 감소하다가 2014년 이후부터 다시 증가하고 있다. 1인당 1일 음식물쓰레기 발생량 기준으로도 2015년 0.29kg으로 2010년 0.26kg에 비해 증가하였다.

음식물쓰레기 재활용률은 분리배출 후 자원화시설에 반입되는 양의 비율을 의미한다. 2005년까지는 지속적으로 상승하다가 2005년 이후 시 단위 이상의 지역에서 음식물쓰레기 분리배출이 전면적으로 시행되면서 전국적으로 음식물쓰레기 재활용률은 90% 이상을 유지하고 있다.

표 2-1 · 음식물쓰레기 발생 및 처리현황

구분	1996	2000	2005	2010	2015
생활쓰레기 발생량(1,000 톤/년)	18,233	16,950	17,665	17,943	18,705
음식물쓰레기 발생량(1,000 톤/년)	5,238	4,173	4,736	4,901	5,599
음식물쓰레기 재활용량(1,000 톤/년)	174	1,884	4,418	4,765	5,059
생활쓰레기 중 음식물쓰레기 비율(%)	28.7%	24.6%	26.8%	27.3%	29.9%
음식물쓰레기 재활용률(%)	3.3%	45.1%	93.3%	97.2%	90.4%

자료: 환경부, 1996~2015 전국폐기물 발생 및 처리현황.

나. 음식물쓰레기 자원화 현황

음식물쓰레기를 자원화 하는 방법은 세부적으로 분류하면 매우 다양하지만, 크게 구분하면 원형 이용(원형사료 이용), 사료(습식, 건식), 호기성 퇴비, 바이오가스 및 소화액 이용, 탄화 등 기타 방법이 있다. 발생원에서 건조, 미생물 분해 등의 방법으로 감량을 하는 방법도 있지만, 이 방법은 이후의 자원화 단계 이전의 발생원 전처리 개념으로 볼 수 있다.[3]

원형사료 이용은 음식점 및 급식소 등에서 배출되는 남은 음식물(잔반)을 가축의 먹이로 이용하는 방법이다. 대형 음식점 및 급식소 등 음식물쓰레기를 대량으로 배출하는 사업장은 음식물쓰레기 감량의무 사업장으로 분류되어 음식물쓰레기에 대한 처리책임이 부여되기 때문에 감량의무 사업장과 축산농가 등이 계약을 체결하여 남은 음식물을 가축의 먹이로 제공하고 있다.

습식사료는 남은 음식물에서 이물질을 제거하고 가열살균한 사료로 수분함량 70~80%의 사료를 말한다. 가금류와 돼지, 개 등의 사료로 이용되고 있는데, 농림축산식품부는 미살균 습식사료 유통 과정을 닭과 오리의 조류인플루엔자 등의 전염병 발생의 주요 원인으로 지목하였다. 이에 2017년 4월 1일 사료관리법에 따른 사료 등의 기준 및 규격에 관한 고시를 개정(2017년 10월 1일 시행)하여 수분함량 14% 미만의 사료는 가금류의 사료로 이용하는 것을 금지하였다. 건식사료는 남은 음식물에서 이물질 등을 제거한 후 열풍건조 등의 건조공정을 거쳐 수분함량 약 15% 이하로 만든 사료를 말한다. 호기성 퇴비화는 공기와 수분이 잘 공급되는 호기성(好氣性) 환경에서 음식물쓰레기 내의 유기물질을 퇴비물질과 물, 이산화탄소로 분해 및 안정화한 후 퇴비물질을 비료로 이용하는 것을 말한다.

바이오가스화는 공기가 통하지 않는 혐기성(嫌氣性) 발효조에서 유기물을 분해하여 바이오가스(메탄가스가 약 60% 내외인 혐기성 분해 부산물)를 생산하는 것으로, 남은 고형물은 별도 회수 후 호기성 퇴비로 활용하고, 남은 소

---

3) 음식물쓰레기를 발생원에서 감량하는 감량화기기는 감량공정 후 발생하는 감량부산물을 종량제 봉투로 배출하거나 하수구를 통해 편리하게 배출할 수 있는 것으로 일부 감량기 업체에서 홍보한 사례도 있었으나 감량공정 후 발생하는 부산물 역시 음식물쓰레기로 자원화해야 하는 대상이기 때문에 감량화공정은 자원화를 위한 배출원 단계의 전처리 개념으로 보는 것이 타당하다.

화액은 정화처리하는 기술을 말한다.

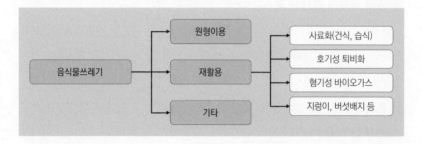

그림 2-1 · 음식물쓰레기 자원화 방법

그림 2-2 · 음식물쓰레기 습식사료

그림 2-3 · 음식물쓰레기 건식사료

그림 2-4 · 음식물쓰레기 호기성퇴비

그림 2-5 · 음식물쓰레기 바이오가스

음식물쓰레기 자원화시설 현황에 관한 자료는 환경부에서 2015년 자료까지 홈페이지를 통해 집계하고 있으나, 통계가 불완전하거나 집계방식이 이전과 차이가 나는 부분이 있기 때문에 기존 연구보고서(환경부, 2012) 중 2010년까지의 자원화시설 운영현황을 살펴보겠다.

2005년부터 음식물쓰레기 직매립을 금지한다는 폐기물관리법 시행규칙이 개정된 이후 1998년부터 음식물쓰레기 자원화시설이 크게 증가하기 시작하였다. 1997년까지는 공공시설 위주로 시범적으로 음식물쓰레기 자원화시설을 운영하였으나 1998년부터 민간시설이 크게 증가하기 시작하였다. 1997년 민간시설은 14개에 불과했으나 2000년에는 153개, 2005년에는 166개로 증가하였다. 시설용량 기준으로 1997년 민간시설의 용량은 49.2%였으나 2000년 이후 약 63% 이상을 차지하였다. 1개 시설의 평균 처리용량을 보면 2000년 22.3톤/일이었으나, 2005년 52.2톤/일로 크게 증가하였다. 시설 개수에 비해 시설용량이 크게 증가하였는데, 음식물쓰레기 직매립제도의 본격시행에 따라 음식물쓰레기 분리배출량이 급증하면서 기존 음식물쓰레기 자원화시설의 처리용량을 증설하는 방법으로 대응한 것으로 판단된다.

표 2-2 • 음식물쓰레기 자원화시설 설치추이 (단위: 개소, 톤/일)

구분	1997	2000	2005	2010
합계	46	233	256	259
	(1,076)	(5,195)	(13,364)	(17,502)
공공	32	80	90	98
	(547)	(1,905)	(4,198)	(6,554)
민간	14	153	166	161
	(529)	(3,290)	(9,166)	(10,948)

자료: 환경부(2012), 음식물류 폐기물 관리정책 방향 및 개선방안 연구.

자원화 방법별로 보면, 음식물쓰레기 반입량 대비 제품으로 생산되는 평균비율은 17.7~23.0%이며, 음폐수 발생 평균비율은 47.4~85.8%이었다.

표 2-3 • 음식물쓰레기 자원화시설 운영현황(2010년 기준) (단위: 개소, 톤/일)

구분	사료화				퇴비화 호기성
	소계	건식	습식	건식+습식	
처리량	6,102	2,656	2,670	776	3,395
생산량	1,686 (27.6%)	470 (17.7%)	1,002 (37.5%)	215 (27.7%)	780 (23.0%)
폐수발생량	3,662 (60.0%)	1,845 (69.5%)	1,264 (47.4%)	553 (71.3%)	2,913 (85.8%)

자료: 환경부(2012), 음식물류 폐기물 관리정책 방향 및 개선방안 연구(pp.46-48 내용 정리).

다. 음식물쓰레기 자원화의 문제점

우리나라 음식물쓰레기는 수분과 염분이 많고, 분리배출 단계에서 비닐류 등 이물질 혼입이 많기 때문에 다른 나라의 음식물쓰레기에 비해 자원화의 어려움이 있다. 그럼에도 불구하고 많은 시행착오와 현장 업계, 전문가의 노력으로 국내 음식물쓰레기에 적합한 자원화 모델을 찾아가고 있다. 이러한 성과에도 불구하고 여전히 음식물쓰레기 자원화에 대해 부정적 인식과 불신이 높다. 지난 15년 동안의 자원화 과정에서 나타난 잘못된 관행과 구조가 개선되고 있지 못하기 때문이다. 현재 우리나라 음식물쓰레기 자원화의 문제점을 정리하면 다음과 같다.

첫째, 다량배출사업장에서 배출된 음식물쓰레기 관리의 문제이다. 전국에 산재한 축산농가에서 가축의 먹이로 이용하고 있는데, 관련 규정에 맞게 적정하게 사료로 이용하고 있는지 여부에 대해서는 불투명하다. 일부 동물복지 단체에서는 음식물쓰레기를 가축의 먹이로 주는 농장에 대한 현장조사를 통해 음식물쓰레기를 사료로 주는 행위가 동물학대에 가깝기 때문에 이런 행위를 금지해야 한다고 주장한다. 축산농가에서 사료이용보다는 처리비 수입을 주목적으로 음식물쓰레기를 반입하여 가열 등 적정처리를 거치지 않고 가축에게 주는 행위를 하고 있는데, 이는 이전부터 지속적으로 제기된 문제이기도 하다. 다수의 음식점 등에서 축산농가로 음식물쓰레기가 이동하고 있기 때문에 지도점검기관인 지자체에서도 음식물쓰레기의 이동과 처리실태를 제대로 파악하기도 어렵다.

음식물쓰레기를 원형 그대로 가축의 먹이로 주는 축산농가는 사료관리법의 사료제조업 등록대상이 아니고, 폐기물관리법의 폐기물처리 신고대상이다. 농림축산식품부에서는 음식물쓰레기로 비위생적인 사료를 제조하여 가축의 먹이로 제공하는 행위에 대해서 규제를 강화하고 있지만, 음식물쓰레기를 원형그대로 가축의 먹이로 주는 행위는 사료관리법의 규제대상 밖에 있기 때문에 오히려 농림축산식품의 규제강화가 축산농가의 음식물쓰레기 원형이용을 조장하는 풍선효과가 발생할 수도 있다. 다량배출 사업장에서 시작하여 최종자원화 단계까지 물질흐름을 추적할 수 있는 종합적인 규제강화가 필요하다.

자료: 한국일보, 2017.10.2, 동물단체 "습식사료 금지 전 가축에 확대해야".

둘째, 음식물쓰레기가 자원으로 제대로 활용되고 있는지의 문제이다. 자원화 시설에서 만들어진 사료나 퇴비가 자원화 제품으로 판매되는 비율이 매우 낮다. 2010년 기준으로 유상으로 판매하는 시설은 124개 사료화 시설 중 9개, 86개 퇴비화 시설 중 24개에 불과했다. 유상으로 판매된다 하더라도 제품 브랜드를 가지고 적정가격에 판매되는 것이 아니라 운반비 정도의 가격으로 실질적으로 무상으로 제공되는 경우도 많다. 사료나 퇴비 등이 무상으로 제공되는 경우가 많고, 농가 등에 무상으로 제공될 때 계량 등을 거치지 않기 때문에 사료나 퇴비 등으로 실질적으로 활용된 양에 대한 통계도 정확하지 않다. 유상으로 판매되는 비율이 저조한 것은 유상으로 판매될 수 있는 가치를 지닌 사료나 퇴비제품을 제조하기 어렵기 때문이다. 가축분뇨 등 다량의 유기성폐기물이 배출되기 때문에 퇴비시장에서 음식물쓰레기를 원료로 한 퇴비가 경쟁력을 가지기 쉽지 않은 상황일 뿐만 아니라 경쟁력을 갖춘 품질을 생산할 수 있는 시설과 부지의 여유가 되지 않은 상황이기 때문에 음식물쓰레기 자원화는 실질적으로는 가정에서 쏟아져 나오는 음식물쓰레기를 처리하기 급급한 실정이다.

음식물쓰레기로 만든 사료나 퇴비의 경쟁력이 낮기 때문에 음식물쓰레기에서 최대한 사료나 퇴비의 생산량을 늘리기보다는 폐수로 짜내 버리는 양이 많아지게 되고, 폐수의 양이 많아지다 보니 바다로 싸게 버리는 편법이 나오게 되었고, 해양투기가 문제가 되어 금지가 되다 보니 이제는 육상에서 음폐수를 처리할 수 있는 방법을 찾느라 골치를 앓고 있다. 음식물쓰레기 자원화의 전 과정을 보게 되면 폭탄 돌리기를 하는 듯하다.

음식물쓰레기 자원화에 관련하여 계속 문제가 꼬리를 물고 발생하면서 폭탄돌리기를 하게 되는 것은 충분한 시간을 가지고 단계적으로 문제를 해소하면서 자원화를 확대하기보다는 2005년 직매립 금지 목표를 달성하기 위해서 무리하게 몰아붙였기 때문이다. 목표로 한 시간 내에 음식물쓰레기를 사료나 퇴비 등으로 자원화해야 한다는 당위성 때문에 가정에서 배출되는 음식물쓰레기로 과연 국내에서 통용될 수 있는 품질의 사료나 퇴비 등의 제품을 만들어낼 수 있는가에 대한 충분한 검증의 시간을 갖지 못했거나 준비되지 않은 현실을 그대로 인정하고 받아들이지 못했다고 본다.

04
나가며

쓰레기 배출 및 처리체계는 한 번 만들어지게 되면 쉽게 바꾸기 어렵다. 쓰레기는 매일 발생하고, 그 쓰레기를 제때에 치우지 않게 되면 쓰레기 대란이 발생하게 된다. 쓰레기 배출 및 처리체계의 경직성 문제 때문에 쓰레기 관리체계를 만들 때 많은 준비가 필요하다. 특히 음식물쓰레기의 경우에는 다른 일반쓰레기에 비해 보관이 어렵기 때문에 배출된 쓰레기는 무조건 단시간 내에 처리가 되어야 한다. 따라서 음식물쓰레기와 관련된 체계구축은 매우 신중한 접근이 필요하다.

2005년 음식물쓰레기 직매립 금지 목표를 세우고, 음식물쓰레기 분리배출 후 자원화하기 위해 전국적 체계를 구축하고자 한 것은 칭찬할 만하다. 또한 정부의 방침에 따라 불편을 무릅쓰고 음식물쓰레기 분리배출에 동참한 우리나라 국민들의 성숙한 의식도 칭찬받아 마땅하다. 그렇지만 음식물쓰레기 분리배출과 자원화라는 당위성에 매몰되어 음식물쓰레기 자원화가 실질적으로 되고 있는지 여부에 대해서 냉정하게 평가하고 이에 대한 대응책을 마련하지 못한 것에 대해서는 반성해야 할 부분이라고 생각한다.

목표를 수립하고 실행단계별 점검을 통해 정해진 기한 내에 목표달성이 어려울 경우 과감히 기한을 연장하거나 때로는 실패에 대한 과감한 인정도 필요하다. 큰 실패를 막기 위해서는 작은 실패에 대한 통찰이 필요하다. 실패에 대한 통찰을 위해서는 실패에 대한 인정이 필요하다. 실패에 대한 비난과 징계에 대한 두려움, 당위성에 매몰된 경직된 사고는 작은 실패들이 주는 신호를 무시하게 만든다. 목표는 의식하되 계획 초기에 조금만 더 여유를 가지고 솔직하게 공론화하면서 차근차근 준비했다면 현재의 음식물쓰레기 자원화는 지금보다 훨씬 더 세계에 자랑할 수 있는 모델이 되어 있지 않았을까 하는 아쉬움이 든다.

참고문헌 생산자책임재활용제도(EPR)의 빛과 그림자

국내문헌 • 박준우(2011), 생산자책임재활용제도 선진화 방안.
• 상명대학교 사회과학연구소(2009), 생산자책임재활용제도 개선방안에 관한 연구, 환경부.
• 포장용기협의회(2008), 생산자책임재활용제도관련 법령개선에 관한 연구.
• 한국능률협회컨설팅(2004), EPR 대상품목, 재활용방법별 재활용시설 투입량에 관한 연구, 한국자원재생공사.
• 한국환경자원공사(2004), 생산자책임재활용제도 확대 · 발전방안에 관한 연구.
• 박준우 · 함시창(1998), 폐기물 통합 재활용시스템 구축방안 - 생산자 자율재활용기구 도입, 한국자원재생공사.

국외문헌 • Duales system Deutschland ag(2003), Europe Goes Green Dot.
• European Environment Agency(2007), The road from landfilling to recycling: Common destination, different routes.
• PRO EUROPE(2003 · 2004), Europe goes Green Dot.
• PRO EUROPE(2007), Mandatory Deposit Systems for One-Way Packaging.

참고문헌 음식물쓰레기 자원화, 빛나는 실패 혹은 아쉬운 성공

국내문헌 • 환경부(2008), 음식물류 폐기물 재활용시설 등의 물질수지조사를 통한 고형물 회수기준 마련 연구.
• 환경부(2010), 환경규제 합리화를 위한 규제순응도 조사(음식물류 폐기물 감량의무 사업 규제).
• 환경부(2012), 음식물류 폐기물 관리정책 방향 및 개선방안 연구.
• 환경부(1996-2015), 전국 폐기물 발생 및 처리현황.

8장
국토자연

생물다양성 보전 및 관리

박용하(한국환경정책 · 평가연구원)

국토환경의 지속가능한 이용

이동근(서울대학교)

생물다양성
보전 및 관리

01
배경 및 개요

생물다양성(biological diversity 또는 biodiversity)은 생물의 종간(種間, species)의 다양성, 유전자(遺傳子, genes)의 다양성, 생태계(生態係, ecosystems)의 다양성을 포괄하고 있다. '생물다양성'의 개념이 등장한 것은 1960년대 후반이다. 1968년 다스만(Dasmann)은 '자연의 다양성(nature diversity)'이란 용어를 사용하였으며(Dasmann, R. F., 1968), 1980년대 러브조이(Lovejoy)는 biological diversity 개념과 용어를 과학자 그룹에 소개하고 확산시켰다. 1985년 로젠(Rosen)은 미국 National Research Council 의 National Forum on Biological Diversity에서, biological diversity 를 합성한 biodiversity를 선택하여 사용하였다. 1988년 윌슨(Wilson)이 'biodiversity'를 학술 서적에 사용하기 시작하였다(Wilson, E. O., 1988).

지구상의 생물다양성은 우리에게 무한한 물질적 및 정신적 자원의 보고 (寶庫)이며, 인류에게 다양한 생태계서비스를 제공하고 있다(Piementel et al., 1997; Costanza, 1997; Worldwatch Institute, 1999). 예를 들면, 첫째, 인류는 생물다양성으로부터 식량, 약품, 산업생산물 등, 인간의 생계, 건강, 번영을 위한 모든 것을 이끌어내고 있다. 인간의 생존에 필요한 작물을 재배하는 토양, 인간의 생명연장과 건강증진에 이용되는 대부분의 의약품, 작물 및 병해충의 방제에 이용되는 저항성 품종의 개발과 각종 천적, 목재 생산, 토양, 물, 대기를 정화하는 기능, 생태 관광 등 다양한 이익이 생물다양성으로부터 나오고 있다. 세계에서 소비되고 있는 식량의 약 60%는 벼, 밀, 옥수수이며, 그 외에 2만여 종의 다른 식물종이 인간의 식량으로 이용되고 있다. 일부 동식물은 인간에게 필요한 의약품 등을 제공하고 있거나 다른 용도로 이용되고 있다. 현재 개도국 인구의 80%를 돌봐주는 의약품을 동식물에서 추출하고 있다. 미국의 경우도 조제되는 약의 25%가 식물로부터 추출된 성분을 포함하고 있다. 현재 3,000여 종의 항생제가 미생물에서 얻어지고 있으며, 동양 전통 의약품의 경우에도 5,100여 종의 동·식물을 사용하고 있는 등 생물다양성으로부터 인류가 얻는 이익이 막대하다. 둘째, 생물다양성은 생태계 물질순환자로 자연환경의 평형을 유지케 하고 있다. 생물다양성은 생태계의 건강과 통합성(integrity)을 유지하고 유독성분을 흡수하며 민물의 공급조절, 영양염류의 순환, 화학오염물질 및 유기성 폐기물의 분해 및 정화 기능 및 기상조절의 작용을 하고 있다. 셋째, 생물다양성은 인류문화의 형성과 발달에 필요한 사회적, 심미적, 정신적 자유가치(liberty value)를 제공하고 있다. 생물다양성은 인간이 느끼는 생물의 아름다움과 신기함 및 기쁨의 근원이 된다. 생물다양성은 우리의 미적·정서적 정서를 고양하여 인류 생활의 건강과 복지를 증진시키는 주요 요소이다(EC, 2010; MEA, 2005).

한편, 지구에는 새로운 생물이 나타나고 사라지고 있다. 새로운 생물이 끊임없이 나타나고 멸종되면서 생태계의 평형을 이루고 있다. 그러나 20세기 후반 최근에는 대규모 벌채와 개발행위, 도시화, 그리고 환경오염으로 인한 자연생태계의 파괴, 야생 생물의 과도한 수렵 및 남획, 농약의 남용 등으로 인하여 생물의 멸종, 생물다양성의 훼손이 더욱 빨라지고 있다.

우리나라에 생물다양성이 주요한 환경 이슈와 정책으로 떠오르기 시작한 것은 1990년대 초반 생물다양성협약이 국제사회에서 본격적으로 논의되고 1993년 12월 생물다양성협약(CBD: Convention on Biological Diversity) 이 발효되면서부터이다. 생물다양성협약에서 생물자원의 보전, 지속가능한 생물자원의 이용, 유전자원의 접근 및 이익의 공유, 생물자원 정보교환체계 의 구축, 생물다양성 관련 기술의 접근 및 지원, 유전자원의 지적소유권 행 사 및 제한, 생명공학의 안전성 확보 등이 현안 이슈로 다뤄지면서 우리나라 의 정책에 생물다양성 보전 및 지속가능한 이용이 1990년 중반 이후 나타나 기 시작하고 있다(박용하 외, 2014).

우리나라에 생물다양성 정책의 주요 내용은 생물다양성의 조사 · 연구 · 모 니터링, 생물다양성의 보전 수단과 방법 등이다. 생물다양성을 보전하는 방 법으로 현지 내 · 외 생물종 보전, 생태계 보전지역의 확대, 야생 동 · 식물의 보호, 환경영향평가 등이다. '생물다양성'이란 용어가 우리에게 소개되고 정 책에 반영되기 시작한 것은 1990년 이후이나 우리나라에서는 자연환경 또는 생물자원보전 등의 명목으로 다양한 정책이 진행되었다(박용하 외, 2001).

이번 장에서는 그동안 우리나라에서 이행되고 있는 생물다양성 정책을 검 토하고 그동안의 정책의 빛과 그림자를 떠올려보고, 앞으로의 생물다양성 보전 정책의 발전 방향을 짚어보고자 하였다. 나아가 우리가 생각하고 있는 생물다양성 정책의 패러다임 전환이 필요하다면, 어떠한 방향에서 새로운 정책의 목적을 두어야 할 것인지를 제시하고자 하였다.

02
생물다양성 보전 정책의 빛과 그림자

가. 생물다양성 보전 정책의 흐름

우리나라에서 생물다양성 보전 정책의 시작은 산림관리로부터 시작하고 있다. 고려 및 조선시대에는 산림의 화전(火田)을 통제하였으며, 일제 강점기를 거쳐 정부 수립 기에도 지속되었다. 당시의 산림관리는 생물다양성, 생태계의 보전이라는 것보다는 연료림의 조성과 치산치수(治山治水)의 개념으로 관리했다는 것이 타당하다. 1970~1980년대의 치산 녹화사업은 일제 강점기의 산림자원과 조달과 한국전쟁으로 황폐해진 산림과 국토를 푸르게 변화시키는 성과를 이루었다.

산림 녹화사업과 더불어 생물자원 관리에 관련되는 국가의 정책은 1960년대부터 나타나고 있다. 1960년대는 경제개발계획이 시작되면서 도로, 건물, 댐 등의 사회간접시설이 크게 늘어났으며, 이로 인해 자연환경의 변화와 훼손이 초래된 시기이다. 1961년 「산림법」에서는 보안림을 최초로 지정하여 이 지역의 생물자원 훼손을 방지하였다. 일제강점기에 시행된 「수렵관련법(수렵규칙 1911.4.12., 영제 46호)」을 기초로 1967년 「조수보호 및 수렵에 관한 법률」이 제정되었다. 이 법에서는 특정한 야생 조수의 보호·번식을 위해 필요한 때에서는 수렵조수의 종류, 그 포획물의 수량, 구역, 기간, 엽구 및 방법을 정하여 포획을 금하거나 제한하고 있다. 조수보호구역, 금렵구역 등을 정하여 일정의 야생 조수를 보호하고 있다. 1962년 1월 10일에는 문화재보호법을 제정하여 한국 특유의 동물, 그 서식지 등을 천연기념물로 지정하여 보호하기 시작하였다. 1967년에는 공원법이 제정되면서 지리산이 우리나라 최초의 국립공원으로 등재되었다(김광임 외, 1996; 한국환경정책·평가연구원, 2013).

표 1-1 · 1960년대 우리나라 자연환경보전지역 지정 및 내용

관련 법	지정내용
• 산림법(1961) • 문화재보호법(1962) • 조수보호 및 수렵에 관한 법률(1967) • 공원법(1967)	• 보안림 최초지정(1962) • 천연보호구역 최초지정(1965) · 홍도, 설악산 • 국립공원 최초지정(1967)-지리산 • 도립공원 최초지정(1970)-금오산

1970년대는 개발중심의 국토개발이 이루어진 시기이다. 이 시대에는 개발에 따른 과도한 환경훼손을 방지하고 국토의 효율적인 이용차원에서 계획적 개발과 자연환경을 보호하기 위한 제도적 장치가 마련되기 시작하였다. 국토 전체적인 측면에서 보전지역의 지정과 도시지역의 난개발 방지와 도시환경을 보호하기 위하여 국토이용관리법에 따른 자연환경보전지역의 지정, 1971년 도시계획법에 의한 개발제한구역(Greenbelt)이 지정되었다. 9개의 국립공원과 13개의 도립공원이 지정되어 개발로부터 도시 인근에 야생동식물의 서식처를 확보할 수 있게 되었다. 또한, 1973년에는 강원도 인제군의 대암산·대우산 지역과 향로봉·건봉산 지역을 천연보호지역으로 추가로 지정되었다. 1977년 12월에는 「공해방지법」을 대체하는 「환경보전법」이 제정되었다. 「환경보전법」에서 새로이 규정하는 내용에는 특별대책 지역의 지정, 환경조사, 환경영향평가의 시행, 생태계 보전 등에 관한 것이다. 1979년 12월에는 환경청이 신설되었다. 이러한 1970년 일련의 보호지역 지정 등에 의해 야생 동식물의 서식처를 확보할 수 있었으나, 생물다양성 보전과 관련한 특별한 진전은 볼 수 없다.

1980년대는 도시 및 해안 간척 사업 등 도로, 건물, 댐 등의 사회기반시설이 가장 확장된 시기이다. 또한 수도권의 인구 및 공업 단지의 분산 정책으로 인해 우리나라 전국이 개발된 시기이다. 이로 인해 육상 및 수상생

태계의 훼손이 전국적으로 진행되었다. 또한 정부 주도하에 외국에서 도입한 외래종과 비의도적으로 국내 도입된 침입외래종에 의한 토착종의 생태계가 위협받기 시작하고 있다. 1957년 일본에서 식용 목적으로 도입한 황소개구리(Rana catesbeiana), 1960년대와 1970년 도입한 블루길(Lepomis macrochirus), 떡붕어(Carassius cuvieri Temminck et Schlegel), 큰입배스(Micropterus salmoides), 작은입배스(Micropterus dolomieui), 산림에 해를 끼치고 있는 솔잎혹파리(Thecodiplosis piniresinosae), 흰불나방(Hyphantria cunea) 등 다수의 침입외래종에 의한 생태계 위협이 보고되기 시작하였다(박용하 외, 1998). 또한 토양 및 수질오염 등의 문제와 더불어 이를 다루고 있는 학술계의 여러 논문이 발표되기 시작하였다. 이는 수질오염방지, 하수 및 폐기물처리시설 등의 확충으로 이어졌으나, 생태계 보전 및 관리에 관한 정책이 나타나지 않았다.

1981년에는 강천산이 최초의 군립공원으로 지정되었다. 1982년 설악산이 생물권보전지역으로 지정되었다. 1989년에는 낙동강하구, 지리산, 대암산이 최초의 생태계보전지역 지정되었다(박용하 외, 2007; 한국환경정책·평가연구원, 2013).

표 1-2 • 1970년대 우리나라 자연환경보전지역 지정 및 내용

관련 법	지정내용
• 도시계획법(1971) • 국토이용관리법(1972) • 환경보전법(1977) • 자연공원법(1980)	• 개발제한구역 지정(1971) • 자연환경보전지역 지정(1977) 　· 해양포함 2,302km2 • 자연보호헌장 선포(1978)

1990년대에는 국가의 자연환경보전 정책에서 적극적인 생물다양성 보전 정책이 비로소 보이기 시작하였다. 1991년 제정된 「자연환경보전법」에는 자

연생태계 우수지역 및 녹지자연도 정밀조사결과 자연경관이 수려하거나 생태계 보전이 필요한 지역을 자연생태계보전지역으로 지정하고 인위적인 훼손으로부터 자연생태계를 보호하고 있다. 자연생태계보전지역은 특성에 따라 녹지보전지역, 자연생태계보호지역, 특정야생동식물보호지역, 해양생태계보호지역으로 구분하고 있다. 「독도 등 도서지역의 생태계보전에 관한 특별법」과 「습지보전법」 등에서는 보호구역을 지정하여 관리·운영하고 있다 (박용하 외, 2006b).

이 시기에는 국제적인 우리나라의 활동이 증가하고 우리나라가 가입한 생물다양성협약(CBD, 1994년 가입), 멸종위기에 처한 야생 동·식물의 국제적 거래에 관한 협약(CITES: Convention on International Trade in Endangered Species of Wild Fauna and Flora, 1993년 가입), 물새서식지로 국제적으로 중요한 습지에 관한 협약(Conservation on Wetlands of International Importance Especially as Waterfowl Habitat, 일명 람사르협약, 1997년 가입) 등에 가입하고 동참하고 있다. 국내 생태계에 나쁜 영향을 초래한 위해 침입외래종에 대해서는 자연생태계 위해 동식물로 지정하여 국내 수입을 엄격히 통제하고 있다. CITES에서 지정하고 있는 국제적으로 보호대상 야생 동식물을 지정하고 이들의 수출입을 통제하고 있다(박용하 외, 2001).

표 1-3 · 1990년대 우리나라 자연환경보전지역 지정 및 내용

관련 법	지정내용
· 자연환경보전법(1991) · 독도등 도서지역의 생태계보전에 관한 특별법(1997) · 습지보전법(1999)	· 생물권보전지역 재조정(점봉산포함)(1993) · 독도 생태계보전지역 지정(1997) · 람사르 습지 지정(1998) · 습지보호지역 최초지정(1999) 　· 낙동강하구, 대암산늪, 우포늪, 무제치늪

2000년대 이후 우리나라의 주요 생물다양성 이슈는 생물자원의 보전과 지속가능한 이용에 관한 국가의 거버넌스와 인프라 구축, 야생생물의 보호 및 관리에 초점을 두고 있다. 1992년 발효한 생물다양성협약을 기조로 하고 있는 카르테헤나의정서(The Cartagena Protocol on Biosafety)가 2001년 1월 29일 채택되었다. 이 의정서에는 국가 간의 정책적인 개념을 초월하여 위해성이 나타날 수 있는 유전자변형생물체(LMO: Living Modified Organisms)의 안전성을 국제적으로 확보하기 위한 수단과 방법이 포함되어 있다(박용하, 1998). 우리나라는 2007년 10월 3일 동 의정서에 가입하였으며, 의정서의 이행 및 바이오 안전성 확보를 위한 '유전자변형생물체의 국가 간 이동 등에 관한 법률(2001)이 이행되고 있다(박용하 외, 2006a).

생물다양성협약은 생물/유전자원이 '인류공동의 재산'에서 국가에 귀속되는 생물/유전자원에 대한 인류 인식의 새로운 패러다임에 기인한 것이다. 우리나라에서도 생물주권의 확보를 위한 생물자원의 현황 파악 및 수집, 위해 요인으로부터의 생물다양성의 보전 및 모니터링 및 국외 유출 방지 등에 대한 노력이 이루어졌다. 2017년 8월, 우리나라는 제10차 생물다양성협약 당사국 총회(2011년 10월)에서 채택된 '유전자원의 접근 및 유전자원의 이용으로부터 발생하는 이익의 공정하고 공평한 공유에 관한 나고야의정서(The Nagoya Protocol on Access to Genetic Resources and the Fair and Equitable Sharing of Benefits Arising from their Utilization to the Convention on Biological Diversity)'의 가입국이 되었다. 이후 우리나라는 나고야의정서를 이행하기 위한 유전자원의 접근 · 이용 및 이익 공유에 관한 법률(2017)을 제정하였다.

2005년 생물자원보전 종합대책과 야생 동식물 보호 기본계획을 수립하여 생물자원의 보전 및 보호정책을 추진하고 있다. 2006년에는 멸종위기야생 동식물 증식복원 종합계획, 2011년에는 이에 대한 수정계획을 수립한 바 있다. 생물자원의 보전·관리를 제고하기 위한 '생물자원 보전·관리 및 이용 마스터 플랜(2011~2020년)'이 2010년 수립되었으며, 2012년에는 국가 차원의 생물다양성 통합관리를 위한 「생물다양성 보전 및 이용에 관한 법률」이 제정되었다. 이 법은 생물다양성 관련 다수의 법률에 대한 전반적인 체계 조율 및 생물다양성협약에 대한 국가의무를 이행하기 위한 우리나라의 기본법이다.

환경부를 포함한 관계부처는 합동으로 2014년 3월에는 '제3차 국가생물다양성전략(2014~2018년)'을 수립한 바 있다. 이는 2012년 제정한 「생물다양성 보전 및 이용에 관한 법률」에 근거하고 있다. '국가생물다양성전략'을 이행하기 위한 시행계획이 이후 매년 수립·이행되고 있다. '국가생물다양성전략'에서 제시하고 있는 우리나라의 생물다양성 장기비전은 '생물다양성을 풍부하게 보전하여 지속가능하게 이용할 수 있는 대한민국 구현'이다. 2020년의 중기목표는 '생물다양성 보전과 생태가치 제고를 통해 창조 경제 견인'으로 설정하고 있다. 이를 달성하기 위한 5개 전략은 ①생물다양성의 주류화, ②생물다양성의 보전 강화, ③생물다양성 위협 요인 저감, ④생태계서비스의 지속가능한 이용, ⑤생물다양성 연구 및 관리 체계 구축, ⑥생물다양성 국제협력 강화이다. 각 전략에는 2~4개의 실천목표를 두고 국가생물다양성전략 시행계획을 포함하고 있다(관계부처 합동, 2017.[1] 표 1-4 참고).

---

1) 관계부처 합동(미래창조과학부·문화체육관광부·농림축산식품부·산업통상자원부·보건복지부·환경부·국토교통부·해양수산부·식품의약품안전처·문화재청·산림청·농촌진흥청), 2017년 4월. 2017년도 국가생물다양성전략 시행계획을 말함.

표 1-4 · 제3차 국가생물다양성전략 및 실천 목표

	전략	목표
1	생물다양성의 주류화	1. 생물다양성 정책의 추진기반 강화
		2. 국민의 인식제고와 참여 활성화
		3. 생물다양성에 유익한 재정 확대
2	생물다양성의 현지 내·외 보전 강화	4. 야생생물 보호·관리 강화
		5. 멸종위기종 등 주요생물과 서식지 보호
		6. 보호지역 확대 및 효과적 관리
		7. 유전다양성 연구 및 보전
3	생물다양성 위협요인의 감소	8. 외래생물과 유전자변형생물체에 대한 생물안보 확보
		9. 기후변화에 적응하는 생물다양성 보전체계 구축
		10. 개발로 인한 생물다양성 영향 저감과 생태 복원
4	생태계서비스의 지속가능한 이용	11. 농림·수산·산림 생물다양성의 증대
		12. 생물자원 전통지식의 보호 및 활용
		13. 생태계 서비스 가치 확대
5	생물다양성 연구 및 관리체계 구축	14. 생물다양성조사, 평가 및 모니터링
		15. 생물다양성의 과학적 관리 능력 제고
		16. 유전자원에 대한 접근과 이익 공유 체제 구축
6	생물다양성보전 국제협력 강화	17. 한반도 생물다양성 보호를 위한 남북협력 추진
		18. 생물다양성 국제협력의 활성화

　이와 함께 생물다양성 관련되어 환경부를 비롯한 해양수산부, 농림식품부, 산림청 등 여러 부처가 생물다양성의 대상별과 목적별로 다양한 계획을 수립·시행하고 있다. 2017년 현재 생물다양성 보전 및 이용은 환경부, 농림식품부, 산림청, 해양수산부, 문화재청, 미래부, 국토부, 보건복지부, 산업통상자원부 소관의 여러 법률에서 다뤄지고 있다. 각 부처의 생물다양성 관련 법률을 이행하기 위한 국가 계획이 수립되고 이행되고 있다.

표 1-5 • 2017년 생물다양성 관련 우리나라의 법률

소관부처(법률수)	법률명
환경부(11)	- 자연공원법(1980) - 환경정책기본법(1990) - 자연환경보전법(1991) - 독도 등 도서지역의 생태계 보전에 관한 특별법(1997) - 습지보전법(1999, 해수부 공동) - 백두대간 보호에 관한 법률(2003, 산림청 공동) - 야생생물 보호 및 관리에 관한 법률(2004) - 생물다양성 보전 및 이용에 관한 법률(2012) - 물환경보전법[2017 ← 수질 및 수생태계 보전에 관한 법률(2007) ← 수질환경보전법(1990)] - 동물원 및 수족관의 관리에 관한 법률(2016, 해수부 공동) - 유전자원의 접근 · 이용 및 이익 공유에 관한 법률(2017)
농림식품부(3)	- 농업 · 농촌 및 식품산업 기본법(2007), - 농수산생명자원의 보호 · 관리 및 이용에 관한 법률[2011,해수부 공동 ← 농업유전자원의 보존 · 관리 및 이용에 관한 법률(2007)], - 친환경농어업 육성 및 유기식물 등의 관리 · 지원에 관한 법률 [2012, 해수부 공동 ← 친환경농업육성법(1997)]
산림청(4)	- 수목원 · 정원 조성 및 진흥에 관한 법률[2015 ← 수목원 조성 및 진흥에 관한 법률(2001)] - 산지관리법(2002) - 산림자원의 조성 및 관리에 관한 법률(2005) - 산림보호법(2009)
해양수산부(2)	- 해양생태계의 보전 및 관리에 관한 법률(2006) - 수산자원관리법(2009)
문화재청(1)	- 문화재보호법(1962)
미래부(2)	- 생명연구자원의 확보 · 관리 및 활용에 관한 법률(2009) - 생명공학 육성법[1995 ← 유전공학육성법(1983)]
국토부(1)	- 국토기본법(2002)
보건복지부(1)	- 병원체자원 수집 · 관리 및 활용의 촉진에 관한 법률(2016)
산업통상자원부(1)	- 유전자변형생물체의 국가 간 이동 등에 관한 법률(2001)

표 1-6 • 생물다양성 관련 국가계획의 주관 부처 및 내용

주관부처	법정계획명	계획 기간	현행
부처합동	국가생물다양성전략	5년	3차 '14~'18
	생명연구자원 관리 기본계획	10년	1차 '11~'20
	LMO 안전관리계획	5년	2차 '13~'17
	백두대간보호 기본계획	10년	2차 '16~'25
환경부	자연환경보전 기본계획	10년	3차 '16~'25
	야생생물보호 기본계획	5년	'16~'20
	자연공원 기본계획	10년	'13~'22
	외래생물 관리계획	5년	'14~'18
	습지보전 기본계획	5년	'13~'17
해수부	무인도서 종합관리계획	10년	1차 '10~'19
	해양생태계보전관리 기본계획	10년	1차 '08~'17
농식품부	농업생명자원 기본계획	5년	2차 '14~'18
	농어업유전자원보전 · 관리 및 이용 활성화를 위한 기본계획		1차 '09~'18
	수산자원관리 기본계획	5년	2차 '16~'20
산림청	산림생물다양성 기본계획	5년	3차 '18~'22
	산림유전자원보호구역관리 기본계획	5년	1차 '18~'22
	수목원진흥 기본계획	5년	3차 '14~'18

나. 현행 환경부의 생물다양성 보전 정책

1) 생물다양성 관리 인프라 구축

우리나라는 고유종 · 자생생물의 현지 내 · 외, 표본 등을 보전하고 연구하는 국가 기관을 건립하고 생물다양성을 보전 및 관리할 수 있는 인프라를 구축 하였다. 환경부는 우리나라의 고유종 · 자생생물 표본을 보전하고 전국 자연 환경 조사 및 기증 등을 통해 확보한 생물 표본을 체계적으로 수집 · 관리 ·

연구하기 위한 국립생물자원관을 인천에 2007년 2월 건립하였다. 2015년에는 담수생태계 분야에 특화된 연구와 자생생물에 대한 교육·전시·체험 등 국민의 자연향유 기회를 폭넓게 제공하기 위해 경북 상주에 국립낙동강생물자원관을 개관한 바 있다. 또한, 도서·연안의 생물자원 조사, 호남권 및 다도해 생물자원 확보, 관리 및 연구·교육·체험을 위해 전남 목포에 호남권 생물자원관의 건립을 추진 중이다.

기후변화에 따른 한반도 생태계 변화 예측 및 연구, 생물종 확보·보전, 대국민 환경교육 및 지속가능한 지역발전 도모를 목적으로 충남 서천에 2013년 국립생태원이 출범하였다. 이 기관은 기후 및 환경변화에 따른 국토 생태계의 변화 양상 연구 및 취약 생태계 적응 현상 분석을 통해 생물종 감소 및 생태계 변화에 대한 기초자료로 활용하고 지구환경 변화에 능동적으로 대처하고 적응할 수 있는 환경정책을 마련하고 있다(환경부, 2015, 2016, 2017).

2) 국가 생물자원 관리체계 구축

나고야의정서 발효에 대응하고 생물자원 확보를 위해 국내 자생생물자원 발굴·확보의 확대 및 생물자원 관련 산업계에 대한 지원 정책을 추진하고 있다. 우리나라의 약 10만 종으로 추정되고 있는 생물자원을 2016년 말 기준 4만 7,000여 종을 발굴하여 종목록 관리표준인 한국형 생물종목록 연번(KTSN)을 기반으로 목록화하였다. 이에 대한 정보와 더불어 해외기관에 소장 중인 한반도 생물자원 표본 조사 자료를 국가생물자원 종합관리시스템(www.kbr.go.kr)을 통해 제공하고 있다. 생물자원의 활용을 위한 원천정보 제공서비스로서 2012년 12월 '국가 생물다양성 정보공유체계'를 구축하였으며 생명연구자원, 농생명자원 및 해양생명자원 정보 등 타 부처 생물자원 정보연계를 추진하여 2016년까지 1,100만여 건의 생물자원 정보를 연계하여 서비스하고 있다(환경부, 2016).

국내 생물자원산업을 육성 · 지원하기 위해, 2020년까지 2만 종 이상의 해외 유용생물자원 조사 · 발굴사업을 추진하고, 국립생물자원관을 중심으로 국립낙동강생물자원관, 국립생태원 등을 권역별 생물자원 관리 · 공여기관으로 활용할 계획이다. 나고야의정서에 대한 효과적 대응을 위해 「유전자원의 접근 · 이용 및 이익 공유에 관한 법률」을 제정('17.1.17)하고, 국가 차원에서 관련 국내 제도의 체계적인 정비 및 관련 법률 제정 등 후속대책을 추진하고 있다(환경부, 2017).

한편, 생물자원의 국외반출 관리 강화를 위해 「생물다양성 보전 및 이용에 관한 법률」에 의한 국외반출 승인대상 생물자원 3,079종, 「야생생물 보호 및 관리에 관한 법률」에 멸종위기 야생생물로 지정된 246종, 수출입 허가대상 동물 568종 등 총 3,893종에 대하여 국외반출 및 수출 · 입시 승인 또는 허가를 받도록 하고 있다(환경부, 2017).

3) 멸종위기 야생생물 보호 및 관리

정부는 멸종위기 야생생물 보호 및 관리를 강화하고 있다. 생물자원 전반에 대한 체계적인 보호 · 관리 강화를 위해, 기존 「야생동 · 식물보호법」을 「야생생물 보호 및 관리에 관한 법률」로 개정 · 시행하였다(2012.7). 이 법에는 2005년 「야생동 · 식물보호법」에서 221종의 멸종위기 야생생물이 지정된 이후 그간의 자연환경 변화 등을 감안하여 2010년도부터 멸종위기 야생생물 목록 변경사업을 추진, 2012년 5월 246종의 멸종위기 야생생물 목록을 새로이 지정하였다. 생물의 적용범위를 기존 야생 동식물 외에 균류(버섯 등), 지의류, 박테리아 등 미생물 분류군까지 확대하고 있다. 불법 야생생물의 포획 · 채취 등에 대한 법적 제제, 멸종 위기 야생생물의 대상 및 관리 등이 포함되어 있다. 멸종위기 야생생물의 서식지 내 보전이 어렵거나 위협을 받는 경우 증식과 복원을 위해 '서식지 외 보전기관'을 지정·지원하고 있다. 2000년 서울대공원과 제주 한라수목원을 시작으로 홀로세생태보존연구소, 천리포수목원, 한국도로공사수목원 등 2016년 말 현재 전국에 총 25개소의 서식지외보전기관이 지정되어 있다(환경부, 2017).

4) 외래생물 관리 강화

1998년부터 외국으로부터 유입되어 생태계의 균형에 교란을 가져오거나 가져올 우려가 있는 외래생물을 생태계교란 생물로 지정하여 관리하고 있다. 황소개구리, 큰입배스, 가시박 등 총 18종의 동물, 양서·파충류, 어류, 식물이 「생물다양성 보전 및 이용에 관한 법률」에 따른 생태계교란 생물로 지정되어 있다. 생태계교란 생물은 수입·반입·사육·재배·방사·이식·양도·양수·보관·운반 또는 유통이 금지되며, 학술 연구용 목적이나 교육·전시·식용 등의 목적으로 환경부 장관의 허가를 받은 경우에 한해 수입 등의 행위가 가능하다. 유역(지방)환경청과 지자체, 민간단체에서는 지역별 특성에 따라 생태계교란 생물의 퇴치 사업을 수행하고 있다(환경부, 2017).

환경부는 2014년에는 제1차 외래생물 관리계획(2014~2018년)을 수립하여 외래생물의 종합적 관리를 강화하고 있다. 아직 국내에 유입되지는 않았으나, 유입될 경우 위해가 우려되는 24종의 생물을 '위해우려종'으로 지정·고시하였으며 2015년 8월 위해우려종 24종을 추가 지정하여 이를 수입·반입할 시에는 위해성심사를 실시할 계획으로 외래생물 유입에 따른 국내 생물다양성 위협 요인을 사전에 차단하고 있다(환경부, 2017).

5) 야생동물 구조·치료 및 질병 관리

2004년부터 전국 시·도에 야생동물구조센터를 설치·운영하고 있으며, 2011년에는 국립공원 종복원 기술원에 야생동물의료센터를 설치하여 국립공원 안에서의 야생동물 구조·치료사업을 함께 수행하고 있다. 현행 총 12개의 야생동물구조센터에서는 연간 9,000여 마리 이상의 야생 동물을 구조하여 치료하고 있으며, 회복된 개체는 재활훈련을 거쳐 자연에 방사하고 있다. 2017년까지 전국 14개 지자체에 야생동물구조센터 구축을 목표로 건립을 지속적으로 추진하고 있다.

2012년 5월 야생동물 질병관리 중장기계획('12～'20년)을 수립하였으며, 「야생생물 보호 및 관리에 관한 법률」 및 그 하위법령을 개정('15.3 시행)하여, 죽거나 병든 야생동물의 신고, 야생동물 질병 진단, 질병 발생 현황 공개, 역학조사 및 살처분 등 야생동물 질병관리에 필요한 제도적 기반을 마련하였다. 나아가 야생동물 질병 연구 전문기관인 국립야생동물보건연구원 건립을 추진하고 있다(환경부, 2015, 2016, 2017).

6) 야생동물 밀렵·밀거래 방지

환경부는 밀렵 근절을 위하여 밀렵방지대책본부 설치하고 민간 밀렵감시단을 조직화 하는 한편, 유역(지방)환경청과 시·도에 밀렵감시반을 편성하여 강도 높은 야생동물 밀렵단속을 실시하고 있다. 최근 전국적으로 성행하던 밀렵·밀거래가 지속적으로 줄어드는 추세이나, 앞으로도 국민홍보와 밀렵단속을 병행하여 추진함으로써 체계적인 야생동물 보호가 이루어지도록 해나갈 계획도 가지고 있다(환경부, 2017).

7) 국제협력

우리나라는 1994년 10월 생물다양성 보전 및 생물다양성 구성요소의 지속가능한 이용, 유전자원 접근 및 이익공유 등 3대 목적을 위해 탄생한 생물다양성협약(CBD)에 가입하여 생물다양성 보전을 위한 국제적 보전 노력에 동참하고 있다. '제12차 생물다양성협약 당사국총회(CBD COP12)'를 강원도 평창에 유치하였으며, 아이치 목표 달성을 위해 국제사회의 노력을 촉진하기 위한 '2011~2020 생물다양성 전략계획의 이행 증진과 아이치 생물다양성 목표의 달성을 위한 평창로드맵' 채택에 기여한 바가 크다. 또한, 우리나라는 멸종위기 야생동식물의 보호를 위한 국제협약인 CITES(Convention on International Trade in Endangered Species of Wild Fauna and Flora)에 1993년 7월 가입하여 야생 동식물 보호를 위한 국제적인 활동에 적극 동참하고 있다(환경부, 2017).

다. 생물다양성 보전 정책의 평가

우리나라의 생물다양성 보전 정책은 현재 인류가 추구하는 비전을 이행하기 위한 합리적인 개념과 방향으로 접근하고 있다. 국제적인 생물다양성의 보전 전략[2]은 우리나라에서 2013년 수립한 '제3차 국가생물다양성전략(2014~2018)'에도 반영되어 있으며, 환경부의 생물다양성을 보전하기 위한 기본 정책으로 이행되고 있는 등, 우리나라의 생물다양성 보전 정책의 비전, 방향, 전략, 계획의 기본 틀과 내용은 잘 짜여 있다. 문제는 생물다양성 보전 정책의 개념과 전략이 아니라, 이들 전략을 생물다양성 보전과 지속가능한 이용 현장에 적용하는 구체적인 기준, 이행수단, 방법 등이 모호/미흡함에 따른 계획의 이행 타당성에 있다. 생물다양성협약의 생태계접근원칙(Principles of Ecosystem Approach, CBD 5th COP Decision V/6 Part B[3])을 고려한 정책 이행 여부의 타당성을 고려할 때, 우리나라 생물다양성

---

2) 생물다양성협약의 'Strategic Plan for Biodiversity 2011-2020'은 2011-2020년을 대상 기간으로 하고 있다. 이 전략계획에서 담고 있는 5가지 전략은 ①생물다양성 주류화 생태계에 대한 압력 저감, ②지속 가능한 이용, ③보호를 통한 생물다양성 증진, ④생물다양성 이익 강화 계획, ⑤지식 관리 및 역량 계발을 통한 이행 강화이다. 이 내용은 UN의 지속가능한 발전 목적(SDG: Sustainable Development Goals)에 반영되어 2015년 이후 2030년을 목표로 하고 있다.
3) 생물다양성 보전 및 지속가능한 이용 정책의 평가에 고려한 생태계 접근 원칙 및 평가 내용은 다음과 같다.

보전 정책의 미흡한 부문을 다음과 같이 제기할 수 있다.

1) 생물다양성의 보전 정책의 이행 역량 미흡

우리나라는 한반도 3대 핵심 생태축 보전대책을 수립하고 시행하여 왔으나, 과밀한 국토이용과 급속한 도시화 과정에서 녹지 및 갯벌이 감소(지난 20년 간 산림 2.1%, 농지 15.9%, 갯벌 20.4% 감소)하였다. 생물다양성의 보전 및 지속가능한 이용 정책은 여러 부처에 걸쳐 국토관리, 생태계보전지역의 관리, 도시 및 산림, 농경지 생태계의 관리 등과 직·간접적으로 생물다양성의 보전과 연계되어 있으나, 침입외래종에 의한 생태계 훼손이 빈번하고, 멸종위기종의 수는 점차 증가하고 있다. 밀렵 및 불법 포획과 채취로 인한 생물다양성을 위협하는 요인이 상존하고 있다(관계부처합동, 2017).[4]

생물다양성에 영향을 미치는 생태계 과정과 기능은 복합적이면서 불확실

---

①생물다양성의 보전과 지속가능한 이용은 사회적 선택이다. 현행 생물다양성 정책이 지역민들을 포함한 이해당사자들에게 적절한 혜택을 제공하고 있는가? ②생물다양성의 보전 및 지속가능한 이용 정책의 이행에는 가장 낮은 단계의 관리자들도 참여할 수 있도록 분권화(decentralized)되어 지역차원에서 이루어지고 있는가? ③한 지역 생태계의 생물다양성 보전 및 지속가능한 이용 방안에는 이로 인해 발생하는 영향, 다른 지역 생태계의 생물다양성에 미치는 영향 등을 최대한 고려하고 있는가? ④생물다양성 관리로부터 얻는 이익은 경제적 관점에서 이해되어야 하며 그러한 생물다양성 관리는 (i) 생물다양성에 악영향을 끼치는 시장 왜곡을 줄이고, (ii) 생물다양성 보전과 지속가능한 이용을 지지할 수 있는 유인책을 제공하고, (iii) 생물다양성의 이용비용 및 편익을 공정하고 공평하게 분배하고 있는가? ⑤생물다양성 보전을 위한 생태계의 구조와 기능에 대한 이해를 기반으로 하여 생태계 접근(ecosystem approach)이 우선적으로 이루어지고 있는가? ⑥생태계는 자연적 생산력, 생태계 구조, 기능 및 다양성 등을 유지하는 본래의 그 기능적 한계가 유지되어야 한다. 즉 그 환경용량 범위 내에서 이용되어야 한다. 이러한 차원에서 생물다양성이 관리되고 있는가? ⑦생태적 접근은 적절한 지역에서, 제한된 시간 내에 수행되어야 한다. 이러한 차원에서 생물다양성이 관리되고 있는가? ⑧위와 같은 사항을 고려하여 생물다양성 보전 및 지속가능한 이용 목표가 장기적 관점에서 수립되어 있는가? ⑨생물다양성 보전 및 지속가능한 계획은 생태계/생물다양성은 늘 변화하고 있다는 것을 염두에 두고 수립되었는가? ⑩생물다양성의 보전과 이용 정책이 생태계 접근방법과 적절한 균형 혹은 통합적으로 고려되어 있는가? ⑪생물다양성의 보전과 이용 정책에 과학적·전통적 지식과 혁신적인 지식 및 방법들이 모두 고려되고 있는가? ⑫생물다양성의 보전과 이용 정책에 관련 사회구성원 및 과학자들의 의견이 고려되어 있는가?(CBD, 2000).

4) 한국의 환경성과 지수(EPI: Environmental Performance Index)에서 생물다양성 관련 지수의 평가결과는 하위에 머물고 있다. 2016년 우리나라의 EPI는 180개국 중에서 80위이며 생물다양성 관련 지수는 108위이다(관계부처합동, 2017).

하며 가변성이 크다. 따라서 생물다양성/생태계 관리 프로그램은 관련 요인 (요소)들의 모니터링 방법 및 실행 과정에 기초해야 한다. 생물다양성/생태 계 관리 이행 프로그램은 관련 요인(요소)들의 확실성보다는 불확실성을 고 려하여 만들어져야 한다. 생물다양성/생태계 보전과 이용에 영향을 미치는 사회적, 문화적 다양성의 요소들을 반영할 수 있어야 한다. 이와 마찬가지로 정책 결정 과정과 이행에 있어서도 유연성(flexibility)이 요구되며, 생물다 양성/생태계관리는 그 결과나 과정에서의 경험을 반영할 수 있도록 장기적 인 관점에서 이행되어야 한다. 행동과정을 통해 학습해 나감(learning-by-doing)은 생물다양성 관리 결과를 모니터링하고 처음의 목표가 얼마만큼 성 취되는지를 판단하고 다음 정책에 반영할 수 있어야 한다. 정부는 이러한 생 물다양성/생태계 감시(monitoring) 역량 강화에 노력해야 한다.

현재 우리나라에서 생물다양성 보전 정책은 생물다양성에 대한 국가의 비 전과 중장기 정책을 목표를 두고 단계적으로 정책 이행을 평가하며 차기 단 계에 반영하고 있다. 시대적으로 생물다양성의 보전 및 지속가능한 정책에 관한 중요성이 강조되어 입법과 관련 제도가 발전되어 왔으며, 정책을 이행 하는 능력도 제고되었다. 그러나 생물다양성 보전과 지속가능한 국가의 정 책이 우리나라의 생물다양성/생태계 과정의 불확실성과 영향을 이해하고 효 과적인 정책을 집행하고 있다고 볼 수 없다. 최근 국가생물다양성전략 시행 계획에서도 생태계서비스의 평가를 통해 생물다양성 가치의 중요성을 높이 고, 이를 통해 생물다양성을 정부 정책에서 우선순위를 높이려 하고 있다. 그럼에도 불구하고, 정부 정책의 이행 예산과 우선순위에는 높지 않다. 이로 인해 개발보다는 생물다양성 보전 정책을 이행하는 것이 어려울 수밖에 없다.

2) 생물다양성 기능 및 구조 평가 미흡

생물다양성의 변화는 근본적으로 급격한 인구 팽창, 생물자원의 오남용 및 서식처 훼손, 침입외래종, 환경오염, 기후변화 등에 원인이 있다. 다양한 지구환경의 구성요소가 상호 작용하여 생물다양성의 기능과 구조에 심각한 영향을 미치고 있다. 또한, 생태계 기능 및 구조와 생태계 내 생물다양성의 역할에 대한 정보는 ①생태계 회복성(resilience)과 생물다양성 감소에 따른 영향(특히 종, 유전적 단계에서의) 및 서식지 분열, ②생물다양성 감소의 근본적 원인, ③관리방안 결정에 있어서 지역생물다양성의 역할 등을 이해하는 데 필수적이다. 이에 따라 지구환경의 변화가 생물다양성 변화에 가져올 제반현상을 연구하고 이에 대한 대책을 강구하는 노력이 세계적으로 활발히 진행되고 있다. 미국의 경우, 지구환경변화가 생태계·생물다양성에 대한 영향을 연구하는 데 매년 2억 달러 이상의 예산을 할당하고 있으며, 다양한 분야에서 정부의 각 기관이 분담하여 전문연구에 치중하고 있다. 생물다양성 변화에 따른 탄소저장 능력의 변화 추정과 순환도 매우 중요하게 다루고 있다. 그럼에도 불구하고 우리나라의 생물다양성 보전정책에서는 이에 대한 내용이 반영되어 있지 않거나, 반영되어 있더라도 그 내용은 미미한 실정이다. 우리는 생물다양성이 안정적이고 원래의 구조와 기능이 유지될 수 있도록 보전하는 노력을 동시에 기울여야 한다. 앞으로 다가올 급격한 지구환경의 변화에 대비하여 생물다양성의 변화 과정을 예측하고 이에 적합한 생물다양성 보전 및 지속가능한 이용 방안을 강구하여야 한다.

생물다양성의 보전은 유전자나 종(種) 차원의 다양성에 치중하는 미시적인 접근 방법에서 탈피하여야 한다. 유전자와 종 다양성의 터전이 되는 서식지 다양성과 생태계 모든 구성 요소의 다양성을 먼저 확보하는 거시적 접근이 필요하다(박용하, 2016). 이를 바탕으로 유전자나 종의 다양성을 확보, 관리하는 방안이 강구되어야 한다. 생물다양성 보호지역 설정 시에도 생태계의 구조와 기능이 유지될 수 있도록 면적이나 구역 등을 설정하여야 한다. 훼손된 생태계의 복원도 생물다양성의 구조와 기능에 대한 파악을 토대로 복원이 이루어져야 한다.

3) 생물다양성 이익의 공유 미흡

생물다양성의 여러 기능으로부터 얻게 되는 혜택은 인류 환경의 보전(security)과 지속가능성의 근간을 이룬다. 생태계 접근은 이러한 혜택이 유지되거나 저장될 수 있도록 돕는 역할을 한다. 생물다양성 관리에 책임이 있는 이해관계자들이 이러한 혜택을 받을 수 있도록 해야 한다. 이를 위해서는 생태계의 생물다양성을 관리하는 지역사회의 모든 단계에서의 역량 형성, 생태계 재화 및 서비스에 대한 올바른 가치 측정, 생태계 재화 및 서비스의 가치를 떨어뜨리는 왜곡된 유인책 감소, 생물다양성 협약과의 일치 및 필요한 경우 이를 지역별 유인책으로 대신하는 가시적인 방안 등이 마련되어야 한다.

4) 토지 이용의 변화에 따른 생물다양성 대책 미흡

우리나라는 최근 인위적인 영향으로 토지 이용 형태가 급격히 변화하였다. 이에 원래의 토지 이용과는 다른 상태를 보이고 있는 지역이 많다. 그럼에도 불구하고 여전히 경제적 이익이 발생할 수 있는 지역에서는 토지의 타 용도로의 전환 자체에만 관심이 집중되어 있다. 예를 들면, 산림지역을 주택용지 · 공장용지 · 도로 등으로 사용하고 있다. 이러한 전환에 따른 생태계와 생물다양성에 미치는 영향에 대한 고려는 미흡한 실정이다. 또한 최근의 탈농촌화와 농산촌 인구의 고령화에 따른 농 · 임업 종사 인구수의 감소, 이에 따른 휴경지가 증가하고 있음에도 한계농지에 의한 생태계와 생물다양성에 미치는 변화에 대한 대책 마련이 필요하다.

03
생물다양성 보전 정책의 발전 방향

21세기 중반에는 현재 한반도를 포함한 지구상에 존재하는 생물종의 반이 멸
종되거나 또는 멸종위기종이 될 전망이다(Wilson, 1988; UNEP, 2000). 생물다양
성 보전에 대한 국민의 인식이 높아지고 있으며, 우리나라의 생물다양성 보
전 정책은 현재 인류가 추구하는 비전을 이행하기 위한 합리적인 개념과 다
음 다섯 가지 방향에서 접근하고 있다. 첫째, 국내 생물다양성의 현황을 파
악(assessment&inventory)하는 것이다. 둘째, 생물종, 유전자원, 생태계 등
조사된 생물다양성을 지속적으로 감시(monitoring)하는 것이다. 셋째, 서식
처 등이 훼손 및 생태계 위해 요인(예컨대 환경오염, 침입외래종, 유전자변형
생물체, 부적절한 토지 이용 등)으로부터 생태적으로 위협받고 있는 생물(예
컨대 멸종위기종, 보호대상생물종 등)의 서식처를 보전, 보호하기 위하여 보
호지역을 확대하며 이들 생물을 보전(in-situ&ex-situ conservation)하는
것이다. 넷째, 이미 훼손된 서식처를 복원하는 것이다. 다섯째, 생물다양성의
조사 및 모니터링, 생물다양성 훼손(감소) 요인에 대한 감시 및 평가, 위협 ·
민감 생물종 및 서식처 보전, 훼손지 복원 등에 대한 과학 · 기술적인 능력과
적절한 법, 제도적 장치이다. 생장 및 생식에 불리하게 적용하는 기후변화 등
의 자연재해 등이 생물종의 멸종원인으로 포함시킬 수 있다.

  지난 1990년대 후반 이후 그동안 추진해 온 우리나라의 생물다양성 보
전 정책은 정권 변화에 따른 '환경과 경제의 상생', '녹색경제', '창조경제'
등의 여러 모토하에 시대적인 변화가 있었으나, 기본적인 정책의 패러다
임은 생물다양성협약 등 국제적으로 제기되어 온 '생물다양성 보전 및 지
속가능한 이용'이다. 이는 UN 지속가능한 발전 목적(SDG: Sustainable
Development Goals), CBD, 기후변화협약(UNFCCC: United Nations

Framework Convention on Climate Change), 사막화방지협약(UNCCD: United Nations Convention to Combat Desertification) 등의 국제적인 논의에서 제기하고 있는 지구적 차원에서의 생물다양성 보전을 위한 패러다 ·임이기도 하지만 우리나라 생물다양성 보전 정책의 패러다임이기도 하다. 우리는 생물다양성 정책 패러다임의 변화보다는 생물다양성 보전 및 지속가 능한 이용 전략의 구체적인 과학적이고 합리적인 이행수단과 방법을 찾아내 고 정책에 적용시키는 것이 필요하다.

첫째, 국가의 정책에서 생물다양성 주류화(mainstreaming)를 이끌어내기 위한 수단과 방법, 그리고 정책의 이행이다. 생물다양성을 인류 존재의 필수 불가결한 요소로 인식하고 생물안보(biosecurity) 정책을 국가 정책의 주류 로 선택하고 이행하기 위해서는 이해당사자들이 실생활에서 인식하는 생물 다양성에 대한 가치가 제고되어야 하고, 경제·사회적 혜택이 공평하고 합 리적으로 이행당사자들에게 배분될 수 있는 구체적인 수단과 방법이 이행되 어야 한다.

둘째, 생물다양성의 보전 및 지속가능한 이용 정책이 이행되는 가장 낮은 단계의 지역 이행당사자의 의사가 정책에 반영되고 지역당사자가 참여하는 정책이 이루어져야 한다. 지역의 사회적, 문화적 다양성의 요소들을 반영된 생물다양성/생태계 관리 이행프로그램이 만들어지고, 생물다양성/생태계 관 리 과정과 결과에 대한 지역사회의 경험을 반영할 수 있도록 장기적인 관점 에서 이행되어야 한다.

셋째, 역동적으로 변화하고 있는 생태계의 구조와 기능에 대한 이해를 기 반으로 하는 생물다양성 보전 정책이 이루어져야 한다(박용하, 2016). 생태적 접근은 적절한 지역에서, 제한된 시간 내에 수행되어야 하며, 생태계 접근방 법과 적절한 균형 혹은 통합적으로 고려되어 생물다양성이 보전되고 관리되 어야 한다.

국토환경의
지속가능한 이용

01
배경 및 개요

가. 현황

국토 환경의 지속가능한 이용을 위하여 정부는 다양한 정책과 계획을 시행하고 있다. 환경부의 2017년 주요정책 목표는 지속가능한 경제·사회로의 전환, 환경정의 실현, 생명과 미래가치 보호, 국민 참여 거버넌스(governance) 강화로 요약될 수 있다. 그 세부 내용으로는 첫째, 지속가능한 경제·사회로의 전환 목표를 위하여 국가 정책·계획의 지속가능성 제고, 기후변화 대응체계 개편 등이 있으며 둘째, 환경정의 실현을 위하여 취약계층·지역의 환경복지 제고 등이 있다. 셋째, 생명과 미래가치 보호 목표를 위하여 녹조·가뭄 등에 대응하는 물 관리, 깨끗한 공기 질 확보, 자연자원의 체계적 보전·관리 강화가 있다. 마지막으로, 국민 참여 거버넌스 구축을 위하여 참여·정보공개에 기반을 둔 환경정책 추진 등이 있다(환경부, 2017). 그 밖에 최근 국토 환경의 지속가능한 이용을 위한 정책과 계획들을 살펴보면, 2015년 12월 국토환경계획 연동제 도입을 위한 환경정책기본법의 개정을 사례로 들 수 있다. 전략환경영향평가의 경우를 보면, 2015년 11월

전력수급 기본계획 등에 대한 정부합의안이 도출되어 94개의 기존평가대상이 113개로 확대된 바 있다.

국가의 정책 방향으로 국토-환경계획 연동제, 전략환경영향평가 강화 등이 제시되었으나, 환경부와 국토부의 연동제 공동지침(안) 이외에 국토 환경의 지속가능한 이용을 뒷받침하기 위한 구체적 수단은 명확히 제시되지 못한 상태이다. 또한 최근에 중요시되고 있는 도시재생사업에 환경재생을 중시한 지속가능한 이용의 측면에서 논의가 매우 미흡한 실정이다.

정책 목표를 이루기 위한 가장 기초적인 수단이 과학적인 환경 정보의 제공이다. 현재 국가가 장기간에 걸쳐 만들고 있는 국가 환경성평가 지도와 최근에 많이 대두되고 있는 생태계서비스지도의 적극적인 활용이 국토 환경의 지속가능한 이용을 이루기 위한 수단으로서 검토되어야 한다.

나. 미래 새로운 이슈 반영

국토공간은 저성장 및 개발포화 등에 따른 지역개발 수요가 감소·정체가 되어 도시 및 기반시설 노후화가 심화될 전망이다. 도시지역 및 기반시설 노후화에 따른 환경친화적 도시재생에 대한 요구 역시 증가될 것으로 예측되는데, 성장위주 도시정책으로부터 환경친화적 재생으로의 정책 전환 요구는 보다 확대될 것으로 보인다. 반면에 농어촌의 인구는 미래에 보다 과소화될 것이며, 농어촌 공동화에 따른 지역 환경 관리 해결에 대한 문제도 중요시될 것이다. 이 문제에 대한 대책으로 생태 관광 활성화 등을 통하여 인구 및 방문객 유입에 대한 필요성이 부각될 것이며 친환경적이고 지속가능한 농어촌 조성에 대한 필요성이 보다 크게 인식될 것이다.

미래의 기후변화 대응을 위한 국토공간 차원의 대책에 대한 필요성도 광범위하게 제기될 것으로 예상된다. 기후변화 적응을 위한 적응지대의 설정이나 국가온실가스 감축목표를 달성을 위한 효과적인 방법 모색은 시간이 지날수록 그 중요성이 부각될 것이다. 그 밖에 국토의 생태계서비스와 생물 자원에 대한 가치 평가가 필요하게 될 것이며, 북한, 중국을 포함한 국제적 환경협력의 필요성이 증대될 것이다. 국제적 환경협력에 대한 필요성은 생물다양성 보전, 기후변화 등의 환경이슈로부터 시작될 것이다. 구체적인 환경정보와 과학적인 분석방법에 대한 정보 공유와 연구 및 정책적 협력이 중요해질 것이다. 결국, 국가 차원에서의 국제적 환경이슈에 대한 대응체제에 선도적 참여가 필요하게 될 것이며, 이는 국익 확보 및 국격 제고의 관점에서 접근할 필요성이 대두될 것이다.

다양한 고품질 환경서비스 제공에 대한 국민들의 요구가 증가되고 있다. 국민소득 증대와 여가생활 패턴 및 가치관 변화에 따라 자연 체험 등 개인의 다양한 선호를 만족시킬 고품질 환경서비스 수요는 증가하게 될 것이다. 그뿐만 아니라, 개인화된 선호표출이 증가되면서 시민 개개인이 환경정책 수립 과정 단계에 참여하고자 하는 요구도 증가하게 될 것이고, 보다 편리한 환경 정보와 서비스에 대한 요구가 증대될 것이다.

환경문제를 둘러싼 사회적 갈등의 표면화도 보다 빈발할 것으로도 예상된다. 개인생활을 침해하고 불편을 초래하는 환경규제에 대한 국민 순응도는 저하될 것이며, 환경규제가 너무 많아져서 이에 대한 근거를 요구하는 등 규제를 인정하지 못하는 경우가 보다 자주 발생할 것으로 보인다. 결국, 사람들의 다양화된 가치관과 개인의 선호 사항에 대한 표출이 증대됨에 따라 환경갈등이 발생될 가능성은 증가될 것이다.

쌍방향 환경정보 모니터링 체계는 확산될 것이고 시민참여의 기반은 확대될 것이다. 사물 인터넷, 개인 단말기, 크라우드 소싱(crowd sourcing) 등을 활용한 환경 정보의 실시간 측정-수집-분석-공유 등의 일련의 과정들이 가능해지고 있으며, 생물종의 분포, 재난 발생 등 시민들의 관찰 정보가 개인 단말기에 의해 크라우드 소싱 방식으로 수집되고 활용되는 방식에 관한 논의는 더욱 활발해질 것이다. 아울러, 시민사회와 민간부문에서 환경정보 활용을 극대화하기 위하여 공간 정보와 공공 데이터의 연계 요구 및 해당 정보에 대한 공개 요구는 증가하게 될 것이다.

02
국토환경정책의 빛과 그림자

가. 국토 · 환경계획 및 공통점과 차이점

국토계획은 국토의 발전에 중점을 두며, 환경계획은 환경의 질을 보전하는 데 주된 목적이 있어 근본적인 성격이 서로 다르다 할 수 있다. 국토계획은 국토 이용을 위한 공간 분배 방향을 주로 제시하면서 환경에 대한 일부 내용을 포함한다. 반면, 환경계획은 항목별 관리에 중점을 두어 재원 조달 방안 제시하는 내용을 주로 담게 된다. 국토계획과 비교해보면 환경계획은 공간적 분담에 대한 내용을 담아내지 못한다는 차이점이 있다. 두 계획들의 내용을 보다 자세히 보면, 국토계획은 국토자원의 효율적 이용 및 관리를 위하여 공간구조 정비 및 지역별 기능 분담 방향을 제시하고, 국토 균형발전을 위한 시책을 제안하며, 기간시설 확충을 위한 계획안을 포함한다. 환경계획에는 항목별 환경보전 목표 설정과 목표 달성을 위한 단계별 대책 및 사업계획이 제시되는데, 그 환경계획 항목에는 자연환경, 토양환경 및 지하수 수질, 해양환경, 국토 환경, 대기환경, 상하수도 폐기물, 유해화학물질 등이 포함된다. 아울러, 환경계획에는 최종적으로 사업 시행에 드는 비용의 산정 및 재원 조달 방법이 고려된다.

이러한 차이점에도 불구하고, 국토 계획이 국토기본법에 근거하여 친환경적 국토이용 및 개발을 통한 지속가능한 발전을 도모한다는 점에서, 그리고

환경계획이 환경정책법에 기반하여 환경을 우선적으로 고려하는 국토 개발
의 유도와 환경의 질적 향상 및 보전을 통한 쾌적한 환경조성을 지향한다는
점에서 그 공통점을 찾을 수 있다. 국토계획과 환경계획 모두 현황을 파악
하며 여건변화에 대한 전망을 한다는 부분에서도 계획 자체로서의 유사성을
비견해 볼 수 있다. 그 밖에도 국토계획과 환경계획 모두 국가-광역 시·
도-시·군·구로 세분화되는 공간 계획의 단위가 동일하다는 공통점을 가
지고 있다. 국토계획과 환경계획 간 상호 보완의 필요성이 인식되어 가면서
2005년부터 국가환경종합계획의 기간이 20년으로 개정되어 시간적 계획 단
위 또한 동일하게 적용된다는 공통점을 찾아볼 수 있다. 위와 같은 공통점
및 제도 개선에 힘입어 향후 두 계획 간의 상호 보완적 연계성은 국토의 지
속가능한 이용을 위하여 보다 강화되어갈 전망이다.

나. 국토·환경계획 및 정책의 연대별 도입과 변화

대한민국 수립 후 1960년대 이전까지는 한국전쟁 및 정치적 혼란기를 겪으
며 국토 및 환경계획에 대한 논의가 거의 전무한 시기였다. 지역발전의 불균
형 및 공해 문제는 경제 발전과 함께 시작되고 있었으며, 체계화된 국토 및
환경계획의 필요성이 제기되었다. 1960년대 이르러 관련법들의 제정과 함께
국토 개발 및 환경 관리를 위한 제도가 마련되기 시작하였고 이후 점차 다른
법과 제도가 발전되었다(표 2-1 참조).

1960년부터 시작된 경제개발계획을 추진하기 위하여 그 기초가 되는 국토
개발 계획안이 필요하게 되었으며, 이에 따라 정부는 1963년 국토건설종합
계획법을 최초 제정 및 시행하게 되었다. 이 시기에는 국토에 대한 체계적인
정보가 파악되지 못한 상태였으며 국토계획을 위한 전문가도 확보되지 못한
상태였기 때문에 국토개발을 위한 종합계획이 수립되지는 못하였다.

표 2-1 • 연대별 국토 · 환경계획 및 정책의 도입과 변화

연대 구분	시대 배경	국토계획 정책	환경계획 정책	국토 환경계획 목표
1960 년대	• 국토 이용의 수도 권 편중 • 공업화정책 인구 · 산업집중 • 주택난 · 교통시설 부족	• 국토건설종합계획법 (1963) • 도시계획법(1962) • 제1 · 2차 경제개발 5개년 계획(1962~66, 1967~71)	• 공해방지법(1963) • 지리산 국립공원 최초 지정(1968)	• 성장 추구, 산업구 조의 근대화 자립 경제 기반 구축 • 환경행정 및 문제 인식 부족
1970 년대	• 산업 발전 이후 사회적 불균형 심화 • 경부 축 중심의 국토개발	• 제1차 국토종합개발 계획(1972~81) • 개발제한구역지정 (1972) • 제3 · 4차 경제개발 5개년 계획(1972~76, 1977~81)	• 환경보전법(1977) • 자연공원법(1979) • 농지보전 및 이용에 관한 법률(1973)	• 국토자원 효율적 이용 • 공해문제 심화 • 환경문제인식 • 환경관련제도마련 • 국립공원 추가지정
1980 년대	• 경제 고도성장 • 대도시 인구집중 • 수도권 난개발 • 부동산 투기심화	• 제2차 국토종합개발 계획(1982~91) • 도 단위 계획 수립 (1981) • 제5 · 6차 경제개발5개 년 계획실시(1982~86, 1987~91)	• 환경청 설립(1980) • 제1차 환경보전장기 종합계획(1987~2001) • 울산 · 온산 공단지역 공해특별대책 지역 선정(1987) • 상수원 특별 대책 지역(1990) • 자연환경 보전법 (1991) • 환경개선비용 부담법 (1991)	• 국토균형개발 • 전 국토개발가능성 • 인구 지방분산 • 쾌적한 환경 조성 • 자연환경 보존
1990 년대	• 국토개발의 불균형 심화 • 환경오염의 확산 • 기반시설의 미약 • 서해안 신산업지대 육성	• 제3차 국토종합개발 계획(1992~2001) • 지방자치제(1996) • 제7차 경제개발5개년 계획실시(1992~96)	• 환경정책기본법(1990) • 환경보전중기종합 계획(1991) • 자원의 절약과 재활용 추진에 관한 법률 (1993) • 환경영향평가법(1993) 제2차 환경보전장기 종합계획(1996~2005, 환경비전21)	• 지역균형개발 • 수도권과밀억제 • 국토기반시설의 확충 • 국민 복지향상 • 국토 환경의 보전 • 국토개발 환경과 조화

연대 구분	시대 배경	국토계획 정책	환경계획 정책	국토 환경계획 목표
2000 년대	• 첨단과학 및 지식 정보화 • 글로벌 경쟁력 중시 • 지방화 시작 • 지구 환경·에너지 문제 • 기후변화문제인식	• 제4차 국토종합개발 계획(2002~20, 수정 계획 2011~20) • 제1차 국가균형발전 5개년 계획(2004~08) • 제1차 지역발전 5개년 계획(2009~14) • 저탄소 녹색성장 추진	• 새천년 국가환경비전 (2000) • 사전환경성검토제도 시행(2000 – 환경정책 기본법 시행령) • 4대강 특별법(2002)	• 국토 경쟁력 제고 • 국민 삶의 질 향상 • 지방화 및 지식 정보화 • 경제·사회 통합 국토 • 국토환경용량관리 • 환경경영 자율관리 • 기후변화협약

　　국토 전반에 걸친 종합계획이 시행되지는 못하였지만, 개발효과가 큰 특정 지역을 거점으로 한 국토개발이 부분적 개발계획을 바탕으로 진행되었다. 경부 고속도로를 축으로 한 공업 도시 발전과 울산 포항 등에 입지하게 된 대규모 산업단지가 그 사례에 해당된다. 당시는 경제 발전이 우선시되어 환경 문제에 대한 인식이 정착되지 않은 시기였다. 그러나 급속한 공업화로 인한 공해 문제를 해결하기 위하여 공해방지법이 1963년에 제정되었으며, 개발압력으로부터 자연 자원을 보존하기 위하여 지리산이 최초로 국립공원으로 1968년에 지정되게 되었다. 1960년대는 공업화 정책으로 인구의 산업화 집중이 나타나기 시작한 시기이다. 국토개발이 수도권에 편중되어 주택난과 교통시설 부족이 표면화된 시기라 볼 수 있다. 국토계획에 있어 추구하는 목표는 자립 경제 기반 구축을 위한 성장 추구와 산업구조의 근대화에 방점이 있었다. 반면 환경 문제에 대한 국민들의 전반적인 인식은 부족한 상황이었으며, 국가가 구축해야 할 환경행정 제도도 미흡한 시기였다.

　　1970년대 들어서 우리나라는 산업 발전 이후 사회적 불균형이 심화되는 상태를 경험하게 되었다. 이 시기에는 완공된 경부고속도로를 중심축으로 국토개발이 집중되는 문제가 나타난다. 이에 정부는 국토자원의 효율적 이용을 위하여, 최초의 종합 개발 계획인 제1차 국토종합개발 계획을 10년 단위(1972~1981)로 시행하게 되었다. 아울러, 수도권지역의 무분별한 도시 확산을 방지하기 위하여 개발제한구역이 1972년 최초 지정되었다. 이는 도시지역의 무질서한 확산방지 이외에도 자연녹지의 보전, 자연경관의 보전, 국가 방위 보안 유지, 인구의 수도집중 방지 및 국토의 균형개발 등을 목적으로 하였다. 공해방지법은 보다 광범위한 환경의 보호를 위하여 1977년에 환경보전법으로 대체되었다. 국립공원도 추가지정 되어 총 14개의 국립공원에 대한 국가 차원의 관리가 이루어지게 되었다. 1970년대는 1960년대에 비교하여 국민들이 환경문제 인식이 증진된 시기라 할 수 있으며, 제반 환경 제도가 마련되기 시작한 시점이라 볼 수 있다. 다만, 이러한 환경에 대한 인식 변화가 거점개발의 중심이 되었던 대도시 및 공단지역의 환경오염이 심각해짐으로서 야기된 문제라는 점에 시사점이 있다. 성장우선 정책에 비하여 미흡하였던 공해저감시설, 하수처리장, 폐기물 처리장 등 환경 인프라에 대한 투자요구는 국민들의 환경오염에 대한 관심이 증대되면서 이 시기부터 함께 강화되기 시작하였다.

1980년대 우리나라는 1960~70년대를 통해 이루어낸 양적인 경제성장만으로는 향상된 국민의 의식수준과 증대된 생활복지에 대한 욕구를 충족시킬 수 없는 상황을 맞이하게 되었다. 거점개발정책을 중심한 국가 기간산업의 공업화는 경제성장을 이루어냈지만, 지역 간의 불균형 발전 문제를 초래하였으며 수도권 기능 분산을 위한 정비 시책이 시기를 놓치면서 대도시 인구집중과 수도권 난개발의 문제를 겪게 되었다. 당시 제2차 국토종합개발 계획(1982~1991)은 국토균형개발과 인구의 지방 분산을 목표로 삼았지만 수도권 과밀화 문제의 해결은 요원한 상황이었다. 한편 이 기간은 환경보전을 위한 체계적 제도가 마련된 시기라 볼 수 있다. 환경청이 1980년도에 설립되었으며 최초의 환경 종합계획인 제1차 환경보전장기 종합계획(1987~2001)이 시행되었다. 그밖에도 상수원 보호를 위한 논의가 진행되어 상수원 특별

대책 지역이 1990년에 지정되게 되었다. 지방도시와 공업지역에 하수처리장이 추가 건설되는 등 환경 기반시설이 확충되었다. 중화학 공업단지 조성된 울산·온산 등에서는 공단지역 인근에 심각한 환경오염문제가 발생하여 지역주민의 건강상의 피해가 속출하였다. 정부는 1986년 울산·온산 공업단지 지역을 '공해특별대책지역'으로 지정하는 등 급속한 공업화와 경제 성장으로 인한 환경문제가 큰 사회적 갈등의 원인이 되는 사례가 나타나게 된다.

1990년대에 이르러서는 국토개발의 불균형의 심화되고 환경오염 문제가 확대되는 현상을 경험하게 된다. 이를 완화하고자 제3차 국토종합개발 계획(1992~2001)은 지역균형개발의 기반 위에 생산적이고 자원 절약적인 국토 이용체계를 구축하고자 하였으며, 국민복지 향상과 국토환경 보전의 목표를 함께 이루고자 시행되었다. 이 시기에 서해안에 신산업단지가 육성되기 시작했다. 전국의 반나절 생활권 형성을 위한 격자형 교통 간선망의 구축이 종합계획에 포함되었다. 1996년도에 시작된 지방자치제는 지역균형개발을 위한 실효성 있는 제도들이 시행되기 위한 행정적 토대가 되었다. 국민들의 쾌적한 환경에 대한 요구가 증대되면서 정부는 1990년을 환경보전 원년으로 선언하고 1991년 '환경보전중기종합계획'의 수립을 시작으로 각종 환경관련 계획과 제도가 정비되기 시작하였다. 환경청은 환경처로 승격되었다. 1990년에는 기존 '환경보전법'이 '환경정책기본법' 등 6개법으로 분화되어 환경오염분야별 대책이 강화될 수 있도록 제도가 개선되었다. 환경영향평가법이 1993년에 제정됨으로써 대규모 개발 사업에 대한 사전 필터링과 대안 마련을 위한 제도가 마련되게 되었다. 1996년에는 2005년까지의 환경정책의 방향을 담아 제2차 환경보전 장기종합계획이 발표되었으며, 국민의 삶의 질을 향상시키는 모범적 환경국가 건설이라는 목표하에 체계적인 종합계획이 시행되는 계기가 되었다.

2000년대에는 첨단과학의 발전과 지식산업의 확대, 정보화 시대의 가속화 현상이 나타나고 국토 계획도 기존의 목표와 대비되는 지식정보화와 국토의 경쟁력 제고 등의 새로운 내용을 담게 된다. 제4차 국토종합개발 계획 (2002~2020)은 국토의 경쟁력과 국민 삶의 질을 향상시키는 기반 구축, 환경과의 조화 등을 중시하며 국가 · 지자체 · 주민이 참여하는 체계로 제안되었다. 2011년부터 보강 수정되어 시행된 제4차 국토종합계획 수정계획 (2011~2020년)은 지속가능한 국토관리 및 자연친화적이며 안전한 국토공간 조성을 포함하는 글로벌 녹색국토를 비전으로 제시하고, 환경종합계획에 포함되는 친환경, 자연생태보전, 지속가능한 발전 등의 내용들을 포괄적으로 함의하게 된다. 2000년에는 새천년 국가 환경 비전이 제시되는 등 새로운 환경 아젠다(agenda)를 국가적 차원에서 다루기 위한 노력이 이루어졌다. 사전환경성검토 제도의 시행이 환경정책기본법 시행령을 통해 이루어지면서 기존 환경영향평가제도가 보완된다. 한편 이 시기부터 전 지구적인 환경 및 에너지 문제가 이슈로 부각되기 시작하는데, 기후변화문제에 대응하기 위하여 정부는 저탄소 녹색성장을 이루기 위한 제도 등을 준비하였다.

환경계획 측면에서 국가종합계획은 경제성장이 우선시되던 시대적 배경 때문에 1970년대 초 제1차 국토종합개발 계획으로 시작되었던 국토계획보다는 늦게 시행되었다. 국가차원의 환경종합계획이 제도화된 최초 시기는 1987년으로 제1차 환경보전장기 종합계획(1987~2001)의 시행 시점이라 볼 수 있다. 외부여건의 변화 및 행정 조직의 변화를 거치면서 제2차 환경보전장기종합계획은 1차 계획 종료 시점에 앞서 시행되었고 '환경비전21'이라는 부제와 같이 새로운 시대적 요구를 담고자 하였다. 제3차 국가환경종합계획 (2006~2015)은 지속가능한 선진 국가 조성의 목표를 가지고 지속가능한 발전을 지향하는 광의의 환경계획을 수립하고자 하였다. 제4차 국가환경종합 계획(2016~2035)은 환경분야의 범정부적 최상위 계획으로 타 정부 부처 및 지자체의 환경계획에 대한 기본원칙과 방향을 제시하고 있다. 이러한 환경정책 및 계획의 변천사를 보면, 한편으론 과거 환경정책의 미비와 제도적·행정적 한계로 인한 문제점들을 발견할 수 있다. 그러나 향후 시대를 거듭하면서 국가환경종합계획은 개선되는 모습을 보이며 변화하는 시대적 요구를 담아내고자 하는 노력을 계획의 내용에서 찾아볼 수 있다.

다. 최근의 국토 환경 종합계획

최근 공표된 제4차 국가환경종합계획은 국가계획과의 연계 강화를 위해 2016~2035년까지 20년간으로 계획 기간을 연장하여 '자연과 더불어, 안전하게, 모두가 누리는 환경행복'을 비전으로 제시하고 있다. 국가환경종합계획은 국가 환경정책의 비전과 장기 전략을 제시하는 법정계획으로 환경정책기본법에 근거하고 있다. 국가환경종합계획은 환경 분야 최상위 계획임과 동시에 타 중앙 행정기관과 지자체 환경계획에 대한 기본원칙과 방향을 제시하고 있다. 제4차 국가환경종합계획은 비전의 달성을 위해 '생태가치를 높이는 자연자원 관리', '고품질 환경서비스 제공', '건강위해 환경요인의 획기적 저감', '미래 환경위험 대응능력 강화', '창의적 저탄소 순환경제의 정착', '지구환경 보전 선도'의 6가지 핵심전략을 제시하고 있다.

핵심 전략들 중 '생태가치를 높이는 자연자원 관리'는 자연환경 보전 및 국토환경과 관련성이 깊은 항목으로서 한반도 생물종 및 서식지 교란 요인이 지속되고, 자연환경 및 생태계서비스 가치 향유에 대한 수요가 급증하며, 생물자원 주권 확보의 중요성이 증가되고, 연안과 해양생태계의 위협요소가 증가될 것이라는 전망을 배경으로 하고 있다. 이러한 전망에 대비하기 위하여 '한반도 생태 용량 확충', '고유 생물종 및 유전자원 발굴·보전', '연안 및 해양 생태계 관리 강화', '생태계서비스 가치 극대화', '사전 예방적 국토환경 관리 강화'의 5가지 주요 과제와 추진방안이 계획에서 제시되고 있다.

'한반도 생태용량 확충'의 목표 달성을 위해서는 수생태축을 포함한 한반도 생태네트워크 연결성 강화, 건강한 서식처 확충을 위해 아이치 목표 (Aichi Targets) 수준의 국가보호지역 확대, 생태복원 활성화와 자연표토자원 보전체계 강화를 추진계획으로 제시하였다. 또한 '고유 생물종 및 유전자원 발굴·보전' 목표 달성을 위한 추진방안으로는 한반도 생물자원·유전자원 및 전통지식 발굴 강화, 야생생물 보전·복원 강화, 동물복지를 고려한 야생생물 관리체계 강화를 제시하고 있다.

'연안 및 해양 생태계 관리 강화' 과제의 달성을 위한 추진방안으로는 연안·해양 서식처 보전·복원체계 구축과 해양생태계 건강성 유지·보전, 사전 예방적 해양환경관리의 정착을 계획하였다. '사전 예방적 국토환경관리 강화'에서는 환경을 고려한 국토공간관리 강화, 환경영향평가제도 선진화, 해양공간계획(MSP) 도입을 통한 해양 공간 통합관리체계 구축 등을 추진방안으로 제시하고 있다.

제4차 국가환경종합계획에서는 주요 과제의 달성여부를 확인하기 위한 주요 지표를 제시하고 있으나, 목표 달성을 위한 공간적 계획을 제시하고 있지 않다는 점과 목표를 어떻게 실현할지에 대한 구체적인 방법이 미흡하다는 점이 한계로 남아있다. 제4차 국가환경보전계획의 국토환경 관련 정책방향과 추진지표는 〈표 2-2〉와 같다.

표 2-2 • 제4차 국가환경보전계획의 국토환경 관련 정책방향과 추진지표

○ 정책방향

현행		개선방향
• 3대 국토생태축 중심 관리	⇒	• 4대 생태축구축 (기존 3대 생태축+수생태축)
• 개발압력으로 인한 생태용량 감소 최소화	⇒	• 한반도 생태용량의 순증(+) 실현
• 고유종 및 생물다양성 보전에 중심	⇒	• 보전과 이용의 선순환 정착 (생태계 서비스 가치 평가 기반)

○ 주요과제와 추진방안

주요과제	추진방안
한반도 생태용량 확충	• 한반도 생태네트워크 연결성 강화(4대 핵심축) • 건강한 서식처 확충을 위한 국가보호지역 확대 • 생태복원 활성화, 자연표토자원 보전체계 강화
고유 생물종 및 유전자원 발굴 · 보전	• 한반도 생물자원 · 유전자원, 전통지식 발굴 강화 • 야생생물 보전 · 복원 강화 • 동물복지를 고려한 야생생물 관리체계 강화
연안 및 해양 생태계 관리 강화	• 연안 · 해양 서식처 보전 · 복원체계 구축 • 해양생태계 건강성 유지 · 보전 • 사전 예방적 해양환경관리 정착
생태서비스 가치 극대화	• 생태계서비스 평가 및 관리기반 마련 • 현명한 이용에 기반을 둔 생태경제기반 확립 • 자연친화형 여가 · 탐방문화 확산
사전 예방적 국토환경관리 강화	• 환경을 고려한 국토공간관리 강화 • 환경영향평가제도 선진화 • 해양공간계획(MSP)도입을 통한 해양공간 통합관리체계 구축

○ 주요지표

주요지표	단위	2015	⇒	2025	⇒	2035
자연보호지역 비율(육상)	%	12.6('14)		17('20)		20
연안 · 해양보호구역 지정 면적 비율(관할해역대비)	%	1.5('13)		10('20)		12
수생태계연결성 (생태하천복원율)	%	7('13)		16		24
국가 생물종 발굴 수	종	42,756('14)		70,000		85,000
생태계서비스 평가 · 관리	–	기초조사		평가지표개발 및 시범적용		전국지도화

03
정책의 발전방향

가. 환경계획과 국토계획의 연계

환경계획은 환경개선을 위한 지표를 제시하며 국가 환경의 개선을 도모하고 있으나 환경개선을 위한 공간 계획이 포함되어 있지 않다. 국토계획은 공간 계획을 다루고 있으나 환경계획에서 제시하고 있는 환경적 측면을 반영하지 못하고 있다. 이와 같은 문제를 개선하기 위해 '국토환경연동제'의 필요성이 대두되었다. 국토환경연동제는 종합계획으로서의 국토계획과 부문계획으로서의 환경계획이 최상의 목표를 달성하기 위해, 계획수립과정과 계획내용, 평가과정에 대해 서로 보완적이며 상호 협력하는 체계이다(그림 2-1 참조).

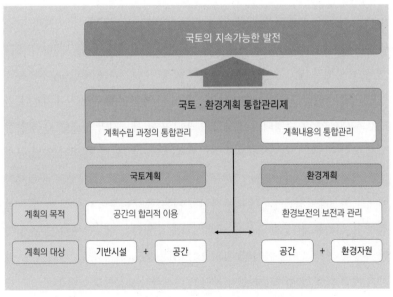

그림 2-1 • 국토-환경계획 통합관리제의 개념(성현찬 외, 2013)

국토환경연동제가 2012년부터 논의되기 시작하여 국토부와 환경부가 합의를 통해 2015년 12월에 환경정책기본법, 2016년 11월에 국토기본법을 개정하였다. 선언적이지만 국토환경계획 연동의 기본적인 법적 근거만을 마련하였고, 20년 주기의 국토계획 수립주기에 따라 환경부의 국가환경종합계획의 수립주기를 10년에서 20년으로 변경하는 등 소기의 성과는 있었다. 그러나 실질적인 국토계획과 환경계획의 연동이 이루어질 수 있는 후속 정책들의 개발과 적용은 이루어지지 못하고 있다. 최근 국제적인 기후변화와 지속가능한 개발 추세에 따라 국토부의 국토계획체계 내에서 친환경적인 내용들이 자발적으로 많이 반영되고 있으나 이는 환경계획의 내용과 목표 중 일부 분야에 치중되어 있다.

환경부 계획의 목표 중 에너지와 관련된 분야는 일반적으로 잘 반영되고 있는 것으로 나타난다. 그러나 이외 부문에서 환경계획의 목표와 내용의 반영 정도는 국토계획의 위계에 따라 다르게 나타나고 있다. 국토계획 수준의 계획에서는 자연 · 생태, 자원순환 · 폐기물과 관련된 환경부 계획의 목표가 잘 반영되지 않고 있다. 특히 개발축 설정 시 보전축에 대한 고려가 부족한 것으로 나타나고 있다. 반면 광역/도시 · 군 계획 수준에서는 대기분야 환경계획 내용이 잘 반영되지 못하고 있으며 또한 용도지역에 대한 고려가 잘 되지 못하고 있다. 국토환경계획의 연동에 있어서는 현재, 선언적인 법 규정(국토계획과 환경계획이 서로 연동하여야 한다는) 외에 실제로는 국토계획 체계와 환경계획체계에서의 내용적인 연계는 거의 이루어지지 않고 있는 실정이다. 이러한 현 상황은 주로 국토계획을 수립하는 국토부에서 연동에 대한 개념을 쉽게 받아들이지 않고 있으며, 연동의 절차를 국토계획의 수립 절차 내에 스스로 반영하기가 쉽지 않다고 인식하기 때문이다.

독일의 경우 연방자연보호법, 연방국토건설 · 계획법, 건설법전 등 계획 관련법들은 공간계획이 친환경적으로 수립될 수 있도록 강제하기 위한 제도적 장치들을 마련하고 있다. 연방국토건설 · 계획법과 건설법전에서는 연방자연보호법에 근거한 경관관련계획과의 연계, 자연침해규정, 환경영향평가, 동식물 서식처 보호에 관한 평가사항들을 다시 확인하여 규정하고 있다. 영국은 공간계획체계의 내용에 환경계획의 내용을 포함시키고 있다. 국가차원의 계획수립 시 적용하는 지침인 계획정책지침서(PPS: Planning Policy Statements), 광역 지역차원의 계획수립 시 적용하는 지역공간전략(RSS: Regional Spatial Strategies), 지방차원의 계획수립 시 적용하는 지방개발수립체계(LDF: Local Development Framework)를 수립하도록 함으로써, 지역차원에서의 도시계획 수립 시, 중앙정부의 정책이나 상위계획에 부합하도록 하고, 중앙정부의 계획지침과 지방정부의 도시계획 간의 효과적인 연계를 가능하도록 할 뿐 아니라 PPS, RSS, LDF 내에 환경계획의 내용이 사전에 포함되도록 하고 있다. 즉, 계획의 수립과 동시에 환경계획 내용이 이미 포함되도록 하고 있다.

환경계획과 국토계획의 연계가 실제로 이루어지기 위해서는 '국토계획에 환경계획의 내용을 반영하고 환경계획의 국토계획의 공간적 내용을 반영한다'는 원칙적 협의가 중요한 것이 아니라, 환경계획의 목표를 달성할 수 있는 내용을 국토계획에 포함시켜야 한다. 이를 위해 국토부로 하여금 국토계획 등 계획수립 초기단계의 절차에서 환경부와 환경 팀을 포함시키게 하는 것이 가장 확실한 방법이다. 그리고 이 과정에 있어 단순히 전문가의 의견수렴에 의지하는 것이 아닌, 국토계획과 환경계획의 연동성을 극대화하기 위한 정량적 평가 방법이 필요하다. 이와 같은 상황에 사용할 수 있는 것은 국토계획과 환경계획이 잘 연동되고 있는지 평가할 수 있는 지표를 수립함으로써 이루어질 수 있다. 환경부의 계획 내용이 국토부의 계획내용에 잘 반영되었는지, 국토부의 계획내용에 따르면 환경부의 목표를 달성할 수 있는지 확인할 수 있는 지표를 수립한다면, 계획의 수립과정에서 사용할 수 있을 뿐 아니라 계획이 수립된 이후에도 자체검증을 할 수 있는 도구로써 사용될 수 있다. 국토부와 환경부가 서로 합의할 수 있는 지표를 만들어 냄으로써 국토계획과 환경계획을 연동시킬 수 있는 도구를 만들어낼 수 있을 것이다.

국토환경연동제가 이루어진다면, 이와 함께 각 국토계획 등에 따른 대규모 개발계획의 수립 시, '개발부처-환경부처 공동 입지대안 검토제'를 다음 단계로 실시할 수 있다. 그다음 단계로 환경부의 전략환경영향평가 제도와 국토부의 국토계획평가 제도를 통합하여, 전략환경영향평가 제도를 강화한다면 보다 체계적인 국토환경연동제가 될 것이다.

표 2-3 • 개발부처와 환경부 공동 입지대안 검토제(안)

'개발부처와 환경부처 공동 입지대안 검토제'는 개발부처와 환경부가 공동으로 사전에 개발목적에 적절하고 다양한 '입지'를 검토(보전지역, 생태적 민감지역 등이 사전에 걸러질 것임)하고, '입지대안 검토제'를 통과한 입지 지역에 대해서만 '입지대안'을 만들어 '전략환경영향평가' 절차를 거치도록 하는 것이다. 즉, 기존의 국가의 대규모 개발사업에 있어서, '전략환경영향평가' 단계에서의 입지대안을 살펴보면, 이미 보전지역, 환경적, 생태적으로 민감한 지역임에도 불구하고 이들을 포함한 '입지대안'이 만들어져 있고, 개발부처의 압력으로 인해 환경부에서의 '전략환경영향평가' 단계에서 실질적으로 '입지'를 배제할 수 있는 기회가 거의 없다.

예를 들어, 현재의 '전략환경영향평가'에서는 보전이 필요한 지역을 포함한 대규모 개발이 있다고 할 때, 대안이 2~3개라면, 대안 1은 보전지역을 포함, 대안 2는 보전지역에서 이격되어 보전지역이 포함되지 않은 입지, 대안 3은 보전지역에 연접한 입지 등 다양한 대안들이 검토되어야 하나, 대안들 모두가 보전지역이 포함되어 있고 토지이용만 일부 달라지는 대안들이 제시되고 있다. 사례로는 4대강 사업, 개발제한구역 내 임대주택 개발사업, 천성산 터널통과 등이 있다. 따라서 '개발부처-환경부처 공동 입지대안 검토제'를 실시하여, 개발부처와 환경부의 합의에 의한 '입지대안(보전지역이 어느 정도 배제된)'이 정해진 후에 '전략환경영향평가' 단계로 넘어가서, 다시 '합의된 입지'에 대한 여러 가지 대안을 마련하여 전략환경영향평가를 실시함으로서, 기존의 '전략환경영향평가' 제도의 효율성과 신뢰성도 높일 수 있고, 국가적 의견 분열을 막을 수 있으며, 해당 지역주민들의 반발도 줄일 수 있으며, 실질적인 국가적 보전지역의 보전도 가능해질 것이다.

나. 생태계서비스 기능에 기초한 질적 보전지역의 확대 실시

생물다양성협약(CBD)에서 아이치목표 11에서 육상지역 및 담수지역은 17%, 해양은 10%까지 보전해야 한다는 목표가 결정되기 이전까지 이와 같은 정량적인 보전목표가 설정되지 못하였다. 하지만 CBD에서 정한 이 목표치도 어떠한 과학적인 근거에 기초하기보다는 국제사회에서 생물다양성 보호를 위하여 합의한 수준의 의미가 강하다. 몇몇 외국 연구자들은 17%로는 전체 생물다양성을 보전하기에 부족하다는 주장을 제기하고 있기도 하다(Larsen et al., 2014; Butchart et al., 2015).

지속가능한 발전을 통하여 자연자원을 최소한 현재 수준에서 보전하여 미래에도 후손들에게 같은 자연자원을 이용할 수 있게 하려면, 우리나라 지역 차원에서의 보전목표를 정량적으로 설정하고, 관리 및 모니터링 할 필요가 있다. 현행되고 있는 환경영향평가의 경우에는 개별 사업만을 대상으로 영향만을 평가하기 때문에 전체적인 지역의 자연자원 보전이라는 관점이 부족한 실정이다. 만약 해당지역의 자연자원 보전목표가 설정된다면, 과거 이루어졌던 새만금 방조제, 4대강 사업 등 국가적으로 대규모 건설사업뿐만 아니라 영향평가 대상이 아닌 소규모 개발 사업에 대해서도 관리할 수 있는 체계가 수립될 수 있다.

보전목표를 설정함과 동시에 목표를 달성하기 위한 기반을 마련하는 것도 매우 중요하다. 이를 위해 아래와 같은 문제점들의 해결이 필요하다. 첫째, 우리나라 국가의 법적 보호지역의 경우, 보호지역의 지정에 우선하다보니 사유지(림)이 상당한 수준을 차지하고 있다. 지역의 개발욕구에 대응하여 지속적인 보전도 어려우며, 토지소유자들은 보상과 매입이 없는 법적 보호지역의 규제로 장기간 재산상의 손해를 입고 있는 실정이다. 현재는 국가 보호지역의 관리청별로 국고예산을 투입하여, 사유지를 매입하고 있으나, 예산의 부족으로 생태적 가치와 범위를 고려한 체계적인 토지매입이 불가능하고, 부분적 소규모 매입만 이루어지고 있다. 토지소유자들의 재산상 손해도 문제가 되지만, 세계적인 수준의 국가 보호지역도 토지소유자의 개발욕구와 소규모 개발에 따라 제대로 된 보전이 이루어지지 못하는 것이 문제점이다.

둘째, 보호지역 관리가 각 부처마다 다르게 이루어지고 있다는 점이다. 환경부, 국토교통부, 해양수산부, 문화체육관광부 등 다양한 부처에서 자연지역을 법적 보호지역으로 설정하고 있다. 이에 보호지역 지정의 기능적, 공간적 중복 문제가 발생하고 있다. 지역주민들은 중복규제로 더욱 엄격한 규제로 인식하여, 사회적 합의가 이뤄지기 더욱 어려워지며, 보호지역의 관리도 미흡하다(환경부, 2006). 효과적인 자연자원 보호를 위해서는 보전목표 설정부터 성과 달성, 관리까지 담당하며 사회적 합의를 이끌어 낼 수 있는 담당기관이 필요하다.

현재 국토면적대비 11% 수준인 국가 보호지역의 면적을 우선 2020년까지 국제적인 기준인 17%까지 확대하기 위해서는 추가적인 국가 보호지역이 상당 수준 지정되어야 할 것이다. 토지매입과 토지소유자들의 재산상 피해에 관한 상충문제, 보호지역 중복 지정 문제, 보호지역의 지정에 따른 관리문제는 지속적으로 대두될 것이다.

왜 보전을 해야 하는지, 보전지역이 갖는 기능은 무엇인지에 대한 논의가 필요하다. 많은 국민들은 특히 개발을 원하는 국민들은 우리나라에는 충분히 보전지역이 있다고 생각하고 있다. 그리고 보전지역으로 인해 어떠한 혜택을 받는지에 대해서도 명확하게 이해하고 있지 못한 경우도 많다. 일본의 경우에는 생물다양성의 증진을 국가목표로 정해 자연지역은 물론이고 도시지역에서도 이를 위한 다양한 실천방안을 제안하고 있다. 양적인 보전지역의 확대도 중요하지만 무엇보다도 검토되어야 하는 것은 자연이 갖고 있는 기능에 기초한 보전지역의 설정이 필요하다. 부처나 지자체에 따라 생물다양성, 탄소흡수원, 물수지, 재해방지 등 목표가 조금씩 다를 수가 있다. 이와 같이 자연이 갖고 있는 기능을 잘 이해한다면 생태계서비스 개념〈그림 2-2 참조〉과 연계하여 정말 우리가 원시림처럼 보전해야할 자연은 국토의 수%에 불과할 것이고 많은 자연지역은 인간의 관리를 통해 최적의 상태가 유지 가능할 것이다. 향후에는 보전지역의 양적 확대보다 지역 특성을 반영한 질적 확대실시가 중요하다. 이는 제한된 국토를 효율적으로 관리하는 데 매우 중요한 정책적 전환점이 될 것이다. 일본의 환경정책이 사토야마를 중시하면서 멀리 있는 자연보다 가까이 있는 자연을 어떻게 관리할 것인가에 대해 환경정책을 강조한 것처럼, 우리도 양적인 보전지역의 확대에서 생태계의 기능을 중시한 질적인 보전지역의 확대로의 전환이 필요하다. 한 예로 순천만 일대의 경우 자연지역인 순천만 습지지역뿐만 아니라 주변에 논농사가 이뤄지는 지역에서 먹이활동이 일어나기 때문에 서식처 지원이라는 생태계의 기능을 고려할 때 순천만 주변 농경지까지 보전지역 관리가 이뤄질 필요가 있다. 이때, 사유지인 농경지로부터 벼 생산량 최대화를 위한 비료나 농약사용을 자제하여 철새의 서식에 도움을 주는 대신 그에 대한 보상을 제공하는 방법이 있다.

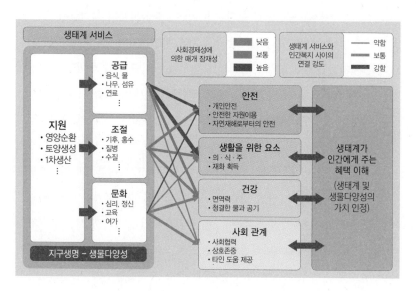

그림 2-2 • 생태계서비스 개념도(MA, 2005에서 수정)

이러한 개념을 반영하여 현재 여러 나라에서는 생태계서비스 지불제(PES: Payment for Ecosystem Service)에 관한 연구가 활발히 진행되고 있다 (Milder et al., 2010). 앞서 말한 순천만 주변 농경지의 경우 벼 생산으로 인한 생태계 서비스의 공급서비스 비용을 제외하더라도 1ha당 최소 1,400만원이 친환경공법, 볍씨 남겨두기 등 철새 서식지로서의 기능을 유지하기 위한 활동에 대한 보상비용으로 산정된 사례가 있다(모용원 외, 2016). 물론 구체적인 금액에 대해서는 사회 구성원이 납득할 수 있는 점도 중요하다. 지금까지 우리나라에서는 생태계의 가치를 경제적인 논리에 포함시키는 것에 대하여 사회적 논의가 많이 부족한 상황이다. 따라서 현실적으로 토지소유자들이 받아들일 수 있으며, 이용자들에게 부담하게 함으로써 정상적인 정책 집행이 될 수 있는 수준을 함께 논의할 필요가 있다.

생태계가 가진 기능을 포함할 수 있는 구체적인 지역을 선정하기 위해서는 서식처 관점의 전환이 필요하다. 기본적으로 보전지역은 다양한 생물종이 서식하는 지역을 대상으로 한다. 하지만 해당 생물종의 서식환경 또는 서식범위에 대해서는 밝혀내지 못한 생물종이 대부분이다. 앞서 예로 든 순천만의 철새처럼 서식환경의 관점에서 보전지역 관리를 한다면 비단 자연생태계뿐만 아니라 인공, 반자연 생태계도 포함될 수 있다. 인간과 야생동식물은 예전부터 밀접한 관계를 맺으며 살아왔기 때문이다. 따라서 보전지역의 질을 높여 실질적으로 동식물들이 서식할 수 있는 지역을 보전하기 위해서는 우선 생물종들이 서식하는 지역에 대한 연구가 필요하다. 대부분의 생물종이 이동하기 때문에, 단일 기준의 서식환경으로 판단하기가 어려운 경우가 대부분이다. 또한 계절에 따라서, 매년 기후조건에 따라서 서식하는 지역이 달라진다. 장기생태모니터링과 같은 프로그램을 통하여 생물종의 서식에 대한 정보를 더욱 많이 구축함과 동시에, 주요 지역들을 보전지역으로 설정할 필요가 있는 것이다. 하지만 이와 같은 사업은 꽤 오랜 기간과 비용이 소요됨이 분명하다. 따라서 생물다양성을 대신할 수 있는 수단에 대한 연구들이 많이 진행되어 왔다. 한 예로, 생물종 서식의 기본조건 중의 하나인 지형을 이용한 방법이 있다. 지형은 다른 서식환경조건에 비하여 변화하는 데 오랜 시간이 걸린다. 대부분의 생물종은 서식하는 지형조건에 적응해 있다. 기후변화나 토지개발과 같은 영향을 받았을 때, 기존 서식조건과 유사한 곳을 선택할 것이라는 가정을 할 수가 있다. 다양한 지형환경을 포함하는 지역을 보전한다면 생물종에 대한 정보가 구축되기 이전에 예방 조치를 취할 수 있을 것이다(Mo et al., 2017).

향후 기후변화에 의해 외래종에 의한 피해가 확대될 것이며 생태계의 많은 부분의 변화를 예측하고 있어 기후변화에도 잘 적응할 수 있는 보전지역의 논의도 중요하다. 기후변화로 인하여 많은 생물종들이 이동한다는 것은 더 이상 새로운 발견이 아닐 정도로 기후변화의 직접적인 영향은 누구나 인정하고 있는 상황이다. 생물종들이 기후변화에 잘 적응할 때, 현재 보전지역이 가진 질적인 측면도 함께 보전될 수 있을 것이다. 하지만 기후변화로 인하여 생물종 이동 외에도 외래종 확산, 재배적지 변화 등 간접적인 영향들도 예상된다(Bradley et al., 2012; Jones et al., 2016). 따라서 기후변화로 인한 다양한 영향들을 고려하여 현재뿐만 아니라 미래에도 보전지역의 질을 보전할 수 있는 지역을 찾는 것도 필요하다.

다. 훼손된 자연에 대해서는 생태복원을 통한 자연자원 총량관리제 도입 및 실시

지난 20년간 시가화 · 건조지역은 2배로 증가했으며 농업 · 초지 · 습지 · 나지 등은 11~61% 감소했다. 향후에도 개발사업에 대한 수요가 증가할 것으로 예상되어 자연에 대한 훼손은 지속적으로 일어날 것으로 전망된다. 최근에 환경부가 도입하려고 하는 '자연자원총량제'는 개발사업 또는 도시지역에 보전총량을 설정하고, 개발로 인해 훼손 · 감소되는 가치 이상의 복원을 의무화하는 제도이다. 이를 위해 환경부는 1단계로 훼손방지와 복원·대체조치 의무화, 불가능시 개발-보전에 따른 공공이익을 비교·형량하여 사업추진여부를 결정하는 개발사업 총량제를 2019년부터 실시할 예정이다. 또한 2단계로 도시지역 내 총량을 정책목표화하여 환경보전계획과 도시관리계획 상의 공간계획에 반영·연동시키는 도시지역총량제를 2020년부터 실시할 예정이다. 본 제도의 도입은 원칙적으로 바람직하나 다음과 같은 점에 대해서 논의가 필요하다. 첫째, 우선 자연자원총량을 과학에 기반하고 합리적으로 산정할 것인지가 중요하다. 자연자원 총량에 기본이 되는 도면이 필요한데 현재 사용되고 있는 국토환경성평가지도 혹은 만들어지고 있는 생태계서비스지도가 적합하다. 일부 자연자원총량제의 모범사례가 되는 독일의 자연침해조정규정에서 사용하고 있는 비오톱(biotope) 지도에 기초하여 평가하고자 하는 의견이 있으나 이는 적합하지 않다. 비오톱 지도는 지자체가 중심이 되어 지역에 맞도록 작성되고 있으며 절대적인 기준이 아니라 상대적인 기준에 따라 등급이 결정되고 있어 국토 전체를 동일한 기준에 의해 자원총량을 추정하는 것은 불가능하기 때문이다. 독일은 지역에 따라 차별된 정책을 수용하고 있으나, 우리나라의 경우 지역에 따라 기준이 상이하면 혼란이 가중되어 비오톱 유형의 통일과 유형별 평가등급의 일관성이 필요하다. 현재 작성된 비오톱 지도에 대한 전면적이 수정보완이 필요하게 되고 전국지차제에서 비오톱 지도를 작성하는 것도 어려움이 많아 현실적으로 적절하지 못하다. 한편 전국에 통일된 유형과 평가등급을 갖고 있는 국토환경성평가지도가 작성되어 있어 이를 우선적으로 활용할 수 있다. 다만 자연자원총량제 도면으로 바로 사용하기에는 현실적인 한계가 있다. 현재의 5등급을 훼손부담금 등이 부과 가능한 등급의 세분화와 등급을 결정하는 변수의 수정은 필요하다. 그러나 향후에는 생태계가 갖고 있는 가치를 잘 평가할 수 있으며 세계적으로 인정받고 있는 생태계서비스지도를 기본도면으로 사용하는 것이 자원총량의 성격상 더 적합할 것으로 판단된다.

둘째, 생태복원의 관점이 중요하다. 어떠한 자연을 회복시켜야 하는 것인가에 대한 논의가 중요하다. 생태복원이란 시각적으로 자연하천에 가까운 경관인가, 그렇지 않으면 물고기가 서식하는 공간으로 만드는 것일까라는 토의는 혼동되는 경우가 많다. 예를 들면 하류에 생물다양성을 높이기 위해서는 경관단위 배열의 규칙성에서 볼 때 어울리지 않는 굵은 자갈보다 인공어초로써 콘크리트 블록이나 버려진 배를 가라앉히는 것이 효율적인 방법이 될 수도 있다. 회복시켜야 할 자연은 토지자연의 잠재력을 충분히 이해한 종합적인 복원이어야 한다. 옥상녹화의 경우에도 첨단녹화기술의 도입에 의해 녹지가 증가하고 있는 것처럼 보이지만 생태학적 관점에서 보면 녹지의 질은 오히려 저하되고 있다. 인공경량토양을 쓰면 토양층이 대단히 얇아지기 때문에 뿌리의 발달을 기대할 수가 없다. 실제 서식가능한 수종도 극히 제한적이다. 실제의 수목일지라도 이것을 자연이 복원되었다고 할 수 있는지 논의가 필요하다. 이것은 도시 안에 자연을 복원한 것, 도시에 자연이 되살아났다고 설명하기에는 어렵다. 따라서 어떠한 모습으로 복원하는가에 대한 충분한 검토가 필요하다.

셋째, 과학적인 결과에 의해 자연자원총량제를 도입하여도 사회적 구성원이 수용하지 못하면 현실적으로 적용하는 것은 쉽지 않다. 즉 사회적 함의를 이끌어낼 논의가 필요하다. 어떠한 단계부터 자연자원총량제를 도입하는 것이 적절한가에 대해서는 전문가는 물론이고 개발부처, 시민단체 등이 함께 논의하는 장을 만들어 단계적으로 적용할 수 있는 토대의 구축이 필요하다.

라. '잠재 서식지 분석'을 통한 서식처 중심의 전국 자연환경조사 체계 개편과 정확하고 쌍방향의 국토환경정보의 제공

효율적이고 실질적인 전국 자연환경조사가 이루어지기 위해서는, 전국을 대상으로 '생물종의 잠재 서식지 분석'을 실시하고, 그 결과를 도면화한 다음, 생물종 서식지의 위계에 따라 연차별 조사지역을 선정하고 자연환경조사가 이루어지는 체계로 개편이 이루어져야 할 것이다. 이러한 '잠재서식지 분석'을 통한 서식지 중심의 조사가 이루어진다면, 우선 이론적인 잠재서식지 분석을 통해 특정 생태종의 서식지를 파악할 수 있으며, 현지조사를 통해 '잠재서식지' 분석의 결과를 확인하고 이를 도면으로 제작함으로써, 동물종의 경우도 식물종과 같이 면적인 자료화가 가능해질 수 있다. 조사 결과에 따라 해당 동물종의 서식현황과 서식지 면적이 조사됨으로써, 훼손되고 단절된 서식지 중 시급히 복원하고 보전하기 위한 우선 지역을 찾아낼 수 있으며, 추가 보호지역 설정 대상지의 탐색, 멸종위기종의 보전을 위한 서식지 복원지역의 도출 등이 가능할 것이다. 즉, 조사를 통해 보전과 복원이 동시에 이루어질 수 있는 결과가 도출 가능하다는 것이다. 현재의 전국 자연환경조사 체계에서, 동물상에 대한 조사체계를 '잠재 서식지 분석'을 통한 서식지 중심의 조사체계로 개선한다면, 동물종의 면적인 조사가 가능해지고, 단계별 조사계획의 수립이 가능해지게 되어, 효율적인 전국자연환경조사가 이루어질 수 있을 것이다.

국토환경정보구축에는 무인항공기, 드론 등의 첨단기술의 도입이 필요하다. 무인항공시스템 활용을 하면 식생조사에 보다 정확한 자료제공이 가능하며 비용적인 면에서도 절약이 가능하다. 현재까지 필요에 의해 현장조사를 통한 전국자연환경조사, 생태자연도 등급산정이 중요하게 여겨졌으나, 무인항공시스템을 활용하면 보다 시간 효율적으로 다양한 자료수집이 가능하며 3차원적인 자료 확보에도 도움이 된다. 3차원 환경정보를 구축할 수 있는 기술은 최근 들어 급격히 발전하고 있다. 능동형 센서를 사용하는 LiDAR(Light Detection And Ranging)를 이용하는 항공 LiDAR와 지상 LiDAR 데이터는 각각 1m 이하와 1mm 수준의 높은 해상도의 3차원 정보

구축을 가능하게 한다. 또한 여러 장의 2차원 사진을 이용해서 3차원 정보를 구축할 수 있도록 하는 SfM(Structure from Motion) 기술은 저렴한 비용으로 고해상도 3차원 자료를 구축할 수 있어 새로운 기술로 각광받고 있다. 이와 같은 고해상도 3차원 환경정보는 잠재 서식지 분석의 정확성을 높이고 있다. 왜냐하면 생물종의 서식지는 토지피복상태, 고도 등의 수평적 환경정보뿐만 아니라 식생구조, 표면 거칠기 등 수직적 환경정보에도 큰 영향을 받는다. 기존에 사용하던 DEM(Digital Elevation Model)과 이를 이용하여 만들어낸 지형적 정보 이외에 수목의 높이, 수목의 수직구조와 같은 정보를 구축함으로써 생물 잠재서식지 예측 정확도를 높일 수 있다.

특히 조류의 경우 수목의 높이에 따라 서식하는 선호도가 다르게 나타나기 때문에 3차원 데이터의 구축이 서식지 분포 예측에 큰 영향을 미칠 수 있다. 〈그림 2-3〉은 박새의 서식지 선호도를 연구할 결과로 수목의 높이에 따라 박새의 출현비율이 다름을 알 수 있다.

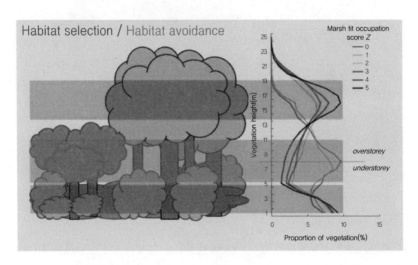

그림 2-3 • 식생 높이 분포와 박새 출현 사이 관계(Broughton et al., 2012)

최근 국내 고라니가 주로 이용하는 수변지역을 대상으로 항공 LiDAR와 위성영상자료를 이용하여 수변지역의 식생, 하천 내의 징검다리 등 세세한 정보를 바탕으로 서식 정보를 얻기도 하였다(Jeong et al., 2016). 이처럼 국토환경정보를 더욱 자세하게, 그리고 3차원으로 구축할 경우 더 효율적이고 정확한 예측에 기반한 국토환경 관리를 실현할 수 있다.

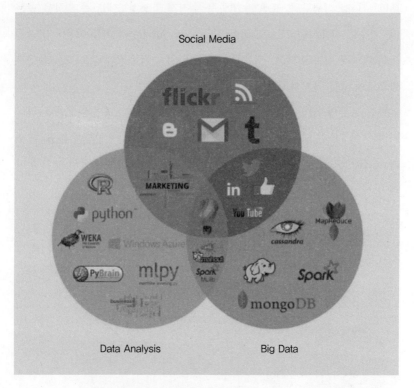

그림 2-4 • 소셜 빅데이터의 개념도(Bello-Orgaz et al., 2016)

국민들에게 국토정보에 대해 가상현실(VR)로 제작하거나 증강현실(AR)기술을 적용하여 서비스하게 되면 국토환경에 대해 높은 이해가 가능하게 되어 앞에서 제시한 환경계획과 국토계획연계는 물론이고 자연자원총량제 도입에도 국민적 지지를 얻어낼 수가 있다. 그뿐만 아니라 인스타그램, 페이스북과 같은 소셜 빅데이터를 국토환경정보와 연계한다면 일방적으로 정부에서 작성한 평가도면이나 현황에 대한 정보 외에 수요자 중심의 정보들이 함께 고려가 될 수 있다. 최근 이러한 소셜 빅데이터를 이용하여 정량화가 어려운 생태계서비스의 문화서비스를 정량화하고, 이를 국립공원이나 생태관광지역들을 관리하는 데 이용할 수 있음이 밝혀지고 있다(Nahuelhual et al., 2013). 또한 이러한 공급자와 수요자의 쌍방향 의사소통을 반영한다면 앞서 논의한 자연환경조사 또한 일반인들이 포함된 조사자료 구축으로 더욱더 많은 자료를 생성함은 물론 자연환경에 대한 관심의 증가가 일어나 자연자원 총량제 등 사회적 합의가 필요한 여러 문제를 해결하는 데 기여할 것이다.

마. 도시공지의 재발견을 통한 환경개선형 도시재생사업 실시

우리나라는 최근 급격한 출산율 저하로 인구성장률의 감소로 이어져 국토공간구조와 토지이용에 매우 큰 파급효과를 가져오고 있다. 지방 중소도시는 물론이고 서울에도 인구감소로 인해 수요와 공급의 지역 간 토지이용에 대한 불균형문제가 야기되어 축소 도시들의 심각한 쇠퇴문제, 저성장에 따른 실업문제, 그리고 기성 시가지의 유휴 공간 및 공·폐가 발생 등 다양한 문제들이 부각될 것이다.

　도시재생사업이란 경제, 사회, 문화, 환경을 활성화시켜 국민의 삶을 향상시키는 데 그 목적이 있다. 도시재생의 정의를 보면 '도시재생이란, 인구의 감소, 산업구조의 변화, 도시의 무분별한 확장, 주거환경의 노후화 등으로 쇠퇴하는 도시를 지역역량의 강화, 새로운 기능의 도입, 창출 및 지역자원 활용을 통하여 경제적, 사회적, 물리적, 환경적으로 활성화시키는 것'이다. 문화재생 측면에서는 맞춤형 주민 센터, 문화창의센터 등이 있었으며, 상권재생 측면에서는 상권 활성 특화거리, 골목다방조성사업 등이 있었다. 시설

재생 차원에서는 복합 문화시설 아레나 조성 등을 들 수 있다. 하지만 환경 개선 측면에서는 주요한 사업을 찾아볼 수 없다. 환경개선은 지역주민의 삶의 질과 직결되는 만큼 국민이 체감하는 개선이 필요하다.

'환경개선형 도시재생 뉴딜정책'으로 국민의 삶의 질을 향상시킬 수 있다. 환경개선형 도시재생은 도시재생의 나머지 목적인 경제적, 사회적, 문화적 문제 해결을 이끌 수 있다. 먼저 환경이 개선된다면 에너지자원이 절약되고 국민건강이 증진되고 관광수익이 증대되어 경제적인 도시재생이 가능해 질 것이다. 고령자가 살기 좋은 환경으로 변화하고 취약계층의 정주환경을 개선함으로써 사회적인 도시재생이 가능할 것이다. 공간이 다양해지고 문화적인 가치가 증진되고 커뮤니티 활동이 증진될 수 있기 때문에 문화적인 도시재생도 가능해질 것이다. 그뿐만 아니라 환경개선형 도시재생은 기후변화에 의한 미래의 도시문제에 대응이 가능하다. 기후변화에 대한 반응으로는 회피, 완화, 그리고 적응이 있는데 그중 완화와 적응을 기후변화 대응이라고 한다. 환경개선형 도시재생은 도시의 녹지를 증대시키거나 저영향 개발을 가능하게 함으로써 기후변화 대응을 가능하게 해준다.

마지막으로 꼽을 수 있는 환경개선 도시재생의 장점은 우리의 다양한 생활공간을 변화시키는 도시재생이 될 수 있다는 것이다. 도시 규모에서부터 건물 규모까지 개선할 수 있으므로 다양한 형태로 우리의 생활공간을 바꿀 수 있다. 애플의 스페이스십과 아마존의 새로운 본부 등 혁신적인 기업에서 제안하고 있는 도시 개념도를 보면 도시 내에 숲이 들어서 있거나 건물 안에서도 벽면녹화나 새로운 시스템을 통해서 자연과 같은 느낌을 주고 있다. 또한 뉴욕의 하이라인 공원은 성공적인 환경개선 사례로 많이 회자되고 있다. 하이라인 공원은 공원 내부의 공간을 변화시켰을 뿐만 아니라 주변의 거리 환경이나 상권을 크게 변화시켰다. 도시농업은 건조한 도시의 주거공간에서 농작물을 키우고 수확하는 등의 즐거움을 느끼게 해주며 주민 간의 커뮤니

티를 증진시키는 역할을 해준다. 옥상녹화는 도시 내 녹지 양을 증가시키는 역할을 함으로써 생물다양성을 증진시킬 뿐만 아니라 건물 에너지를 저감시키거나 도시 홍수를 막는 다양한 역할을 하고 있다.

국내문헌
· 관계부처합동(2017), 2017년도 국가생물다양성전략 시행계획, 미래창조과학부 · 문화체육관광부 · 농림축산식품부 · 산업통상자원부 · 보건복지부 · 환경부 · 국토교통부 · 해양수산부 · 식품의약품안전처 · 문화재청 · 산림청 · 농촌진흥청, 환경부.
· 김광임 외(1996), 한국의 환경50년사, 한국환경기술개발원.
· 박용하(1998), 유전자 변형된 생물체의 안전성 관리방안, 한국환경정책 · 평가연구원.
· 박용하(2007), 한국의 보호지역 관리체계 개선방향, National Park 2040 International Symposium(July2-3,2007), 국립공원관리공단, p.246.
· 박용하 외(1998), 외래종 유입에 대한 환경정책 추진방향, 한국환경정책 · 평가연구원.
· 박용하 외(2001), 21세기 자연환경보전정책 발전방향, 환경부.
· 박용하 외(2006a), 생물다양성협약의 국가대응체계 구축방안 연구, 환경부, p.235.
· 박용하 외(2006b), 선진외국 보호지역의 관리기법 연구, 환경부, p.199.
· 박용하 외(2014), 제12차 생물다양성협약 당사국총회 개최 및 국제협상을 위한 대응전략 수립 연구(1차), 환경부.
· 박용하 외(2016), 기후변화와 침입외래종의 생태계기반관리 전략, 환경정책 12, pp.149-176.
· 한국환경정책 · 평가연구원(2013), 자연과 인간의 아름다운 공존: 한국환경정책 · 평가연구원 20년사, 한국환경정책 · 평가연구원.
· 환경부(2013), 제3차 국가생물다양성전략(2014~2018).
· 환경부(2015), 환경백서.
· 환경부(2016), 환경백서.
· 환경부(2017), 환경백서.

국외문헌
· Dasmann, R. F.(1968), A Different Kind of Country, The MacMillan Company Press.
· Costanza, R. et al.(1997), The value of the world's ecosystem services and natural capital, Nature, pp.253-260.
· Piementel, D. et al.(1997), Economic and environmental benefits of

biodiversity, BioScience, pp.747-757.
- CBD(Convention on Biodiversity)(2000), Principles of Ecosystem Approach, CBD 5th COP Decision V/6 Part B.
- EC(2010), Soil biodiversity: functions, threats and tools for policy makers, European Council.
- MEA(2005), Millenium Ecosystem Assessment: Ecosystems and human well-being: Biodiversity synthesis, Washington, D.C., World Resources Institute.
- UNEP(2000), Global Environment Outlook, UN Environment Programme.
- Wilson, E. O.(1988), Biodiversity, National Academy of Sciences Press.
- Worldwatch Institute(1999), State of the World 1999, Norton & Co Inc Press.

온라인자료 · 국가생물자원 종합관리시스템, https://www.kbr.go.kr, 검색일: 2017.11.1.

참고문헌   국토환경의 지속가능한 이용

국내문헌 · 김광임(1996), 한국의 환경 50년사, 한국환경기술개발원.
- 모용원 외(2016), 지속가능한 순천만을 위한 보호지역 확대와 정책적 활용을 위한 생태계 서비스 지불제(PES)의 적용, 한국환경복원기술학회, 제19권, 1, pp.171-184.
- 성현찬 외(2013), 국토계획과 환경계획간 연계강화 연구, 국토교통부.
- 전성우 외(2013), 국토환경관리정책 변화와 개발제한구역의 지속가능한 관리방안, 한국환경정책·평가연구원, pp.1633-1846.
- 정부 관계부처 합동(2015), 제 4차 국가 환경 종합계획.
- 환경부(2017), 업무보고.

국외문헌 · Bello-Oragz G. et al.(2016), Social big data: Recent achievements and new challenges, Information Fusion, 28, pp.45-59.
- Bradley, B.A. et al.(2012), Predicting how adaptation to climate change

could affect ecological conservation: secondary impacts of shifting agricultural suitability, Diversity and Distributions, 18, pp.425-437.

- Broughton, R.K. et al.(2012), Describing habitat occupation by woodland birds with territory mapping and remotely sensed data: an example using the Marsh Tit (Poecile palustris). Condor, 114, pp.812-822.
- Butchart, S.H.M. et al(2015), Shortfalls and Solutions for Meeting National and Global Conservation Area Targets, Conservation Letter, 8, pp.329-337.
- Milder, J.C. et al.(2010), Trends and future potential of payment for ecosystem services to alleviate rural poverty in developing countries, Ecology and Society, 15(2), 4.
- Mo, Y. et al.(2017), Applying Topographic Classification, Based on the Hydrological Process, to Design Habitat Linkages for Climate Change, Forests, 8(466), pp.1-19.
- Jeong, S.G. et al.(2016), Mapping riparian habitat using a combination of remote-sensing techniques, International Journal of Remote Sensing, 37(5), pp.1069-1088.
- Jones, K.J. et al.(2016), Incorporating climate change into spatial conservation prioritisation: A review, Biological Conservation, 194, pp.121-130.
- Larsen, F.W. et al(2014), Will protection of 17% of land by 2020 be enough to safeguard biodiversity and critical ecosystem services?, Oryx, 2, pp.1-6.
- MA (Millennium Ecosystem Assessment)(2015), Ecosystems and Human Well-being: Muiltiscale Assessment, Millennium Ecosystem Assessment Series, 4, Washington, DC (Island Press), Google Books.
- Nahuelhual, L. et al.(2013), Mapping recreation and ecotourism as a cultural ecosystem service: An application at the local level in Southern Chile, Applied Geography, 40, pp.71-82.

온라인자료 · 국토환경정보센터, 국토환경지식정보, http://www.neins.go.kr/ltr/balanceddevelopment/doc01a.asp, 검색일: 2017.11.27.

9장

지속가능한
지중환경관리

황상일 · 이정호(한국환경정책 · 평가연구원)

01
서론

지중(地中, subsurface)은 사람들이 자주 사용하는 지하공간 및 시설이 있는 중요한 환경이다. 지중환경은 토양, 지하수 매체가 있고 다양한 기능도 한다. 토양은 오염 정화, 수자원 함양, 탄소저장 등의 중요한 환경적 기능을 한다. 또한 지하수는 없어서는 안 될 수자원이고 수생태계에도 중요한 역할을 한다(황상일 외, 2016). 지중환경은 경제적 가치도 크다. 우리나라 토양은 약 26조 원의 가치를 가지고 있고, 지하수는 약 5조 원의 경제적 가치를 가진다(김홍석, 2008).

오염과 훼손은 지상·지표환경뿐만 아니라 지중환경에도 영향을 미치는 영향요인이다. 지진, 홍수와 같은 자연적 요인과 오염유발시설, 폐수폐출시설과 같은 인위적 시설 요인, 대규모 토목공사와 부적절한 폐기물 처분과 같은 인위적 행위 요인 등에 의해 지속적으로 오염 및 훼손되어 왔다. 지중환경의 오염 및 훼손은 지반 침하, 지하수위 저하, 지반 변형 등 국민의 안전에 영향을 미칠 수 있는 위협을 유발할 수 있으며, 질병, 중독 현상과 같은 건강상의 문제를 야기할 수 있다. 또한 생태계 서비스의 중지, 종다양성 감소와 같은 생태계 훼손에까지 영향을 미칠 수 있기 때문에 효율적인 관리가 중요하다(황상일 외, 2016).

현재 우리나라 지중환경에 대한 법·제도적 관리는 「토양환경보전법」과 「지하수법」 등 두 가지 법에 의해 주로 수행되고 있으며, 개발사업 및 정책계획 수립 시 사전 예방 차원에서 환경영향평가법이 적용되고 있다.

본 장에서는 지중환경을 위해 현재까지 우리나라에서 어떻게 관리해 왔는지 살펴보고, 현 시점에서 이슈 및 문제점을 제시한 후 지속가능한 지중환경의 관리를 위한 향후 정책 지향점에 대해 논하고자 한다. 이를 위해 토양과 지하수 매체를 분리하여 각각의 논의를 제시하고자 한다.

02.
지속가능한 토양환경관리

가. 토양의 역할

토양은 물, 공기와 함께 환경을 구성하는 3대 매체 중 하나이다. 토양생태계는 무생물과 생물의 안정된 평형상태를 유지시킬 뿐만 아니라 홍수의 방지, 수원의 함양, 수질의 정화, 오염물질의 정화, 토사붕괴의 방지, 토양침식의 방지, 지반침하의 방지, 지표 온도. 습도 변화의 완화, 토양생물의 보호, 식생의 보호 등의 기능을 수행한다(박종원, 2010).

나. 지금까지의 토양환경정책

지금까지의 토양환경정책은 「토양환경보전법」 제정 이전과 이후로 나눌 수 있다.

1) 토양환경보전법 제정 이전

우리나라 환경법의 출발점인 1963년 「공해방지법」은 공장이나 사업장 또는 기계·기구의 조업으로 인하여 야기되는 대기오염. 하천오염. 소음 또는 진동 등으로 인한 보건위생상의 위해를 방지하여 국민보건의 향상을 기함을 목적으로 제정된 것으로, 토양오염을 법적 규제의 대상으로 인식하고 있지 못하였다.

토양오염을 최초로 규제대상으로 인식한 것은 1977년 「환경보전법」이었다. 이 법은 대기오염, 수질오염, 소음, 진동, 악취 등과 함께 토양오염으로 인한 보건위생상의 위해 방지를 입법목적으로 규정하였다(제1조). '수질 및 토양의 보전'에 관한 장에서 농경지에 대한 토양오염의 사전예방과 사후관리 조항을 두었다. 특정유해물질에 의한 농경지의 오염방지를 위하여 필요하다고 인정되는 경우 농경지에 유입되는 용수의 수질기준을 정하거나 복토·삭토 등의 조치를 취할 수 있도록 하는 규정(제41조), 그리고 토양이 특정유해물질에 의하여 오염되어 있다고 인정되는 경우 토지소유자 또는 재배자에 대하여 당해 오염지역에 대한 농수산물 등의 재배를 제한할 수 있도록 하는 규정(제42조)을 두었다. 다만 이들 규정에 따른 조치는 특별대책지역 내에서만 이루어질 수 있었다. 1979년 개정법에서는 토양오염방지를 위하여 필요하다고 인정되는 경우 농약의 잔류성 유독물질 함유기준을 정할 수 있도록 하는 규정을 신설하였다(제42조의2).

1990년 「환경정책기본법」, 「대기환경보전법」, 「수질환경보전법」, 「소음·진동규제법」, 「유해화학물질관리법」, 「환경분쟁조정법」 등 환경6법이 제정되면서부터 복수법 체계로 이행하게 된다. 1990년 제정 「수질환경보전법」은 '토양오염방지'에 관한 장을 두어, '농경지 등의 오염방지(제45조)', '농수산물 재배 등의 제한(제46조)', '농약잔류허용기준(제47조)' 등 「환경보전법」이 규정하고 있던 내용을 그대로 계승하였다. 1991년에 개정된 「폐기물관리법」에서는 제47조(폐기물처리시설의 사후관리 등), 제48조(폐기물처리시설의 사후관리예치금), 제50조(사용종료 또는 폐쇄 후의 토지이용제한 등)를 통하여 폐기물처리시설의 사용종료 또는 사후폐쇄로 인하여 발생하는 침출수의 누출, 제방의 유실 등으로 인한 주민의 건강 또는 재산이나 환경에 대한 중대한 위해를 방지하기 위한 규정을 두었다.

2) 토양환경보전법 제정

「수질환경보전법」 등 개별 법률에서 단편적으로 토양오염을 규제하는 것만으로는 효과적인 대처가 곤란하다는 인식이 확대되었다. 이에 1995년 1월 15일 「토양환경보전법」이 제정되면서 토양오염에 대한 종합적이고 체계적인 규제를 위한 기반을 마련하였다.

「토양환경보전법」 제정법은 5개 장, 32개 조로 구성되었다. ①토양보전기본계획의 수립(제4조), ②토양측정망의 운영 및 토양오염우려지역에 대한 토양정밀조사의 실시(제5조), ③석유류 제조·저장시설, 유독물 제조·저장시설 등 토양오염유발시설의 설치신고 및 토양오염방지조치와 토양오염검사의 실시(제11조), ④카드뮴, 비소, 구리, 유기인, 페놀, 유류 등 11종의 토양오염물질(제2조 제2호 및 시행령 제2조)에 대한 토양오염우려기준의 설정 및 토양오염물질의 제거 등 토양오염방지조치명령(제14조, 제15조), ⑤토양오염대책기준의 설정 및 토양보전대책지역의 지정·관리(제16조~제22조), ⑥토양오염의 피해에 대한 무과실책임(제23조), ⑦토양오염조사를 위한 토양관련전문기관의 인정(제11조, 시행규칙 제11조) 등을 규정하고 있었다.

3) 현행 토양환경보전법

현행 「토양환경보전법(2017년 11월 28일 개정 토양환경보전법)」은 총 5장 32개 조 및 부칙으로 구성되어 있다.

제1장 총칙에서는 법의 목적, 용어의 정의, 법이 적용제외 분야, 토양보전 기본계획의 수립 등, 토양오염우려기준, 정보시스템의 구축·운영, 토양오염관리대상시설 등 조사, 토양오염 이력정보의 작성·관리, 토양오염도의 측정 등, 측정망설치계획의 결정·고시, 표토의 침식 현황 조사, 국유재산 등에 대한 토양정화, 토지 등의 수용 및 사용, 타인토지에의 출입 등, 손실보상, 토양환경평가, 토양오염의 피해에 대한 무과실책임 등, 오염토양의 정화책임 등, 토양정화 공제조합의 설립, 토양정화자문위원회, 토양환경센터의 설치·운영 등에 관하여 규정하고 있다.

제2장 토양오염의 규제에서는 토양오염의 신고 등, 특정토양오염관리대상시설의 신고 등, 토양오염검사, 특정토양오염관리대상시설의 설치자에 대한 명령, 토양오염방지조치명령 등, 명령의 이행완료 보고, 오염토양의 정화, 오염토양의 투기금지 등, 위해성평가, 토양정화의 검증, 토양관리단지의 지정 등에 관하여 규정하고 있다.

제3장 토양보전대책지역의 지정 및 관리에서는 토양오염대책기준, 토양보전대책지역의 지정, 대책계획의 수립·시행, 대책계획 시행결과의 보고, 오염토양 개선사업, 토지이용 등의 제한, 행위제한, 대책지역의 지정해체 등에 관하여 규정하고 있다.

또한 제3장의2 토양관련전문기관 및 토양정화업에서는 토양관련전문기관의 종류 및 지정 등, 토양관련전문기관의 결격사유, 토양관련전문기관 지정서 등의 대여 금지, 겸업 금지, 토양관련전문기관의 지정취소 등, 토양정화업의 등록 등, 토양정화업 등록의 결격사유, 토양정화업의 준수사항, 토양정화업의 등록 취소 등, 등록취소 또는 영업정지된 토양정화업자의 계속공사 등, 권리·의무의 승계, 행정처분효과의 승계, 토양관련전문기관 등의 기술인력 교육에 대하여 규정하고 있다.

제4장 보칙에서는 대집행, 관계기관의 협조, 국고보조 등, 보고 및 검사

등, 특정토양관리대상시설 설치현황 등의 보고, 행정처분의 기준, 청문, 권한의 위임 · 위탁 등에 관하여 규정하고 있다.

그 외 제5장 벌칙이 있다.

다. 이슈 · 문제점 및 향후 정책방향

현재의 이슈와 문제점 그리고 향후 정책방향에 대해 논해 보고자 한다.

1) 오염부지 위해관리체계 구축

2013년 강릉 포스코 마그네슘 공장에서 석탄가스 응축수가 저장시설에서 유출되는 사고가 발생하였다. 이 사고로 페놀, TPH, 벤젠, 톨루엔, 자일렌 등으로 토양이 오염되었고 최고 15m 심도까지 오염이 확산되었다. 페놀은 지하수 수질기준의 수십만 배가 초과하였고 TPH와 벤젠도 오염이 확인되었다. 이에 토양과 지하수에 대한 정화 및 오염방지명령이 각각 내려졌고 지표수로의 유출도 우려되어 차단 조치가 이뤄졌다.

상기한 사례와 같이 부지 내 오염은 오염물질 유출, 폐기물 매립 등 다양한 원인에 의해 발생할 수 있고 토양, 지하수 등 동일 부지 내 여러 매체에 영향을 미칠 수 있지만, 현행 제도에서는 각 매체별로 개별법에 의해 따로 관리되고 있다. 토양오염, 지하수오염 등을 매체별로 따로 관리하기보다는 오염부지 개념으로 토양, 지하수 등 부지 내에 존재하는 각 매체들을 통합하여 위해를 관리하는 방향으로의 제도 개선이 필요하다. 오염조사, 정화 등 오염부지의 통합 관리를 통해, 매체별 개별 관리에 따른 불필요한 사회적 비용을 절감하고 위해를 고려하여 보다 건전한 토양 환경을 제공할 수 있다.

2) 오염농경지 관리체계 강화

오염농지에서 재배된 농작물 섭취로 인해 국민건강에 큰 위해를 가할 수 있다. 농지 오염토양 관리에 좀 더 세밀한 관리가 필요하다. 「토양환경보전법」제3조(적용 제외)에서는 "오염된 농지를 「농지법」제21조에 따른 토양의 개량사업으로 정화하는 경우에는 법 제15조의3(오염토양의 정화) 및 제15조의6(토양정화의 검증)을 적용하지 아니한다"라고 하고 있다. 오염 농지를 토양의 개량사업으로 정화하는 경우 토양오염우려기준 미만으로 정화, 적극적 정화방법 채택, 토양정화업자 위탁 정화, 부지 내 정화원칙(반출정화는 예외적으로 허용), 토양정화 검증 등의 다양한 까다로운 절차를 따르지 않는다. 문제는 토양의 개량사업을 누가, 어떠한 절차 및 방법으로, 어떻게 하여야 하는지 「농지법」제21조, 동법 하위법령 및 규정 어디에도 없다는 것이다. 토양의 개량사업의 검증절차 및 방법에 대한 규정도 없다.

이에 오염 농지에 대한 정화원칙, 절차 및 방법, 검증 등의 절차를 따로 규정하는 것이 필요하다. 농경지 특성을 고려한 토양오염기준설정, 정화책임 구분 및 재정지원수단 강구, 농경지로의 오염물질 유입 방지를 통한 토양오염 사전예방수단 채택, 농경지 대상 상시 감시체계 구축 및 시행, 농경지 위해관리기술 개발 등이 향후 추진되어야 한다.

3) 지속가능한 토양환경관리로의 전환

2015년 9월 유엔정상회의에서 세계지도자들이 2030년까지 이루어야 할 지속가능발전목표(SDGs: Sustainable Development Goals)를 채택했고, 2016년 1월부터 공식적으로 효력이 발생했다. 지속가능발전목표 15.3에서는 "2030년까지 황폐화된 토지와 토양(degraded land and soil)을 복원하고, 토지황폐화중립(land degradation neutrality)을 이루기 위해 노력해야 한다"라고 규정하고 있다. 따라서 토양황폐화(soil degradation)를 방지하고 복원하는 체계를 국내법제도에 도입할 필요가 있다.

또한 유럽연합 집행위원회에서 2006년에 추진하였으나 2014년에 철회

한 토양주제전략(soil thematic strategy)은 토양오염뿐만 아니라 토양침식, 토양유기물감소, 토양압밀, 토양염류화(산성화), 산사태, 토양차폐(soil sealing)와 같은 요인을 토양이 가지는 본래의 기능에 심각한 영향을 주는 위협요인으로 간주하여 집중관리를 제안한 바 있다.

이에 토양오염뿐만 아니라 토양훼손(soil damage or impairment)도 같이 관리하여 지속가능한 토양환경관리를 이룰 수 있도록 할 필요가 있다. 이를 위해 「토양환경보전법」뿐만 아니라 「환경정책기본법」, 「자연환경보전법」, 「건설산업기본법」 등 관련법제도를 개선할 필요가 있다.

4) 「토양환경보전법」 전면 개정의 필요성

「토양환경보전법」이 1995년에 제정되어 1996년에 시행되었다. 2018년 1월 현재 법이 만들어진 지 어언 20년 이상 경과되었다. 법 제정 당시에 비해 토양환경과 연계된 많은 부분이 달라졌다. 향후 정책방향을 설정하고 이를 이루기 위한 구체적인 집행수단이 필요한 때이다. 이에 법의 전면적인 개정이 필요하다.

전면개정 시 상기한 오염부지 위해관리체계, 농경지 토양오염, 지속가능한 토양관리 등의 정책방향이 잘 반영되었으면 하는 바람이다.

03
지속가능한 지하수환경 관리

가. 들어가는 말: 지하수 환경의 악화

수원으로부터의 대량 취수 및 정수 후 관로 및 수도관을 통해 물을 공급하는 방식은 이미 일반화된 '상수도'로 자리매김한 지 오래이며, 이에 대한 편리성은 이루 말할 수 없다. 이제 대한민국의 국민이라면 누구나 깨끗한 물을 수도꼭지를 통하여 얻을 수 있고, 이러한 상수도의 보급률은 2014년 기준 98%를 상회하고 있다[1]. 그러나 불과 40여 년 전만 하더라도 우리나라 국민의 2/3는 〈그림 1〉과 같은 펌프를 사용하거나, 두레박을 통해 직접 물을 확보해야 했고, 이 물의 근원은 지하수였다. 당시 농촌은 물론 도심지 주택 부지 내에 이러한 우물을 착정하여 물을 얻는 건 아주 흔히 볼 수 있는 현상이었는데, 이는 수도꼭지를 통한 물 확보가 쉽지 않았다기보다는, 우리나라 지하수의 특성인 매우 양호한 수질의 물을 필요한 만큼 '무료'로 얻을 수 있기 때문이었다. 역사 이래 수천 년간 지하수를 이렇게 사용하다 보니, 우리나라 국민들 대부분 '물은 내가 노력하면 공짜로 얻는 것'이라는 개념이 은연중에 머릿속에 각인되어 버렸다. 자기 집 마당에 우물을 파서 물을 사용하겠다는데, 돈을 낼 필요가 없지 않은가? 그럴 수도 있다. 그런데, 문제는 다른 데서 발생했다.

자료: 구글.

그림 1 • 지하수를 퍼올리는 데 사용되었던 수동 펌프와 두레박

우리나라의 가구에 상수도가 서서히 일반화되기 시작한 1970년대는 제조

---

1) http://theme.archives.go.kr/next/koreaOfRecord/waterworks.do, 검색일: 2017.11.20.

업을 중심으로 한 초고도 성장과 인구의 폭발적 증가가 동시에 발생한 시기였으며, 기계화 영농의 확장으로 인한 경지 증가 및 농산물 대량 생산이 본격적으로 시작된 시기이기도 하다. 자연스럽게 마실 물뿐만 아니라 사회 모든 분야에서 물의 수요가 급증하였는데, 당시 상수도는 사용이 편리한 대신 보급이 많이 되어 있지 않았고, 반드시 돈을 내고 사야 했다. 따라서 상수관로 설치가 안 된 비도심 지역에서는 돈을 내지 않고도 쓸 수 있는 지하수를 더 많이 얻기 위해 관정의 난개발 및 고압 펌프를 이용한 다량의 지하수 채수가 본격화되기 시작했고, 전국적으로 지하수 관정의 개수와 채수 능력은 증가 일로를 달렸다.

농·공산물의 대량 생산은 필연적으로 우리 주변의 환경을 악화를 수반하였음은 자명했으며, 우리나라도 예외는 아니었다. 이에 따라 정부는 1980년대부터 나빠진 공기, 더러워진 하천, 급증하는 폐기물의 처리를 중심으로, 우리 주변에서 '가시적으로' 악화된 환경의 복원 및 보전에 앞장서기 시작했다. 유해 물질의 지속적인 다량 누출에 의한 토양 및 지하수 자원의 오염은 대기나 하천의 오염과 마찬가지로 똑같이 발생하고 있었지만, '보이지 않는' 환경의 개선에 관심을 둘 만큼 우리의 지식과 여유는 매우 부족했다. 올림픽이라는 국가적 행사의 차질 없는 준비를 위해서라도 국내 자연 및 생활환경의 개선은 필수적으로 시행하여야 했고, 그 결과, 80년대 말~90년대 초반까지 상·하수도의 보급과 탈황 및 탈납 화석연료 일반화, 가스 및 지역난방 확대 등을 통해 '눈에 보이는' 하천 및 대기의 환경이 획기적으로 개선되기 시작하였다. 지하수는 여전히 어디서 얼마만큼 사용하는지, 무엇으로 어떻게 더러워졌는지 알지 못했으며, 알려고도 하지 않았다. 당연했다. 설사 일반적인 관심이 대두되었다 한들 관리를 위한 법·제도가 없는데, 뭘 어쩌겠나? 그렇게 세월은 흘렀다.

나. 지하수 환경의 제도권 수용: 지하수법

1991년 3월 낙동강 페놀 유출 사건[2]이 발생하면서, 국민들의 상수도 수질에 대한 불신이 싹트기 시작하였고, 반대급부로 '음용이 가능한 심부 암반지하수'의 관심이 점차 증가하기 시작하였다. 관련 정부부처 역시 하천 취수에 의한 상수도의 대안을 찾고자 노력하였으며, 그 최적 대안이 지하수임을 알게 되긴 하였으나, 이른바 '6하 원칙'에 따른 사용 및 오염 실태뿐만 아니라, 법·제도가 없어 관리가 불가함 또한 알게 된 것이다. 결국 정부 부처 차원에서 지하수 수자원의 국가적 관리에 대한 법·제도의 필요성이 대두되었고, 당시 얼마 되지 않았던 지하수 수량 및 수질 관련 전문가 등에 의해 각종 정책 연구 및 자료 조사, 자문 회의 등을 거쳐 마침내 1993년 12월 건설교통부 소관 지하수법이 제정 공포되었다.

2017년 6월 까지 총 35차례(일부 개정 9차례, 타법 개정 26차례) 개정된 지하수법의 1993년 제정 당시 목적은 '무분별한 지하수 개발로 인한 수원 고갈, 각종 지하수장해를 사전에 방지하고, 효율적인 지하수개발 이용 및 보전'이었으며, '지하수 수자원의 수량과 수질을 분리해서 관리'하는 것이었다. 당시 우리나라 수자원의 관리는 그 형태에 관계없이 건설부가 담당하고 있었으며, 환경부는 처·청 단위로서 한 단계 아래에 있었다. 또한 현재 환경부가 담당하고 있는 업무 기능의 일부가 보건사회부가 담당하고 있었기 때문에, 법령 내 지하수의 수질 관련 조문의 관할이 환경처가 아닌 경우가 많았고, 수량 관리보다 수질 관리 관련 조문이 개수도 많을 뿐만 아니라 수질 관련 조항별 구체성도 뚜렷했다. 또한, 비록 거시적인 선언적 의미이기는 하나 지하수자원이 오염되었을 경우 이를 정화해야 함을 지하수법 내에 조항을 명시하기도 하였다. 이렇게 제정된 지하수법은 이듬해인 1994년 6월 공포되

---

2) 해방 이후 발생한 대한민국 환경 10대 사건 중 1위, http://www.greenkorea.org.

었고, 7월과 8월 관련 시행령 및 시행규칙이 공포되면서 명실상부한 국내 지하수 수자원의 대표적 법·제도로 첫발을 떼기 시작했다. 또한, 지하수법은 수량과 수질의 이원적 관리를 제정 당시부터 명시하고 있었기 때문에, 법을 행정화하는 시행규칙 역시 지하수의 개발 및 이용에 관한 것과 수질 보전에 관한 것으로 이원화되어 운용될 수밖에 없었다.

이후 지하수법은 2005년까지 4차례 개정되면서 지하수 개발 및 이용에 있어서 허가제 및 일정 규모 이상 지하수 개발·이용 시 영향조사를 필수적으로 시행하도록 명시하였고, 지하수 수자원 행정 관리의 다원화 및 소규모 지하수 이용 시설에 대한 신고제도 도입, 지하수 개발 및 정화에 대한 민간 기업 참여를 제도권 하에 수용함으로써, 지하수가 '더 이상 내가 맘대로, 무료로 사용할 수 있는 수자원이 아닌' 공적인 자원임을 제도적으로 명시하기에 이르렀다.

다. 지하수 환경관리의 전개: 수질 관리와 오염 정화

1994년 8월에 공포된 '지하수 수질 보전 등에 관한 규칙'에 의거, 우리나라 지하수 전체의 수질에 관한 제도적 차원의 관리가 시작되었다. 먼저, 비음용 지하수 관정의 수질 관리 및 용도별 규제를 위해 규칙 내 지하수 수질기준(일반오염물질 5종, 특정 유해물질 10종[3])을 생활용, 농업용 및 공업용 지하수로 구분하여 설정, 운용하기 시작하였다. 즉, 지하수 관정을 개발하고 사용하고자 하는 자는 개발 전 사용 용도를 먼저 지정해야 하고, 정기적인 수질 검사를 통해 수질 관리를 해야 함은 물론 기준을 초과할 경우 폐공 조치를 해야 하는 환경적 규제를 받게 되었다. 그다음으로, 지하수 수질 관리 소

---

3) 현재 비음용 지하수 수질기준은 일반오염물질 4종, 특정 유해물질 15종으로 운용되고 있음(법제처, 지하수의 수질 보전 등에 관한 규칙, http://law.go.kr, 검색일: 2017.11.10.).

관 부처의 전국적 지하수 수질 실태를 파악하기 위한 정기적 및 대대적 수질 조사가 시작되었다. '지하수 수질측정망'으로 명명된 이 사업은 원래 환경부에서 토양오염으로 인한 지하수오염의 연계성을 염두에 두고 1992년에 전국 지하수오염우려지역 260지점에 대한 지하수수질 실태조사를 실시하였던 것을 모태로 시작하게 되었고, 이후 1994년 지하수법이 제정되면서 지하수질 측정망으로 전환하여 측정을 하게 되었다. 측정망은 1996년 최초로 환경부장관이 운영하는 지하수오염우려지역 780지점의 측정망과 시·도지사가 도시, 농촌, 자연환경지역 등 일반지역을 대상으로 한 1,241지점에 대한 측정망으로 구분하여 운영하였다. 이후 측정 관정 개수에 있어서 다소 변동이 있긴 했으나 대략 1,700여 개소의 관정에 대한 수질 측정 네트워크를 운영하였고, 2005년부터 타 기관의 국가지하수 관측망을 수질 측정 네트워크에 포함시켜 운영하였다. 2016년 측정망 운영을 보면(표 1), 지역지하수 관측에 국한되었던 지하수 수질 측정이 기능별로 세분화되었으며, 측정 지점도 증가하였음을 알 수 있다.

초기 지하수법 및 관련 행정규칙에는 지하수오염유발시설의 정의, 오염관측정 설치 및 오염방지 조치 시행 등 오염 지하수의 정화에 대해 선언적으로 언급되어 있긴 했다. 문제는 지하수의 수량 및 수질 관리 제도가 채 정착되기도 전에 거대한 오염 사고가 발생했다는 것이다. 1997년 부산 문현동 육군 제2정비창 이전 부지에서 대규모 불법 매립 폐유 및 폐기물이 다량으로 발견되었고 당시 현행법[4]에 따라 복원하지 않으면 안 되는 상황에 놓이게 되어, 관련 제도의 운용에 대한 큰 도전에 직면하게 되었다. 수차례 정밀조사를 통해 부지의 토양·지하수 오염 범위 및 복원 물량을 결정하였고, 2001년 이후 본격적인 정화 시공을 통해 2003년 완료되었다.

---

4) 1995년과 1996년에 걸쳐 제정 공포된 토양환경보전법 및 하위 규정을 일컫는다.

표 1 · 지하수 수질측정망 연혁 ('15년 말 기준, 개소)

| 구분 | 계 | 국가지하수수질측정망 | | | | 지역지하수 수질측정망 | |
| | | 지하수수질전용측정망 | | 타기관관측망 | | | |
		배경수질 전용측정망	오염감시 전용측정망	국가지하수 관측망	농촌지하수 관리관측망	오염우려 지역	일반지역
1999년	1,741	–	–	–	–	781	960
2000년	1,965	–	–	–	–	781	1,184
2001년	1,965	–	–	–	–	781	1,184
2002년	1,997	–	–	–	–	781	1,216
2003년	2,021	–	–	–	–	781	1,240
2004년	2,021	–	–	–	–	781	1,240
2005년	2,314	–	–	293 (441지점)	–	781	1,240
2006년	2,314	–	–	293 (441지점)	–	781	1,240
2007년	2,354	–	–	320 (478지점)	–	781	1,240
2008년	2,367	3 (9지점)	10 (26지점)	320 (478지점)	–	781	1,240
2009년	2,381	6 (18지점)	20 (46지점)	320 (478지점)	–	781	1,240
2010년	2,460	13 (39지점)	27 (60지점)	320 (478지점)	60 (60지점)	781	1,240
2011년	2,521	26 (78지점)	32 (65지점)	348 (511지점)	60 (60지점)	781	1,240
2012년	2,545	58 (174지점)	33 (66지점)	351 (524지점)	60 (60지점)	781	1,240
2013년	2,595	74 (222지점)	39 (72지점)	361 (525지점)	60 (60지점)	781	1,240
2014년	2,648	106 (318지점)	47 (80지점)	374 (539지점)	60 (60지점)	781	1,240
2015년	2,660	141 (423지점)	52 (85지점)	386 (552지점)	60 (60지점)	781	1,240
2016년	2,703	165 (495지점)	55 (88지점)	402 (569)	60 (60지점)	781	1,240

자료: 환경부(2016).

당시 지하수법 및 비음용 수질기준엔 유류가 유해물질도 포함되어 있지 않았고, 부지 내 오염 지하수는 폐수로 처리되어 방류되었다. 이후 2001년 서울 지하철 6호선 녹사평역 내부 실내 공기에서 다량의 벤젠이, 주변 지하수에서 누출된 게 확실한 정제 유류가 다량 검출되어, 오염원을 두고 용산 미군기지의 포함 여부가 논란이 되었고, 국내 주둔 미군 기지의 토양·지하수 오염이 정치적인 쟁점으로 부각되는 계기가 되었지만, 이 당시에도 역시 유류는 물론 논란이 되었던 벤젠도 지하수법상 수질 기준에 포함되어 있지 않았다. 역사상 가장 크고 영향력이 높은 토양·지하수 오염 및 정화 사업이 시행되었는데도 불구하고 지하수법은 목적이 된 오염물질이 명시가 되지 않은 관계로 인해 아무런 제도적 개입을 할 수 없었다. 벤젠 등 휘발성 유기화합물과 총 석유계 탄화수소가 지하수법상 수질 및 정화 기준에 포함된 것은 법 제정 10년이 지난 2003년이었다.

상기 두 사건에서 파생된 각종 경험을 겪으면서 오염 토양의 정화는 제도적이나 기술적으로 수많은 진전을 이루었고, 현재 연간 300여 건의 토양정화명령이 발생하더라도 30여 개에 달하는 각종 법적 규정을 통해 이를 충분히 수용할 만큼 튼튼한 환경 보전 역할을 수행하고 있지만, 이 당시 아무런 개입을 할 수 없었던 지하수법은 이후 오염 지하수 정화 측면에서 토양에 비해 많이 뒤처지게 되었고, 이는 다음 단락에서 언급할 국내 지하수 환경 관리에서 극심한 편향화를 야기하게 되었다.

라. 지하수 환경 관리의 한계: 제도와 경험의 불일치

1) 수질 및 정화 기준의 운용 명확성 부재

현재 운용 중인 우리나라 지하수의 수질 기준 및 정화 기준은 철저하게 규제 위주로 운용된다. 음용이 목적이 아닌 모든 관정은 기준 내 오염물질 항목이 초과할 경우 사용이 중지되고, 지속적인 오염이 발견되면 정화 또는 폐공

처리 되어야 한다. 정화 기준은 오염 지하수의 정화 목표치이며, 16개 항목 중 하나라도 도달되지 못하면 정화는 실패한 것이 된다. 비교적 강력한 규제에 속하긴 한다. 그런데, 강력한 규제를 실시하기 위해서 그 규제의 근거가 매우 명확하고 누구나 수긍해야 하는데, 우리나라의 비음용 지하수 수질 및 정화 기준이 과연 과학적 명확성이나 논리성을 지니고 있는지는 의문이다. 1994년 최초 수질 기준 제정 시 오염물질 항목 및 기준치 설정에 있어서 어떠한 과학적 근거를 토대로 만들어졌는지 현재로선 알 길이 없으며, 문제는 이 당시 수질 기준과 현재 기준이 일부 항목 수가 늘어난 것 빼고는 별반 차이가 없다는 점이다. 또한, 수질 기준이 용도별로 구분되어 용도 변경에 따른 수질 악화의 여지를 현 수질 기준이 제도적으로 뒷받침하고 있는 실정이다. 정화 기준의 경우 사정은 좀 더 심각하다. 정화 기준 내 특정 유해물질 항목의 기준치는 수질 기준과 같으며, 실제 지하수 정화에 있어서 이를 달성하기란 쉽지 않다. 특히, 총 석유계 탄화수소는 수질 기준에는 없으나 정화 기준에는 포함되어 있고, 그 기준치가 정화로서 달성 가능한지 여부가 논란의 대상이 되고 있다.

2) 수질 유지 위주 지하수 환경관리의 한계 도달

오염의 취약성이 높은 환경 매체는 청정성이 유지될 때 사전적으로 규제하는 것이 오염 후 정화하는 것보다 환경 관리 측면에서 더 효율적이다. 우리나라의 지하수 환경관리도 이에 예외가 되지 않았다. 지하수법 및 시행 규칙 제정의 의미를 보아도 알 수 있듯이 지하수가 공적인 수자원임을 제도적으로 명시하였는 바, 이의 사전적 수질 관리 및 규제가 환경 관리 및 행정 명령의 주를 이루었고, 오염된 지하수의 정화는 메인 무대에서 벗어나 있었다. 이같은 정책 기조가 잘못된 건 절대 아니었으며, 실제 지하수 수질측정망의 연차별 운영을 통해 오염 우려 지역과 관심 지역, 배경 수질의 대표적인 지

역 등을 도출하고 그에 맞는 환경 관리 정책을 내놓을 수 있었다. 그러나 전
술한 것처럼 우리나라 지하수 수자원의 이용 증가와 오염은 그 맥락을 같이
하며, 법 제정 훨씬 이전부터 진행되었다는 점에서 국가가 전면적으로 주도
하는 사전 예방적 수질 관리 위주의 지하수 환경 관리가 과연 적절했는가에
대해서는 의문을 가질 수밖에 없다. 지하수 수질측정망 지점 수는 해마다 증
가하여 조만간 3,000여 지점을 초과할 것으로 전망되나, 지난 2013년 이후
3년간 1,000여 건의 토양 정화 명령을 받은 지하수오염유발시설 중 지하수
정화 명령을 받은 시설이 1%도 채 되지 않는다는 건 시사하는 바가 매우 크
다. 예방적 지하수 수질 관리보다 오염 지하수의 시급한 정화가 점점 중요해
지는 가운데, 향후에도 이러한 사전 예방 위주 관리 기조를 지속해야 하는지
다시 한 번 생각해봐야 할 시점이 도래하였다.

3) 너무 많고 넓은 지하수 관정과 관리 지역

사실, 현재 국내에 운용중인 지하수 관정의 수는 아무도 정확하게 알지 못한
다. 대략 100만 공 정도로 추산할 뿐이다. 공교롭게도, 지하수 관정은 전국적
으로 아주 고르게 분포하고 있다. 전술했다시피, 지하수는 법적으로 공적 자원
임을 명시한 상태이다. 공적 자원은 정부 및 공공 기관에서 양적 및 질적 관리
를 하여야 하므로, 지하수 수질도 국가가 관리함은 당연하다. 전국적으로 고르
게 분포하는 100만 개 가까운 지하수 관정의 수질을 현재 소관 부처 및 지자체
의 인적 및 물적 인프라로 적절하게 관리하라는 것은 불가능을 가능하게 하라
고 하는 것과 다름이 없다. 그렇다고 적극적으로 지하수의 수질 관리 및 오염
지하수 정화를 주장하기에는 우리나라 지하수 사용량이 너무 적다(전체 용수
사용량의 10%에 불과하며 그 추세가 지난 5년간 거의 변하지 않고 있다). 조류
독감 및 구제역 등으로 인한 대규모 가축 매몰은 지하수 오염의 또 다른 위협
이 되고 있으며, 오염 지하수 관리 지역은 결국 해마다 증가 일로에 있다.

마. 정책제언

상기와 같은 우리나라 지하수 수질관리의 문제점 및 한계를 극복할 수 있는 거시적 관점에서의 정책은 다음과 같은 것이 필요할 것으로 본다.

첫째, 과학적 근거에 입각한 지하수 수질기준과 정화기준의 재설정이 필요하다. 하천수 및 지하수를 막론하고 물이 음용으로 사용될 경우에는 먹는 물 수질기준을 준용하게 되어 있고, 먹는 물 수질기준은 발암 및 비발암 위해도를 고려하여 철저히 인체 위해성에 근거해 항목 및 항목별 기준치를 산정한다. 현행 지하수 수질기준은 비음용 지하수를 위한 것이고, 음용 이외 목적으로 물을 사용할 경우 나타날 수 있는 인체 위해성은 그 경우의 수가 매우 많다. 또한 비음용 물의 위해성은 인체뿐만 아니라 생태학적인 측면까지 고려해야 하기 때문에, 음용인 경우보다 훨씬 복잡할 수 있다. 조만간 이러한 비음용 차원의 지하수에 대한 위해성을 고려한 새로운 오염물질 항목 및 기준치를 마련하여, 지하수 수질관리의 가장 기본이 되는 근거에 객관성을 부여할 필요가 있다. 좀 더 나아가서는 현행 지하수 수질기준을 먹는 물 수질 기준으로 통일하여 규제 수준을 강화하거나, 하천수처럼 환경기준 개념을 도입하여 수질관리를 현재보다 유연하게 하는 파격적인 제도 도입도 고려할 만하다. 정화 기준 역시 정화 목표치를 일률적으로 정하는 게 아니라, 오염 지하수 부지의 이력과 특성, 장래 전망 등을 고려하여 종합적인 위해성을 충분히 고려한 정화 목표치 설정이 가능하도록 제도를 개선해야 할 필요가 있다.

둘째, 과도하게 사전 예방에 편향된 현행 지하수 수질관리 기조를 타파하여, 오염 지하수 정화와 동등하게 정책 기조를 바꿔야 한다. 지하수 수질측정망의 경우 지난 20여 년간의 연차별 운영을 통해 국가적 차원의 지하수 수질 파악 및 기초 자료 확보라는 정책 목표를 기달성했다고 볼 수 있으며, 우리나라 지하수 수질 관리에 기여한 공헌은 매우 크다. 그러나, 갈수록 다양하고 넓게 드러나는 지하수 오염 현상을 측정망을 통해 관리하는 데는 이미 한계에 이르렀다. 제도로서만 존재하는 오염 지하수 정화의 실질적 이행을 지하수 수질 관리의 주요한 정책 기조로 재설정하여, 아직까지 청정한 수질을 보유한 지하수 부존 지역의 보전과 오염된 지하수가 분포한 지역의 정화 및 복원을 동시에 달성할 수 있도록 하여야 한다.

셋째, 분산형 지하수 수질 관리의 개념을 도입할 필요가 있다. 전술했다시피, 우리나라의 높은 지하수 개발 밀도 및 넓은 관정 분포는 현행 정부부처 및 지자체, 공공기관의 인적 및 물적 자원과 표준화된 제도로 감당하기 쉽지 않음은 지난 20여 년간의 경험에서 드러난 바 있다. 지하수 수질측정망 자료를 분석하여 보면, 기준을 초과된 비율이 10% 미만으로 지속되며, 특정 물질에 집중된다는 특징이 있다. 즉, 지자체의 개별 제도를 적극적으로 개선하여 지자체별 지하수 수질 특성 및 지역을 유형화하고, 특정 오염물에 대해서만 집중적으로 수질 관리 및 오염 정화를 실시하여, 현행 인적 및 물적 자원을 최대한 활용하는 범위 내에서 지하수 수질 관리의 자율성을 지자체별로 보장할 수 있도록 할 필요가 있다.

04
결론

유엔정상회의에서 제안한 지속가능발전목표를 이루기 위해, 그리고 우리나라의 지속가능성을 달성하기 위해 토양황폐화(soil degradation)를 사전에 예방하고 황폐화된 토양을 복원하는 전략을 수립할 필요가 있다. 이에 토양오염뿐만 아니라 토양기능에 훼손을 주는 다양한 위협요인(토양침식, 토양유기물저하 등)을 전 국가적으로 관리해야 할 필요가 있다.

공교롭게도 지하수 수자원은 개발과 보전을 모두 달성하도록 제도적으로 명시되어 있다. 현재 추진 중인 물관리 일원화 정책을 통해 지하수 수자원의 양적 및 질적 관리가 하나의 정부부처 소관으로 통합될 가능성이 큰 바, 사전 예방적 수질 관리에 집중되어 있는 지하수의 질적 관리 기조 유지는 신정부의 지속가능성 달성과 맥락을 같이하기 힘들다. 보다 다원적으로, 보다 유연하게, 보다 거시적인 관점에서 사전 예방 및 오염 정화의 두 마리 토끼를 모두 확보할 수 있도록 지하수 수질 관리 정책 패러다임 전환이 시급하다. 다행히도 지금 이를 소관하는 부처는 변하고 있다.

2017년 5월에 출범한 신정부의 정책 기조는 '지속가능성'이다. 국가의 경제적 발전과 국가의 자연 및 생활환경 보전을 동시에 이루어야 하는, 두 마리의 토끼를 한 번에 잡아야 하는 쉽지 않은 길이다. 토양과 지하수로 대별되는 지중환경의 지속가능성도 상당히 중요하다. 오염과 훼손행위에 대한 적절한 규제를 통해 지중환경을 지속가능하게 보전할 필요가 있다.

참고문헌

국내문헌
- 김홍석(2008), 토양 · 지하수 경제적 가치평가 및 사례조사 연구, pp.90-91.
- 박종원(2010), 토양환경법제의 최근 동향과 쟁점, 환경법과 정책, 제4권, pp.149-195.
- 환경부(2016), 지하수수질측정망 설치 및 수질오염 실태 측정계획.
- 황상일 · 현윤정 · 양지훈(2016), 지중환경관리를 위한 제도 개선방안 연구 (Ⅱ), 한국환경정책 · 평가연구원.

온라인자료
- 녹색연합, 녹색연합 '우리나라 환경10대 사건' 선정, http://www.greenkorea. org, 검색일: 2017.11.26.
- 법제처, 지하수법, http://law.go.kr, 검색일: 2017.11.10.
- 법제처, 지하수 수질 보전 등에 관한 규칙, http://law.go.kr, 검색일: 2017.11.10.
- 국가기록원, 상수도의 역사, http://theme.archives.go.kr/next/ koreaOfRecord/waterworks.do, 검색일: 2017.11.20.
- 토석정보공유시스템, https://www.tocycle.com, 검색일: 2016.5.3.

10장
환경보건정책 10년의 성과와 과제

박정임(순천향대학교), 신용승 · 서양원(한국환경정책 · 평가연구원)

01
들어가는 말

최근 국민들의 소득수준 증가에 따라 삶의 질에 대한 관심이 높아지면서 웰빙, 로하스(LOHAS) 등 지속가능성과 건강을 고려하는 새로운 생활양식이 확산되고 있다. 또한 호흡기질환, 알레르기질환, 특정 지역의 암 발생 등 다양한 건강 이상 증상들이 생활환경 및 자연환경 오염과 연관이 있다는 논의가 확산되기 시작하였다. 그 결과, 환경오염을 포함한 환경유해인자로 인한 건강영향을 파악하고 이를 바탕으로 유해인자를 저감하고 건강피해를 예방하기 위한 '환경보건정책'이 필요하게 된 것이다.

국내 환경정책 분야에서 '환경보건(environmental health)'이라는 용어가 공식적으로 사용된 것은 2004년 환경부 환경정책실에 '환경보건정책과'가 신설되고 나서부터이다. 이후 2006년 환경부는 '환경보건 원년'을 선언하고 「환경보건 10개년 종합계획」을 수립함으로써 본격적인 환경보건정책을 추진하기 시작하였다. 2008년에는 「환경보건법」이 제정되고 2009년부터 시행에 들어갔으니, 본격적인 의미에서 우리나라의 환경보건정책의 역사는 이제 갓 10년이 되었다고 보는 것이 맞을 것이다.

그 10년의 기간 동안 환경보건정책은 유례없이 빠른 속도로 발전하였으며, 그간의 성과도 많은 것이 사실이다. 불과 10년 사이에 환경보건법 이외에 석면안전관리법, 석면피해구제법, 빛공해방지법, 환경오염피해구제법, 가습기살균제 피해구제특별법 등 환경보건 관련 법들이 만들어졌을 뿐 아니라, 라돈관리종합대책(2007~2012), 수은관리종합대책(2011~2015), 잔류성유기오염물질관리기본계획(2012~2016), 나노물질안전관리종합계획(2012~2016) 등 새로운 환경오염물질로 인한 건강피해 최소화를 위한 다양한 정부대책이 마련되기도 하였다. 그러나 이러한 발전과정 이면에는 '가습기살균제사건(2011)', '구미불산사고(2012)'를 비롯한 크고 작은 사건들이 발생하였으며, 이러한 사건들은 환경보건정책의 현주소와 문제점을 되짚어보는 계기가 되었음을 부인할 수 없다.

이 글에서는 지난 10여 년 동안의 우리나라 환경보건정책의 발전과정과 성과와 한계를 짚어보고, '국민건강 보호'라는 궁극의 정책목표 달성을 위해 앞으로 나아갈 방향을 제시하고자 한다.

02
환경보건정책의 발전과정

가. 환경보건정책의 정의와 범위

환경보건정책은 사람의 건강에 영향을 미칠 수 있는 자연환경과 생활환경의 모든 측면에 중점을 둔 공공보건정책의 한 분야로서 수용체인 사람과 생태계를 중심으로 사전단계로는 원인이 되는 환경매체까지, 사후적으로는 질환 발생까지로 매체환경정책과 의료정책과의 중간영역에 놓여 있다. 환경보건정책의 흐름은 기존 매체관리정책이 접근해온 물질 흐름과는 정반대로 수용체인 사람과 질환으로부터 원인인 매체와 오염물질까지 역으로 접근하는 구조가 특징이라 할 수 있다.

자료: 「환경보건 10개년 종합계획(2006~2015)」(2006), 환경부.

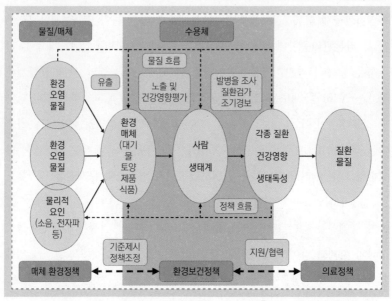

그림 1 • 환경보건정책의 범위와 흐름

우리나라 환경보건법은 "환경오염과 유해화학물질 등이 국민건강 및 생태계에 미치는 영향 및 피해를 조사 · 규명 및 감시하여 국민건강에 대한 위협을 예방하고, 이를 줄이기 위한 대책을 마련함으로써 국민건강과 생태계의 건전성을 보호 · 유지할 수 있도록 함을 목적으로 한다"라고 그 목적을 규정하고 있으며, '환경보건'의 정의를 다음과 같이 내리고 있다. "「환경정책기본법」 제3조제4호에 따른 환경오염과 「화학물질관리법」 제2조제7호에 따른 유해화학물질 등(이하 '환경유해인자'라 한다)이 사람의 건강과 생태계에 미치는 영향을 조사 · 평가하고 이를 예방 · 관리하는 것을 말한다." 즉 우리나라에서 환경보건정책은 사람뿐 아니라 생태계까지를 대상범위에 포함하는 독특한(?) 특징을 가지고 있다고 볼 수 있다. 그러나 실질적으로는 "수용체인 사람의 건강 관점에서 환경오염 등 원인규명에서부터 그 결과인 질환 발생까지를 통합적으로, 사전 예방적으로 다루는 정책(환경부, 2006)"으로 정의함으로써, 생태계보다는 인체 건강에 훨씬 큰 비중을 두고 진행되어 온 것이 사실이다.

나. '환경보건원년' 이전의 환경보건정책

환경보건정책이 본격적으로 수립된 2006년 이전에 우리나라 환경정책에서 환경으로 인한 건강피해 예방과 다소나마 연관이 있는 법과 정책을 살펴보면 다음과 같다.

1) 1980년 이전: 연탄가스, 석탄먼지, 유황가스

1960년대에 들어서기까지 우리나라는 빈약한 경제상황에 놓여있었고 산업기반도 없어 환경문제가 크게 야기되지 않았다. 다만 도시에서 난방연료를 연탄으로 사용하면서 연탄가스(일산화탄소) 중독이나 연탄공장 주변의 석탄먼지로 인한 주민피해 정도가 문제였다. 60년대 이후 경제개발5개년 계획을 바탕으로 한 고도경제성장 정책의 추진과 함께 대규모 공업단지의 공해문제와 인구의 도시집중화로 대도시 환경문제, 농촌에서 농약과 화학비료의 사용량 급증으로 인한 토양 및 인명피해가 나타나기 시작하였다. 당시 환경과 관련된 법으로는 1961년에 제정된 오물방지법과 1963년에 제정된 공해방지법 정도가 있을 뿐이며, 정책적인 관심이나 법 집행 기반이 있었던 것은 아니다.

1970년대에 들어서면서 한강에서 기형물고기가 잡히고, 대장균 오염도 상승, 수인성전염병의 발발 등의 수질오염문제가 제기되었다. 석탄사용량과 황 함유 유류사용의 증가로 대기 중 아황산가스 농도가 기준을 훨씬 초과하였다. 1967년 울산공단에서 배출된 황산미스트에 의한 인근 주민의 호흡기 질환 발생은 최초의 공해사건으로 기록되었다. 1978년 여천광양지역 중화학 공단 지역 어린이들이 원인 모를 피부병에 시달리는 사건이 발생하였다. 환경오염으로 인한 피해를 직접 경험한 국민들 사이에서 환경문제에 대한 인식이 싹트기 시작했다.

2) 1980년대: 88올림픽과 대기질 관리 시작

1980년 환경청의 설립, 1981년 환경보전법 개정과 함께 본격적인 환경정책이 추진되기 시작했다. 86년 서울아시안게임과 88년 서울올림픽 개최를 계기로 하수처리장, 폐수조알처리장 등 환경기초시설에 대한 투자가 늘어나고, 저황연료 및 청정연료 공급, 정유시설의 원유탈황시설 설치 의무화, 자동차 배출가스 규제기준강화, 무연휘발유 공급 등 대기질 개선대책도 본격적으로 시행되었다. 전격적인 환경관리 정책에 힘입어 서울의 아황산가스 오염도가 1980년부터 10년 사이에 절반 수준으로 떨어지고(0.094ppm → 0.056ppm), 한강의 BOD는 5.2mg/ℓ에서 1.2mg/ℓ로 크게 개선되었다.

3) 1990년대: 환경부의 시작과 국제사회 참여

1990년대 들어 우리나라는 기후변화협약, 생물다양성협약, 의제21, 리우선언 등 지구환경보호를 위한 범지구적인 국제사회의 노력에 참여하기 시작하였다. 화학물질 안전관리 등 국제협약의 이행을 위한 국내 정책과 법규를 정비해야했다. 1990년 환경청이 환경처로 승격되었고, 1991년과 1994년의 낙동강 수질오염사고를 겪으면서 보다 강력한 국가 환경정책의 수립과 집행의 필요성이 공유되면서 환경부로 개편되었다. 환경처 격상 직후 제1차 환경개선중기종합계획(1992~1996)을 수립하여 추진하였는데, 자연환경보전, 대기보전, 해양오염방지, 폐기물관리, 환경기술개발, 토양보전, 자원재활용, 지하수관리, 하수도정비 등 환경매체별로 관리정책이 수립되었다. 아직까지는 환경오염 방지와 위생관리 수준의 목표를 설정하여 이행하는 수준이었다.

화학물질안전관리가 국제사회의 새로운 환경문제로 떠오르면서「유해화학물질관리법」을 1990년에 제정하고, 1996년 OECD가입을 계기로 OECD 화학물질 관리규정의 국내 이행을 위한 체계를 갖추기 시작하였다. 1993년 대기환경기준을 강화하고, 1995년부터 오존경보제가 시행되었다.

4) 2000년대: 지속가능발전 실현을 위한 환경정책

21세기는 2002년 요하네스버그에서 개최된 지속가능발전 세계정상회의와 함께 시작되었다. 우리나라도 경제수준이 높아지면서 생활의 질과 환경의 쾌적성에 대한 요구가 커지고, 유해화학물질과 환경성질환에 대한 우려가 급속히 커졌다. 지속가능한 발전을 위한 환경정책의 중요한 한 축으로 선진적인 안전환경 관리체계 구축의 필요성에 확산되었고, 이는 환경보건정책의 본격적인 시행, 유해화학물질의 안전한 관리, 환경으로 인한 건강피해의 구제제도 도입의 계기가 되었다.

한편, 2003년 환경부 조직도에 따르면 환경보건의 분야와 연관 있어 보이는 부서는 대기보전국 산하의 교통공해과와 생활공해과, 폐기물자원국의 화학물질과 정도이다. '사전예방 정책을 통한 건강한 생활환경 조성'이라는 업무목표를 설정한 것으로 보아 문제가 발생하기 전에 예방하는 것의 효율성과 생활환경이 국민건강에 영향을 미친다는 것에 대한 인식이 미약하지만 있었던 것으로 보인다. 다만 체계적이고 구체적인 목표와 전략을 갖춘 정책수준까지는 발전하지 못했다.

다. '환경보건 원년' 이후의 환경보건정책

2006년은「환경보건 10개년 종합계획」이 최초로 수립된 우리나라 환경보건

정책의 원년이다. 이 종합계획수립을 전후로 우리나라 환경보건정책의 10년을 돌아보면 다음과 같다.

1) 환경보건정책 추진을 위한 기반 마련(2004년~2008년)

2004년은 사회적으로 환경오염으로 인한 건강피해 문제가 다양하게 드러난 해이다. 경남 고성군 폐금속광산 주변지역에서 이타이이타이병 의심환자 발병으로 폐광주변지역 주민에 대한 건강피해 우려가 제기되었다[1]. 중앙일보와 환경운동연합이 공동으로 진행한 '환경이 아프면 몸도 아프다' 캠페인은 당시 서울의 심각한 대기오염 수준을 지적하면서 "서울의 공기가 도쿄 공기만 같아도 서울시민의 수명이 3년 길어질 것"이라는 역학연구에 근거한 추정값을 제시하며 국민적은 공감대를 이끌었다[2]. 환경오염과 화학물질 노출에 따른 환경성질환 증가에 대한 국민적 우려, 개인의 건강과 사회의 지속가능성을 중시하는 사회적 분위기 확산 등 환경의 질에 대한 국민의 수요와 눈높이에 대한 답으로 환경부는 환경보건정책과를 환경정책실 산하에 신설하였다. 동시에 폐기물자원국에 속해있던 화학물질과 역시 환경정책실 산하에 화학물질안전과와 유해물질과로 확대하여 신설하였다.

본격적으로 환경보건정책의 목표와 전략을 수립하기에 앞서 기존의 환경보건 수요에 대한 정책으로 다중이용시설의 실내공기질 측정 및 환기설비 설치를 의무화하고, 유해물질 다량방출 건축자재 사용제한의 근거를 마련하는 등 실내공기질 관리대책을 수립 · 추진하였다. 또한 수도권대기질개선특

---

1) 이를 계기로 이후 전국의 400여 개 폐금속광산 지역에 대한 주민건강영향조사사업이 실시되었다. 또한 환경성질환 발병 우려가 제기되었거나 오염물질 배출량이 높은 산업단지 지역의 거주민에 대한 20년 장기 코호트 연구가 시작되었다.
2) http://news.joins.com/article/307259, 환경이 아프면 몸도 아프다.

별법의 효과를 건강편익으로 설명하는 등 기존의 환경매체별 관리정책에 대해서도 정책이행의 결과가 국민이 피부로 느끼는 생활환경의 개선과 연결될 수 있다는 점을 설명하려는 노력을 보이기도 하였다.

전문가, 시민단체 및 관계부처 공무원이 함께하는 '환경보건정책 자문위원회'가 2005년에 구성되어 주요환경보건정책 수립 과정에 적극 참여함으로써 기존에 해보지 않았던 새로운 정책 도입의 신뢰도와 타당성을 제고시키는 역할을 하였다. 이후 구성된 '환경보건포럼'은 정기적으로 국내외 정책포럼을 개최하기도 하였다. '환경보건정책 자문위원회'와 '환경보건포럼'에 참여한 폭넓은 계층 및 분야의 전문가, 시민사회, 이해관계자들이 「환경보건 10개년 종합계획」 수립 과정에 적극적으로 참여함으로써 환경보건 거버넌스 구축의 좋은 사례가 될 수 있었다.

2006년 2월에는 「환경보건 10개년 종합계획」이 수립되었다[3]. 종합계획의 목표는 향후 10년 이내에 우리나라 환경보건의 수준을 선진국 수준으로 향상시키는 것이다. 종합계획은 현행 매체 중심의 환경관리에서 더 나아가 그 환경 중에 살고 있는 수용체, 즉 생태계와 사람에 미치는 환경의 영향까지 염두에 둔 환경관리를 하겠다는 적극적인 의지표현이다. '국민건강보호'라는 환경관리의 궁극적인 목표를 새롭게 강조하면서 실질적으로 그 목표가 달성될 수 있도록 하는 중장기 로드맵으로서, 각종 환경매체 관리계획을 통합하고 조정, 선도하는 가이드라인으로서 종합계획의 의의가 있다. 종합계획은 헌법 제35조의 환경권 구현[4]과 환경정책기본법 제21조[5]에 제시된 다양한 환

---

3) 이와 함께 국립환경과학원에 '환경보건센터'가 설립되었다. 환경보건정책 추진에 필요한 기술(건강영향조사, 역학조사 실시, 환경지표 개발 등)을 연구하기 시작하였다.
4) 헌법 제35조제1항 "모든 국민은 건강하고 쾌적한 환경에서 생활할 권리를 가지며, 국가와 국민은 환경보전을 위하여 노력하여야 한다."
5) 환경정책기본법 제21조는 다양한 환경오염요인으로 인한 건강피해를 예방하기 위한 조치를 마련해야함을

경오염으로부터 국민건강을 보호하기 위한 실행계획이다. 종합계획의 비전은 환경오염으로 인한 건강피해 우려가 있는 국민의 수를 10년 후에는 현재의 절반 수준으로 줄임으로써 환경보건 선진국으로 도약하는 것이다. 종합계획의 기본 원칙은 사전주의원칙(precautionary principle)[6], 수용체 중심의 환경관리, 환경오염에 민감하거나 취약한 계층을 우선 보호, 국민의 알권리와 참여 보장 등이다. ①종합적인 환경보건 정책기반 구축을 바탕으로, ②부문별 환경오염 위험인구 최소화와, ③환경성질환 예방 및 관리를 3대 추진전략으로 설정하였다.

정부차원에서 처음으로 전국의 20세 이상 남녀 2,000여 명을 대상으로 혈중의 납, 수은, 카드뮴 등 3대 중금속 농도를 2005년에 조사하였다. 이 조사는 우리나라 국민의 혈중 중금속에 대한 대표성 있는 기준자료가 확보되었

규정하는 조항들로 이루어져 있다.

제21조(유해화학물질의 관리) 정부는 화학물질에 의한 환경오염과 건강상의 위해를 예방하기 위하여 유해화학물질을 적정하게 관리하기 위한 시책을 강구하여야 한다.

제21조의2(방사성 물질에 의한 환경오염의 방지 등) ①정부는 방사성 물질에 의한 환경오염 및 그 방지 등에 관하여 적절한 조치를 하여야 한다. ②제1항의 규정에 의한 조치는 「원자력법」과 그 밖의 관계 법률이 정하는 바에 의한다.

제21조의3(과학기술의 위해성 평가 등) 정부는 과학기술의 발달로 인하여 생태계 또는 인간의 건강에 미치는 해로운 영향을 예방하기 위하여 필요하다고 인정하는 경우 그 영향에 대한 분석이나 위해성 평가 등 적절한 조치를 마련하여야 한다.

제21조의4(환경성질환에 대한 대책) 국가 및 지방자치단체는 환경오염으로 인한 국민의 건강상의 피해를 규명하고 환경오염에 따른 질환에 대한 대책을 마련하여야 한다.

제21조의5(국가시책 등의 환경친화성 제고) ①국가 및 지방자치단체는 교통부문에서의 환경오염 또는 환경훼손을 최소화하기 위하여 환경친화적인 교통체계의 구축에 필요한 시책을 마련하여야 한다. ②국가 및 지방자치단체는 에너지의 이용에 따른 환경오염 또는 환경훼손을 최소화하기 위하여 에너지의 합리적ㆍ효율적 이용과 환경친화적인 에너지의 개발ㆍ보급에 필요한 시책을 마련하여야 한다. ③국가 및 지방자치단체는 농업ㆍ임업ㆍ어업부문에서의 환경오염 또는 환경훼손을 최소화하기 위하여 환경친화적인 농업ㆍ임업ㆍ어업의 진흥에 필요한 시책을 마련하여야 한다.

6) 종합계획과 환경보건법에 꾸준히 등장하는 precautionary principle은 pre-(사전에) cautionary(조심 또는 주의하는) principle(원칙)으로 '사전주의원칙'으로 번역되는 것이 올바르다. '안전하다고 확인될 때까지 위험한 것으로 간주하고 필요한 조치를 취하는 것'을 이르는 원칙으로 기존 환경정책에 적용하던 preventive principle(사전예방원칙)과는 다른 것이다. 사전예방원칙은 이미 알고 있는 위험, 즉 위험이 확인된 것에 대하여 예방적 조치를 취하는 것이다. 그런데 관련자들이 precautionary principle(사전주의원칙)을 사전예방원칙으로 표기하는 오류를 반복하는 경향이 있다. 단순히 용어사용의 관성에 기인한 착각인지, 정책입안자의 의도적인 번역인지는 확인이 어렵다.

다는 데에 의의가 있다. 조사 결과는 다른 나라와 비교하여 높은 수준으로 검출된 수은에 대하여 '수은관리 종합대책(2006)'을 수립하는 데에 기초자료로 활용되었다. 이 대책에 따라 수은함유 제품 제조·사용실태조사 및 주요 수은 배출원별 노출량 조사 등을 실시하였다. 또한 2008년도에는 대기배출원에서의 수은 배출량을 조사하여 수은 배출기준을 강화하였다. 월경성 수은 감시 및 저감관리를 위한 국제협력을 강화하고, '생산자책임재활용제도(EPR)'를 활용하여 수은 함유 폐기물관리를 강화하였다. 수은관리 종합대책의 일련의 과정은 국민의 건강영향(혈중 수은)을 파악함으로써 환경보건 문제의 심각성을 인식하고 환경부의 다양한 부서 소관의 환경관리정책을 적용하여 문제를 해결해나간 좋은 사례이다. 즉, 환경보건정책과 기존 환경매체 관리정책의 역할과 기여 방식을 보여주었다고 여겨진다.

또한, 대기오염물질이 인체건강에 미치는 피해 또는 대기질 개선으로 기대되는 건강편익을 경제적 측면에서 분석하여 환경오염저감정책의 효과를 정량적으로 평가하고 매체 오염관리정책의 합리성을 제고하는 시도가 이루어지기 시작하였다. 이것은 매체관리 정책의 비용을 환경보건적인 효과로 환산함으로써 환경정책 간의 유기적인 기여를 보여준 사례이다.

기존 환경영향평가제도를 보완하여 개발사업 시행 전에 물리적 환경 영향 이외에 인체건강에 대한 영향까지 평가하는 건강영향평가제도(HIA: Health Impact Assessment)가 시작되었다. 이를 위해 우선, 2006년에는 산업단지조성, 폐기물처리시설의 설치사업 등 사업유형별로 건강영향을 평가할 수 있는 평가기법 개발과 건강영향평가에 필요한 기초자료 DB 구축사업을 추진하였으며, 2007년에는 도로건설, 발전소, 2008년에는 도시개발사업 등 건강 영향이 우려되는 각종 개발사업들에 대하여 단계적으로 건강영향평가지침 마련 및 평가서 작성 시범사업을 확대하였다. 이것은 환경매체 정책뿐 아니라 국토개발 및 기간산업개발 정책 수립 과정에서도 개발사업 시행 과정과 이후에 지역주민의 건강에 미칠 영향을 평가한다는 점에서 환경보건정책의 확대 가능성을 보여준 사례이다.

환경오염이나 화학물질 노출에 특히 취약한 어린이, 산모, 노인을 대상으로 하는 환경보건정책을 시행하였다. 특히 단위체중당 노출량이 많고 행동특성상 노출의 경로가 다양한 어린이 환경건강보호의 필요성을 인식하고, 어린이의 환경권 보호 및 건강하고 안전하게 자랄 수 있는 환경조성을 목표로 2006년 5월에 '어린이 환경건강 보호대책'을 수립·발표하였다. 어린이 놀이터, 보육시설 등 활동공간의 환경안전을 확보하고, 장난감 등 유해제품으로부터 어린이 건강을 보호하며, 어린이 스스로 생활주변의 유해물질 노출에 대비할 수 있도록 교육 및 홍보를 강화하는 것 등의 대책이다. 어린이 대상의 환경성질환 감시체계 구축의 일환으로 '도시, 산단, 농촌 등 유형별 환경성질환 발생 비교' 사업을 추진하였고(2005~2010), 환경오염에 가장 민감한 영유아 및 어린이 건강보호를 위하여 2007년 6월에 아토피피부염, 천식, 소아발달장애에 대해 삼성서울병원, 고려대학교 안암병원, 단국대학교 의료원을 '환경성질환 연구센터'[7]로 지정하였다. 태아기와 영유아기, 산모의 환경노출과 건강영향 실태 파악을 위한 코호트 연구가 2006년부터 시작되었고, 2007년에는 노령인구를 대상으로 하는 건강영향조사를 실시하였다.

유해화학물질에 대한 노출실태 조사와 그로 인한 건강영향 조사가 크게 확대되었다. 2006년부터 한강 등 4대강 하천수, 하수·축산폐수처리장 유입수 및 방류수 등 40개 지점에서 의약물질 17종의 노출실태를 조사한 결과를 토대로 환경 중 의약물질의 배출원 조사, 환경위해성 평가, 폐의약품 회수 등의 사업으로 확대하였다. 2006년부터 전자파 노출인구 산정 및

---

7) '환경성질환 연구센터'는 이후 '환경보건센터'로 명칭을 바꾸어, 매년 지정센터 수를 늘렸고, 2009년 환경보건센터연합회를 발족하였다. 현재 14개 대학 및 병원에 환경보건센터가 지정 운영되고 있다.

건강영향조사를 위하여 2006년부터 일상생활 주요 노출영역인 극저주파(Extremely Low Frequency), 라디오파(Radio Frequency) 대역에 대한 노출인구 및 노출량 산정조사를 실시하였다. 실시 결과는 국내 인체보호기준(정보통신부 고시)에 크게 못 미치는 수준이었으나, 사전예방적 차원에서 전자파 노출로 인한 건강영향평가를 실시하고 노출량저감 등을 위한 조사연구를 기획하였다. 이는 환경보건 종합계획의 원칙인 사전주의원칙을 적용하여 문제를 최소화하려는 시도였던 것으로 볼 수 있다. 생활용품 중에 함유된 유해물질로부터 국민의 건강을 보호하기 위하여 시멘트, 아기 물티슈, 어린이 놀이매트, 어린이장신구, PVC 고무장갑 등에 함유된 유해물질에 대한 상시 모니터링 체계를 구축하였다. 어린이들이 활동하는 놀이터 등에 대한 위해성 평가 및 관리계획을 수립('07.3)하고, 잔류성유기오염물질(POPs)의 안전한 관리를 위해 잔류성유기오염물질 관리법을 제정('07.1)하는 한편, 내분비계 장애물질 조사 · 관리계획을 수립('07.3)하였다. 또한 석면관리종합대책을 수립('07.7)하는 등 특정유해물질 안전관리기반을 마련하였다.

2) 환경보건법 및 환경보건 10개년 종합계획의 시행(2009년~현재)

2008년 환경보건법을 제정하여 환경보건정책의 법제적 기반을 마련하였다. 환경보건법은 2009년 3월부터 본격적으로 시행되었으므로, 법적 근거 이전에 수립되었던 환경보건 10개년 종합계획(2006~2015)을 환경보건법에 근거하여 다시 수립하였고, 5년이 지난 2015년에 수정하였다. 환경보건 10개년 종합계획은 환경보건법 제6조제1항에 따라 10년마다 수립하는 법정 계획이다. 환경보건에 관한 기본적 시책과 목표, 이를 달성하기 위한 환경보건정책의 기본방향 및 세부실천과제를 제시하는 국가기본계획으로 관계 행정기관의 장은 이 계획의 시행을 위해 필요한 조치를 하여야 하며, 저자체장은 이 계획에 따라 관할구역의 환경보건에 관한 계획을 지역환경계획에 포함하여야 한다. 환경부 안에서는 대기, 수질, 토양, 폐기물 등 다양한 환경매체별 계획의 정책 우선순위와 정책 방향, 환경기준 설정의 가이드라인을 제시함으로써 대기, 물, 토양, 폐기물 등 다양한 환경매체 계획을 통합하고 조정·선도하는 역할을 한다. 또한 환경유해인자로 인한 국민건강상 위해의 조사·예방 및 관리를 위한 정책수단을 제시함으로써 환경정책과 보건정책의 최상위 계획인 국가환경종합계획과 국민건강증진종합계획 사이의 사각지대를 해소하는 데에 기여한다.

자료:「환경보건 10개년 종합계획(2011~2020)」(2015), 환경부.

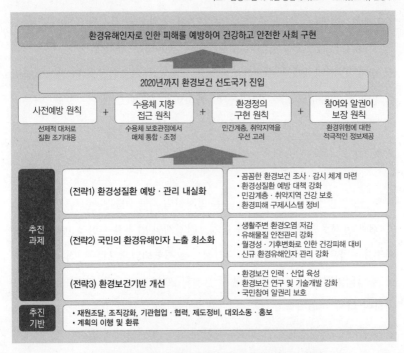

그림 2 • 환경보건 10개년 종합계획의 추진전략 및 과제

환경부는 환경보건 10개년 종합계획을 통해 환경보건 정책 전반에 대한 기본계획을 수립하고, 이를 기반으로 어린이 환경보건 종합계획, 석면관리 기본계획, 라돈관리 종합대책, 빛공해 방지 종합계획, 지하역사공기질 개선

5개년 대책, 생활소음줄이기 종합대책등을 통해 국민생활과 밀접한 관련이 있는 부문별 계획을 수립하여 환경유해인자로 인한 국민건강 피해를 관리 · 예방하기 위한 정책들을 지속적으로 추진하고 있다.

표 1 • 환경부의 환경보건정책 관련 계획의 주요 내용

계획	주요 추진 정책
환경보건 10개년 종합계획 (2011~2020)	• 민감계층 · 취약지역 건강 보호(어린이 환경안전 관리 강화, 학교 환경보건 대책) • 환경성질환 예방 대책 강화(제품에서 기인하는 위해요소 관리 등) • 생활주변 환경오염 저감(대기오염으로 인한 건강피해 예방, 실내공기질 관리 강화, 실내라돈 관리기반 구축, 소음 관리 강화, 빛공해 관리 강화) • 유해물질 안전관리 강화(석면 안전 관리, 내분비계장애추정물질 관리기반 마련) • 월경성 · 기후변화로 인한 건강피해 대비(환경 예 · 경보제 확대) • 신규 환경유해인자 관리 강화(환경방사선 관리기반 구축, 전자파로 인한 위해 관리기반 구축, 환경유해 파장 조사 · 관리 법제화, 환경유해 미생물 관리 기반 구축, 잔류의약물질 및 항생제 내성균의 환경위해성 관리) • 환경보건 인력 · 산업 육성(환경보건 빅데이터 구축 · 개방, 환경보건 정책에 IoT기술 활용)
어린이 환경보건 종합계획 (2013~2017)	• 어린이 용도 환경유해인자 안전관리 강화(친환경 활동공간 기술지원 등) • 어린이 환경보건 인식 제고를 위한 대내 · 외 소통강화(어린이 환경보건 정보시스템 구축 · 운영 등)
석면관리 기본계획 (2013~2017)	• 석면 및 석면함유 가능물질에 대한 관리 강화(사용 및 폐기단계 석면함유 제품 관리 등) • 자연발생석면에 대한 과학적 조사 및 안전관리 실시(자연발생석면 영향조사 및 관리지역 지정 등) • 건축물 전생애 석면안전관리 추진(슬레이트 처리 지원사업 등) • 석면안전관리 기반구축 (석면안전관리 R&D 추진, 석면관리종합정보망 확대 등) • 제2차 석면관리 기본계획(2018~2022) 수립 중

계획	주요 추진 정책
라돈관리 종합대책 (2007~2012)	• 라돈 측정기반 구축(측정방법 및 검 · 교정 시스템 구축, 라돈 실태조사 지침 마련 등) • 전국 실태조사 및 라돈 지도 작성(매체별 라돈 실태조사, 라돈 피폭선량 평가 등) • 라돈 노출 건강영향 조사(노출경로별 건강영향조사, 건강 위해 저감대책 수립 등) • 고노출경로 관리(고위험 건물 라돈 관리지침 개발, 토양 · 지하수 등 이용 지침 마련 등) • 인식제고와 커뮤니케이션 강화(라돈정책협의회 구성 · 운영 등)
빛공해 방지 종합계획 (2014~2018)	• 빛공해 관리체계 구축 및 합리화(빛공해 영향평가 정착 등) • 기술기반 강화 및 중장기 R&D 추진(빛공해 측정 및 평가 시스템 개발, 빛공해 저감 조명기구 개발 및 보급 등) • 교육 및 홍보 강화(좋은 빛 환경 조성사업 등) • 빛공해 관리기술 산업화 및 국제 경쟁력 강화(빛공해 관리기술 성장동력화 등)
제2차 지하역사 공기질 개선 5개년 대책 (2013~2017)	• 미세먼지 관리강화(미세먼지 발생 차단, 모니터링 및 평가시스템 구축 등) • 잔존 석면제거 및 관리 강화(지하역사 석면함유 실태조사 등) • 라돈 저감(역사 내 라돈 유입 방지 등) • 지하철차량 공기질 관리(차량 내 공기질 모니터링 등)
제2차 생활소음 줄이기 종합대책 (2011~2015)	• 사전예방제도 기반 강화(소음지도 작성 활성화 등) • 신규소음원 및 생활공간 소음관리(층간소음 관리, 가전제품 소음등급제 실시 등) • 교통소음 관리(저소음 자동차 보급 확대, 항공기 · 철도 소음 저감대책 등) • 공사장소음 관리(공사장 소음측정기기 설치 확대, 공사장 소음 예측식 및 프로그램 개발 등) • 공장 · 사업장 · 이동소음 관리(사업장 소음 · 진동 진단 및 컨설팅 사업 등) • 조사 · 연구 강화(소음의 인체영향 · 정신건강영향 조사, 소음노출인구 조사 등) • 교육 · 홍보 및 파트너십 강화(소음 · 진동 피해에 대한 지원 강화, 국가소음 정보시스템 확대구축 등)

03
기존 환경보건정책의 성과와 한계

지난 10년간 환경보건법을 기반으로 환경보건 10개년 계획이 수립되고 집행되면서 우리나라 환경보건에는 많은 변화가 있었다. 국민들의 환경보건에 대한 인식과 민감도도 매우 높아졌고, 이에 따라 환경보건정책에 대한 기대도 한층 높아진 것이 현실이다. 환경보건법과는 독립적으로 2011년 석면피해구제법, 석면안전관리법, 빛공해방지법, 환경오염피해구제법 그리고 2017년 가습기살균제 피해구제를 위한 특별법 등이 제정되면서 환경보건정책의 폭이 넓어지고 깊어지는 계기를 맞기도 하였다. 환경부의 국가환경종합계획과 보건복지부의 국민건강증진종합계획의 사각지대를 차근차근 해소하는 역할을 감당하고 있는 것은 애초 환경보건법의 제정 취지에 매우 부합되는 것이기도 하다. 그러나 한편으로는 여전히 덜 체계적이고, 지식과 정책이 축적되지 못하고, 우리나라 환경보건정책이 놓치고 있는 부분이 있는 것은 아닌가에 대한 지적도 있다.

2015년 환경부는 2010년에 수립한 10개년 종합계획(2011~2020)을 수정하였다. 환경보건법 제6조3항에서 종합계획을 세운 날로부터 5년이 지나면 종합계획을 변경할 수 있다는 근거가 있기도 할뿐더러, 종합계획 수립 이후에 불거진 가습기살균제 사고(2011)와 구미 휴글로브 불산누출 사고(2012) 등 새로운 환경보건문제에 대한 내용이 종합계획에 반영되지 못하였기 때문이다. 환경부가 수정종합계획을 발표하면서 자체적으로 평가한 그간의 환경보건정책의 성과는 유해물질 안전관리체계, 환경오염피해자에 대한 구제시스템, 생활주변 환경유해인자 관리체계 마련 등이다.

가. 환경보건정책의 주요 성과

1) 유해물질 안전관리체계 확립

- 「석면안전관리법」 제정(2011.4), '석면관리 기본계획(2013~2017)'을 수립하여 자연발생석면, 건축물 석면에 대한 안전관리 추진
- 「화학물질등록평가법」을 제정(2013.5)하여 유통 중인 기존 화학물질의 독성정보를 확보하고, 발암물질, 생활화학제품의 안전관리 체계 마련
- 「유해화학물질관리법」을 전면 개정(2013.6)하여 선진제도인 장외영향평가·위해관리계획 제도를 도입하고, 화학사고 예방·대응체계 개선
- 수은관리 종합대책(2011~2015), '수은에 관한 미나마타 협약'(2014.9 서명)에 참여하여 수은 배출원 파악, 배출량 저감, 제품의 단계적 폐지 등 추진
- '잔류성유기오염물질관리 기본계획(2012~2016)' 시행, 스톡홀름협약 신규등재물질 규제법제화 등 잔류성유기오염물질 관리 강화
- 범부처 '나노 안전관리 종합계획(2012~2016)'을 수립하여 나노물질의 위해성을 사전에 예방하기위한 연구 착수

2) 환경오염 피해자에 대한 구제 시스템 마련

- 「석면피해구제법」을 제정(2011.1 시행)하여 석면피해자 및 특별유족에게 의료비, 장의비 등 구제급여 지급, 가습기살균제 피해자 지원
- 「환경오염피해구제법」을 제정(2014.12)하여 시설의 설치·운영 과정에서 발생된 환경오염에 의한 피해 보상·배상의 법적 근거 마련

3) 생활주변 환경유해인자 관리체계 마련

- 「빛공해방지법」 제정(2012.2), '빛공해 종합계획(2014~2018)'을 수립하여 조명환경관리구역지정(1곳), 좋은빛 환경조성사업 추진(47개 지자체)

- 어린이활동공간의 환경안전관리기준 확인검사 제도, 어린이용품 내 사용제한 · 금지물질 지정 및 유해인자표시제도 도입
- 영화관, 학원, PC방 등을 「실내공기질관리법」에 따른 실내공기질 관리 영역으로 확대하고, 건축자재에 대한 사전관리체계 마련
- '라돈관리 종합대책(2007~2012)' 수립, 「실내공기질관리법」을 개정하여 라돈 실태조사, 라돈 고노출 지역에 대한 저감사업 추진
- 층간소음기준 제정(2014.6), '층간소음 이웃사이서비스'를 전국으로 확대하여 공동주택 층간소음 관리를 강화하고, 가전제품 소음등급제, 개인음향기기 최대 허용 볼륨 기준 등 마련

4) 환경보건 관련 조직, 연구개발 체계 구축
- 환경성질환에 대한 모니터링, 환경보건 연구, 교육 · 홍보 등을 담당하는 '환경보건센터'를 환경성질환 분야별로 지정 · 운영(2007.6~, 14개소)
- 화학물질안전원, 화학안전관리단, 합동방재센터를 신설하여 화학물질 유출사고 예방 · 대응기능 강화
- '생활공감 환경보건기술개발 사업(2012~2021, 1,792억 원)', '화학사고 예방 · 대응기술개발 사업(2012~2021, 880억 원)' 착수
- 환경유해인자와 질환과의 인과관계 규명을 위하여 어린이 환경보건 출생코호트 착수(2015~)

나. 환경보건 정책의 한계

지난 10여 년간 환경보건 분야에서 많은 발전과 성과가 있었던 것은 사실이다. 그러나 우리나라에서 환경성 질환자는 계속 증가하는 추세이며, 인체 내 유해물질의 수준은 선진국에 비하여 여전히 높은 수준이다. 이는 환경보건 정책이 실패했다라기보다는 아직 정책목표에 도달하기 위해서는 더 많은 시

간과 노력이 필요할 뿐 아니라, 보완해야 할 과제들이 산적해 있음을 의미하는 것으로 보아야 할 것이다. 환경부는 수정종합계획을 수립하면서 그간 환경보건정책의 한계를 다음과 같이 돌아보았다.

1) 환경보건 분야 제도마련에도 불구, 정책의 내실화 부족
- 환경보건지표미(未)개발로 환경보건 상태 측정 · 평가 및 정책 활용도 미흡
- 환경오염과 질환 간 상관성 규명 미흡으로 관련대책 수립 어려움
- 역학조사 등 환경보건 조사결과에 대한 공신력 제고가 필요하고, 환경유해인자로 인한 건강영향조사 결과에 대한 사후조치 · 관리 부족
- 통합위해성평가 결과와 환경기준을 연계하려는 노력이 부족하였고, 지자체의 참여를 통한 환경보건대책 마련과 대국민 서비스 부족
- 환경보건 관련 산업 육성 및 인력 양성 노력이 부족하였고, 환경보건 정보의 통합 · 제공, 국제사회와 교류 · 협력 노력 부족

2) 환경유해인자 관리 사각지대 해소 노력 부족
- 소규모 어린이집 등의 비법정시설 내 환경유해인자 관리와 현장에서의 환경보건 분야 법령이행 · 관리 부족
- 공기, 물, 토양, 음식물, 생활제품 등의 다양한 노출원에서 기인하는 환경유해인자 관리에 있어 관계기관 간 협업 · 융합 노력 부족
- 환경유해인자 조사 · 진단 → 저감 · 시설개선 → 피해구제 전 과정에 걸친 환경보건 서비스 제공체계 미구축

3) 새로운 유해 환경인자에 대한 관리체계 미흡
- 기후변화에 따른 취약 인구집단의 건강대책, 자외선 등 환경유해인자

대응방안, 대기·물환경변화에 따른 건강영향평가 필요

• 전자파, 항생제내성균, 나노물질 등 과학기술 발전에 따른 신규 환경유
해인자 출현에 대비한 상시모니터링 등의 대책 필요

04
환경보건정책 발전을 위한 향후 과제

앞서 지적한 환경보건정책의 한계를 극복하고 환경유해인자로부터 국민건
강을 보호한다는 정책의 궁극적 목표를 달성하기 위해서는 다음과 같은 과
제들을 해결하는 것이 필요하다.

첫째, 환경보건과 간접적으로 관련된 환경부 소관법률 및 정책과의 연계
성을 강화할 필요가 있다. 환경부 스스로도 환경보건종합계획의 위상은 "대
기, 수질, 토양, 폐기물 등 다양한 환경매체별 계획의 정책 우선순위와 정책
방향, 환경기준 설정의 가이드라인을 제시함으로써 대기, 물, 토양, 폐기물
등 다양한 환경매체 계획을 통합하고 조정·선도하는 역할"로 두고 있다. 환
경보건의 문제는 사회적인 생산요구 발생 → 유해인자의 생산 → 환경 중 배
출 → 환경 중 거동 → 인체 노출 → 건강영향 등 일련의 과정을 거쳐 발생한
다. 즉, 환경보건문제의 해결은 이 전체 과정에 적절한 그리고 효과적인 정
책이 개입되어야 문제가 발생하는 것을 예방할 수도, 최소화할 수도 있는 것
이다. 따라서 환경보건정책은 환경성 질환(건강영향) 진단 또는 인체노출 수
준 파악 정도의 범위에 머무르지 말고 관련 정책을 통합하고 조정하여 궁극
적으로 환경성질환 발생을 예방할 수 있는 역할을 강화하여야 한다.

둘째, 관련부처와의 협조 체제를 강화하여야 할 것이다. 환경보건정책은
그 짧은 기간에도 불구하고 환경부의 국가환경종합계획과 보건복지부의 국

민건강증진종합계획의 사각지대를 차근차근 해소하는 역할을 감당하고 있다. 최근 불거진 계란 살충제 문제나 생리대 문제에서 환경부는 농림부와 식약처 사이를 오가며 국민의 환경보건 문제해결의 의지를 제대로 보여주었다. 또한 화학물질 관리체계의 문제나 석면관리의 문제에서도 노동부와 기업체 사이의 역할을 선도적으로 수행한 경험이 있다. 앞으로 발생할 환경보건문제는 더욱 여러 부처에 연관된 문제일 수 있다. 따라서 농림부, 식약처뿐 아니라 환경보건 이슈와 연관되는 관련 부처와의 연계 체계를 제도적으로 정립할 필요가 있다. 환경보건정책 초창기에 보건부와 상시적인 전문가 연석회의를 수차례 가졌던 경험을 떠올려보면 좋겠다.

셋째, 미래사회의 환경보건 이슈 대비를 위한 정책의 기본원칙을 정립할 필요가 있다. 지금까지 환경보건 종합계획은 2006년, 2010년, 2015년 모두 세 번 수립되었는데, 수용체 중심의 원칙-사람생태계 중심의 통합환경관리-수용체 지향 접근은 동일한 내용의 다른 표현으로 읽힌다. 취약민감 계층 보호 우선의 원칙-환경보건 정의 실현-환경정의 구현도 대동소이하다. 참여와 알권리 보장의 원칙-이해관계자 참여 및 알권리 보장-참여와 알권리 보장 역시 비슷하다. 그러나 문제는 사전주의 원칙(2006, 2010)과 사전예방(2015)이다. precautionary principle은 pre-(사전에) cautionary(조심 또는 주의)하는 principle(원칙)으로 '사전주의원칙'으로 번역되는 것이 올바르다. '안전하다고 확인될 때까지 위험한 것으로 간주하고 필요한 조치를 취하는 것'을 이르는 원칙으로 기존 환경정책에 적용하던 preventive principle(사전예방원칙)과는 다른 것이다. 사전예방원칙은 이미 알고 있는 위험, 즉 위험이 확인된 것에 대하여 예방적 조치를 취하는 것이다. 2015년의 수정계획에서 사전주의원칙 대신에 사전예방원칙을 제시한 배경에 대한 명확한 설명이 없어 이것이 단순한 실수인지 아니면 의도된 수정인지 확인하기는 어렵다. 다만 사전예방원칙으로는 정부 스스로도 한계점으로 분석했던 '새로운 유해 환경인자에 대한 관리체계 미흡'의 문제를 극복할 수 없을 것이라는 점이다. 따라서 급변하는 환경여건과 과학기술의 발전과 함께 새롭게 제기되는 다양한 유해우려 요인들에 적시에 대응하기 위해서는 사전예방보다는 사전주의원칙을 유지하는 것이 바람직하다.

넷째, 지역사회 또는 지방정부의 환경보건정책 역량을 강화하는 것이 시급하다. 기후변화나 월경성 환경문제를 제외하고 대부분의 환경보건문제는 지역의 특성에 따라 지역사회 단위에서 발생한다. 폐광산, 산단지역이 그렇고 최근에 다양하기 제기되는 남원 내기마을, 보령 갓배마을, 미군기지 주변 환경문제 등 환경성질환 문제들 역시 지역사회 단위에서 제기되는 문제들이다. 따라서 지역사회와 지방정부의 환경보건정책과 환경보건이슈 해결을 위한 역량강화가 국가 환경보건정책의 목표를 달성하는 데에 필수 선결요건이다. 종합계획에 따라 지방정부의 환경보건정책 수립을 의무화하고, 지역 거버넌스를 구축하고 사업비를 지원하는 등의 노력과 함께 지역사회와 지방정부의 환경보건 전문인력 확충 노력이 함께 지원되어야 할 것이다.

마지막으로 환경보건관리정책의 출발점은 환경유해인자가 발생 또는 존재 가능성을 예측하고, 이에 대한 노출가능성과 노출취약인구를 파악하고, 노출강도, 빈도, 기간을 포함하는 노출특성을 이해하는 것에서부터임을 간과해서는 안 된다. 우리나라 환경보건정책이 환경성질환의 감소를 목표로 시작한 점과 일반 국민들이 환경보건 정책의 시행을 체감하기에 용이하다는 이유 때문에 그간 환경보건정책은 환경성 '질환'에 중점을 두어 온 경향이 있다. 질병 발생의 30% 정도가 환경과 관련이 있다는 것은 주지의 사실이다. 그러나 여전히 특정 질병 발생에 기여하는 요인은 매우 다양하고, 여러 단계를 거쳐서 질병으로 드러나게 된다. 따라서 어떤 질병이 '환경성'인지 여부를 가늠하기 위하여 무엇보다 필요한 조건은 '노출가능성'의 판단이다. 환경부에서 자체적으로 평가한 그간 환경보건정책의 한계점에서도 언급한 바 있는

'환경오염과 질환간 상관성 규명 미흡', '역학조사 등 환경보건 조사결과에 대한 공신력 부족', '환경유해인자 조사진단부터 피해구제까지의 환경보건서비스 체계 미비' 등은 공통적으로 환경유해인자에 대한 납득할 만한 '노출평가'의 부족을 문제의 원인으로 볼 수 있다. 다양한 노출원의 환경유해인자 다양한 환경유해인자에 대한 노출평가가 기술적으로 가능하도록 기법과 기술개발이 독려되어야 할 것이다. 또한 유해인자의 분포특성 때문에 설사 정량적인 노출평가가 불가능한 경우라도 노출가능성 여부를 판단하는 것이 필요하다. 이는 향후 기술이 충분히 발전하였을 때 추가적인 정량적 노출평가를 가능하게 하는 단초가 될 것이기 때문이다.

05
맺음말

'10년이면 강산도 변한다'는 속담도 있듯이 지난 10년 동안 우리나라는 세계적으로도 유례 없는 '환경보건법'이라는 독자적 법률 체계를 갖추게 되었고, '화평법' 제정과 '화관법' 개정을 통해 화학물질관리 선진화의 토대를 확립하였다. 그밖에도 국민 생활과 밀접한 환경유해인자들의 위해성 관리를 위한 수많은 제도와 계획들을 수립 · 이행하였다. 그럼에도 불구하고 가습기살균제 사고, 구미불산 사고 등 국민들의 건강과 안전을 위협하는 사고들이 잇따르면서 박수보다는 채찍을 더 많이 받았던 것으로 기억된다.

일련의 사건 · 사고들을 겪으면서 '케모포비아(chemophobia)'라는 신조어가 생길만큼 화학물질에 대한 국민적 불신과 불안감 역시 그 어느 때보다도 높아져 있다. 가히 환경보건정책의 위기라는 표현이 적절할 정도이다. 그러나 이는 우리 국민들의 환경보건에 대한 관심이 그만큼 높다는 것을 의미하며, 역설적으로 환경보건정책이 주류 환경정책으로 발돋움할 수 있는 기회이기도 하다. 그것이 국민들이 원하는 바이고, 국민의 건강과 안전을 지키는 것은 국가의 기본 책무이기 때문이다. 이제 지난 10년간의 발전성과를 바탕으로 국민들의 건강을 지키기 위한 구체적이고도 가시적인 성과를 낼 수 있도록 노력해야 할 것이다.

참고문헌

국내문헌
- 환경부(2003~2017), 환경백서.
- 환경부(2006), 환경보건 10개년 종합계획(2006~2015).
- 환경부(2011), 환경보건 10개년 종합계획(2011~2020).
- 환경부(2015), 환경보건 10개년 종합계획(2011~2020, 수정계획).

온라인자료
- 법제처, 환경보건법, http://law.go.kr, 검색일: 2017.12.22.

11장
기후변화

온실가스 감축정책 및
에너지 정책 연계 성과와 한계

임동순(동의대학교)

기후변화 적응정책의 빛과 그림자

이우균(고려대학교)

온실가스 감축정책 및
에너지 정책 연계 성과와 한계

01
들어가는 말

지속가능한 경제성장을 위해 에너지의 역할은 매우 중요하다. 에너지와 경제발전의 관계를 연구한 결과들을 살펴보면 대부분의 경우 경제성장에 따라 에너지 사용이 증가하고, 에너지의 공급 여건에 따라 경제성장의 경로가 변화한다는 결론을 도출하고 있다. 1960년대 이후 경제성장이 본격적으로 이루어지면서 우리나라에서도 생산요소로서뿐만 아니라 삶의 질을 제고하는 핵심적인 자원으로서 에너지의 중요성이 크게 부각되어 왔다. 1990년대 이후에는 에너지 수급 구조의 변화, 에너지 산업의 경쟁적 구조 논의는 물론 수요관리의 중요성과 함께 환경과 에너지의 현안이 매우 중요한 과제로 대두되었다.

1980년대 후반부터 본격적으로 부상한 국제환경규제 논의는 오존층 파괴와 관련된 물질을 제한하는 1987년 몬트리올 의정서 채택을 시작으로 1992년 6월 브라질 리우에서 개최된 '지구환경회의'를 통하여 에너지 소비에 의하여 발생하는 이산화탄소(CO_2) 등 온실가스가 장기적으로 기후변화를 통하여 지구 환경에 부정적 영향을 미친다는 인식을 공유하는 수준으로 진전되었다. 특히, 이후 지속된 기후변화협약 당사국 회의를 통하여 CO_2를 비롯한 온실가스 배출규제가 국제적인 핵심 현안으로 등장하였다.[1] 세계 10위권 이내의 에너지 소비와 온실가스 배출량을 나타내고 있는 우리나라에서도 국제적 압력뿐만 아니라 환경과 경제·사회의 조화를 이루는 체계를 달성해야 할 필요성이 당위적인 목표로 부각되었다.

에너지사용에 따른 온실가스, 특히 CO_2의 배출을 억제하기 위해서는 석유와 석탄 등 전통적인 화석에너지의 사용이 규제되어야 하고, 이를 대체하는 신재생에너지로 에너지 수급구조가 변화하여야 한다. 그러나 화석에너지를 전면적으로 대체할 수 있는 수소 이용, 핵융합, 태양에너지 등이 전체 소비에서 의미 있는 비중을 차지하는 데 많은 시간이 소요된다. 따라서 에너지 절약과 함께 신재생에너지 기술을 지속적으로 개발하여야 한다.

이러한 상황을 추진하기 위해서는 산업, 가정 등 개별 에너지 소비주체의 인식변화와 노력이 필요하지만, 당장에 값싼 에너지원을 선택한다는 경제적으로 합리적인 결정이라는 현실적인 문제와 충돌한다. 에너지 정책이 과거 안정적인 수급 관리라는 기본 목표에 환경 관련 정책을 적극적으로 포함하여야 한다는 필요성이 부각되는 대목이다. 특히 온실가스 정책은 당장의 피해를 경제 주체가 쉽게 인식하지 못하는 특성을 갖고 있어 정부의 정책 수단 결정과 수행이 크게 요구되는 분야이며, 또한 규제와 규제 준수의 갈등이 다른 지역적 환경문제와 비교하여 크게 나타날 수밖에 없다.

에너지 사용과 온실가스 규제문제는 경제 전체, 특히 산업 분야에서는 여간 골칫거리가 아니다. 오죽하면 일부 산업부문의 기업들은 공정거래위원회보다 환경부가 더 대응하기 어려운 정부 부처라고 말하기도 한다. 과거 빠른

---

1) United Nations Framework Convention on Climate Change: UNFCCC, http://unfccc.int/2860.php.

성장기에는 산업과 기업 활동에 있어서 환경 관련 규제는 없으면 좋은 장애물 정도로 인식되었다. 산업 활동에 따라 에너지 자원을 사용하고 여러 가지 공정을 거치는 가운데 온실가스 물질이 배출되는 것은 자연과학적인 법칙이다. CCS(corbon capture and storage, 탄소 포집 및 저장) 등 일부 저감 수단이 존재하지만 에너지를 사용한 만큼 온실가스가 배출되기 때문이다. 이에 더하여 대부분의 산업 활동에 쓰이는 에너지, 물질 자원 등은 사용할수록 고갈되어 미래 세대가 제대로 사용할 수 있는 여건이 보다 악화된다. 세대 간 형평성의 문제도 불거지는 대목이다.

이렇게 복잡하고 나서기 꺼려지는 온실가스 감축 문제는 기후변화의 문제가 전 지구적으로 논의되기 시작한 1990년대 초반 이후 본격적으로 논의되기 시작했다. 이후 온실가스 감축과 그에 따른 에너지 부문에 대한 다양한 규제와 정책이 환경정책의 핵심 분야로 부각되었다. 이 글에서는 그동안 우리나라가 수행한 온실가스 정책 경험을 살펴보고, 갈등과 비효율이라는 어두운 구석과 조화와 효율이라는 밝은 구석을 점검하는 관점으로 향후 보다 나은 정책 선택과 정책 수행 방안을 살펴보고자 한다.

02
에너지 부문에서 온실가스 감축. 어떻게 하였나?

가. 정책과 제도 등 시스템을 변경하다

온실가스 감축과 에너지 정책의 연계는 대표적인 환경보존과 지속가능발전의 조화 달성이라는 목표와 부합된다. 특히 우리나라는 압축적인 경제 성장에 따라 주력 산업인 철강산업, 석유화학산업, 시멘트 및 비금속광물의 생산에 있어서 다량의 에너지를 투입 요소로 활용하는 에너지 집약적 산업의 비중이 높다. 또한 에너지 자원 가운데 석유, 석탄 등 온실가스를 다량 배출하는 에너지원이 높은 소비 비중을 차지하고 있다. 따라서 온실가스 감축 문제는 한국에 커다란 영향을 미친다. 이러한 여건 아래 환경부를 비롯한 주요 정부부처는 기후변화에 대응하는 탄소저감과 환경친화적 에너지 체계 구축을 위한 다양한 온실가스 및 에너지정책을 수립하여 추진하였다. 기후변화 등 환경규제 대응을 다음 단계로 진입하는 새로운 발전의 계기로 활용하려는 정책들도 함께 추진하였다.

우선 기후변화 대응을 위한 에너지정책은 1992년 리우국제환경회의에서 논의가 시작되고 1995년 이후 당사국 회의가 지속되고 있는 기후변화협약이라는 대외적 요인이 시발점이 되어 본격적으로 도입하게 되었다. 1997년 주요 선진국들은 합의된 온실가스 감축 목표가 설정된 교토의정서(Kyoto Protocol)를 채택하면서 실질적인 감축 논의가 시작되었고, 우리나라에 대한 압력도 가중되었다. 국내 산업의 많은 부분이 에너지 집약적 산업으로 구성된 우리나라의 산업구조를 고려하면 온실가스 감축의무는 산업경쟁력 측면에서 불가피하게 부정적 영향을 맞게 된다. 그동안 산업용 에너지에 대하여 상대적으로 낮은 가격 수준을 유지하여 석유, 석탄 등 온실가스를 다량 배출하는 화석 에너지 자원의 소비가 지속적으로 증가한 점도 온실가스 감축 대응에 커다란 부담으로 작용하였다.

우리 정부는 기후변화협약에 대응하기 위하여 1998년 이후 관련부처 및 학계, 산업계와 환경정책평가연구원과 같은 전문 연구기관 등이 참여하는 범정부대책기구인 '기후변화협약 정부대책기구'를 설치하고, 1999년 「기후변화협약 대응 제1차 종합대책」을 수립하여 추진하였다. 1차 종합대책에서는 향후 한국의 온실가스 배출전망을 토대로 국제사회에서의 역할분담과 적정 성장유지를 조화시킬 수 있는 협상전략, 온실가스 배출 저감노력 확산, 온실가스 국제거래 참여 방안 구축 등 주요 과제에 대한 대책을 마련하여 온실가스 감축과 에너지 정책이 본격적으로 연계되는 시발점이 되었다(부경진 외 4인, 2013, p.119).

2001년 이후 2007년 기간 동안 4차에 걸친 종합대책이 이어졌고, 2008년 녹색성장이라는 다소 논란의 여지가 있으나 적극적인 성장지향형 온실가스 관리정책 방안인「기후변화대응 종합기본계획」을 수립되었다. 정부는 기후변화에 대응하고 경제성장에 도움이 되는 산업을 신성장동력으로 선정하여 육성하였다. 동시에 국민 전체의 삶의 질 제고와 부수적인 환경질의 개선, 그리고 기후변화 대처를 위한 국제사회 노력에 동참하여 선도적인 역할을 수행하고자 하는 정책을 추진하였다. 당시 정부는 이러한 목표를 달성하기 위하여 특히 에너지 절약과 에너지 기술을 강조하였다. 이와 관련된 세부적인 정책 목표로는 산업부문의 에너지 절약 기술 도입, 공정 개선 등을 통한 에너지 효율 향상, 에너지 관련 R&D 투자를 확대하여 국제 수준의 녹색기술 확보 등을 포함하였다.

2009년 기후변화대응, 지속가능발전, 에너지정책 등을 포괄하는 대통령 소속의 '녹색성장위원회'를 설치하고, 기후변화 등에 체계적으로 대응하기 위해 2010년 1월「저탄소 녹색성장 기본법안」을 제정 · 공포하였다. 이 법안은 아직까지도 온실가스 감축과 에너지 정책 연계의 기본법 역할을 하고 있다. 그러나 지속가능발전이라는 상위 개념을 기반으로 하지 않고 있어 기본법으로서의 위치에 대한 논란이 있다(부경진 외 4인, 2013, p.121).

2011년 제17차 기후변화당사국총회에서 2020년 이후 기후변화협약의 모든 당사국에게 온실가스 감축 의무를 부여하는 것을 주요 내용으로 하는 국제적 합의가 이루어짐에 따라, 산업과 수송 부문 이외에도 비산업 부문에 이르기까지 부문별 온실가스 감축정책의 본격적인 추진이 요구되었다. 소위 신기후체제 협상이 진행되면서 EU는 2030년까지 1990년 대비 온실가스 40% 감축 목표를 승인하였고, 미국은 2005년 배출량에 비하여 2020년까지

17%, 2025년까지 26~28%를 감축하는 목표를 설정했다.

기후변화협약 20차 총회에서는 2020년 이후 각국의 국가별 기여 INDC[2]를 2015년 9월 말까지 제출하기로 합의하여, 2016년 4월 현재 EU 28개국을 포함한 162개국이 국가기여를 국제사회에 제출하였다. 우리나라도 국무조정실 주관으로 2020년 이후의 온실가스 감축 목표 설정작업을 추진하였다. 실무작업 결과를 토대로 감축시나리오 4개를 정부안으로 마련하여 다양한 의견을 수렴하였다. 예상되었던 것과 같이 산업부문에서는 수출경쟁력을 주된 이유로 감축 목표를 보다 완화할 것을 주장하였고, 환경관련 시민단체 등과 UN, EU 주요국 등 국제기구나 주요국에서는 OECD 회원국, 녹색기후기금(GCF: Green Climate Fund) 유치국으로서의 한국의 위상이나 그동안의 경제 성장 및 에너지 소비 등에 따른 배출량 수준 등을 이유로 보다 대폭적인 감축 목표의 설정을 요구하였다.

정부는 각계의 요구를 조정하여 2030년 온실가스 감축목표를 BAU(당시 전망치인 8억 5,100만 톤) 대비 37%로 확정하고 국제사회에 제출하였다. 이후 녹색성장위원회 심의를 거쳐 제1차 기후변화대응 기본계획과 2030 국가 온실가스 감축 기본 로드맵을 확정하여 시행 중이다.

이러한 목표를 달성하기 위한 핵심 분야가 온실가스 감축과 에너지 정책이 연계된 정책이다. 주요 정책 수단으로는 신재생에너지 보급 확대, 에너지 절약 및 에너지효율 개선, 개별 기업별 온실가스 저감 목표의 관리 및 탄소거래시장 설립, 산업부문별 저감 대책의 수립과 추진, 그리고 온실가스 통계 구축 및 국제협력 강화 등을 들 수 있다.

---

2) INDC(Intended Nationally Determined Contributions): 기후변화에 대해 각 국가가 자발적으로 계획한 감축 목표, 추진 계획, 적응 등의 기후변화 대응 및 국제사회 기여 계획. 이후 NDC(Nationally Determined Contributions)로 명칭이 변경됨.

나. 태양과 바람을 얼마나 쓸 수 있을까?: 신재생에너지

신재생에너지 정책은 국내 온실가스 배출량이 에너지 부문에서 화석 연료의 사용 비중이 높은 현실적 제약을 개선하기 위한 접근이다. 따라서 에너지 부문의 온실가스 감축을 위해서는 저탄소 에너지 자원인 신재생에너지 자원의 공급비중을 늘리는 것이 필요하다. 우리 정부는 1997년부터 신재생에너지 기술개발 및 보급을 위한 기본계획을 수립하여 시행하고 있으며, 특히 시장 잠재력이 크고 관련 기술의 도입과 적용이 상대적으로 용이하며, 산업연관 효과도 크다고 판단되는 태양광, 풍력, 연료전지를 3대 신재생에너지 육성 분야로 선정하여 지속적으로 투자하고 있다.

이러한 기술적 접근과 함께 신재생에너지의 보급을 확대하기 위하여 기술별, 지역별로 신재생에너지 보급 목표를 설정하고, 신재생에너지 이용에 따른 가격경쟁력을 확보하도록 다양한 형태의 보조금 지급, 금융적 지원, 세제 혜택, 신재생에너지 기술 및 상용화를 진전시키는 R&D 지원 등을 추진하고 있다. 이러한 정책은 우리나라 신재생에너지 보급에 실질적인 기여를 한 것으로 평가된다. 국내 전체 1차에너지 소비에서 차지하는 신재생에너지의 비중은 1998년 1.03%에서, 2010년에는 2.61% 그리고 2016년에는 3.8%로 꾸준히 증가하였다. 2030년경에는 전체 발전량의 12% 수준에 도달하는 목표를 설정하고 있다. 그러나 폐기물과 수력이 전체 신재생에너지 공급의 70% 이상을 차지하고 있는 한계가 존재하고, 미래에 설정된 신재생에너지의 보급 목표를 달성하는 데 있어서 주요 신재생에너지원의 부존잠재량 규모 논란, 기술적 적용의 한계, 지역 경관 및 부수적 환경 피해와 민원 등으로 관련된 논쟁이 여전히 진행 중이다.

다. 에너지 절약: 중요한 또 하나의 감축 수단

에너지 이용 효율의 개선은 비단 온실가스 감축과 관련된 현안이기 이전에

1970년대 두 차례 석유파동 이후 경제 전반의 어려움을 극복하고 산업경쟁력을 제고하기 위한 노력의 일환으로 꾸준히 이어져 온 정책 수단이다. 하지만 1992년 기후변화협약이 체결되는 시점을 전후하여 낮은 에너지 가격으로 인하여 에너지소비가 급증하면서 무역수지 관리에 어려움이 발생하였다. 이에 우리 정부는 1993년부터 「에너지이용합리화 기본계획」을 수립하여 시행하고 있다. 에너지 절약 관련 정책으로는 에너지절약시설 투자지원 확대, 집단에너지 공급 확대, 에너지기술개발 활성화, 시장친화적인 에너지절약 유도를 위한 에너지가격체계 개선 및 에너지절약전문기업(ESCOs: Energy Saving Companies) 육성 등을 들 수 있다. 직접 규제 방식인 각종 에너지 이용 기기와 설비에 대한 에너지효율기준을 강화하는 정책도 도입되었다. 이에 따라 우리나라의 에너지 집약도(energy intensity)는 1997년 최대치를 기록한 후 꾸준히 감소세를 나타내고 있다.

그러나 기본적으로 명령과 통제 중심의 에너지 이용 효율 개선 수단 중심으로 운영되고 있어, 절약 성과의 지속적인 추세를 견인하는 유인 장치가 부족하다는 한계가 있다. 최근 들어 부분적으로 에너지 가격 재편 등을 통하여 개선되고 있으나 세부적인 제도 내역에서는 여전히 가격 기능이 절약과 절약을 위한 혁신을 충분히 유도하는 수준에는 미흡하다는 논의가 존재한다. 또한 주요국과의 에너지 집약도 비교에 있어서도 기온, 산업구조의 요인 등을 고려하더라도 여전히 큰 격차가 존재하는 것으로 나타나고 있다.[3]

라. 규제와 시장의 활용: 대담하고 적극적인 온실가스 감축

개별기업에 대한 온실가스 감축 관리 정책은 목표관리제와 배출권 거래제를

---

3) 에너지 집약도(toe/1,000USD)를 한국=100 기준으로 비교한 결과에 따르면, 2014년 현재 EU평균은 47, 영국 34, 독일 45, 프랑스 49, 일본 43으로 나타남. 출처: Energy Balances of OECD, IEA 2014.

통하여 분명하게 수행되어 왔다. 초기에는 교토의정서에서 명시한 청정개발체제(CDM: Clean Development Mechanism) 사업을 활용하여 국내외 온실가스 감축투자를 활성화하는 노력이 이루어졌다. CDM도 사업 수행을 중심으로 온실가스 배출 감축에 소요되는 비용을 최소화하는 방식이지만, 보다 시장기구의 역할을 활용하여 감축 비용을 줄이고, 저감 목표를 용이하게 달성하기 위하여, 다양한 논의를 거쳐 2015년 배출권 거래시장을 도입하였다. 배출권 거래제가 도입되기 이전에는 주요 기업을 대상으로 온실가스 · 에너지 목표관리제도(목표관리제)를 시행하여 직접적인 감축 노력을 이미 추진하였다. 목표관리제는 국내 온실가스 배출량의 체계적인 관리와 효율적인 에너지 소비 절감, 온실가스 감축을 위하여 저탄소 녹색성장 기본법을 토대로 2010년 4월 도입되었다. 목표관리제는 국가 온실가스 감축 목표 달성을 위하여 온실가스 다배출, 에너지 다소비 업체(혹은 사업장)를 관리업체로 지정하여 온실가스 감축과 에너지 절약목표를 설정하고 이행하도록 관리해 오고 있다.

표 1-1 • 목표관리제 관리업체 지정기준(저탄소녹색성장기본법 시행령 29조)

구분	업체 기준		사업장 기준	
	온실가스배출량 ($1,000$톤CO_{2eq})	에너지 소비량 (TJ)	온실가스배출량 ($1,000$톤CO_{2eq})	에너지 소비량 (TJ)
2011.12.31.부터	125 이상	500 이상	25 이상	100 이상
2012.1.1.부터	87.5 이상	350 이상	20 이상	90 이상
2014.1.1.부터	50 이상	200 이상	15 이상	80 이상

자료: 환경부(2017), 2017 환경백서.
주: CO_{2eq}=이산화탄소 환산치, TJ=Tera Joule.

목표관리제는 총괄과 관장기관 체계로 운영되며, 총괄기관인 환경부는 제도 운영에 필요한 종합적인 기준, 절차와 지침을 마련한다. 산업과 발전부문

관장기관인 산업통상자원부 등은 소관 부문별로 관리업체를 지정하고 업체별 감축 목표를 설정하며 이행사항을 직접 관리한다. 2010년에 500여 개에 불과하던 관리업체는 2014년 840여 개로 증가되었다가, 2015년 배출권 거래제 시행으로 배출권 거래제 대상업체가 목표관리제 관리대상에서 제외되면서 300여 개로 감소하였다.

2017년 발표된 2015년 감축 목표의 이행결과 65개 관리업체 중 54개가 목표를 달성하여 83%의 목표 달성률을 보였으며, 당초 감축 목표량 20만 톤(예상배출량 531만 톤에서 배출허용량 511만 톤을 감한 양)의 약 3배에 해당되는 54만 톤을 감축하였다(감축률 6.8%).

배출권 거래제는 정부가 온실가스를 일정 수준 이상 배출하는 사업장이나 기업을 대상으로 배출권을 할당하고, 할당된 배출권 범위 내에서 해당 사업장이나 기업의 온실가스 배출을 허용하는 제도이다. 또한 해당 사업장이 초과하여 배출하거나 적게 배출하는 경우 여분 또는 부족 배출권에 대해서 다른 사업장과 자유로운 거래를 허용하여 상대적인 비용 부담을 적게 하는 제도이다. 개별 기업 입장에서는 한계감축비용이 낮은 경우 할당된 배출권 보다 많이 감축하여 배출권을 배출권시장에 판매할 수 있고, 한계감축비용이 높은 경우 직접 감축하기보다는 배출권을 구매하여 비용을 줄임으로써 경제 전체적으로 온실가스 감축비용을 낮추도록 유도한다.

배출권 거래제 시행 결과, 2015년은 기업이 제도 도입 초기의 불확실성 등으로 시장을 관망함에 따라 거래실적이 120만 톤CO_{2eq}으로 저조하였으나, 2016년 들어 배출량 인증을 통해 여유기업과 부족기업이 구분되고, 배출권 정산을 대비하여 수요가 증가하면서 300만 톤CO_{2eq}이 거래되었다.

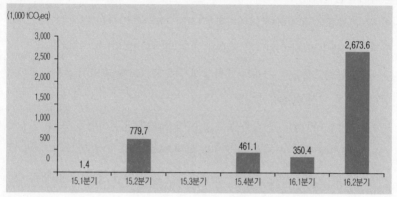

자료: 환경부(2017), 2017 환경백서.

주: CO_{2eq}=이산화탄소 환산치.

그림 1-1 · 분기별 배출권 거래량

정부는 2016년 8월, 할당대상 업체의 2015년도 온실가스 배출량 5억 4,270만 톤CO_{2eq}을 최종 인증하였으며, 이월, 차입, 상쇄배출권 제출 등을 통한 배출권 정산 결과 시장에는 610만 톤CO_{2eq}의 배출권이 남은 것으로 나타났다. 매우 적은 배출권 거래실적에 대해서는 과소할당 또는 과다할당, 시장 초기의 기업의 전략적 행위, 참여 기업 부족과 범위의 제한 등 다양한 요인이 분석대상이 된다.

마. 온실가스 감축은 제대로 된 통계와 국제협력으로

온실가스 배출량에 대한 정확한 정부가 부족한 경우 정책의 실효성이 크게 약화될 뿐만 아니라 규제 대상 기업의 정책 준수도 어려워진다. 정부는 이러한 문제를 인식하고 온실가스 배출량 등 관련된 통계 체계를 확립하고, 국제 협상에 대비하여 온실가스 통계의 신뢰성과 안정성을 확보하기 위해 온실가스 통계를 국가 통계로 지정하였다. 이를 바탕으로 온실가스 총 배출량에 대한 통계의 작성 및 관리, 발표에 관한 법적 근거를 확보하고 온실가스 통계 구축사업을 꾸준히 추진하고 있다. 2010년 온실가스종합정보센터를 설립하여, 국가 전체의 온실가스 감축 정책을 안정적이고 투명하게 추진하기 위하여 농업, 산업 등 대부문별, 그리고 부문 내 업종별로 구분되는 온실가스 감축 목표를 설정하고 통계를 확보하고 있다. 중·장기적으로는 경제 주체별로 온실가스 배출을 관리하고, 기후변화 관련 국제협력 등에 활용 정책에 활용하고 있다.

우리나라는 경제규모 및 온실가스 배출규모가 상대적으로 높은 수준을 나타내고 있어 감축의무 부담으로 인한 경제 성장 둔화 가능성을 관리하기 위해 노력하고 있다. 또한 온실가스 감축기술과 효율개선 중심의 국제협력 강화하여 의무부담의 충격을 완화하는 한편 개도국 시장의 진입도 꾸준히 추진하고 있다.

기타 에너지 관련 온실가스 감축 정책은 자동차 평균 온실가스와 연비 기준을 강화하고 온실가스가 배출되지 않는 무공해자동차를 보급하는 정책으로 시행 초기 파격적인 보조금을 통하여 정책 효과 달성을 위하여 노력하고 있다. 향후 보조금 정책의 지속 여부, 국민적 인식의 변화 등이 최종적인 성공의 관건으로 판단된다. 가정과 상업 등 비산업부문에서 수행되고 있는 정책 접근으로는 전기, 상수도, 도시가스 및 지역난방 등의 사용량 절감에 따른 온실가스 감축성과를 일정한 기준의 포인트로 환산하여 인센티브를 제공하는 탄소포인트(Carbon Point) 제도와 제품과 서비스 전 과정(life cycle)에서 발생하는 온실가스 배출량을 이산화탄소 배출량으로 환산하여 제품에 표시하여 소비자의 친환경소비를 유도하는 탄소성적표지제도 등을 들 수 있다. 이러한 정책 접근은 실제 감축량 성과와 함께 전반적인 온실가스 감축에 대한 인식 증진을 통하여 미래 경제주체에게 신호를 지속적으로 전달하는 효과가 있다.

03
글을 마치면서

에너지절약 및 효율 제고 정책은 1970년대 석유파동을 겪으면서 시작되었고 에너지이용합리화기본계획을 통하여 체계적으로 유지되고 있다. 주요 정책 수단으로 채택된 에너지 절약시설 투자에 대한 초저리 융자지원 확대, 고효율기기 제조업 육성 및 기술개발 추진, 자동차 부문과 연계되는 연비제도 등 에너지 효율관리제도는 꾸준히 강화되었고 상당한 감축 성과를 나타낸 것으로 판단된다. 그러나 지원과 보조 그리고 규제와 감시 정책수단의 균형, 경제 주체의 효율 개선 의지를 적극적으로 유도하기 위한 인센티브 구조가 보완되어야 한다. 또한 제도적 어려움 등으로 감축 잠재량이 더 큰 중소기업에 대한 융자와 지원 등의 혜택이 미흡하다. 지속적으로 강조되어 온 에너지 및 온실가스 분야 대·중소 상생협력도 우리나라 하청구조와 비대칭적 협상력으로 인하여 크게 효과를 나타내기 어려운 점이 있다. 전기차 보급을 위한 보조금 제도 등은 시행 초기 마중물 효과를 위해 필요하지만 향후 시장의 신호가 자생적으로 형성되기 위해서는 비교적 명확한 정책 로드맵과 정책 세부 내용에 대한 제시가 선행되어야 한다.

수입에너지를 대체하고, 온실가스 감축도 달성하는 신재생에너지는 매력적인 에너지 부문 온실가스 감축 정책이다. 그동안 3차에 걸쳐 시행된 신재생에너지 기본계획을 바탕으로 국내 부존 잠재량을 고려하여 목표를 설정하고, 관련된 기술개발, 산업육성, 시장창출 성과는 긍정적으로 평가된다. 그러나 에너지 공급 구조 전반에 걸쳐서 판단하면 상대적으로 원자력과 석탄의 비중이 높고, 신재생에너지 문제를 입지와 생산비용 등 단기적인 시각에서 논의하고 있다는 점을 외면하기 어렵다. 신재생의 문제는 세대 간의 형평성을 포함하여 폭넓게 논의되어야 하는 정책 분야로 판단된다. 또한 풍력과 태양광과 같이 생산단가에 대한 정보가 변화하는 신재생 에너지 분야는 지속적으로 기술진보와 적용가능성에 대한 유연한 판단이 필요하다. 풍력과 태양광 이외에 바이오매스, 조력, 소수력, 지열 등 비교적 각광을 받지 못하는 세부 신재생 분야에 대해서도 선도적인 관심과 준비가 요청된다. 에너지 관련 온실가스 감축 정책수단에 있어서 신재생에너지 분야는 입지와 부존자원 잠재량의 한계라는 그림자에도 불구하고, 온실가스 감축, 에너지원 확보 이외에도 고용 및 수출과 성장동력 등이 포함되는 미래 지향적 선택이라는 밝은 점이 명확하게 대칭되는 분야라고 할 수 있다.

온실가스 감축 수단으로 산업 활동에 직접적으로 적용되는 목표관리제와 배출권 거래제는 제도의 성공 여부가 참여 당사자의 선택과 기대에 크게 의존한다. 특히 두 감축정책이 구체적인 산업 활동에 대하여 명시적인 감축량 또는 할당량을 설정하고, 대상기업에 대하여 현재 비용부담과 미래의 기대 비용부담을 예측하여 거래할 수 있도록 한 정책 수단이기 때문에 이해관계가 첨예하게 대립하게 된다. 제도의 도입보다는 제도 내 세부 사항이 정책당국과 산업 전체 또는 개별 산업 간 감축설정 목표의 정당성과 형평성 논쟁을 유발한다. 대체로 산업부문의 입장이 포획 수준으로 반영되지는 않은 것으로 평가된다. 그러나 온실가스 규제의 장기적 목표 설정과 안정적인 정책 수행이라는 관점에서 정책 당국은 규제 목표 설정에 있어서 정책의 일관성을 위해 보다 긴 호흡으로 견고한 입장을 유지할 필요성이 있다.

우리나라의 에너지 관련 온실가스 감축 정책은 현재까지는 미국, 유럽 등과는 달리 지역적 네트워크를 통하여 효율성을 기하기는 어려운 고립된 구조에서 수행된다. 따라서 주요국뿐만 아니라 개도국과의 적극적인 협력을 통하여 안정적인 에너지원의 확보, 온실가스 국제시장기구의 활용, 향후 성장동력 산업의 수요처 확보 등의 관점에서 협력의 다양성을 구성해야 한다.

마지막으로 에너지 관련 온실가스 감축 정책수단으로 가격 기구의 이용과 직접 규제 수단을 균형 있게 활용하고, 다른 경제 및 산업관련 정책과 조화롭게 수행해야 한다. 물론 두 범주의 수단이 서로 영향을 미치거나 혼재되는 상황이 불가피하게 발생한다. 배출권 거래제와 같이 제도 자체의 성격이 본래 그러하기도 하다. 에너지의 수급체계 안정, 국제 에너지 및 온실가스 협력, 온실가스 감축도 에너지를 요소로 사용하는 산업과 에너지 시장 자체의 반응과 선택에 의하여 그 효과가 결정된다. 이러한 정책의 골격은 기본적으로 정부의 정책적인 판단에 달려 있다. 그동안 우리나라의 에너지 관련 온실가스 정책은 정책적, 정치적으로 크고 작은 영향과 어려움에 적응하면서 수행되어왔다. 과거 정책 경험의 어두운 면은 개선하고 밝은 면은 보다 발전시키는 노력이 필요하다.

기후변화 적응정책의
빛과 그림자

01
기후변화 적응은 사회적 공감대에 기반해야 한다

2011년 세계기상기구(WMO: World Meteorological Organization)는 2002~2011년을 역사상 가장 무더운 10년으로 공표하였다. 4년 뒤, 2015년은 관측이 시작된 1880년 이래 가장 따뜻한 해로 기록되었으며, 바로 1년 뒤 2016년에 이 기록은 또 갱신되었다. 이러한 전 지구적인 기온증가 현상은 우리나라에서도 관측되었다. 2016년의 평균기온은 평년보다 1.1℃나 높았으며, 이는 1973년 이후 가장 높은 평균기온으로 기록되었다. 우리나라는 최근 10년('06~'15)간 자연재해로 인해 약 16만 3,120억 원의 경제 손실을 입었으며(재산피해액: 5만 4,774억 원, 피해 복구액: 10만 8,348억 원), 이는 같은 기간 전체 GDP의 약 0.13%인 것으로 확인되었다.

한국 사회가 지닌 기후변화에 대한 위기의식은 세계 어느 나라보다도 높은 편이다. 한 통계조사에 따르면, 우리나라 국민의 85%가 기후변화를 중대한 위협으로 인지하고 있는 것으로 나타났다(그림 2-1). 이러한 높은 국민적 지지를 기반으로, 우리나라의 기후변화 대응 정책은 정치적 합의를 지닌 정책으로 전개되었다. 또한, 우리 정부는 신재생에너지, 스마트그리드 등 녹색기술

분야를 신성장동력으로 육성하는 산업정책을 추진하며, 기후변화의 위기를 기
회로 삼아 미래 국가경쟁력을 확충해 나가기 위해 노력해 왔다. 이러한 한국의
종합적인 기후변화 대응은 국제사회에서도 모범적이라고 인정받아 왔다.

자료: Pew Research Center, 2013 Global Attitudes Survey.

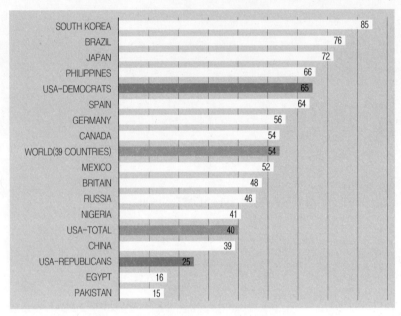

그림 2-1 • 기후변화를 주요위협(Major threat)으로 인지하는 비율(%)

그러나 우리나라는 국제 기후변화 대응행동 연구기관들로부터 사우디아라
비아, 호주, 뉴질랜드와 함께 '2016년 기후 악당' 국가로 지목됐다. '기후 악
당 국가'는 기후변화 대응에 가장 무책임하고 게으른 국가를 말한다. 주된 이
유로는 1인당 온실가스 배출량의 가파른 증가 속도, 석탄화력발전소 수출에
대한 재정 지원, 2020년 온실가스 감축목표 폐기 등이 지적됐다. 이와 함께
기후변화에 대응하기 위한 '실천' 또는 '이행'은 정부, 사회, 민간 모두에서 낮
은 편으로 평가되고 있다. 따라서 우리나라의 기후변화 관련 정책과 현 상황

을 다시 한 번 면밀하게 검토해 볼 필요성이 있다.

기후변화에 대응하기 위한 적응정책수립 및 이행측면에서 보면 다음과 같은 두 가지 큰 특징을 발견할 수 있다.

- 공간적으로 보면, 기후변화의 원인은 전 지구적인데 반해, 그 영향은 지역적으로 발생한다.
- 시간적 측면에서는, 기후변화의 원인은 과거로부터 장기간에 걸친 것이나, 그 영향은 현재 또는 미래에 단기간 발생한다.

이러한 두 가지 특징으로 인해 기후변화 피해에서는, 피해자는 있는데 가해자가 없는, 또는 가해자를 찾기 어렵다는 문제점이 있다. 이로 인해 일반적인 환경문제처럼 수혜자 또는 원인제공자 부담의 원칙 등과 같은 구체성을 갖는 정책을 수립하기가 어려운 것이 현실이며, 결국 사회 및 국제적 공감대를 형성해 가는 적응대책을 마련하는 것이 일반적이다.

필자는 2013년과 2017년 두 차례 새정부의 기후변화적응정책에 대한 한계와 방향에 대한 발표를 한 바 있으며(이우균, 2013, 2017), 본고에서는 이 두 차례의 발표자료와 원고를 재구성 및 보완하여 '우리나라 기후변화 적응정책의 빛과 그림자'를 논하고자 한다.

02
기후변화적응대책의 빛과 그림자

가. 국가기후변화적응대책의 빛

오늘날 국제사회는 성장지상주의적 시각에서 탈피하여 기후변화대응에 주목하고 있으며, 몇몇 국가들은 기후변화 관련 국제협약의 준수와 지속가능한 발전을 위해 법제도를 정비하고 있다. 예컨대, 미국은 「청정에너지법」, 독일은 「온실가스 배출권거래에 관한 법률」, 일본은 「지구온난화대책의 추진에 관한 법률」 등을 제정하여 기후변화의 주된 원인인 온실가스를 감축하기 위한 노력을 기울이고 있다. 우리나라는 기후변화에 대응하기 위한 국제협력체에 적극적으로 협력하는 한편, 경제와 환경의 조화로운 발전과 기후변화로 인한 영향을 최소화하고 국민의 안전과 재산을 보호하기 위해 2010년에 「저탄소녹색성장기본법」을 제정하여 기후변화에 대응하고 있다.

우리나라는 제1차 국가기후변화적응대책(2011~2015)을 이행하였다. 1차 대책의 가장 주요한 성과는 국가차원의 기후변화 적응 추진 기반체계를 마련했다는 것이다. 「저탄소녹색성장기본법」 제48조 및 같은 법 시행령 제38조에 명시된 기후변화 적응을 위한 국가적 추진사항을 구체화하였으며, 중앙부처 및 지자체 단위 기후변화 적응대책 세부시행계획 수립·시행으로 국가단위 기후변화 적응 실현 및 대책을 현실화하였다.

이 외에도 기후변화 적응정책의 과학적 근거 및 활용의 핵심 자료인 전지구 고해상도 국가 기후변화 표준 시나리오 산출 및 1㎞ 고해상대 남한 상세 시나리오를 구축하여 배포하였으며, 기후변화 적응 관련 최초의 법적대책 마련과 적응관련 교육·홍보를 통해 기후변화 적응국가의 위상을 제고하였다. 이어 2015년에 수립된 제2차 국가기후변화적응대책(2016~2020)을 2017년 현재 이행하고 있다.

나. 국가 기후변화적응 대책의 그림자

1) 저탄소 녹색성장이 지속가능발전에 앞설 수 없다

「저탄소 녹색성장 기본법」은 기후변화문제를 인식하고 온실가스 감축을 목표로 하고 있다는 점에서 의의가 있으나, 이상기후 및 기후변화 대응과 관련된 관점에서 몇 가지 문제점이 존재한다. 먼저 법 자체에 대한 논란이다. 동법이 제정되면서 구 「지속가능발전기본법」은 「지속가능발전법」의 일반법으로 변경되었고, 주요 내용 또한 「저탄소 녹색성장 기본법」으로 이관되었다. 그러나 역사적으로 볼 때, 지속가능발전은 '환경'과 '성장' 두 요소를 중심으로 발생한 개념이다. 이에 따라 녹색성장의 테두리 안에 지속가능발전을 포섭할 수 있는지 여부에 대해 근본적인 의문이 제기되고 있으며, 이는 「에너지법」과의 관계에서도 마찬가지이다(한국법제연구원, 2013). 이러한 관련법들 간 관계에 대한 문제는 국가적인 기후변화 대응 및 적응역량 강화를 위해 반드시 해결되어야 할 문제로 사료된다.

2) 기후변화적응(adaptation)을 감축(mitigation)보다 소홀히 해서는 안 된다

현 기후변화대응법제는 감축과 적응이라는 기후변화 대응의 두 축 중, 감축에만 중점을 두고 있다. 이러한 한계점은 녹색성장기본법 제38조 기후변화 대응의 기본원칙에서도 잘 나타나 있다. 동 조항에 따르면 '감축'에 대한 규정은 있으나 '적응'에 대한 언급은 찾아볼 수 없다. 이는 녹색성장기본법 전반에 공통된 사항으로 적응에 대한 조항은 제48조(기후변화 영향평가 및 적응대책의 추진) 단 한 조에 그치고 있다. 이상기후와 기후변화 대응에 있어서 적응의 중요성이 전 세계적으로 강조되고 있기 때문에, 이는 반드시 개정이 필요하다고 사료된다.

3) 기후변화적응은 과학적 성과에 기반해야 한다

제1차 국가기후변화적응대책은 기후변화에 대한 과학적인 결과와 정책의 연결이 미흡했다는 한계점이 있었다. 이에 제2차 적응대책은 IPCC AR5의 기후변화 리스크 관리체계 동향에 따라 기후변화 리스크 관리 개념을 도입하여, 기후변화 과학의 연구 결과를 리스크와 연계시키기 위해 노력하고 있다.

또한, 사회 전반에 대한 영향이 큰 리스크에 대한 저감정책을 우선적으로 마련하는 방법으로 과학기반과 정책을 연계시키려고 노력하였다. 그럼에도 불구하고 여전히 전반적인 정책 의사결정 과정에 과학적인 연구 성과가 반영되고 있지는 못한 상태이다.

4) 기후변화적응은 거버넌스(Governance)가 필수적이다

우리나라는 기후변화 적응정책의 법·제도적 기반을 조성하여 국가(중앙) 및 지자체(광역/기초) 차원에서 기후변화 적응대책을 수립·시행 중에 있다. 특히, 처음 시행하는 지역 단위 기후변화 적응대책의 원활한 추진과 역량 향상을 위하여 국가(환경부·국가기후변화적응센터)에서는 지자체의 계획수립·이행과 관련된 필요사항을 지속적으로 지원하고 있다. 이와 같은 제도적 추진기반과 국가의 지원 노력 등을 통해 관계부처 및 지자체의 적응인식과 계획수립 역량이 향상되고 있으나, 여러 적응분야의 정책과 주체 등이 상호 연계된 통합적인 거버넌스 체계 마련·운영은 활성화되어 있지 못한 상태이다. 또한, 계획수립 이후 적응목표에 따른 종합적인 성과관리 체계가 미흡한 것으로 판단된다. 적응대책 수립 및 이행을 위한 중앙정부, 광역지자체, 기초지자체의 역할 구분이 분명하지 않아 실제적인 적응대책 이행과 행동이 부재한 상황이다. 결국, 이는 한국 사회가 지닌 기후변화 인지와 이에 대한 위기의식은 세계적 수준이나, 그 이행은 후진성을 면치 못하는 결과를 초래하고 있다.

다. 기후변화적응이 어려운 이유

지난 정부와 현 정부의 기후변화 적응 대책을 분석한 결과, 제도보다는 이행 측면에서 더 큰 한계와 문제를 갖는 것으로 파악되었다. 이러한 문제가 야기된 가장 큰 원인 중 하나는, 기후변화라는 문제가 가진 '특징' 때문이다. 기후

변화는 다른 문제와는 달리, 공간적 관점에서 보면, 원인은 전 지구 차원이
지만, 영향 또는 피해는 지역적 차원에서 일어나는 특징을 지니고 있다. 시
간적으로는 기후변화의 원인은 과거와 현재로부터 야기되나, 영향은 미래에
나타난다는 독특한 특징을 갖는다. 이러한 두 가지 특징으로 인해 앞서 언급
된 바와 같이 기후변화 대책에서는 피해를 받는 누군가는 있으나, 이 피해
에 대한 책임소재가 불분명한 어려움이 존재한다. 그렇다고 아무도 책임을
지지 않는다면, 결국 공유지의 비극(The Tragedy of the Commons)을 초
래할 수밖에 없다. 기후변화 적응 관련 두 번째 문제는 적응대책이 장기적이
고, 그 효과를 단기적으로 확인할 수 없다는 것이다. 이는 결국 적응행동의
이행측면에서 실제적인 이행주체(지자체, 시민, 지역공동체 등)들을 현상선
호성향(위험회피성향)의 한계에 부딪히게 하며, 시민의 적응이행에 대한 의
지(수용성)을 낮추고, 결과적으로 근시안적인 대책과 행동을 답습하게 한다.

세 번째 문제는 이상기후 피해에 대한 대책이 미흡하다는 것이다. 우리나
라도 매년 이상기후로 인한 기록적인 가뭄과 폭우로 극심한 피해를 입고 있으
나, 이에 대한 대책과 대응은 여전히 부족한 상황이다. 현 정부의 100대 국정
과제는 미래 기후변화의 영향, 취약성, 위험 등을 충분히 고려하여 정책 목표
를 수립했다고 판단하기 어려울 뿐만 아니라, 현재 보고되고 있는 수준에서의
이상기후에 의한 피해 영역과 규모를 감당하기에도 부족한 것으로 판단된다.

03
기후변화적응의 빛을 만들기 위한 조건

가. 법적인 체계가 바로되어야 한다

우리나라는 2000년 대통령 직속 지속가능발전위원회가 발족되었고 2007년

에 지속가능발전기본법, 2010년에는 「저탄소 녹색성장 기본법」이 제정되었다. 그러나 「저탄소녹색성장기본법」은 기후변화 대응의 원칙과 목표, 수단 등이 뒤섞여 있고 실제적인 기후변화 대응원칙으로 적절치 않다는 지적이 꾸준하게 제기되고 있다. 또한, 동법은 감축에만 중점을 두고 있다는 한계점도 있다. 이는 녹색성장기본법 제38조 기후변화 대응의 기본원칙에서도 살펴볼 수 있다. 동 조항에 따르면 감축에 대한 규정은 있으나 적응에 대한 언급은 찾아볼 수 없다. 실제로 녹색성장기본법 전반에 적응에 대한 조항은 제48조 단 한 조에 그치고 있으며 기후변화 적응관련 법규도 1개 조항에 불과하다. 게다가 「저탄소 녹색성장 기본법」이 제정되면서 '지속가능발전'이 '녹색성장'의 하위 개념이 되었으며, 지속가능발전기본법은 일반법으로 개정되었고 국가지속가능발전위원회는 환경부 소속으로 격하되었다. 따라서 '지속가능발전'과 '녹색성장'의 개념적 위계와 법률체계를 바로잡을 필요가 있으며, 더불어 기본법의 지위를 복원하고 지속가능발전 목표의 실현을 위한 이행체계를 재규정해야 한다고 사료된다.

나. 기후변화적응은 정부 및 사회의 협력에 기반해야 한다

기후변화 대응과 적응의 주체는 크게 정부와 비정부 조직으로 구분할 수 있다. 정부는 중앙정부, 광역지자체(시·도), 기초지자체(군·구)로 세분될 수 있으며, 각각의 명확한 역할분담이 필요하다. 중장정부는 국가 규모의 거시적인 기후변화 전략을 수립하고, 광역지자체는 그에 따른 기후변화 적응계획을 수립하며, 기초지자체는 각 계획을 실제적으로 이행하는 것으로 역할을 구분한다면 보다 효과적이고 유기적인 적응 이행을 할 수 있을 것으로 사료된다.

현재까지의 '기후변화적응' 정책은 국가 주도적 정책과 접근이 주요한 부문을 차지해 왔었다. 이러한 정책과 접근에 기반하여 국가 관련부처에서 적응정책들을 각 부처의 성격에 맞게 추진하고 있으며, 지자체들이 책임감 있게 각 지역의 기후취약성, 리스크 등을 예측하여 이에 대응하기 위해 노력하고 있다. 기후변화 적응은 top-down 방식의 관주도적 노력이 필요한 부문이기도 하지만, 개인, 지역 등 사회 저변적 차원에서의 노력이 가장 큰 효과를 나타내기도 한다. 이는 원인자와 피해자가 다른 감축과 달리, 나와 우리 지역의 적응 역량 수준에 따라 그 영향과 피해가 그대로 다시 돌아오기 때문이다. 그렇기 때문에 적응 정책의 성공적인 이행을 위해 비정부 조직의 역할과 활동이 반드시 필요하다. 비정부 조직은 정부 내 다양한 민간조직(각종 위원회와 협의회 등)과 NGO 등을 의미하며, 이들은 시민들의 실제적인 요구와 필요를 민감하게 파악할 수 있다는 장점이 있다.

다. 기후변화적응을 위한 지자체의 이행체계가 마련되어야 한다

기후변화 대응과 적응을 위한 사업은 중앙정부, 광역지자체, 기초지자체 단위로 각각 접근할 필요가 있다. 앞서 언급한 정부조직의 역할과 연계하여, 중앙정부는 기후변화 '전략수립'과 관련된 사업을, 광역지자체는 기후변화 '적응계획수립'과 관련된 사업을, 기초지자체는 기후변화 적응계획 '이행'과 관련된 사업을 맡아야 한다. 이러한 기본 원칙은 국가 전체적으로 조화로우면서도, 각 지역에 실제적인 도움이 되는 사업을 이행하는 데 기여할 수 있을 것이다.

기후변화 적응에 있어서 지자체는 더 이상 중앙정부의 지시만을 이향하는 수동적 기관이 아닌, 기후변화의 영향과 피해를 직접적으로 받는 당사자인 동시에 이로 인한 문제를 극복·개선하고 더 나아가 기후변화가 야기하는 긍정적인 기회를 활용 및 창출할 수 있는 핵심주체로 인식되어야 한다. 기후변화 적응은 완화에 비해 지역적 접근의 문제해결이 매우 중요하다. 이는 권역별 또는 지역별로 같은 기후변화 영향이 발생하더라도 그 피해 규모와 크기 등의 양상은 해당 지역이 가지고 있는 지리적 및 사회·경제적 여건과 더불어 기후변화에 대처하는 적응능력(제도, 기술 및 인력 등) 수준에 따라 다르게 나타나기 때문이다. 따라서 중앙정부는 기초 지자체가 적극적으로 기후변화 적응 행동을 이행할 수 있도록, 관련 제반 사항을 지원해야 한다.

04
기후안전사회로 가기 위해 해야 할 일

이상기후와 기후변화의 영향과 피해를 최소화하기 위해서는 극한기상의 위험성을 반드시 고려해야 한다. 또한, 적응의 효과를 높이려면, 위협에 대한 현재의 복원력뿐 아니라 미래의 복원력도 증가시키는 대책에 적응의 우선순위를 두어야 할 것이다. 적응 및 재해 위험 관리 전략의 설계와 실행이 단기적으로는 위험을 감축시킬 수 있지만 장기적으로는 노출과 취약성을 증가시킬 수도 있다는 점에서, 노출과 취약성의 시공간적 역동성에 주목하는 것이 특히 중요하다. 예를 들어, 제방 시스템은 즉각적인 보호를 제공함으로써 홍수 노출을 감축시킬 수 있지만, 장기적으로는 위험을 증가시킬 수도 있는 주거 양식을 조장할 수 있다. 본고에서는 이를 고려하여 이상기후 대응 및 기후변화 적응 정책과 관련하여 다음과 같은 방안을 제언하고자 한다.

가. 기후변화적응 관련 법 정비가 이루어져야 한다
이상기후와 기후변화의 부정적 영향을 최소화하고, 지속가능한 사회를 지향하기 위해 기존의 법률을 일부 개정할 필요가 있다고 사료된다. 즉, 지속가능발전법을 지속가능발전기본법으로, 에너지법을 에너지기본법으로 지위를 높이고, 저탄소녹색성장기본법과 온실가스 배출거래법도 일부 개정한다면 이상기후와 기후변화의 영향을 낮추고, 사회 전반의 적응능력을 제고하는 데 기여할 수 있을 것으로 판단된다(그림 2-2). 특히 광역 지자체 수준에서 기후변화 적응대책의 수립과 시행을 선택사항으로 두는 것이 아닌, 필수이행 사항으로 제정하는 것이 타당하다고 판단된다.

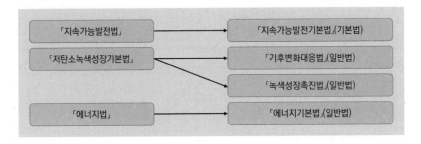

그림 2-2 • 기후변화 적응을 고려한 법제 개편 기본 방향

나. 기후변화적응 관련 과학적 기반이 조성되어야 한다

기후변화 적응 정책의 이행력을 확보하기 위해서는 과학적 정보와 논리의 확보가 필요하다. 기후변화의 원인과 영향기작은 매우 복잡하며, 따라서 어느 한 분야만의 노력으로는 이를 해결할 수 없다. 즉, 기후예측, 기후변화 영향기작 규명, 저감 및 적응기술, 기후변화 정책 개발, 기후변화 국제 협약 등 다양한 분야의 연구개발(R&D) 및 다학제 간의 융합 연구를 도모해야 한다.

또한, 중앙정부, 광역 지자체, 기초 지자체의 명확한 역할 수행을 위해서도 과학과 기술의 고도화가 요구된다. 중앙정부는 기후변화 '전략수립'을 위해 복합적인 기후변화 영향과 취약성 평가 체계를 확립해야 한다. 광역 지자체는 중앙정부가 도출한 기후변화 영향과 취약성을 '적응계획'과 연계할 수 있는 의사결정 지원 도구가 필요하다. 기초 지자체는 광역 지자체가 수립한 적응계획을 기반으로, 지역 주민 및 비정부 기구와 충분한 협의를 통해 우선순위를 산정하고 구체적인 '적응이행'의 규모를 정하는 적응협의체를 활성화하는 것이 요구된다. 마지막으로 반복적이고 지속적인 모니터링 체계를 확립하여 적응 계획과 이행을 보완하여 실제적인 이상기후 대응 및 기후변화 적응 능력을 갖추는 것이 필요하다.

표 2-1 • 기후변화대응법의 정부 내 적응계획 및 조직

정부	적응계획			조직	
	계획명	관련 조항	주기	위원회 명칭	관련 조항
중앙 정부	기후변화대응 종합계획 (국가종합계획)	제8조	5년	정책협의회, 국가지속 가능발전위원회 (국가위원회)	제14조
	소관분야별 시행계획 (중앙시행계획)	제9조	1년	관계 중앙행정기관의 장	-
	전략환경영향평가	제27조	-	-	-
	기후변화 적응역량 강화	제28조	-	국가기후변화적응센터	제28조
	부문별 적응대책과 기후변화 적응 산업 육성 등 이행체계 구축	제29조	-	-	-
	기후변화대응기금	제31조	-	기금운용심의회	제33조
	기후변화 감시 · 예측 체계 구축	제25조	-	기후변화감시예측센터	제25조
	기후변화 영향 및 취약성 평가	제26조	-	-	-
광역	광역종합계획, 광역시행계획	제8조	5년	-	-
기초	기후변화대응 시행계획 (기초시행계획)	제11조	1년	지방지속가능발전 위원회(지방위원회)	-
	관할지역의 기후변화 대응 종합계획	제11조	5년	지방지속가능발전 위원회(지방위원회)	-
	부문별 적응대책과 기후변화 적응 산업 육성 등 이행체계 구축	제29조	-	-	-
	공공적응대책	제30조	5년	-	-
	교육 · 홍보 및 민간단체 지원	제37조	-	-	-

개정될 기후변화대응법의 정부 내 적응계획과 조직을 검토해 본 결과, 위에서 언급한 중앙정부, 광역 지자체, 기초 지자체의 역할(전략수립, 적응계획, 이행)이 이전보다 명확하게 분담된 것으로 판단된다(표 2-1). 또한, 실제 적응이행의 주체인 기초지자체가 자발적으로 계획을 수립하고 지속가능발전을 실현할 수 있도록, 중앙정부의 지원을 보장한 것도 큰 성과라고 할 수 있을 것이다. 그러나 정부별 적응계획의 개수에서도 알 수 있듯이, 중앙정부와 기초지자체에 비해 광역지자체의 역할이 미미하게 규정된 것은 보완이 필요하다고 사료된다.

다. 기후변화적응을 위한 시민사회의 실천요건이 마련되어야 한다

기후변화에 대한 국제 및 국가적 측면의 논의가 활발한 상황이다. 이에 따라 우리나라에서도 국가단위의 정책은 비교적 시의에 맞게 제시되고 있으나, 그 실행은 상대적으로 부족한 편이다. 특히, 시민 및 지역공동체 차원의 실행이 미흡한 것이 사실이며, 기후변화 대응과 적응에 대한 이해 및 관심도도 낮은 편이다. 이는 기후변화대응정책이 정책적 의사결정차원으로 이루어지고 시민 및 지역공동체의 수용성을 반영하지 못하는 것에 기인한다고 본다. 기후변화대응의 실천을 어렵게 하는 것으로 우리 사회의 현상유지선호 또는 손실회피경향, 지역공동체의 낮은 수용성 등을 든다. 따라서 지역공동체의 실천을 이끌어낼 수 있는 정책이 마련되어야 하며, 이를 위해서는 지역공동체의 기후변화와 관련된 관심 및 수요(예: 전기료, 난방 및 냉방, 식품안전, 물안전 등)를 파악하고 그와 연계된 기후변화대응 정책이 마련되어 지역공동체의 수용성을 높여야 한다. 지역공동체가 기후안전사회, 기후편익사회 등이 자신들의 행동에 따라 가능할 수 있다고 믿고 기후변화대응 실천이 이루어지도록 해야 한다. 이를 위해 중앙정부는 기초 지자체나 지역공동체가 안정된 기후변화 대응을 이행할 수 있도록 관련 인프라 구축과 합리적인 예산을 지원할 수 있어야 한다. 이를 위해 개정될 기후변화대응법에서는 각 기초지자체의 특수성과 자발성을 강조하고 있으며, 지방지속가능발전위원회(지방위원회)를 조직하도록 하였다. 또한, 기후변화 적응을 위한 중앙 정부로부터의 실제적인 지원을 명시하고 있기 때문에, 기존의 한계점들이 해결될 것으로 기대된다.

끝으로, 현재 가장 큰 문제점 중의 하나는, 기후변화의 가장 직접적인 영향을 받는 취약계층의 손실은 크게 증가하고 있지만, 이들의 상황을 파악하거나 의사를 반영할 수 있는 체계는 미흡하여 취약지역이나 취약계층의 피해에 관한 실상을 알기가 어렵다는 것이다. 기후변화 적응대책의 선택 및 이행에 있어 주요 시설 주요 지역 중심으로 이루어지거나 강력하게 요구하는 계층 중심으로 이루어져 정책 실천에 있어 불평등이 발생하기도 한다. 대피나 대비가 어려운 취약계층의 니즈를 파악하여 맞춤형 정책 선택 및 이행이 필요하다고 사료된다.

05
기후변화적응의 이행 강화를 위한 새로운 프레이밍 (Framing)

가. Megatrend와 연계된 포괄적 기후변화적응 프레이밍

기후변화 관련 대응책을 마련함에 있어 유념해야 할 것은 '기후변화의 원인은 전 지구적 차원인데, 그 영향은 지역적으로 일어난다'는 것과 '그 원인과 영향기작이 복잡하여 대응 또한 복잡하다'는 것이다. 이러한 이유로 기후변화에 대한 대응은 전 지구적이자 거대담론식으로 마련되고 있다. 우리나라에서도 기후변화에 대한 대응은 전 지구적으로 이루어지고 있는 논의와 연계되어 마련되어야 한다.

전 지구적으로는 소위 거스를 수 없는 큰 흐름(Megatrend)을 파악하고, 그 흐름과 연계된 지속가능한 발전전략을 꾀하고 있다. 전 지구적으로는 도시화, 고령화, 기후변화, 초연결 사회 등의 Megatrend하에서 지역 및 국가 간 불평등 심화, 가난 및 기아 등 인류생존문제 심각, 사막화 및 이상기후에 의한 물-식량-에너지 안보 악화 등의 문제가 인류의 지속가능한 생존을 위협하고 있다고 보고 있다. 이러한 문제를 포괄적으로 해결하기 위해 UN은 2015년 지속가능발전목표(SDGs: Sustainable Development Goals)와 파리협약(Paris Agreement)을 이끌어 냈고, 각국은 자국이 정한 계획에 따른 이행결과를 정기적으로 보고 및 공유해야 한다. 우리도 기후변화 대응을 이러한 SDGs와 파리협약 등과 연계하여 포괄적으로 마련하는 것이 바람직하다. SDGs 13번의 기후변화를 다른 목표들과 연계하여 다양한 문제가 포괄적으로 해결할 수 있는 시너지효과를 내는 정책을 펴야 한다. 예를 들면, 기후변화(13)를 음식, 물, 에너지 등과 연계하여 인류가 직면한 문제들(기아(2), 물부족(6), 에너지부족(7) 등)을 포괄적으로 해결할 수 있는 기후변화대응책이 마련되어야 한다.

표 2-2 • 지속가능발전목표(SDGs)

목표 1	모든 곳에서 모든 형태의 빈곤 종식.
목표 2	기아의 종식, 식량안보 달성, 영양상태 개선 및 지속가능한 농업 향상.
목표 3	모두를 위한 모든 세대에서 삶의 질 향상과 건강한 삶 보장.
목표 4	모두를 위한 평생교육의 기회 증진과 포용적이고 공정한 양질의 교육 보장.
목표 5	모든 여성과 소녀의 역량강화와 양성평등 달성.
목표 6	모두를 위한 식수와 위생시설에 대한 지속가능한 관리 및 접근성 보장.

목표 7	모두를 위한 적절한 가격의 믿을 수 있으며 지속가능한 현대적 에너지 접근 보장.
목표 8	모두를 위한 일관적이고 포괄적이며 지속가능한 경제성장, 완전하고 생산적인 고용과 양질의 일자리 제공.
목표 9	회복가능한 인프라 건설, 포괄적이고 지속가능한 산업화 및 혁신 촉진.
목표 10	국내 및 국가간 불평등 감소.
목표 11	포용적이며, 안전하고, 회복가능하며, 지속가능한 도시와 거주지 조성.
목표 12	지속가능한 소비와 생산 양식 보장.
목표 13	기후변화와 그 영향에 대한 긴급대응.
목표 14	지속가능발전을 위한 대양, 바다, 해양자원의 지속가능한 이용과 보호.
목표 15	육지생태계의 보전, 회복 및 지속가능한 이용 증진, 지속가능한 숲관리, 사막화 방지, 토지 파괴 방지 및 복원, 생물다양성 감소 방지.
목표 16	지속가능발전을 위한 평화롭고 포용적인 사회 촉진, 모두에게 사법접근성 확보, 모든 차원에서 효과적이고 신뢰할 수 있는 포용적인 제도 구축.
목표 17	이행수단 강화와 지속가능발전을 위한 글로벌 파트너십 활성화.

자료: UN General Assembly (2015).

이를 정책적으로 가능하게 하는 방법은 새롭게 마련되는 기후변화대응법과 지속가능발전기본법과의 연계성을 강화시키는 것이다. 즉, 기후변화대응법에서 '지속가능발전목표와 연계한 기후변화적응계획을 수립'하도록 하는 것이다.

나. 사회적 이슈와 연계된 해법기반의 기후변화적응 프레이밍

국제적 이슈와 마찬가지로 우리나라에서도 도시화, 고령화, 양극화, 국토의 불균형 발전, 이상기후 피해 등의 사회적 문제를 안고 있다. 국토면적의 13%에 인구의 91%에 사는 극심한 도시화는 국가의 인프라가 도시 위주로 되어 있다는 것을 의미한다. 특히, 물, 음식, 에너지는 인구의 반 정도가 사는 수도권과 도시에 집중되어 있는 것이다. 이러한 시스템으로는 저탄소발전경로 (Low Emission Development Pathway)로 가는 건전한 생산 및 소비체계 (SDGs 10번)를 갖출 수 없다. 고령화는 생산성 약화와 기후변화 취약계층을 늘리고, 이를 해결하려는 사회적 부담을 가중시키는 결과를 초래할 것이다. 이는 궁극적으로 사회양극화 및 국토불균형을 심화시키는 악순환을 초래할 것이다. 따라서 기후변화대응책을 우리가 안고 있는 사회적 제반문제와 연계하여 마련하는 정책이 필요하다. 이를 위해서는 공급자 중심의 기후변화대응에서 수요자 중심의 기후변화 대응책이 마련되어야 하며, 해법 (Solution) 기반의 포괄적 기후변화대응책이 마련되어야 한다.

다. 기후변화는 우리 사회 모두의 과제라는 프레이밍

정부와 비정부 조직 간에 보다 긴밀하고 유기적인 협력을 위해, 중앙정부-지방정부-민간이 함께하고 산 · 학 · 연 전문가들이 자문위원으로 참여하는 적응협의체를 구축하고 활성화하는 것이 필요하다. 이는 적응정책의 효율적 및 효과적인 추진에 큰 기여를 할 수 있을 것이다. 이 협의체는 기존의 전문가 그룹처럼 전 지구-국가 차원의 논의 및 사고방식을 시민들에게 그대로 전달하는 것이 아니라. 기후변화를 어떻게 시민들에게 전달할 것인지, 기후변화 적응 실천에 대한 시민들의 심리적 거리를 어떻게 줄일 수 있을 것인지에 대한 진지한 고민을 해야 한다. 또한, 기후변화 적응 실행의 주체인 기초지자체가 적극적으로 적응을 추진할 수 있도록 관련 인프라 구축을 세심하게 검토해야 한다. 민간 및 지역공동체는 기후변화가 어떻게 프레이밍 (Framing)되느냐에 따라 시민들의 이해와 행동이 달라질 수 있다는 것에 주목하여, 각 적응 계획이 '공감대'로 내부화(Internalization)될 수 있도록 노력해야 한다(그림 2-3). 기존처럼 이상기후와 기후변화의 영향과 리스크만을 강조하는 것으로는 시민들의 실제적인 기후행동을 이끌어 낼 수 없으며,

이는 결국 기후변화 적응실패 사회를 야기할 것이다. 그러나 기후변화에 대한 적응이 고립된 정책이 아닌 다양한 정책들과 긴밀한 관계를 가지고 다양한 분야와 함께 균형 있게 계획되고 이행된다면 기존의 한계들을 극복하고 보다 긍정적인 미래를 맞이할 수 있을 것이다.

그림 2-3 · SDGs 달성이 시민들의 가시적인 이익과 연계되는 것에 대한 예시

라. 건전한 환경생태계는 기후변화적응의 기본이라는 프레이밍

이상기후와 기후변화는 물, 농업 및 식량 안보, 임업과 같이 기후와 더 밀접한 관련이 있는 부문에 더 큰 영향을 미칠 것이 분명하나, 새 정부의 100대 국정 과제에는 환경과 생태계 분야와 관련된 세부 목표가 거의 없는 실정이다. 환경과 생태계는 타 분야에 비해 기후변화에 민감하며, 한 번 파괴되면 복구에 오랜 시간과 노력이 필요하다. 특히 생물자원 같은 경우는 복구가 불가능할 수도 있다. 그러나 환경과 생태계가 갖는 가치가 경제적으로 정량화되기 어렵다는 이유로 그 중요성이 간과되는 경우가 많다. 이를 해결하기 위해, 우선적으로 환경과 생태계의 가치를 정량화하는 것이 필요하다. 이미 국내·외적으로 '생태계 서비스(Ecosystem service) 평가'를 주제로 다양한 연구가 수행되고 있으나, 이를 실제적인 정책 수립에 반영하기 위해서는 보다

고도화시키는 것이 요구된다. 또한, 국민들과 정책입안자들을 설득시킬 수 있는 합리성과 대중성이 필요하다고 사료된다.

참고문헌　온실가스 감축 정책 및 에너지 정책 연계 성과와 한계

국내문헌　•김이진(2013), 온실가스 감축 관련 국가 계획 현황 및 개선방향 연구, 한국환경정책평가연구원 수시2013-17.
　　　　•김이진과 이상엽(2016), 신기후체제 시대 기후변화 대응정책 추진체계 연구, 한국환경정책평가연구원 수시2016-12.
　　　　•박자은(2013), 한국의 온실가스 감축정책의 형성과 발전: 주요 행위자의 상호작용에 근거하여, 중앙대학교 대학원 정치국제학과 학위논문.
　　　　•부경진 외 4인(2013), 2012 경제발전경험모듈화사업: 에너지정책, 한국자원경제학회, 기획재정부 · KDI 국제대학원 용역사업.
　　　　•이상엽(2014), 온실가스 감축정책 현황 및 개선방안연구II: 국가 감축로드맵 실현방안을 중심으로, 한국환경정책평가연구원 연구보고서 기후2014-05.
　　　　•산업통상자원부(2015), 2013-2014 산업통상 자원백서.
　　　　•채여라 외(2016), 저탄소 기후변화 적응 사회를 위한 사회 · 경제 변화 시나리오 개발, 한국환경정책평가연구원 수탁보고서.
　　　　•환경부(2017), 2017 환경백서.
　　　　•한국행정학회(2009), 환경규제의 역사적 흐름 고찰 및 합리적 개선 방안 연구.

온라인자료　• http://unfccc.int/2860.php.

참고문헌　기후변화적응정책의 빛과 그림자

국내문헌　•기상청(2016), 이상기후보고서, 기상청.
　　　　•대한민국정부(2017), 100대 국정과제, 대한민국정부.
　　　　•안병옥(2017), 기후변화대응 법제 개선 및 정부조직 개편방안, 출처: 더불어민주당 2017년 대선 환경정책연속토론회(제3차 지구를 지키는 든든한 나라) 발표자료.
　　　　•윤순진(2017), 기후변화적응정책 평가 및 차기정부정책과제, 출처: 더불어민주당 2017년 대선 환경정책연속토론회(제3차 지구를 지키는 든든한 나라) 발표자료.

- 이우균(2012), 기후변화 적응정책의 평가 및 과제 I 〈자연계〉, 출처: 국회기후변화포럼부설 기후변화정책연구소(2012), 이명박정부 기후변화정책 평가 및 차기 정부 정책과제, pp.71-84.
- 이우균(2013), 기후변화 적응정책의 현주소와 새 정부의 과제, 출처: 기후변화센터 발표자료.
- 이우균(2017), 기후변화댕응평가 및 차기정부정책과제 토론, 출처: 더불어민주당 2017년 대선 환경정책연속토론회(제3차 지구를 지키는 든든한 나라) 토론자료.
- 이우균(2017), 기후변화 적응정책의 방향과 과제, 출처: 기후변화에너지 건강포럼 발표자료.
- 이우균(2017), 이상기후 대응 및 기후변화적응대책, 출처: 국회의원 송옥주(2017), 문재인 정부의 환경분야 국정과제 및 정책방향, pp.17-36.
- 한국법제연구원(2013), 저탄소녹색성장기본법의 문제점과 개선방안, 한국법제연구원.

국외문헌
- IPCC(2011), Summary for Policymakers, In: Intergovernmental Panel on Climate Change Special Report on Managing the Risks of Extreme Events and Disasters to Advance Climate Change Adaptation [Field, C. B., Barros, V., Stocker, T.F., Qin, D., Dokken, D., Ebi, K.L., Mastrandrea, M. D., Mach, K. J., Plattner, G.-K., Allen, S. K., Tignor, M. and P. M. Midgley (eds.)]. Cambridge University Press, Cambridge, United Kingdom and New York, NY, USA.
- Pew Research Center(2013), Global Attitudes Survey.
- UN General Assembly(2015), Transforming Our World: The 2030 Agenda for Sustainable Development A/70/L.1.

12장
환경영향평가
40년의 소회

이문형((주)한국종합기술) · 최준규(한국환경정책 · 평가연구원)

01
들어가는 말

1977년 「환경보전법」이 제정되어 환경영향평가에 대한 규정을 제정한 지 40년이 지났다. 환경부가 환경청을 거쳐 1990년 환경처로 확대되는 과정에 「환경정책기본법」이 제정되고 1994년 환경부로 정식 승격되면서 환경영향평가도 단일법인 「환경영향평가법」으로 제정되었으며, 주민의견수렴, 협의결과 통보 및 사후환경관리 등의 도입으로 환경영향평가 제도의 틀을 정비하는 등 40년 동안 비교적 단기간에 급격한 변화를 겪어 왔다. 특히 2008년에 새로운 정부가 들어서면서 산업단지 특례법 제정으로 전략환경영향평가 생략, 4계절 조사 축소, 협의기간 단축 그리고 보완을 1회로 제한하는 등 평가제도 완화가 추진되었으며, 과거 정권교체 때마다 법의 완화내지 강화방안이 반복되어 왔다. 글로벌 사회에서 협의기간 지연으로 산업 경쟁력이 약화되어 국내기업 뿐만 아니라 외국인 투자가 감소한다는 산업계의 요구를 받아들여 지속적인 완화방안도 제기되었으며, 한편으로는 주민의견수렴 확대 및 정보공개 확대 등 강화방안도 꾸준히 진행되어 왔다. 이러한 가운데 당초 의사결정을 지원하는 성격으로 설계되었던 환경영향평가 제도가 국내에서는 규제적 수단으로 변화되어 왔다. 이로 인하여 개발부처는 환경영향평가의 협의 절차 과정에만 관심을 쏟고 협의완료 후 환경문제 발생 시 사회적 책임을 환경부에 떠넘기며 사후관리는 소홀히 하고 있는 실정이다. 환경영향평가가 계획단계에서 이루어지지 못하고 설계단계에서 이루어지기 때문에 평가과정에서 사회적 갈등을 심하게 겪는 등 협의기간이 장기화되는 문제가 지속되어 2006년부터 전략환경영향평가 개념을 도입하여 제도를 시행하여 왔다. 그러나 대안수립의 한계 및 환경영향평가 기법과 차별화되지 못하는 등 근본적인 문제 해결에는 미흡한 실정이다. 최근에는 사드(THAAD) 배치 여부를 환경영향평가 결과에 따라 결정하겠다는 상황까지 이르러 환경영향평가 제도가 큰 주목을 받았다. 2017년 새로운 정부가 시작되면서 공탁제 시행, 주민의견수렴 확대방안 그리고 부실 허위 평가에 대한 처벌 강화방안 등 다양한 제도 개선을 검토하고 있다. 새 정부에서 효율적인 환경영향평가 제도가 운영되기를 기대하며 현 시점에서 40여 년에 걸친 환경영향평가법의 주요 변화 및 환경영향평가의 기술적 기법의 변화를 살펴보고 주요 환경이슈 및 의미 그리고 문제점을 분석하여 환경영향평가 제도의 미래상에 대한 단견을 피력하고자 한다.

02
환경영향평가 제도의 변화

가. 환경영향평가법의 변화

환경영향평가 제도는 1977년 환경보전법이 제정되면서 법 제5조에 사전협의규정을 근거로 도입되었다. 행정기관이 시행하는 도시개발, 산업입지의 조성, 에너지 개발 등에 대하여 사전협의를 하도록 규정하였으나 평가서 작성 방법 등에 대한 하위 규정이 마련되지 않아 시행되지 못하였다.

1979년 사전협의 규정을 환경영향평가 및 협의로 개정하고 1981년 2월 '환경영향평가서 작성에 관한 규정(환경청고시 제 81-4호)'이 제정 고시됨에 따라 본격적으로 시행되었다.

- 1981년 12월 공공단체, 정부투자기관이 시행하는 개발사업을 대상사업에 포함하였고, 1986년 환경보전법의 개정을 통해 민간개발 사업으로까지 대상사업을 확대하였다.

- 1990년 환경청이 환경처로 승격되면서 환경영향평가에 관한 사항을 환경정책기본법에 규정하고 주민의견 수렴, 초안보고서 공람, 협의의견 통보 및 사후관리 제도를 도입하였다.

- 1991년 주민의견 수렴 시 필요한 경우 설명회 및 공청회를 하도록 규정하였으며, 1993년 6월 환경영향평가법을 제정하여 환경정책기본법에서 분리하였다. 주민의견 수렴을 위한 설명회 또는 공청회 의무화 그리고 사후관리를 사업승인기관에서 담당하도록 하였다.

- 1997년 3월 7일 지방자치제도 시행 및 OECD 가입 등 국내외 여건변화에 따라 환경영향평가법을 개정하여 시·도 조례에 환경영향평가 실시 규정을 제정하고 17개 분야 63개 사업으로 확대하였다. 평가서의 전문적 검토, 평가기법의 개발 및 보급 등을 위하여 한국환경정책·평가연구원(KEI)을 검토기관으로 지정하였다. 협의기준초과부담금 제도를 시행하였으며, 이후 이중 규제 등을 이유로 폐지하고 협의내용 불이행에 따른 벌칙을 적용하여 협의내용이 적정하게 이행되도록 하였다.

- 1999년 12월 환경, 교통, 재해 및 인구 등 각종 영향평가가 각각 다른 법률에 근거를 두고 부처별로 시행되고 있어 절차가 중복되고 사업자에게 경제적 부담을 가중시킨다는 산업계 의견에 따라 4대 영향평가를 통합한 환경·교통·재해 등에 관한 영향평가법을 제정하였다.

- 2003년 12월 그간 중점평가항목을 도입하여 운영하여 왔으나 실효성이 부족하여 평가대상 사업지역의 특성 및 환경중요도에 따라 평가항목·범위를 미리 결정하여 평가서를 작성하도록 하는 스코핑(Scoping) 제도를 도입하였으며 KEI 전문가, 사업자 및 관계자 등이 참여하는 평가항목·범위획정위원회에서 결정하도록 하였다. 또한 환경영향평가서 작성에 관한 대행계약은 설계와 분리하여 별도의 계약을 체결하는 분리발주를 시행하게 됨에 따라 환경영향평가 시장은 크게 확대되었다. 생태자연도와 오염총량 기준을 환경평가 기준에 추가하였다.

- 2005년부터 경관심의제도를 신설하여 자연환경지역에서 평가 항목 중 경관항목을 활용하여 시행하도록 하였다.

- 2009년 1월 환경·교통·재해 등에 관한 영향평가법이 경제적, 시간적 중복성을 해소하지 못하고 단순한 물리적 통합에 그쳐 실효성이 없자 교통·재해·인구 영향평가 제도에서 환경영향평가를 분리하였다.

- 2008년 건강영향평가 제도를 신설하여 2010년부터 평가항목 중 위생·공중보건 항목에서 시행하도록 하였다.

- 2011년 7월 환경정책기본법과 환경영향평가법에 흩어져 있던 사전환경성검토 제도와 환경영향평가 제도를 통합하여 일원화할 수 있도록 환경영향평가법을 전면 개정하였다. 전략환경영향평가, 환경영향평가, 소규모환경영향평가로 구분하여 현재까지 시행하고 있다.

- 2013년 7월 환경영향평가사 자격제도를 신설하고 2020년부터 환경영향평가대행업의 환경영향평가사를 의무적으로 보유하도록 규정하였으며 2014년 최초의 자격시험을 시행하였다.

- 2015년 1월에는 환경영향평가업자의 사업능력을 평가할 수 있는 PQ 제도를 도입하였으며, 2016년 1월 세부평가기준을 고시하여 제도를 시행하였다. 사후환경영향조사 결과 보고서의 검토를 의무화하고 검토기관

으로 국립환경과학원, 국립생물자원관, 한국환경정책·평가연구원, 한국환경공단 및 국립생태원의 5개 기관을 지정하였다.

- 2016년에는 전문기술 인력을 육성 관리하기 위하여 환경영향평가 기술자 교육의 법적 근거를 마련하였고 2018년부터 기술자에 대한 법정교육을 의무화하도록 하였다.

나. 사전환경성검토

도시계획 등 개발사업 수립 시 환경영향검토를 개별법에서 수행하여 왔다. 이후 개별법령에 협의 근거가 있는 행정계획과 개발사업에 대하여 1993년 1월 환경정책기본법 제11조를 근거로 행정계획 및 개발사업의 환경성검토에 관한 규정을 국무총리 훈령으로 제정하여 사전환경성검토를 시행하였다.

- 1999년 환경정책기본법을 개정하여 10개 행정계획, 11개법 20개 보전지역 내 개발사업 그리고 개별법에 근거를 둔 구비서류 적용대상 행정계획 28개 사업을 대상사업으로 확정하여 2000년 8월부터 시행하였다.
- 2005년 사전입지상담제를 시행하였으며 환경정책기본법을 개정하여 전략환경영향평가 제도를 도입하고 2006년 6월부터 시행하도록 하였다. 개발사업에 대한 입지 적정성 및 계획의 타당성을 검토하도록 하였고, 행정계획의 경우 대안 검토 및 스코핑을 위한 환경성검토협의회를 구성하도록 하였다.
- 사전환경성검토 재협의 및 변경협의 규정을 신설하였고 2007년 7월 사전공사에 대한 벌칙 조항을 신설하였다.
- 2011년 7월 환경영향평가법이 전면 개정되면서 환경정책기본법을 근거로 시행하여오던 사전환경성검토 제도는 환경영향평가법으로 이관되어 전략환경영향평가와 소규모 환경영향평가라는 명칭으로 변경하여 시행하였다.

다. 전략환경영향평가

환경영향평가가 개발계획수립 과정 및 의사결정 과정에서 제 기능을 제대로 수행하지 못한다는 지적이 끊임없이 제기되었다. 특히 국가 대형사업이 지역주민들과의 갈등을 심화시키고 협의기간 또한 장기화되면서 제도개선에 대한 논의가 지속되어 왔다. 그 일환으로 전략환경영향평가 제도를 도입하게 되었다.

2005년 5월 전략환경영향평가의 개념을 도입하도록 하고 2006년 6월부터 본격 시행하였다. 환경부가 전략환경영향평가를 도입할 당시 건설교통부는 2004년 12월 선제적으로 전략환경평가 제도를 도입하였다. 환경문제로 국책사업 등이 중단·지연되어 사회·경제적 손실과 갈등이 발생하고, 정책의 신뢰성이 저하를 초래하여 계획수립 부서에서 스스로 실태와 문제점을 진단하여 개선하여 나간다는 목적이었다. 4차 국토종합수정계획(안)에 대하여 2005년 전략환경평가를 자체적으로 시행하였으나, 개발부처에서 직접적으로 환경을 자체 검토하고 평가하여 계획을 수립한다는 데 대한 부정적 의견이 상존하는 상태이다. 환경부는 환경정책기본법에서 시행하던 사전환경성검토와는 차이가 있지만 사업의 사전단계에서 평가를 수행한다는 점과 용어의 혼란을 사유로 사전환경성검토라는 명칭을 계속 사용하게 되었다.

이후 2012년 환경정책기본법으로부터 사전환경성검토제도가 분리되고 2012년 통합법이 시행되면서 전략환경영향평가라는 본래의 명칭을 되찾아 제도를 시행하게 되었다. 이후 2016년 대상사업의 주기적 갱신 및 정책실명제를 실시하기로 하였으며 32개 사업을 대상사업에 포함하였다(환경부, 2017, 환경백서).

라. 소규모환경영향평가

2011년 7월 환경영향평가법의 전면 개정으로 환경정책기본법을 근거로 시행하여오던 환경영향평가 대상사업규모 이하의 사업은 소규모 환경영향평가라는 명칭으로 변경되어 평가를 시행하게 되었다. 2015년에는 협의기간을 30일에서 20일로 단축하고 사업자의 정의를 명확히 하였다.

마. 주요 법률변화

40여 년에 걸친 환경영향평가법의 변화과정 중, 제도변화에 가장 영향이 큰 것으로 생각되는 것은 주민의견 수렴이며 환경영향평가기법이 발전할 수 있었던 것은 검토기관으로 한국환경정책·평가연구원(KEI)을 지정했기 때문이라 생각된다. 환경영향평가업계 측면에서는 분리발주제도 시행이 시장 확대 및 업계 발전에 큰 영향을 미쳤다.

1) 주민의견 수렴

주민의견 수렴 제도는 1990년 환경정책기본법이 제정되면서 명문화되었고 1991년 2월 시행령이 제정되어 시행되었다. 당시 개발계획을 수립하는 환경영향평가 과정에서 주민의견을 수렴한다는 것은 개발계획이 사전에 국민들에게 노출되어 투기로 인한 사회적 혼란이 야기될 수 있으므로 대단히 혁신적이고 다소 위험한 정책으로 받아들여지던 시기였다. 개발에 따라 부동산 가격이 폭등할 수 있으므로 사전정보 유출은 계획에 막대한 악영향을 미칠 것으로 예상되어 반대가 심하였다. 이로 인해 평가과정에서 토지 이용계획 변경, 계획노선 변경이나 원형보전에 대한 요구는 거의 받아들여지지 않았고 저감대책 위주로 협의가 진행되었다. 이후 시민단체의 참여가 활발해지면서 주민의 범위에 대한 논란이 지속되어 왔다. 선진국의 경우 주민에 대한 범위나 설명회가 장기간에 걸쳐 횟수 제한 없이 의견을 수렴하는 것에 비하여 국내의 경우 지역주민의 범위를 영향지역 내 행정구역으로 한정하는 등 아직도 제한요인이 많은 편이다. 영향지역 주민들은 사업에 찬성하였으나 시민단체들이 사업에 반대하는 경우 의견 수렴 범위를 놓고 갈등을 빚어 왔으며 설명회 등 평가과정에 주도적으로 참여하여 적극적인 활동을 펼치려 는 시민단체와의 갈등은 지속되어 왔다. 또한 지역주민이 시민단체에 자문 을 요청하여 사업에 대한 반대 또는 지역주민의 요구를 관철하기 위한 방안 으로도 이용되었다.

이후 1999년 보전지역이나 생태계 보전가치가 큰 지역에서의 개발사업은 지역주민의 범위를 전문가 및 주민 이외의 자로 변경하였다. 2005년 국민들 에게 정보공개를 강화하여 환경영향평가 정보지원시스템에 초안, 본안 그리 고 사후환경영향조사결과 보고서를 공개하도록 하였다.

2) 분리발주

환경영향평가서 작성비용은 일반 설계용역과는 다르게 실비정액가산방식 에 의하여 평가 대행비용을 산정하여 운영하여 왔다. 2003년 12월 법 개정 이전의 환경영향평가용역은 개발사업의 설계용역에 일부 과업내용으로 포 함되어 발주되어 왔다. 따라서 작성비용은 설계자가 주도적으로 발주자에 게 추정예산 기초자료를 제공하여 발주되어 왔다. 이 과정에서 발주자가 확 보한 예산을 설계예산 중심으로 편성하고 평가예산은 잔여예산으로 집행하 다보니 평가 발주예산은 대부분 법정 대가기준 예산보다 턱없이 부족한 금 액으로 발주되어 발주금액은 평가 1건당 1억 원 수준을 밑도는 실정이었다. 2003년 12월 법 개정으로 환경영향평가 용역은 설계와 분리발주를 실시하 여 발주금액은 2010년에 건당 약 2억 3,000만 원, 그리고 2015년에 건당 약 2억 9,000만 원 수준에 이르렀다. 또한 사후환경영향조사 및 전략환경영 향평가를 포함한 전체 환경영향평가용역 수주 규모는 2005년에 460억 원, 2010년에 1,378억 원 그리고 2015년에는 2,495억 원까지 증가하였다. 아직 도 평가시장은 설계시장에 비하여 미약하나 환경영향평가업이 하나의 시장으로 자리 잡는 데 큰 역할을 하였으며 환경을 전공한 전공자들의 주요 취업 대상이 되었다.

3) 사후환경영향조사

1990년대 초까지 환경부는 사업자와 평가 협의를 진행하며 많은 논란과 협의 끝에 보전대책 및 저감대책을 수립하여 협의의견을 승인기관에 통보하여 왔다. 그러나 오랜 논의 끝에 마련한 저감대책이 설계보고서 및 인허가 조건에 반영되지 않고 협의의견도 공사현장에서 지켜지지 않아 환경영향평가의 실효성을 달성하지 못하였다. 공사현장에도 환경을 전공하거나 관련 경험을 가진 기술자가 드물었기 때문에 환경영향평가 협의의견의 반영이 원활하지 못했다. 그러나 사후환경관리 현장 점검이 강화되고, 1990년 중반에는 환경에 대한 인식도 개선되어 환경영향평가에 따른 효과도 일정 수준에 이르렀다. IMF를 겪으면서 환경에 대한 점검이 완화되기도 하였으나, 이후 사후환경관리 우수업체 선정을 통하여 모범적인 사후환경관리를 전파하도록 하였으며 현장에서도 사후환경관리 우수시공업체를 선정 포상하기도 하였다. 2015년에는 사후환경관리 강화를 위하여 한국환경정책 · 평가연구원 이외에 전담기관을 추가 지정하고 별도의 인력을 확보하여 사후환경영향조사보고서를 검토하기에 이르렀다.

4) 한국환경정책 · 평가연구원(KEI)의 검토기관 지정

1997년 환경영향평가서 검토기관을 지정하여 운영하기 이전의 환경영향평가서 검토의견은 환경부 및 지방환경청에서 보고서 검토 및 의사결정을 위하여 비상근 자문위원을 선정하여 운영하여 왔다. 이때에는 지방청 별로 동일 건에 대한 협의의견에 차이가 있어 형평성 문제가 제기되어 왔으며, 자문위원의 개인적 의견이 강조되는 경우 연구 논문 수준 이상의 현실성 없는 의견도 제시되어 제도 개선에 대한 논란이 끊이지 않았다.

이를 개선하기 위하여 1997년 KEI가 검토기관으로 지정되었으며, 환경부와 지방청의 모든 환경영향평가서 검토를 의뢰하였다. 자문위원회도 병행 운영하였으며 평가서의 검토는 검토기관 중심으로 운영되어 왔다.

또한 국무총리 산하기관으로 소속이 변경되면서 환경부 및 부처를 초월한 국토환경 전문기관으로서 역할을 수행하는 사명감 및 열정을 가지고 업무를 수행하였다. 이로 인하여 환경부는 물론 모든 기관의 견제를 받기도 하였으며, 현재는 환경영향평가는 물론 기후변화 및 녹색성장 등을 선도하는 기관으로서의 역할을 수행하여 오고 있다.

03
주요 환경영향평가 기법의 변화

가. 대기질

대기질 평가항목의 현황 및 예측항목은 환경정책기본법에서 규정한 대기환경기준의 항목변화에 따라 변화되었다. 대기질 항목의 경우 1983년까지 아황산가스(SO_2), 일산화탄소(CO), 이산화질소(NO_2), TSP, 오존(O_3) 및 HC를 평가항목으로 적용하였으며, 1993년 이후에는 HC 및 TSP가 제외되었다. 이후 납(Pb, 1991년), 미세먼지(PM-10, 1993년), 벤젠(2010년) 및 미세먼지(PM-2.5, 2011년)가 도입되었다(신경희 외 11인, 2010).

대기질 영향예측의 경우, 환경영향평가 제도가 도입된 초기에는 단순 BOX 모델, Miller-Holzword 모델을 사용하여 수계산으로 영향예측을 수행하였다. 이후 장단기 기상자료를 입력자료로 사용하는 평탄지 적용 예측 모델인 TEM-8, TCM이 주로 사용되었다. 이 모델 구동을 위해서는 컴퓨터를 사용하여야 하나 컴퓨터 보급이 일반화되지 않아 초기에는 KAIST 전산센터의 협조를 받아 모델을 구동하였다. 이후 1986년부터는 개인용 컴퓨터 보급이 일반화되면서 TEM-8, TCM이 널리 사용되기 시작하였다. 1990년대 후반에는 리셉터 고도와 연평균 기상자료를 사용할 수 있는 CDM-2가 도입되었고, 2000년 이후에는 시간별 기상자료 사용이 용이해지고 컴퓨터의 계산속도가 향상됨에 따라 수용점의 지형을 고려할 수 있는 ISC3가 사용되었다.

2009년 환경부에서 발간한 「환경영향예측 모델 사용안내서」에서는 대기질 모델 적용 수준을 스크리닝 모델, 권장 모델, 대안 모델 및 정밀 모델로 구분하여 사용하도록 하였다.

또한 각 적용수준에 따른 적용 모델을 선정하여, 스크리닝 모델의 경우 SCREEN3, KSCREEN, 권장 모델로는 사업특성 및 지형특성에 따라 ISC3를 보완하여 개발된 AERMOD(평탄/복잡지형), CALINE-3, CAL3QHC, CAL3QHCR(평탄지형, 도로건설사업), CALPUFF(대규모 점오염원, 해안가 및 평탄/복잡지형), OCD(해안가)를 선정하였다. 또한 대안 모델은 분류/등가 배출강도 모델(터널출구지역), ISC3-PRIME(구릉/평탄지형), CALINE4(평탄지형, 도로건설사업 단기예측), 정밀 모델은 대기 중에 일어날 수 있는 오염물질의 농도를 결정하는 모든 과정을 고려하는 3차원 정밀 모델으로 CAMx, CMAQ(광역지역, 구릉/평탄/해안지형)을 선정하였다.

또한 최근 PM-10, PM-2.5, O_3 등 2차 대기오염물질에 대한 국민의 관심이 커짐에 따라 2차 생성되는 대기오염물질을 예측하기 위해 발전소 등 대규모 점오염원 운영 시 대기질 예측에 CMAQ 및 CAMx 등 3차원 광화학 모델을 이용하는 추세이다.

나. 수질

공사 시 토사유출에 따른 영향예측은 '토사유출량 원단위'를 적용하여 예측하였으나, '재해영향평가'가 도입되면서 '범용토양손실공식'을 적용하였다. 부유물질 확산예측은 '단순혼합식'을 이용하였으며 SMS, EFDC 등의 동적 모델에 의하여 시각적으로 결과를 제시하였다. 이용 시 발생되는 수질오염물질 발생부하량 산정은 환경영향평가 제도 초기에는 여러 가지 수질오염물질 발생원단위 자료를 인용하여 산정하였다. 이로 인하여 어느 자료를 인용하느냐에 따라 수질오염물질 발생부하량 산정이 달라져 환경영향평가 협의 시 형평성에 문제가 있었다. 하지만 2004년 수질오염총량 제도가 시행되면서 수계오염총량관리기술지침이 마련되어 오염원 조사 및 수질오염 발생부하량 산정 방식이 통일되어 객관적이고 일관성 있는 평가가 수행되었다. 수질영향예측은 제도 초기 단순혼합식, Streeter-Phelps식 및 CSTR식 등이 이용되었으나 이후 Qual2e, WQRRS, WASP, ELCOM-CAEDYM 및 CE-QUAL-W2 등이 이용되었다. 저감방안 수립의 경우 제도 초기에는 수질오염물질을 제거하는 처리시설의 설치가 주로 언급되었으나 이후 토지이용계획 수립 시 친수공간 조성, 비점오염원방지시설(수질환경보전법 개정으로 '비점오염원 설치신고제도(2006년)' 도입과 '수질오염총량관리제(2004년)' 도입) 및 빗물이용시설의 도입 등 다양한 방안이 도입되었다.

다. 소음

소음 평가항목의 예측 방법은 1987년 국립환경과학원(구 국립환경연구원)에서 제시한 도로교통소음 예측식을 기초로 소음 예측을 하기 시작하였으며, 1999년 기존 도로교통소음 예측식에 대한 문제점을 개선하여 국립환경과학원에서 간선도로에 대한 소음 예측식을 수정·보완한 '수정된 국립환경과학원 모델'을 사용하였다. 이후 국립환경과학원 제안식은 1층 높이의 소음도를 기준으로 예측한 것이므로 공동주택의 경우 층별 소음도의 보정이 필요하여 '주택단지 및 택지 등 도시개발 시 도로소음 저감방안에 관한 연구(환경부,

2005)'에서 최고 소음도를 보인 5층, 7층, 10층을 기준으로 층별 보정치 및 회귀식을 이용하여 예측하였다.

2000년 이전에는 도로, 철도, 고속도로 등 교통 소음원에 대해 개별 소음원으로 설정하여 각각의 소음기준을 만족하도록 하였으나, 2000년 이후에는 주거지역의 쾌적한 환경을 고려하여 기존소음원에 대해 신규소음원이 발생할 시 누적소음평가를 실시하여 소음 환경기준을 만족하도록 하였다.

1991년 주민의 정온한 생활환경을 유지하기 위하여 공사장 소음을 포함하는 생활소음규제기준이 제정되면서 공사장 소음의 평가기준이 마련되었다.

소음이 환경분쟁의 80~90%의 비중을 차지하는 등 소음과 관련된 민원이 급증하였으며, 피해내용으로는 가축(축사)에 대한 민원이 많은 부분을 차지하고 있어 가축에 미치는 영향을 평가에 반영하였으며 평가의 기준은 분쟁조정 사례 등을 참고하여 가축피해를 최소화하도록 하였다.

고속도로의 경우에는 초기에 국립환경연구원식이 사용되었으며 1994년 한국도로공사가 Highway Model을 개발하면서 우리나라 고속도로 소음특성에 적합한 예측기법을 사용하게 되었으며, 이후 2001년에는 방음벽의 연장 산출이 가능한 KHTN Model이 개발되어 현재까지 사용하고 있다.

철도의 경우, 초기에는 고속도로와 마찬가지로 국립환경연구원식이 사용되었으며, 2013년 한국철도기술연구원식(KRNOISE Model)이 개발되면서 우리나라 철도소음 특성에 적합한 예측기법을 사용하게 되었다.

최근에는 기존 예측식으로 예측이 곤란한 고층주거시설 및 반사음의 영향이 예상되는 지역 등에 대해서 정밀도 및 시각적 표현이 우수한 3차원 모델인 SOUND PLAN 모델과 CADENA 모델도 병행하여 사용되고 있다.

라. 동·식물상

동·식물상은 제도 초기에 현존식생도, 녹지자연도, 동·식물상 목록 작성 등의 현황조사 중심의 평가체계에서 동식물 서식지 훼손, 토지이용의 변화, 생태계 단편화, 동물교통사(로드킬) 등의 환경 문제 평가에 중점을 두는 방향으로 변화되어 왔다.

환경영향평가 제도 초기에는 참고할 만한 국내 자연환경조사관련 문헌이 부족하였으나 1986년부터 시작된 전국자연환경조사(현재 4차('13~'17) 진행 중)와 겨울철 철새 동시센서스, 무인도서 생태계 조사 등이 공개되면서 환경영향평가 대상지역의 동·식물상 파악이 용이해졌으며, 각종 환경관련 주제도의 해상도도 높아졌다.

녹지자연도는 이용 초기에 대축척 지도를 활용하였으나 전국자연환경조사 결과를 반영한 녹지자연도의 보급으로 활용성이 높아졌다. 최근에는 사업대상지에 대한 환경가치를 식물군락의 종조성을 기반으로 녹지성과 자연성만으로 평가하는 녹지자연도 등급을 이용한 평가체계에서 자연환경에 대한 생태적 가치, 자연성, 경관적 가치를 평가한 생태자연도의 보급으로 토지이용 및 개발계획 수립 시행에 활용할 수 있게 되었다.

2010년에 한반도 생태네트워크를 구축함에 따라 환경영향평가 시에 생태축 단절 여부 및 생태적 연결성에 대한 평가가 이루어져 왔으며 생물상 중심 평가에서 서식지 중심 평가로 변화되었다.

멸종위기야생생물은 멸종위기에 처한 야생생물을 법적으로 보호하기 위하여 1989년 92종 지정 이후 246종이 지정되어 주요 평가대상으로 다루어 왔다.

제도 초기에는 영향예측이 다른 환경항목과 연계성이 부족하였으나 점차 동식물상에 대한 평가가 정착화 되면서 수질, 대기, 소음진동 등의 항목과 연계하여 평가하였다. 저감방안의 경우 제도 초기에는 주로 번식기 공사 지양, 오탁방지막 설치, 훼손수목 이식 및 보호수 보호 방안이 다루어졌다. 이후에는 토지이용계획에 보전가치가 있는 지역 보전, 생태통로 조성, 대체서식지 조성 등 다양한 저감방안이 도입되었다. 또한 서식지에 대한 보전이 중요해지면서 우수서식지의 회피와 훼손을 최소화하기 위한 저감방안을 수립하는 평가가 증가하였다.

마. 토지이용

환경영향평가 제도 초기에 토지이용계획은 상위계획 등을 고려한 사업성 위주로 수립되었으며, 단순히 지장물, 지목 및 용도지역 변경, 수용인구 및 주택계획과 저감방안으로 토지 수용에 따른 이주 및 보상을 주로 다루었다. 이후에는 현황조사에서 해당지역의 용도지역, 토지이용현황, 입지적 제약조건, 부지의 표고 및 경사도 분석에 따른 시설물 입지 용이성, 양호한 경관자원, 양호한 녹지의 분포, 사업지구와 인접한 주요시설물 등에 대한 분석이 이루어졌다. 이러한 분석 자료와 상위 관련계획 등을 고려하여 녹지축 및 바람길 조성 등을 위한 공원녹지 조성, 하천 및 수변 녹지축 조성, 소음 및 공해 차단을 위한 완충녹지 조성과 정온시설 배치, 특이 지형보전을 위한 토지이용, 수질 LID 도입, 일조장해 및 빛 반사를 고려한 건축물 세부배치계획, 그리고 경관개선 등 친환경적인 측면을 고려하여 토지이용계획이 수립되었다(정희성 외 2인, 2015).

특히 초기의 토지이용계획은 녹지가 부족하여 일정 비율의 녹지를 확보하는 데 중점을 두었으나, 2000년 이후에는 녹지가 가지는 여러 기능을 고려하여 생물서식공간 조성 및 동물의 이동통로 등 자연환경보전을 고려한 토지이용계획의 수립과 기존에 자연환경이 훼손되었거나 동물 이동이 단절된 구간에 대한 저감방안도 수립되었다. 또한 사업대상지역 면적 중에서 자연순환 기능을 가진 토양 면적 비율을 말하는 생태면적률을 적용하도록 하였다.

04
주요 환경이슈

환경영향평가 제도가 시행된 이후 환경영향평가와 관련되어 많은 사회적 갈등과 논란이 있어 왔는데 주요 사업을 개괄하면 다음과 같다.

가. 팔당호 준설사업

1990년 200만 호 주택공급정책 등으로 인하여 건설경기가 활발해지자 골재수급을 위한 방안의 하나로 팔당호에서 골재를 채취하도록 하는 사업계획을 경기도가 수립하였다. 그러나 수도권의 식수원인 팔당호 준설에 대한 여론이 격화되어 사업은 취소되었고, 대신 양평, 여주 일대의 하천골재를 채취하는 것으로 사업계획을 변경하였다. 이후 환경에 중대한 영향을 미칠 정책의 결정이나 사업계획 수립 시 관계기관과 충분한 사전협의를 시행할 것을 국무총리가 지시하여 1993년 국무총리훈령으로 사전환경성검토 제도를 시행하게 되었다.

나. 서울외곽순환고속도로 사패산 터널 공사

사패산 터널은 서울외곽순환고속도로의 일산−퇴계원 건설구간(노선 길이 36km, 왕복 8차선)에 포함되는 북한산 국립공원을 관통하는 4.6km의 왕복 8차선 구간이다(김지영 외 35인, 2002). 계획노선이 국립공원을 통과함에 따른 주요 쟁점 사항은 국립공원지정목적과 고유한 가치의 훼손, 소음 · 진동, 대기오염 등의 발생으로 인한 사찰수행환경의 훼손, 대안노선 선정의 타당성, 환경영향평가 과정에서 발생한 공청회 진행의 부적합성 및 협의 결과에 대한 후속 조치 미비 등이다. 동 사업은 2001년 6월 착공했으나 환경단체와 종교계의 반발로 2년여 동안 중단됐다가 2003년 12월 재착공하여 2009년 12

월에 준공되었다. 서울외곽순환도로 공사는 1990년 착공이후 17년 만에 완공되었으며 사회적 갈등심화로 협의기간이 장기화된 대표적인 사업이 되었다.

다. 새만금 간척사업

새만금 간척 종합개발사업은 전라북도 군산시, 김제시, 부안군에 인접한 하구해역 40,100ha를 방조제로 막은 후 28,300ha의 토지와 11,800ha의 담수호를 조성하는 사업이다. 사업의 주요내용은 부안군 변산면에서 군산시 옥도면 비응도까지 33km의 방수제, 13개 배수장, 320km의 용배수로 건설이다. 주요 쟁점사항은 농지조성의 필요성, 새만금 담수호의 수질 문제, 사업의 경제성(국토확장 효과, 식량안보 가치, 논의 공익적 효과, 관광편익), 갯벌의 가치(갯벌의 기능 및 가치, 신규 갯벌 생성) 등이다. 갯벌의 경제적 가치문제가 핵심으로 부상하였고 농업용수 수질에 TP농도 달성여부가 쟁점이었다. 갯벌과 같이 환경영향평가 당시에는 저평가되었던 평가요소들이 시간이 경과함에 따라 가치가 상승하여 환경영향평가 협의 후 갈등이 유발된 대표적인 사례라 할 수 있다.

라. 영월댐(동강)건설

1990년 전국적인 홍수로 영월지역이 수몰되고 서울 근교에도 한강이 넘치는 큰 피해가 발생되자 1996년 댐 건설사업 기본계획을 확정하였다. 댐규모는 저수량 약 6억 톤, 저수댐 높이 98m, 댐길이 325m, 수몰지역면적 21.9㎢이다. 주요 쟁점사항은 자연휴식지 지정에 따른 관광객 감소로 인한 생존권영향 그리고 생태계보전지역 지정으로 인한 개발제한 및 지가하락이다. 그리고 댐이 석회암지대, 자연동굴과 폐탄광, 지진 다발지역에 건설되므로 댐의 안정성 문제를 비롯하여, 동강의 독특한 자연 생태계 파괴, 석회암 성분을 지닌 강알칼리성 물의 식수 적합성 등이 쟁점사항으로 떠올랐다.

동강댐은 국책 대형사업으로 국내에서 최초로 환경영향평가 결과를 반영하여 사업이 취소된 사업으로 무분별한 개발사업의 추진에 큰 영향을 미쳤으며 이후 시민단체의 활동이 크게 확대되었다.

마. 시화호 간척개발사업

시화지구 개발사업은 제2차 국토종합계획에 근거하여 수도권의 인구분산을 위한 도시 및 공업단지와 농지를 조성하는 사업이다. 1986년 경기도 안산시 대부동에서 시흥시 오이도에 이르는 12.7km의 방조제를 축조하여 담수호를 조성하고 간척지를 개발함으로써 토지수요 충족 및 수자원을 확보하여 간척농지 및 배후지에 농업용수를 공급하는 시행방안이 확정되었다. 방조제 공사는 1987년 6월부터 사업이 진행되어 1994년 1월에 물막이 공사가 완료되었다. 방조제 체절 이후 발생한 시화호 수질오염으로 갯벌 및 해양환경에 대한 사회적 관심이 촉발되었다. 이로 인하여 당초 계획이 상당히 지연되었고 개발면적 및 토지이용계획 등 사업의 내용도 변화되었다. 방조제를 축조하여 조성된 담수호는 악화된 시화호 수질을 개선하기 위하여 해수를 유통시키게 되어 결국 해수호로 전환되었으며 이후 방조제를 활용하여 조력발전소가 건설되었다(이혜경, 2012).

바. 제주 민군복합형 관광미항 건설사업

1995년에 국방중기계획에 제주해군기지 계획을 반영하고 2008년 사전환경성검토 협의, 2009년 환경영향평가를 협의하고 2011년 건설 공사를 시작하였다. 주요 쟁점은 평가 시 연산호 훼손에 대한 보호대책 미흡, 구럼비바위 보존 문제 등이었다. 또한 붉은발말똥게, 층층고랭이, 맹꽁이 및 제주새뱅이가 보고서에 누락 또는 축소 기술되어 문제가 되었다. 환경영향평가의 주요 목적 중에 하나인 갈등완화 기능을 환경영향평가 과정에서 충분히 소화하지 못하여 환경영향평가 협의 후에도 극심한 갈등을 겪었던 사업이다.

05
국내 환경영향평가 제도의 문제점

가. 평가단계의 문제점

환경영향평가와 관련하여 평가단계의 문제점으로는 스코핑위원회의 기능 미흡, 환경질 측정 및 생태계 조사의 부실, 주민의견 수렴의 실효성 미흡, 부적절한 대안의 설정 및 사업의 특성을 무시한 획일적 평가 등이 제기되어 왔다. 스코핑위원회는 승인기관이 구성하므로 환경관련 전문가의 참여가 부족하며 참여자의 적극적인 의견개진도 미흡한 실정이다. 또한 직접 대면에 의한 회의보다 서면회의도 많아 다양한 의견을 평가 초기에 개진하여 환경영향을 예측 평가 하는 데 한계가 있다. 또한 환경부와 검토기관 참여자의 적극적 참여와 의견 개진이 미흡한 것으로 판단된다.

환경질 측정 및 생태계 조사에 대한 부실조사는 끊임없이 문제가 제기되어 왔다. 환경질 측정에 대한 저가 하도급 문제와 허위부실조사, 생태계 조사결과에 대한 대표성 여부 그리고 미흡한 조사 등이 문제가 되고 있다. 생태계 인력의 확보가 어려워지고 있는 실정이며 파충류 등 특정 전문분야에 대한 전문인력도 부족하여 생태계 분야 개선을 위한 국가적인 정책지원이 필요한 실정이다. 멸종위기종이 문헌과 탐문 및 현장조사에서 발견될 경우 사업시행이 제한되어 의도적으로 누락시키는 경우가 발생할 수 있다.

주민의견 수렴에 대한 문제점으로는 홍보 부족, 이해하기 어려운 평가서, 주민의견 수렴 범위 및 의견 수렴 횟수가 제한이 있어 지속적인 확대 요구가 있어 왔다. 의견 수렴 과정에 환경문제보다는 재산권 보상 문제 그리고 의견

수렴 과정을 통하여 환경정보에 대한 쌍방간의 이해 확대 및 지역자료를 습득할 수 있는 기능을 하지 못하고 있는 실정으로 조사결과에 대한 갈등이 지속되고 있는 실정이다.

평가서의 부실작성은 현장조사결과 미흡 그리고 주요 환경 문제에 대한 영향예측 및 보고서 작성이 미흡한 것으로 지적되고 있다.

환경영향평가에서 대안 검토는 사업의 중요한 의사결정을 위한 부분에 초점이 맞추어져야 하는데 지엽적인 문제 그리고 매우 형식적인 대안 설정으로 사업계획을 조정할 수 있는 계획지원 기능이 미흡한 실정이다.

평가대행자가 사업자와 종속적인 관계이기 때문에 환경영향평가에 문제가 있는 정보 노출을 꺼린다는 지적이 있으며, 환경영향평가서가 사업의 특성을 고려하지 않고 모든 항목을 나열식으로 작성하여 보고서만 비대하고 실제 중대한 환경영향에 대한 평가가 미흡하며 전략환경영향평가와도 차별성 없이 획일적으로 작성된다는 지적이 있다.

나. 검토 · 협의단계의 문제점

환경영향평가의 검토 · 협의 단계에서의 문제점은 검토단계에서 객관적인 의견 제시가 미흡하고 스코핑 및 초안보고서 단계에서 적극적인 검토 및 의견제시가 부족하다는 점이다. 그리고 부동의 사업 또는 과도한 협의 의견에 대하여 사업자는 의견을 제시할 수 있는 기회가 극히 제한적이다. 전략환경영향평가 단계에서 입지 및 사업의 타당성에 대한 의사결정 과정이 미흡한 상태로 평가단계로 이관되는 사업도 있다. 그 결과 평가단계에서 다시 의견이 충돌하여 사업이 지연이 되는 경우가 있으므로 이에 대한 개선방안이 검토되어야 할 것이다. 또한 협의자의 의사결정 능력 제고의 필요성을 들 수 있다.

검토기관, 협의기관, 승인기관에서 의사결정에 이르는 결정 과정의 기록공개가 필요하다. 관련 자료 및 판단근거 등도 첨부하여 사업자, 평가대행자와 각 단계별 의사결정자들이 참고할 수 있도록 하면 평가 및 협의가 효율적으로 이루어질 수 있을 것으로 예상된다.

검토기관 설립 당시 보고서 검토뿐만 아니라 대안 및 저감방안에 대한 대안을 제공하여 환경영향평가의 실효성을 제고하고자 하는 취지가 달성되지 못하고 있는 실정이다.

또한 협의기간 지연에 따른 문제도 있지만 대형사업 및 사회적 논란이 예견되는 사업에 대하여 검토기간이 너무 짧아 충분한 검토를 통한 사회적 갈등 해소 및 합리적인 영향예측 수행이 원활히 진행될 수 있는 방안도 검토가 이루어져야 할 것이다.

환경영향평가 협의결과가 사업추진에 미치는 중요성을 고려하여 협의 담당자의 전문성을 제고하는 방안도 필요하다.

다. 승인기관의 문제점

환경영향평가 제도는 그 원리상 승인기관 및 사업자가 적극 참여하여 환경문제를 사전 예방할 수 있도록 하는 의사결정지원형으로 제도가 운영되는 것이 바람직하나, 우리나라는 환경규제 제도의 일환으로 제도가 변형되어 운영되어 왔다(최준규·서성철·주용준, 2008). 이에 따라 인허가 제도와 비슷하게 운영하면서 사업자는 평가 협의를 절차상 인허가를 거치는 과정으로 인식하고 평가협의 이후에 발생하는 환경문제에는 무관심하고 문제발생 시 환경부에 책임을 떠넘기는 식으로 운영되어 왔다.

이에 승인기관의 역할을 강화하기 위하여 스코핑 제도를 승인기관이 주관하도록 하였으며, 사후환경조사 과정에 승인기관의 현장 점검여부를 기록하고, 평가뿐만 아니라 공사단계에서도 환경문제를 적극적으로 대응하도록 책임을 부여 하였으나, 승인기관은 이에 대하여 소극적, 형식적으로 대응하여 왔다. 장래에 승인기관 역할을 제고하는 방안의 검토가 필요한 실정이다.

국토교통부는 선형 개발사업에서 발생하는 노선선정과 교량 및 터널 설치에 대한 협의기관과의 이견이 발생하여 이에 대한 개선방안으로 친환경설계기법 연구를 공동으로 수행하였다. 지난한 협의를 거쳐 마침내 환경당국이 주장하는 바를 국토부가 어느 정도 받아들이는 합의점을 찾아 최초로 국토부 및 환경부가 '친환경적 도로설계기법'을 공동으로 고시하기에 이르렀다. 이후 단지사업, 수자원, 철도, 산업단지에 대한 친환경설계지침을 제정하여 활용하였으며 포럼을 운영하여 지침을 지속적으로 개정하여 운용한 사례가 있다. 승인기관 및 환경부는 설계지침 활용을 활성화하는 방안을 강구하여야 할 것이다.

승인기관인 국토교통부에서도 환경에 대한 고려를 위하여 자체적으로 2005년부터 전략환경평가를 운영하고 있으며, 2012년 5월 국토기본법을 개정하여 계획의 적정성, 타 계획과의 정합성 및 환경성을 검토하는 국토계획평가제를 시행하여 일부 전략환경영향평가와 유사한 제도로 운영하고 있다. 환경부와의 마찰과 근본적으로 국토교통부의 정책방향이 개발위주이기 때문에 이러한 시도가 활성화 되고 있지는 못한 실정이다. 이에 대하여 주목하고 양 부처가 머리를 맞대고 국민을 위한 방안이 무엇인지 합의점 도출을 위해 노력할 필요가 있을 것으로 생각된다.

06
정책 제언

환경영향평가 제도는 개발도상국 시절인 1980년대 경제개발을 위한 외자도입 등을 원활히 하고 개발부서의 환경부문을 개선하기 위하여 도입되었다. 국내 1호 환경영향평가서라 할 수 있는 낙동강하구언 건설사업에 따른 환경영향평가서는 국내 업체가 아니라 외국의 컨설팅업체가 환경영향평가를 수행한 바 있다. 1990년대를 거치면서 환경보전을 위한 사전예방 제도로서의 역할을 해왔다. 또한 수질오염총량제, 비점오염원 처리시설, 경관평가 및 건강영향평가 등 각종 환경정책을 견인하는 정책실행 수단으로서의 역할을 해왔다. 기후변화 적응, 온실가스, 미세먼지 및 유해물질 등 환경 사고에 대한 국민들의 환경보전 인식이 높아진 현 시점에서는 환경영향평가 제도를 환경 규제를 위한 협의 제도에서 사업자 스스로 환경계획 수립할 수 있도록 지원 기능을 강화하는 방향으로 발전시키는 것이 보다 합리적이라 생각된다. 이에 다음과 같이 환경영향평가 제도의 발전을 위한 방안을 주제별로 제안하고자 한다.

가. 협의기관

환경부는 환경영향평가 제도의 목적을 달성하기 위하여 승인기관, 검토기관, 주민, 사업자 및 환경영향평가 대행자의 의견을 청취하고 실질적인 환경영향평가 제도가 실시되도록 환경전문 중앙정부기관으로서 역할에 충실하여야 한다. 이를 위해서 다음과 같은 사항에 대하여 환경영향평가 제도가 개선될 수 있도록 노력해야 할 것이다.

환경부는 스코핑 단계에서 영향 범위, 의견수렴 방법과 기간, 전문가 의견 수렴 등 적극적인 검토의견 제시가 필요하며 특히 의사결정에 기여할 수 있는 대안 수립과 관련된 의견 제시로 제도의 실효성을 높여야 한다. 새로운 정책 개발도 필요하지만 기존 제도의 충실한 이행과 발전만으로도 개선할 수 있는 것이 많다고 본다.

또한, 갈등해소를 위하여 주민의견 수렴을 확대하고 평가 단계의 예측결과와 공사단계에서의 환경영향 조사결과의 피드백 기능이 강화되어야 한다.

자연생태분야 전문 인력난 해소 및 제2종 환경영향평가업의 업무영역 확대를 검토하고 협의기관의 협의 전문인력 양성을 위한 인사제도를 운영하였으면 한다.

특별대책지역, 습지지역, 국립공원, 철새도래지나 서식지 및 멸종위기 야생 생물 서식지 등에서의 사업에 대한 협의지침을 더 구체화하고 전국에서 발견되는 멸종위기종에 대한 재지정 문제도 검토하여 이로 인한 협의기간 지연에 대한 개선방안을 검토하였으면 한다.

환경영향평가사 시험 제도는 일과성 단순 암기 위주에서 실무경험 위주로 전환하고 총괄참여기술자의 경륜을 갖춘 환경영향평가 실무 종사자로 확대하는 방안도 검토되었으면 한다.

환경질 및 생태계 현황조사를 위한 국가기관의 역할이 확대되어야 하며 정밀하고 광범위한 최근 환경질 측정 트렌드에 맞추어 환경영향평가 전문측정업 신설의 검토도 필요하다.

평가대행자, 검토기관, 협의기관 및 학회 등이 정기적 간담회를 시행하여 보고서 작성의 문제점, 저감방안 강화 및 사전예고, 과도한 검토 의견 및 협의의견에 대한 조정을 위한 의견교환 등을 통하여 사업자 이해를 확대하고 평가서 작성 및 협의를 원활하게 할 수 있을 것으로 생각된다.

이외에도 환경부는 규제적 성격의 환경영향평가 제도를 의사결정형으로 개선하기 위한 노력을 지속하여야 하며, 협의의견 의사결정 보고서를 작성하고 공개, 대상사업의 확대 및 빛 공해, 사회영향평가 등 새로운 환경영향에 대한 평가 항목 확대를 위해 지속적으로 노력해야 할 것이다.

나. 검토기관

검토기관은 환경영향평가 제도의 지속적인 발전을 위하여 검토기관의 역할을 제고할 수 있는 연구와 환경 관련 정책연구를 강화하고 선도하여야 한다.

검토기관의 객관성을 높이기 위해서는 공공의 의견, 환경영향 그리고 사업성을 연계하여 종합적으로 작성할 수 있도록 검토기준 정립이 필요하며, 평가기준, 평가기법에 대한 지침, 과학적인 평가 자료의 구축, 검토 과정의 기록 및 공개 등이 보완되어야 할 것이다.

평가항목별 전문 의견 중심에서 해당 환경영향평가 대상사업 특성을 고려한 종합적인 검토의견을 제시하고 사업특성을 고려한 다양한 대안을 제시하거나 검토의견의 근거가 되는 자료를 제공하기 위한 연구를 지속하여야 할 것이다. 환경영향평가와 관련된 연구의 전문성을 높이기 위해서는 환경영향평가와 직접 관련된 연구를 유도할 수 있도록 환경영향평가 관련 연구실적에 따른 인센티브를 주는 방안도 검토하여야 한다.

현재 사후환경영향조사보고서 검토는 5개 기관에서 수행하고 있는데 제도의 이해정도가 상이하여 나타나는 부작용을 해소하기 위하여 검토기관 및 대행자, 협의기관과의 정기적 간담회를 통하여 개선방안을 강구하여야 할 것이다.

사업자는 검토자가 제시하는 환경보전을 위한 검토의견을 정확히 이해하지 못하여 협의기간이 지연되거나, 사업계획에 환경보전 방안을 적절히 수립하지 않아 환경영향평가 협의가 부동의 처리되어 사업자의 경제적인 피해가 발생할 수 있다. 따라서 검토자와 사업자 간에 의견을 교환할 수 있는 충분한 기회가 제공될 수 있도록 간담회 등을 활성화할 필요가 있다.

또한 현재 검토기관에 접수되어 있는 보고서 중 내용상 미흡하거나 부실한 보고서도 많이 있을 것이다. 보고서의 질적 개선을 위하여 평가서별 보고서의 품질에 대한 이력관리를 실시하여 평가서의 수준을 제고할 수 있도록 하였으면 한다.

다. 승인기관

승인기관은 자발적으로 충실하게 사후환경영향 관리를 실시하고 합리적인 계획수립을 위하여 환경 분야의 역량을 강화해야 한다. 또한 환경부의 협의

의견과 공공의 의견을 수렴하여 사업내용을 확정하고 결정문을 작성하여 공개하여야 한다.

설계 및 공사단계에서 친환경설계지침이나 사업유형별 환경영향평가 가이드라인 등을 마련하여 관련 내용이 반영될 수 있도록 하여야 하며 지속적인 개정이 필요하다.

환경설계 분야가 정착·발전되어 계획수립 및 환경영향평가 수행에도 기여할 수 있도록 보고서 작성 및 심의 지침 등을 검토하여야 할 것이다.

라. 지방정부

지방자치단체의 경우 2017년 새로운 대통령이 취임하면서 지방자치제가 아닌 지방 정부를 제창하여 지방 정부의 역할이 강화되어 갈 것으로 예상된다. 따라서 시·도 조례에 의한 환경영향평가 제도 실시가 확산되어야 할 것으로 판단되며, 이에 대한 방안이 검토되어야 한다. 지방정부의 환경영향평가 담당 인력이 증원되어야 하며 시·도 환경보전계획 수립과 자연환경보전계획 수립을 의무화하고 지방정부 내 개발 가능 용지에 대한 개발과 보전용지에 대한 보전계획을 수립하여 사전에 입지에 대한 적정성이 검토되는 등 환경영향평가 제도에 대한 지방정부의 역할 개선이 필요하다.

마. 환경영향평가대행자 협회

환경영향평가 대행자는 제도 시행 이후 끊임없이 제기되는 보고서 허위 또는 부실작성으로 40여 년에 걸쳐 비판의 대상이 되어 왔다. 환경영향평가 대행기관은 1996년에 설립된 환경영향평가협회를 중심으로 환경영향평가 제도 개선과 관련 기술개발을 위한 노력을 하고 있지만 아직은 일반 국민들의 요구 수준에는 이르지 못하고 있는 듯하다. 부실·허위 보고서 작성을 방지하기 위한 방안으로 환경영향평가협회 내 자체 윤리위원회를 운영할 필요가 있으며, 국민이 알고 싶어 하는 내용이 보고서에 수록될 수 있도록 사업특성을 고려한 평가기법 개발에 노력하여야 한다. 또한, 환경영향평가서가 사업자와 협의기관이 합리적인 의사결정을 지원하기 위한 관련 자료 제공에 충실하여야 한다.

환경영향평가협회는 평가서가 적정하게 작성되도록 대행자 역량강화를 위한 교육을 실시하여야 한다. 이를 통하여 공론화된 사회적 환경 이슈에 대하여도 환경영향평가 전문가로서의 역할을 다할 수 있도록 해야 할 것이다.

장래에는 드론 등 신기술을 활용한 평가기법을 도입하고 우수한 환경영향평가기법의 보급 등으로 보고서 작성의 질적 수준이 향상되도록 하여야 한다.

환경영향평가대행자 협회는 지속적으로 협의기관, 승인기관, 사업자 및 환경단체 등과 직간접으로 접촉하고 보고서를 직접 작성하는 과정에서 환경영향평가 제도 운영상의 문제점 및 개선방안에 대하여 다양하고 현실성 있는 의견을 제시하여 환경영향평가 제도가 실효성 있게 집행되도록 하여야 한다.

07
맺는말

앞에서 기술한 바와 같이 환경영향평가 제도가 국내에 도입된 후 40년이 지났다. 그 동안 환경부를 비롯한 수많은 관계자들의 노력으로 최초의 환경영향평가서를 외국인의 손에 맡겨야했던 시절로부터 현재는 외국에 국내 환경영향평가 기술을 전파하고 2,000억여 원이 넘는 시장이 형성되었을 뿐만 아니라 모든 국민이 환경영향평가 제도를 인식할 정도로 발전해왔다. 그러나 내부를 찬찬히 살펴보면 수많은 문제점이 상존하고 있다는 것도 부인할 수 없는 사실이다. 최근까지 지속적인 제도개선을 꾸준히 해오고 있으나 근본적인 치유보다는 단편적인 제도개선방안에 머물러 여전히 정부를 포함한 사업자 측에서는 개발사업의 발목잡기, NGO를 포함한 환경보존론자들로부터는 개발사업의 면죄부라는 평가를 받고 있다. 이처럼 근본적인 문제점에 대한 개선은 요원한 실정이다.

최근 논의되고 있는 공탁제의 경우도 사업자와 환경영향평가 대행자와의 종속관계를 끊는다는 측면에서는 효과를 인정할 수 있으나, 환경비용을 부담하여야 하는 사업자의 의견을 배제한 환경영향평가 결과를 사업자가 얼마나 수용할 수 있을지에 대해서는 고민할 여지가 많아 보인다. 보다 근본적인 개선책을 찾기 위한 노력을 경주해야 한다. 현재와 같이 단기적인 개선책보다는 장기적인 목표를 설정하고 이를 달성하기 위한 로드맵을 구상하여야 한다.

필자의 단견으로는 이제 한국식 환경영향평가 제도에서 탈피하여 국제규격에 맞는, 주민의견을 적극적으로 수렴하는 환경영향평가 제도로 거듭나야 한다고 생각한다. 환경부가 사업의 시행여부를 결정해서 통보하는 현 시스템에서 벗어나 사업의 시행여부를 사업자가 결정토록 하는 것이다. 혹자들은 그러할 경우 환경성이 무시되는 결정이 양산될 것을 걱정하고 있으나, 의사결정형 환경영향평가 제도는 공공의 의견을 폭넓게 적극적으로 수렴해야 하는 안전장치를 가지고 있다. 4대강 사업의 시행여부를 정부가 독단적으로 결정하지 않고 국민들의 참여를 보다 폭넓게 적극적으로 수렴하도록 제도화된 환경영향평가를 수행했다면 어떤 결과를 낳았을까? 보다 나은 결과를 도출해 내지 않았을까하는 심정이다. 특히 최근에 벌어졌던 촛불정국, 국민을 최우선으로 하는 정부의 탄생, 원자력 발전소 숙의과정 등 일련의 상황에 비추어 볼 때 환경부가 합리적인 절차와 규칙을 제공할 경우 우리 국민들의 성숙도에 비추어 국민들의 의견수렴을 중요시하는 의사결정형 환경영향평가 제도를 운영할 능력은 충분하다고 판단된다.

앞으로의 미래에는 환경영향평가 제도가 국토환경을 보존하고 국민들의 갈등을 치유하는 의사결정형제도로 발전하기를 기대한다. 환경영향평가대행자는 보고서를 통하여 지역주민에게는 다양한 사업 및 환경정보를 제공하고, 의견수렴을 통하여 개발사업으로 인한 환경피해를 최소화하고 쾌적한 환경을 조성할 수 있기를 바란다. 또한 사업자의 계획수립을 지원하고 다양한 대안 제시를 통하여 의사결정을 지원할 수 있도록 하며 협의권자에게는 정책적 판단을 할 수 있는 중요한 기초자료를 제공할 수 있기를 기대한다. 검토기관은 지속적인 연구개발과 현실감각을 제고하여 다양한 전문 검토의견 제시를 통하여 사업자 및 협의권자의 의사결정을 지원할 수 있기를 기대한다. 협의권자는 다양한 환경 분야에 대한 실무경험을 바탕으로 환경부의 정책을 실현하고 사업자에게 환경을 보존하면서 효율적이고 경제적인 사업을 할 수 있도록 전문적 협의 의견을 제시하기를 기대한다. 승인기관은 전문 환경 인력을 보유하고 협의의견을 반영하여 환경을 고려한 친환경적 계획이 수립되고 이행될 수 있도록 적극적인 관리를 바란다.

한편 요사이 빅데이터를 기반으로 하는 제4차 산업혁명이라는 말이 화두가 되고 있다. 모든 부문에서 이를 능동적으로 받아들이기 위한 준비가 한창인 듯하다. 그러나 환경영향평가 부문에서는 그 활용성이 매우 효율적이고 광범위함에도 이에 대한 준비가 소홀한 것 같다. 환경영향평가 제도를 디지털화 할 경우의 효용성은 비용절감, 소통의 확대 및 속도 증가와 평가과정 및 결과에 대한 합리성 확보 등 긍정적 효과가 매우 클 것으로 예상됨에도 이에 대한 연구 등의 움직임은 소극적인 것 같다. 시대상황에 맞도록 적극적으로 도입하여 활용하는 방안에 대한 고민이 필요하다.

환경부를 중심으로 환경영향평가 관계자들은 장기 환경영향평가 발전방안을 수립하고 이를 실현할 수 있는 로드맵을 작성하여야 한다. 특정 이해집단에 치우치지 않도록 끊임없는 개선노력을 경주하여 국민이 중심이 되는 환경영향평가 제도로 완성되어 합리적인 환경보전이 실현되기를 기대한다.

참고문헌

국내문헌
- 환경부(2017), 환경백서.
- 신경희 외 11인(2010), 택지 및 산업단지 개발사업의 환경평가 단계별 성과분석, 한국환경정책 · 평가연구원.
- 정희성 외 2인(2015), 환경갈등 현황 및 정책과제.
- 김지영 외 35인(2002), 환경영향의 합리적 예측평가를 위한 기법 연구, 한국환경정책 · 평가연구원.
- 이혜경(2012), 시화호 간척개발사업과 환경관리정책의 변화, 환경법과 정체 제9권.
- 최준규 · 서성철 · 주용준(2008), 환경영향평가 문제의 원인 및 연계성 분석을 통한 제도개선 연구, 환경영향평가학회지.

13장
환경정보화 과거, 현재 및 미래의 통섭

이명진(한국환경정책·평가연구원) · 김신엽(환경부 정보화담당관실)

01
들어가는 말

환경의 사전적 정의는 '생물에게 직접·간접으로 영향을 주는 자연적 조건이나 사회적 상황 및 인간이 생활하는 주위의 상태'를 의미한다. 이러한 정의를 기반으로 한 환경정보는 다양한 자연과학적 환경 매체(대기, 수질 및 자원순환 등)와 사회과학적 환경 구분(인구 및 정주여건 등) 등과 같이 광범위한 범주 아래 폭넓은 정보를 의미한다. 즉 환경정보는 환경이라는 의미를 기반으로 하기 때문에 다양한 정보를 담고 있다. 보다 구체적으로 자연과학적 환경 매체에서 만들어지는 환경정보는 매체별 측정값, 대기 오염물질 측정값, 수질 오염 물질 측정값 등이 해당한다. 이러한 환경정보는 공간적 크기에 따라서 같은 항목의 측정값이라고 하여도 세부적으로 구분이 된다. 예를 들어 구미 화학물질 누출이 국지적이고, 4대강 유역 녹조가 광의적이다. 마지막으로 기후변화 등이 전 지구적이다. 또한, 환경정보의 자료 형태에 따라서 구분이 가능하다. 환경 현황을 정리한 문서 정보와 이를 수치적으로 나타내는 환경매체 측정값으로 구분이 가능하며, 특히 1990년대 후반부터는 지도기반의 공간정보의 형태로 발전되었다. 또한 2010년 이후부터 현재까지는 기존의 누적된 자료가 형식에 구애받지 않고, 비정형(문헌 및 문자 자료 등) 데이터와 정형(수치, 통계자료 및 공간정보 등) 데이터가 빅데이터(Big Data)로 활용되고 있다. 이러한 발전은 환경정보만의 독창적인 발전이 아니며 데이터 과학(Data Science)의 발전과 궤를 같이한다. 특히, 환경정보는 전술된 범위를 포함하기 때문에 빅데이터의 구축과 활용이 매우 용이하다(표 1).

표 1 • 환경정보 자료 형태에 따른 분류

구분	분류		내용
문헌 정보	환경연구기술 정보	도서	도서, 논문, 정기간행물
		연구기술	오염저감기술, 학술 · 연구, 조사보고서, 실험보고서
	환경정책 행정정보	정책	주요 환경정책 방향 및 내용
		행정	법률, 제도, 행정절차, 행정조직 및 인력
	환경전문인 · 정보원정보	전문가정보	박사, 교수, 기술사 등 전문기술인력
		정보원정보	환경관련정보생산기관, 시스템
수치 정보	환경측정정보	대기	대기질(CO, NOx, SOx, TSP) 등 환경기중항목 및 기타 측정항목
			소음 · 진동 측정치
		수질	하천(BOD, COD, SS, PH, DO, 온도, 중금속, 미량원소)
			호소(BOD, COD, SS, PH, DO, 클로로필, 온도, 미량원소)
			지하수(COD, DO, 중금속)
	오염원 (배출원) 정보	대기	고정오염원(1-3종 배출원)
			면오염원(주택지, 4 · 5종 배출원)
			이동오염원(교통)
			소음 · 진동

구분	분류		내용
수치 정보	오염원 (배출원) 정보	수질	고정오염원
			면오염원(산림, 농지, 주택지 등 토지이용별)
		폐기물	지정폐기물, 일반폐기물
	국토현황정보 (자연, 사회, 경제)	자연환경	식물상, 동물상, 지형, 기상, 지질
		사회경제환경	인구, 교통, 경제, 산업정보, 문화, 주거, 공공시설, 교육, 문화재
화상 정보	도면정보		지형도, 생태도(동물, 식물), 토지이용도, 토양도, 도로도, 수리도, 행정구역도

자료: 환경부(1998), p.3.

　환경부를 중심으로 국가 단위 환경정책에서 주로 다루어지는 환경정보화는 정보통신기술을 이용하여 정보의 수집·생산·유통 또는 활용으로 환경행정업무의 효율화를 도모하는 과정 또는 그 결과를 말한다. 또한, 환경정보화 관련 정책의 주된 발전은 「국가정보화 기본법」[1] 제6조에 의거 국가정보화의 효율적, 체계적 추진을 위하여 5년마다 수립하는 기본계획과 동 기본법 제7조에 의거 매년 수립·시행하는 시행계획을 통해 이루어진다. 환경정보화를 총괄하는 환경부는 1997년부터 현재까지 5년마다 「국가정보화 기본법」 및 「전자정부법」[2]에 따라 환경정보화업무의 효율적인 수행을 위하여 국가정보화시행계획을 수립하고 있다. 또한, 수립된 계획을 환경정보화추진분과위원회 구성 및 운영, 환경행정을 지원하기 위한 정보시스템 개발 등에 관해 필요한 사항을 정함을 목적으로 「환경정보화 업무규정」[3]을 제정하여 환경부와

---

1) 국가법령정보센터, 국가정보화 기본법, http://www.law.go.kr/법령/국가정보화기본법, 검색일: 2017.11.23.
2) 국가법령정보센터, 전자정부법, http://www.law.go.kr/법령/전자정부법, 검색일: 2017.11.23.
3) 국가법령정보센터, 환경정보화 업무규정, http://www.law.go.kr/행정규칙/환경정보화업무규정, 검색일: 2017.11.23.

그 소속기관 및 산하기관(한국환경공단, 국립공원관리공단, 한국환경산업기술원, 국립생태원, 수도권매립지관리공사, 한국상하수도협회, 국립낙동강생물자원관, 환경보전협회)에 대하여 적용하고 있다.

전술한 환경정보의 확산과 활용을 위해서 국가정보화[4] 수준에서의 '환경정보화'를 추진하고 있다. 환경정보화라 함은 2000년대 초반까지는 '정보화(Informationization)'라는 의미로 활용되었으나, 2010년 이후 정보통신기술(ICT: Information and Communications Technologies)을 이용하여 정보의 수집 · 생산 · 유통 또는 활용으로 환경행정업무의 효율화를 도모하는 과정 또는 그 결과를 의미하게 되었다. 즉, 2000년대 까지는 기존 자료를 전산시스템에 활용 가능한 형태인 데이터베이스(Data Base)로 만드는 것이 주요 사항이었다면, 2010년 이후에는 정보화를 통한 의사결정의 단계로까지 발달한 것이다. 따라서 환경정보의 확산과 활용에 대한 기술적 발전은 국내 ICT 기술의 발전과 괘를 같이 한다고 할 수 있다. 보다 구체적인 사례로는 환경부의 환경정보화 대표 사례인 토지피복지도[5]의 발전이다. 토지피복지도는 1998년 초기에는 구축된 종이 지도책 형태로 제작하여 환경부, 지방청, 소속 및 산하기관에 배포하였다. 즉, 2000년대 중반 이후에는 국내 인터넷 관련 속도 및 자료 활용의 내용이 비약적으로 발전함과 동시에 웹(Web)에서 토지피복지도 검색 및 다운로드가 가능한 형태로 발전하였다. 또한 웹 GIS(Geographic Information System)를 이용하기 때문에 환경부에 제작한 다른 환경공간정보(생태자연도 및 국토환경성평가지도 등)와 연계 및 연

---

4) 정보화란 정보를 생산, 유통, 활용하여 사회 각 분야의 활동을 가능하게 하거나 효율화를 도모하는 것을 의미하며(정보화촉진기본법 제2조제1항), 국가정보화란 공공 및 민간부문을 포함한 국가 및 사회 전체의 차원에서 국가경쟁력의 강화라는 목표를 달성하기 위해 이루어지는 정보화를 위한 의도적인 제반의 노력을 의미한다.

5) 주제도(Thematic Map)의 일종으로, 지구표면 지형지물의 형태를 일정한 과학적 기준에 따라 분류하여 동질의 특성을 지닌 구역을 Color Indexing한 후 지도의 형태로 표현한 공간정보 DB를 말한다.

동하여 웹 형태로 환경공간정보를 제공하는 현재의 방식으로 진행되었다. 이를 바탕으로 현재 환경공간정보서비스(egis.me.go.kr)는 환경부의 대표적인 환경정보 사이트이다. 이러한 웹 형태의 정보화 기술의 발달은 환경부의 환경정보에 국한하지 않고, 농림축산식품부(토양도), 산림청(임상도) 및 한국지질자원연구원(지질도) 등에도 적용되어 현재 대부분의 광의적 개념의 환경정보를 웹 GIS 형태로 검색 · 조회 · 다운로드할 수 있다. 즉, 2000년대 이전의 국내 ICT 기술의 발전은 광케이블 통신망, 유선 LAN, 및 웹사이트 매체 등 인터넷의 발전에 기반하였으며, 대부분 물리적 하드웨어 장비의 개선과 인터넷 속도의 발전에 따른 자료 활용 및 확산에 국한되었다. 이러한 물리적 속도를 중시하는 기술의 발전은 자료의 이동 및 확산의 내용을 기존 단순 문자 중심에서 데이터의 크기가 수백, 수천 배에 이르는 빅데이터로 전환하는 기반이 되었다. 또한 2010년대 들어오면서부터는 안정적인 데이터 수집과 자료 처리에 걸리는 컴퓨팅 능력의 향상으로 환경정보는 많은 부분에서 활용되고, 기존 데이터 간의 의미를 발굴하는 빅데이터 처리가 가능해졌다. 이를 통하여 환경정보 자체의 활용, 유관정보와 연계된 활용 및 환경정책의 의사결정 지원이 확대되고 있다(Zhang and Wang, 2016).

전술된 내용을 정리하면, 환경정보는 다양성을 바탕으로 공간적, 시간적으로 확대되고 있으며, 또한 환경부를 중심으로 매년 발전 계획을 정책적으로 수립하고 이를 환경부, 소속 및 산하기관을 통하여 구체화 및 실질적으로 실현되고 있다. 또한 정보화 및 ICT 기술의 발전으로 보다 다양한 활용과 환경 데이터 기반의 의사결정을 지원하는 체계로 변화하고 있다.

02
환경정보화 패러다임의 변화

환경과 관련된 주된 정책과 새로운 접근 방법은 대부분 주요 환경 이슈가 발현한 사후에 발생하는 경향이 있다. 일례로 환경부의 역할 강화는 1991년 낙동강 페놀 유출 사건을 기반으로 하고 있다. 환경정보화의 경우도 1988년 2월 수도권과 울산지역의 대기오염을 관리하는 방안을 고민하는 과정에서 시작되었다. 이러한 환경정보화와 관련된 패러다임의 변화는 크게 5번의 변곡점을 거치고 있으며 향후에도 진행될 예정이다(그림 1). 1차는 1988년부터 1996년까지이며, '환경정보화 초창기'로 구분된다. 2차는 1997년부터 2001년까지를 의미하며 '정보화 촉진기'로 구분된다. 3차는 2002년부터 2011년까지로 '정보화 확산기'이다. 4차는 2010년부터 2014년까지로 '정보화 성숙기'이다. 5차는 2017년부터 2021년까지로 '신 ICT 기반 고도화기'이다.

자료: 환경부(2017), p.1. 저자재구성.

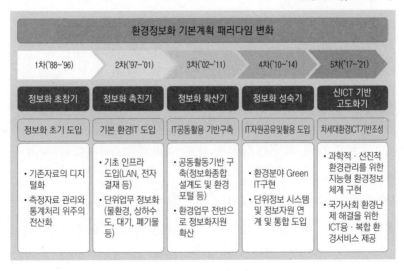

그림 1 • 환경정보화 기본계획 패러다임 변화

1차 환경정보화 초창기는 1989년 대기오염 측정 관리망에서 시작되고, 대기오염감시망의 안정적 설치와 운영으로 환경부 차원의 환경정보화 기본계획과 운영에 대한 방안을 고민하게 되었으며, 1995년 '환경정보시스템구축기본계획' 및 1995년에 '초고속공공응용서비스 개발사업' 참여를 통하여 실제 수질자동측정망의 설치를 통하여 본격화하였다. 또한 1996년부터 환경정책, 자연보전, 대기, 수질 등 7개 환경분야 79개 자료군(677만 3,000 건)에 대한 환경정보 데이터베이스를 구축하였다. 이러한 환경정보화 초창기에는 측정자료 관리와 통계처리 위주의 전산화를 중점적으로 추진하였다. 이 시기는 환경관련 행정과 업무가 주로 문서로 진행되고 있었으며, 전산화[6]라는 의미의 정보화가 더 많이 활용되었다. 국내 및 해외에서도 인터넷의 출현과 기존 자료의 디지털화가 진행되기 시작하고, 환경부, 소속 및 산하기관에 전산 시스템 및 전자결재 등이 도입되는 초기이다. 즉, 기존의 문서 행정처리 기반에서 전산 시스템이 도입되는 초기이며, 환경관련 자료의 확보도 기존의 현장조사를 통한 조사, 정리 및 문서화에서 네트워크를 기반으로 센서 계측 정보를 수집하는 초기 단계이다. 이 시기에는 정보화의 초기 도입 단계로 다양한 업무 환경의 변화가 동반되었다.

이 시기의 소회는 정보화를 초기 도입하는 과정에서 정보화를 통해 개선되는 미래상에 대한 공유 및 정보화를 통해 변화하는 문화에 대한 고찰이 부족했다는 점이다. 즉, 보다 명확한 정보화를 통한 목표를 설정하고, 설정된 목표가 이루어졌을 때 관련 업무 및 연구가 어떻게 변화하는지 고민하고 공유하는 부분이 부족하였다.

2차는 정보화 촉진기로 대표적 정보화 사업으로는 2000년에 '나라 21 그룹웨어' 구축을 수행하였으며, 이를 통하여 환경정보화를 위한 행정의 기본

---

6) 대량의 정보를 컴퓨터로 고속·자동으로 처리함 또는 그러한 시설을 갖추는 것을 의미한다.

을 구축하였다. 이 시기에는 실질적인 환경정보화의 기반을 조성한 시기이며, '환경비전 21('96~'05)'의 전반기 정책목표 달성 지원을 위한 제1차 환경정보화전략계획('98~'01)을 마련하고, 환경정보화 추진과제 26개를 선정하여 정보화를 추진하였다(표 2). 대표적인 내용으로는 1996년 '환경기초시설 자료 관리', 1997년 '물 환경 기초자료 관리' 및 1998년 '자연환경 GIS DB 구축' 등 환경매체별 단위 업무를 중심으로 정보 시스템을 도입하는 초기이다. 특히, 자연환경 DB의 경우 현재 국립생태원에서 구축하는 생태자연도의 초기 사업이다. 또한, 1990년대 이후 광학 원격탐사가 국내에 도입되면서 '위성영상을 이용한 토지피복지도 제작'을 추진하였으며, 이를 통하여 국내 환경공간정보의 내용적 발전이 시작되었다(이광재·김윤수, 2016). 현재 토지피복지도는 환경분야 및 환경부의 대표적인 정보화 사업이며, 이 시기에 한반도 전체를 대분류[7]로 구축하였고 현재까지 환경공간정보서비스를 통하여 제공하고 있다. 즉, 이 시기에 기획되어 정보화된 우수한 자료가 현재까지 활용되고 있으며, 향후 환경정보화를 빅데이터화할 수 있는 기반이 되고 있다.

이 시기의 소회는 우리나라가 빠른 인터넷 속도와 성능이 우수한 하드웨어를 바탕으로 환경 매체별로 필요한 정보화 사업을 추진하고, 기존 문서들을 빠르게 정보화하여 전 세계적으로 정보화 선진국으로 발돋움한 성과가 있다는 점에 있다. 그러나 환경 전 분야를 아우르는 통찰이 보다 많았다면 향후 유사 자료 간 불일치, 유사 주제에 대한 구축 주체 간 자료 형식 이질성이 개선될 수 있는 아쉬움이 있다.

---

7) 대분류 토지피복지도는 30m의 공간해상도를 가지며, 7개 분류항목(시가화건조지역, 농업지역, 산림지역, 초지, 습지, 나지 및 수역)으로 1:50,000 도곽 단위로 구축하였다.

표 2 · 환경정보화 촉진기, 분야별 환경정보화 추진방안 및 중점추진사업

분야	정보화목표	주요추진방안	중점추진사업
자연 생태 분야	• 체계적인 자연생태계 보전을 위한 관리체계 구축 • 화학물질,토양오염 정보관리체계 구축	• 자연생태분야데이터베이스 구축 • 자연생태관리시스템 구축 • 화학물질관리시스템 구축 • 토양오염관리시스템 구축 • 생태계변화추이 분석	• 자연생태관리시스템 구축 • 화학물질관리시스템 구축 • 토양오염관리시스템 구축 • 생태계변화추이 분석 및 야생동물추적관리시스템
대기 분야	• 대기오염 영향권별 관리체계 구축 • 대기오염 해석 및 예측기능 강화 • 예경보체계 구축	• 대기측정망관리체계 정비 • 대기오염물질 정보체계구성 • 배출계수의 체계화 • 대기오염모델 구축 • 대기오염도 지수화 예보	• 대기관련 데이터베이스 구축 및 대기오염 종합관리시스템 구축 • 대기오염 모델링시스템 개발 • 대기오염 예경보시스템 구축
수질 분야	• 수질정보 관리체계 확립 • 과학적인 수계관리 • 수질사고 피해 최소화 방안 수립	• 수질 및 수량측정망 정비 • 수질정보해석데이터베이스 구축 • GIS-유역-수질모델 통합시스템 • 수질오염전문가시스템 구축 • 수질사고대응 프로그램 개발	• 수질 데이터베이스 구축 • 권역별 수계관리시스템 구축 • 수질예경보 전문가시스템 구축
상하수도 분야	• 상하수도 관망관리의 체계화 • 상하수도 시설물 관리의 체계화 • 지자체와의 정보교류	• 수질측정데이터베이스 구축 • 시설물데이터베이스 구축 • 음용수수질관리시스템 구축 • 시설물계획수립 지원시스템 구축 • 급배수 자동화시스템 등	• 상하수도분야 데이터베이스 구축 • 음용수 수질관리시스템 구축 • 환경기초시설 운영실태 점검 시스템 구축 • 급배수 자동화시스템 구축
폐기물 분야	• 폐기물행정지원 체계 기반구축 • 폐기물재활용 관리 체계 구축 • 매립지오염관리 체계 강화	• 폐기물 자료분류체계의 표준화 • 폐기물 데이터베이스 구축 • 지정폐기물 운반처리제도 전산화 • 음식물쓰레기 재활용시스템 구축 • 폐기물 실시간추적관리시스템 • 매립지 선정 및 오염관리 시스템	• 폐기물 데이터베이스 구축 • 지정폐기물 운반처리신고 제도 전산화 • 폐기물 실시간추적관리 시스템 구축 • 매립지선정 및 오염관리 시스템 구축

분야	정보화목표	주요추진방안	중점추진사업

지리
정보
시스템
	• 환경정책수립을 위한
	  의사결정지원
	• 환경현황정보의 체
	  계적 관리
		• 야생동물 추적관리시스템
		  구축
		• 대기오염 모델링시스템 구축
		• 수계 통합형모델 개발 등
			• 야생동물 추적관리시스템
			  구축
			• 대기오염 모델링시스템 구축
			• 수계 통합형모델 개발 등

환경
기술
	• 환경기술정보의
	  체계적 수집 및
	  신속한 제공
	• 기술개발 및 정보수
	  집의 중복투자 방지
		• 환경기술정보 입수체계
		  확립 및 데이터베이스 구축
		• 환경기술정보 통합관리
		  시스템 구축
			• 환경기술정보 입수체계
			  확립 및 데이터베이스 구축
			• 환경기술정보 통합관리
			  시스템 구축

국제
협력
	• 국제기구와의
	  환경정보 공유
	• 국가 간 협력사항 관
	  리 및 해외홍보
	  강화
		• 국제 환경정보에 대한 DB
		  구축 및 국제 환경정보검색
		  시스템 구축
		• 해외홍보용 인터넷 서비스 체
		  계 구축
			• 국제 환경정보에 대한 DB
			  구축 및 국제 환경정보 검색
			  시스템 구축
			• 해외홍보용 인터넷
			  서비스 체계 구축

환경
정보
서비스
	• 대국민 환경정보
	  서비스 강화
	• 환경정보 유통경로
	  개선
		• 인터넷, PC통신 서비스 보완
		• ARS/FAX 서비스 실시
			• 인터넷, PC통신 서비스 보완
			• ARS/FAX 서비스 실시

자료: 환경부(1998), p.117.

3차는 환경정보화 확산기로 전술된 촉진기에 수립된 '환경비전 21('96~
'05)'의 후반기 정책목표 달성 지원을 위한 제2차 환경정보화전략계획('02~
'07)을 마련하였다. 또한 이 시기에는 환경정보화 추진과제 43개 사업을 시
행하였다. 이 중 대표적인 사업은 2001년 '전자민원 서비스 개설', 2002년
'시군구 행정종합정보시스템'과의 연계, 2007년 '환경종합정보포탈 시스템 1
차 구축' 및 2007년 '환경통계정보시스템 1차 구축'이다. 이를 통하여 민원
의 처리 과정과 결과 공개 등의 시스템 간 부분적 연계 및 국민의 전자적 참
여 확대를 도모하였다. 또한 환경정보를 종합적으로 제공하는 대국민 포털
의 구축과 기존의 문헌 또는 백서 등을 통하여 관리되던 주요 환경관련 통계
를 정보시스템으로 구축하는 등 기존 자료의 전산화를 기반으로 대국민에게

개방과 향후 정보 구축을 전산화하는 체계를 만들었다. 2006년에는 IT 아키텍처(Architecture) 구축을 통해 정보자원 공동 활용체계 마련하여 환경업무 전반으로 정보화지원을 확산하였다.

이 시기는 실제 환경정보화 사업이 매체별로 가장 활발히 발현된 시기이며, 전술된 촉진기에서 발생한 성과 우수 사례가 전국적으로 확산 또는 지속적 자료 갱신을 통하여 보다 활용이 높아지는 시기이다. 즉, 앞선 촉진기가 기획, 설계 및 시범적인 성격이 있었다면 이 시기는 좋은 실적을 바탕으로 각 매체별로 내용적 확산과 전국 단위로 공간적 확산이 이루어지고 있는 시기이다.

환경정보화의 확산기는 실제 일반인과 환경행정을 수행하는 입장에서 정보화가 활성화되어 체감할 수 있는 시기에 해당하며, 국내적으로 IT 기술이 가장 발전했던 시기이다. 이에 보다 구체적인 성과를 정리하면 크게 4가지로 구분된다. 첫째, 대국민 환경정보 서비스 확대이며, 환경정보 공개를 통해 민원을 해결하는 등 국민의 참여 확대를 진행한 시기이다. 또한, 환경영향평가 관련 정보를 '환경영향평가정보지원시스템'을 통하여 공개를 확대하였다. 둘째, 기업의 환경경영 지원 서비스 체계 강화이다. 환경산업 · 기술정보를 종합적으로 제공하여 기업에서 실제 비즈니스 모델 개발 등에 활용하도록 지원하였다. 셋째, 환경행정혁신 IT 인프라 조성이다. 환경부, 소속 및 산하기관 및 유관기관의 행정업무의 전산화가 진행되었으며, 이를 통하여 실시간 정보공유 및 의사소통 체계 강화가 이루어졌다. 넷째, 기술 · 제도적 기반 강화이다. 실제 이 시기에는 환경 매체 전 분야에서 정보화가 이루어지고 있었으며, 이를 확산하는 것이 중요하였다. 그렇기 때문에 수용체 중심의 환경정책 지원을 위한 환경정보화 전략계획 등이 수립되었다(그림 2).

자료: 환경부(2010), p.10.

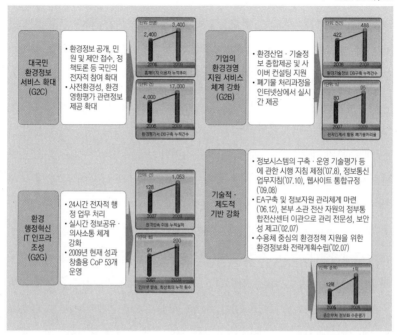

그림 2 • 환경정보화 확산기('02~'11)의 부문별 환경정보화 추진성과

이 시기의 소회는 앞선 두 시기를 통하여 촉진된 환경 정보화가 실질적인 일반인과 관련 업무 종사자에게 확산되어 체감되기 시작했다는 것이다. 그러나 정보를 제공하는 형식(자료 형식 등)과 방식(홈페이지 및 포털 등)이 다양하여 사용자가 정보를 접하는 방식에 혼란이 있을 수 있었다. 또한, 다양한 매체를 통해 정보화의 일정 성과를 바탕으로 확산되었기 때문에 각 시스템 및 성과물별 교류와 연동보다는 전문성이 강조되었다.

2010년부터 2014년까지의 4차는 환경정보화 성숙기이다. 이 시기에는 '선진 환경국가 실현을 선도하는 환경정보화'라는 슬로건 아래 '중기 환경정보화 추진계획(안)'을 수립하였다. 본 계획은 국가정보화 및 그린 IT 전략 등 국가정보화정책에 환경정보화가 부합하고, 환경정보화 성숙기에 적합한 환경정보화를 추진하는 것으로, 전술된 2차 및 3차의 시기에 구축된 단위정보 시스템 및 정보자원의 연계 및 통합 강화로 이용효율 및 접근성 강화를 중점으로 추진하였다. 즉, 주요한 환경정보화의 '통합관리'이며, 이를 위하여 총 7개 부문으로 관련 정보화 사업을 구분하고, 통합관리 대상, 고도화 대상 및 신규 구축 대상으로 구분하였다.

7개 부문의 세부사항은 첫째, 기후대기이다. 이 시기의 국정운영 중 환경 관련 주요 이슈가 기후변화 대응이며, 온실가스 감축과 적응이 국내 및 국제적인 화두였다. 이를 반영하여 기후대기 정보화에서는 온실가스 배출 및 감축 정책 지원 시스템 및 기후변화 적응 정책 지원 시스템이 고도화 또는 신규로 추진되었다. 둘째, 물환경 및 상수도이다. 물환경은 수질 및 수생태계의 정보체계로 중분류하고, 전술된 2, 3차 시기에 운영되던 국가 수질 자동관측망 등의 고도화를 추진하였다. 또한, 상하수도의 경우는 상수도 종합정보 시스템을 중심으로 상수도 연계정보 시스템을 신규로 추진하였다. 셋째, 자연보전이다. 자연보전의 경우 국가 차원의 생물 다양성의 정보를 총괄하는 한반도 생물자원 종합 시스템을 중심으로 생물자원정보 통합관리체계 및 생태계정보 통합관리체계가 구축되었으며, 국토 환경 정보화 지원으로는 환경영향평가정보지원 시스템이 지난 3차 시기 이후, 환경영향평가의 대표 정보 시스템으로 강화되었다. 넷째, 자원순환의 경우 폐기물 법적 처리 현황의 정보를 바탕으로 '올바로 시스템'이 고도화되었으며, 현재도 자원순환 관련 대표적 시스템으로 활용되고 있다. 다섯째, 환경보건의 경우 화학물질 관련해서는 화학물질 정보 포털을 중심으로 대응 정보를 제공하는 시스템으로 세분화되었다. 생활환경의 경우 국가 소음진동정보 시스템 및 소음진동 측정망 통합관리 체계, 실내 공기질 자동측정망 등이 고도화되었다. 여섯째, 녹색환경의 경우 국가 환경 R&D와 산업계에 환경기술 이전을 지원하는 정보 시스템이 신규로 구축되었다. 일곱째, 환경행정의 경우 현재 일반인에게 환경부 정보 제공 및 활용에서 가장 큰 역할을 수행한다고 자평하는 환경공간정보 유통 시스템이 이 시기에 신규로 구축되었다(표 3).

표 3 • 환경정보화 성숙기, 대분류 전략과제별 환경정보화 시스템

부문	전략과제	목표시스템	비고
기후대기	기후변화 감시 및 적응 정보체계 구축	기후변화홍보포털	통합
		기후변화적응정책지원시스템	신규
		온실가스배출종합관리시스템	고도화
		온실가스감축정책지원시스템	고도화
	대기오염 통합관리체계 구축	국가대기오염정보관리시스템	통합
		대기오염도실시간공개시스템	통합
		대기총량관리시스템	통합
		자동차배출가스통합정보시스템	통합
		대기보전정책지원시스템	통합
물환경 및 상하수도	수질 및 수생태계 정보체계 고도화	물환경정보및정책지원시스템	통합
		국가수질자동측정망시스템	고도화
		수질원격감시체계관제시스템	고도화
물환경 및 상하수도	수질 및 수생태계 정보체계 고도화	수질오염방제시스템	신규
		4대강수질통합정보시스템	신규
		전국오염원종합관리시스템	고도화
		수질검사실험정보관리시스템	고도화
		4대강주민지원종합정보시스템	통합
	상하수도 종합정보체계 고도화	상하수도종합정보시스템	통합
		상수도연계정보시스템	신규
		토양 · 지하수종합정보시스템	고도화
자연보전	생물자원정보 통합관리체계 구축	한반도생물자원종합정보시스템	통합
		국가생태계정보통합네트워크	통합
		자연환경종합정보지원시스템	통합
	국토환경평가정보 지원체계 고도화	환경영향평가정보지원시스템	통합

부문	전략과제	목표시스템	비고
자원순환	폐기물적법처리 정보체계 고도화	올바로시스템	고도화
		자원순환콜센터	통합
	자원순환 정보체계 구축	전기전자제품및자동차의재활용시스템	고도화
		자원순환정보시스템	신규
		폐기물부담금부과관리시스템	고도화
환경보건	화학물질 정보체계 통합 및 사고대응 고도화	화학물질정보포털	통합
		화학물질사고대응정보시스템	고도화
	생활환경정보 통합관리체계 구축	국가소음정보시스템	통합
		소음진동측정망통합관리시스템	고도화
		생활환경정보공개시스템	통합
		실내공기질자동측정망관제시스템	고도화
녹색환경	환경산업정보 통합관리체계 구축	국가환경산업정보시스템	통합
		환경산업해외종합정보망	통합
	환경기술 정보체계 통합 및 고도화	국가환경R&D정보시스템	통합
		환경기술종합정보시스템	통합
		환경기술이전및거래시스템	신규
	녹색경영 정보체계 통합 및 고도화	환경경영종합정보시스템	통합
		녹색금융지원시스템	신규
		친환경상품종합정보시스템	고도화
환경행정	환경정보 대국민서비스 고도화	환경지리정보	고도화
		환경공간정보유통시스템	신규
		환경지식포털	고도화
		환경종합정보서비스	고도화

자료: 환경부(2010), 저자재구성.

이 시기의 소회는 전 시기들에 주요 이슈가 매체별 및 수용체별로 구축된
개별 환경정보화(Data 및 System)를 통합 및 관리하는 초기 단계라는 점이

다. 즉, 전술된 3차에서 언급된 다양한 정보의 제공은 목적과 취지는 정보공개와 활용이라는 취지에서는 좋았지만, 사용자가 다양한 방법과 접근으로 자료를 획득해야 하는 불편함이 있었다. 또한, 정보화를 주관하는 실무자 입장에서는 쉽고 편리한 신규 기술이 환경행정, 관련 연구자 및 일반인에게는 접근하기 어려운 환경이 되는 경우가 있었다. 이러한 정보의 다양성을 유지하면서, 접근과 활용의 창구를 단일하게 구성하여 사용자의 편리를 높이고자 한 시기가 4차이다. 또한, 정보 간의 내용적 불일치와 형식의 차이 등을 정보시스템 연계 및 통합관리를 통해 해결하고자 하였다. 이러한 일련의 성과로 환경 매체별 대표 시스템을 중심으로 재구성 또는 통합되는 효과가 있었으며, 일반인의 활용, 정책 홍보 등의 긍정적 효과도 발현되었다.

5차는 신 ICT 기반 고도화기이다. 이 시기는 2017년인 현재부터 2021년까지의 가까운 미래에 관한 것으로, 본 장에서는 현재 환경정보화의 현황을 기술하고, 3장 및 4장에서 신규 ICT 기술과 환경정보화의 미래 변화에 대하여 기술하려고 한다.

전술된 4차 시기부터 2017년 현재까지 환경부, 소속 및 산하 기관에서 총 165개의 환경정보시스템이 구축되어 운용 중에 있다. 이 중, 현재 운용 중인 시스템으로서 업무 전용이 아닌 시스템, 신규 개발 중이거나 개편 중이 아닌 정보화 시스템, 기 관리 대상 중 시스템이 통폐합되었거나 폐기 되어진 시스템을 제외하면 대기환경, 물환경, 환경보건/화학물질, 자연환경 등 총 8개 매체 86개 정보시스템의 개편이 필요한 것으로 분석되었다(환경부. 2016). 현 86개의 정보시스템 중, 51%가 한국환경공단과 국립환경과학원에 편중되어 운영되고 있으며, 시스템 운영 및 소규모 개선 등 유지보수 비용이 날로 증가('12년 대비 '15년 31% 증가)하고 있는 상황이다. 현 정보시스템을 환경정보서비스 형태에 따라 구분하면 행정서비스형, 홍보형, 포털형 등으로 구분할 수 있으며, 대다수의 웹사이트는 매체별 특성에 따른 주제영역의 정보를 제공하는 인사이드-아웃(Inside-Out) 형태의 정보를 제공하고 있다. 행정 서비스형의 정보시스템의 경우, 법령·인허가·신고의 기능을 가지며 대외적인 웹사이트 및 내부적 인트라넷 시스템을 말하며, 홍보형의 정보시스템의 경우, 기관의 홈페이지 및 특정 분야에 대한 홍보가 주목적인 정보시스템을 의미한다. 끝으로 포털형 정보시스템은 대국민 등의 정보 수요자를 대상으로 하는 시스템으로서 단위분야 또는 혼합되어진 정보를 제공하는 정보시스템이다.

4차 시기의 환경정보화 성숙기부터 2017년 현재까지 다양한 정보화사업 추진으로 환경매체별 정보화는 어느 정도 이루어졌으나, 매체별로 구축된 환경배출시설(사업장) 정보의 통합적 활용 등 정보자원의 연계·통합 활용이 미흡하다. 즉, 사회적 이슈 또는 제도 신설에 따른 개별업무 중심의 시스템 구축 위주로 타 매체와의 융합·연계에 한계가 존재한다. 또한, 대국민 서비스 지향성이 높은 시스템이 전체 86개의 정보시스템 중 19개에 불과하다. 콘텐츠 접근의 지능화(Ontology 활용), 이해하기 쉬운 콘텐츠의 형태, 소통과 참여가 가능한 채널의 활성화를 통해 체감이 가능하고 접근이 편리한 맞춤형 서비스의 발굴과 제공이 부족하였다. 특히, 정부3.0 국민참여·소통채널 다양화의 관점에서, 현행 인사이드-아웃 환경정보서비스 제공 형태의 개선이 필요하다. 다시 말해, 현행 환경정보서비스 정보시스템의 인사이드-아웃의 형태를 아웃사이드-인, 아웃사이드-아웃 등의 수요서비스제공으로의 전환이 시급하다. 또한, 현행 정보시스템은 행정서비스 또는 정보제공·홍보 등의 수직적인 서비스를 지원하는 구조가 대다수로 환경 매체별 융합 및 정보 공동 활용 구조로 변화가 필요하다.

03
환경공간정보를 기반으로 한
환경정보의 내용적 및 형식의 확장

전술된 내용을 통하여, 환경정보화 초창기부터 현재까지('88~'17)의 환경정보화의 패러다임 변화를 고찰하였다. 환경정보화는 환경부를 중심으로 소속, 산하 및 유관기관 등에서 다양하게 수행되었다. 그러나 환경이라는 사전적 정의가 광범위하기 때문에 이와 관련된 전문 부처에서 다양한 업무(정보화)를 수행하였다. 대표적인 사례가 농촌진흥청(토양부문), 산림청(산림 및 산림생태계) 및 기상청(기후변화) 등이다. 이러한 기관들이 구축된 자료와 시스템은 기관의 고유 목적과 기존 활용 범위에 맞도록 구축되기 때문에 환경부 및 유관기관에서 구축된 자료와 형식과 내용적 구성에서 차이가 발생한다. 그러나 전술한 환경정보 패러다임의 변화에서 언급한 것처럼 환경분야가 각각 매체 중심에서 통합관리, 통합활용 및 연계 · 융합활용으로 전환되기 때문에 각 기관에서 구축한 환경정보도 연계 · 융합활용의 중심이 된다.

이러한 환경정보의 내용적 연계 · 융합의 실천적 도구로 활용되는 것이 공간정보이다. 공간정보의 사전적 의미는 지상 · 지하 · 수상 · 수중 등 공간상에 존재하는 자연적 또는 인공적인 객체에 대한 위치정보 및 이와 관련된 공간적 인지 및 의사결정에 필요한 정보를 의미한다(「국가공간정보기본법」[8] 제2조제1항 및 「국토지리정보원 공간정보 표준화지침」[9] 제2조제1항). 즉, 지상 · 지하 · 수상 · 수중 등에 존재하는 자연적, 인공적인 물체에 대한 위치정보 및 속성정보는 공간정보이다(이강원 · 손호웅, 2016).

---

8) 국가법령정보센터, 국가공간정보 기본법, http://www.law.go.kr/법령/국가공간정보기본법, 검색일: 2017.1.23.
9) 국가법령정보센터, 국토지리정보원 공간정보 표준화 지침, http://www.law.go.kr/행정규칙/국토지리정보원공간정보표준화지침, 검색일: 2017.11.23.

환경정보화는 전술된 토지피복지도, 생태자연도, 국토환경성평가지도 등
주제도 기반에서 현재는 환경공간정보서비스까지 다양한 내용과 기술 기반
으로 발전하였다. 이를 환경공간정보로 명칭하며, 환경과 관련된 정보의 공
간정보화를 통칭한다.

전술된 환경정보의 내용적 전문성을 고려하고, 형식적으로 공간정보로 구
축된 각 전문 부처의 정보화를 구분하면, 환경부를 중심으로 약 15개 기관으
로 분석할 수 있다(표 4). 본문에서 조사한 기관 이외에도 공간정보를 제공
하는 기관은 있지만, 관련 중앙부처를 중심으로, 제공 정보의 중복성, 데이
터의 공신력, 실제 사용자의 현황 및 제공되는 정보의 범위 등을 고려하여
대표적인 15개 기관으로 정리하였다(환경부, 2014). 2장 중 환경정보화의 현황
에서 전술한 바와 같이 다양한 기관에서 자체적인 목적에 맞추어 개별업무
중심의 정보시스템을 구축하고 있으며, 자료의 내용적인 측면에서는 유사할
수 있지만 정보시스템 구축 결과의 형식과 구조는 상이하다. 이에 기 구축되
어 있는 환경공간정보를 내용적 측면으로 구분하여 구축 기관 및 제공정보
를 바탕으로 환경공간정보를 조사하였다. 이때, 조사된 환경공간정보 시스
템 및 제공정보는 최종 표출 결과를 중심으로 정리한 것이다.

조사 결과 환경부, 한국환경공단, 국립환경과학원, 한국환경정책·평가연
구원 등의 기관에서 환경과 직접적으로 관련된 환경공간정보를 구축 및 제
공하고 있다. 간접적으로 환경공간정보를 구축하는 기관은 산림청, 국토교
통부, 및 통계청 등의 기관이다. 이러한 기관에서 환경에 대한 특정 주제를
도면으로 구축하여 공간정보 형태로 제공하는 경우도 있으며, 특정 항목을
통계자료 형식으로 구축 후 사용자가 공간정보로 전환하고 이 정보를 기반
으로 환경적 의미를 찾아 활용하는 경우도 포함된다. 환경공간정보 제공의
대표적 시스템은 '환경공간정보서비스'로 대분류·중분류·세분류의 토지피
복지도, 환경주제도, 토지이용규제지역·지구도, 생태자연도 및 국토환경성

평가지도 등을 제공한다. 또한, 산림청, 국토지리정보원 및 한국지질자원연구원 등에서는 간접적으로 환경공간정보 주제도(임상도, 수치지도, 항공사진 및 지질도 등)를 웹 시스템으로 제공하고 있다.

표 4 • 환경공간정보 제공 기관

번호	대상 기관	제공 정보	비고
1	환경부	토지피복지도, 생태자연도, 국토환경성평가지도 등	http://egis.me.go.kr/main.do
2	국립공원 관리공단	국립공원 위험지역, 공원경계, 조망점, 멸종위기종, 생태관광정보 등	http://www.knps.or.kr/portal/main.do
3	농촌진흥청	개략 및 정밀 토양도	http://www.rda.go.kr/main/mainPage.do
4	국립생태원	에코뱅크	http://www.nie.re.kr/main/
5	국립수산과학원	어류질병, 해파리, 연안정지관측정보 등	http://www.nifs.go.kr/page?id=kr_index
6	국립환경과학원	전국오염원 조사자료, 수질, 특정토양오염정보 등	http://www.nier.go.kr/NIER/index.jsp
7	국토교통부	V-World 등	http://map.vworld.kr/map/maps.do
8	국토지리정보원	항공사진 및 수치지도 등	http://www.ngii.go.kr/kor/main/main.do?rbsIdx=1
9	산림청	임상도, 임도망도 등	http://fgis.forest.go.kr
10	통계청	인구데이터 등	http://kostat.go.kr/portal/korea/index.action
11	한국교통연구원	국가교통DB, 교통통계DB 등	http://www.koti.re.kr/
12	한국국토 정보공사	수치지형도 등 국토정보기본도	http://www.lx.or.kr/lx/index.jsp
13	한국지질자원 연구원	지질도 등	http://www.kigam.re.kr/
14	해양수산부	해수수질정보, 항만수질정보 등	http://www.mof.go.kr/index.do
15	환국환경정책 · 평가연구원	환경영향평가 정보 등	http://www.kei.re.kr/aKor/main.kei

자료: 환경부(2014), pp. Ⅲ-3~91, 저자 재구성.

전술된 국내 환경공간정보의 제공정보 내용 및 제공방법으로 정리하면, 환경공간정보는 전국 단위로 구축되고 있으며 특히, 축척을 보다 세분화하여 제공하는 방향으로 발전하고 있다. 예를 들어, 토지피복지도, 임상도, 지질도, 및 생태자연도 등의 환경공간정보는 점점 더 소축척으로 하여 보다 정밀하게 구축되고 있다. 환경공간정보의 제공방법은 대부분 웹기반으로 주제도를 제공하고 있다. 이는 전술한 바와 같이 환경공간정보의 공간적 특성이 세밀한 전국단위로 변화하여 대용량이기 때문이며, 대부분이 실시간 사용이 불필요하여 스마트 기기 기반의 정보제공에 한계가 있다. 그러나 모든 정보가 대체로 공간정보 기반으로 전환되고 있고 이러한 공간정보는 정형 및 비정형의 데이터 형식에 구애 없이 분석을 수행하는 빅데이터로 전환되고 있다. 이에 환경공간정보의 효율적인 대국민 활용을 위해서 다양한 스마트 기기에서 환경공간정보가 표출되고 사용 및 활용되는 기술적 발달을 반영할 필요성이 점진적으로 증가하고 있다. 따라서 이러한 시대적 흐름을 반영하여 환경공간정보의 발전방향 제시가 필요한 시점이다.

현재까지의 환경공간정보는 수요자 측면에서 사용자가 필요한 정보를 예측하고 대체로 국가적으로 구축되어 사용자에게 제공하는 형식이었다. 또한, 환경정책을 선진적 · 과학적으로 지원하기 위한 선제적인 정보화 과제 도출에 대한 노력이 부족하였으며, 사물인터넷, 빅데이터 등 첨단 ICT 기술 요소를 활용한 정보화 영역의 개척이 미흡하였고, 내부업무 지원 관점의 정보화 위주로 추진되어 국민에 대한 정보서비스에 미흡한 부분이 존재하였다.

따라서 현재의 활용 현황에 국한되지 않는 것이 중요하며, 더 나아가 환경공간정보 구축을 위한 기술의 정밀화 및 과학화를 통해 기술을 고도화하여 향후 활용성을 향상시키는 것이 우선되어야 하겠다. 다시 말해, 과학적 · 선진적 환경관리를 위한 지능형 환경정보체계를 구현해야 하며, 더 나아가 국가사회 환경이슈와 발현하는 난제 해결을 위한 ICT(빅데이터, 사물인터넷,

인공지능 등) 기술 융 · 복합 기반의 정보화 추진체계를 정립하여 환경정보 서비스를 제공해야 할 것이다. 또한, 기존의 환경공간정보 개념 및 내용의 확장을 통한 다양한 환경적 요소들에 대한 고려가 필요하다.

04
지능정보기술과 융합을 통한 환경정보화의 발전

전술된 내용을 통하여, 전산화, 정보화 및 ICT 등의 정보 기술의 발전이 환경정보화에 반영되어 발전하는 것을 고찰하였다. 이를 기술적 측면에서 더 살펴보면, 최근의 정보 기술은 지능정보기술로 정의될 수 있다.

'지능정보기술'이란, 인간의 고차원적 정보처리를 ICT를 통해 구현하는 기술로, 인공지능으로 구현되는 '지능'과 데이터 · 네트워크 기술(ICBM)에 기반한 '정보'가 결합된 형태를 의미한다(관계부처 합동, 2017). '인공지능'은 언어 · 음성 · 시각 · 감성과 같은 인간의 인지능력과 학습, 추론 등을 구현하는 기술을 의미하며, 인공지능 SW/HW 및 기초기술(뇌과학 · 산업수학)을 포괄한다. 현재는 특정 영역에서 인간의 인지능력 모사하는 수준의 인공지능(Weak A.I.)을 의미한다. '데이터 · 네트워크'는 인공지능의 성능 향상과 보급 · 확산을 핵심 기반으로 하며, 데이터를 생성 · 수집 · 전달 · 저장 · 분석하는 정보통신기술을 의미한다. 즉, 모든 사물에서 끊임없이 생성된 데이터가 IoT 및 Mobile 기술의 네트워크를 통해 실시간으로 전달되며, Cloud 및 Big Data 기술을 이용하여 수집된 데이터를 효율적으로 저장 및 분석하는 것이다. 기술적 내용의 체계는 인공 지능(Artificial Intelligence)에 데이터 활용 기술인 사물 인터넷(IoT, Internet of Things), 빅데이터(Big Data),

클라우드(Cloud), 모바일(Mobile)이 결합되어 AI+IBCM으로 표현된다.[10] 이를 구현되는 기능으로 정리하면, 사물 인터넷과 모바일로 각종 정보를 수집하고 실시간으로 전달하며, 빅데이터와 클라우드를 통해 정보를 효율적으로 분석·처리하고 저장하는 것을 의미한다. 지능정보기술은 다양한 제품과 서비스를 지능화하여(예: 자율 주행 자동차, 지능형 로봇 등) 제4차 산업혁명의 원동력이 된다(그림 3 참조).

자료: 관계부처 합동(2017), p.6.

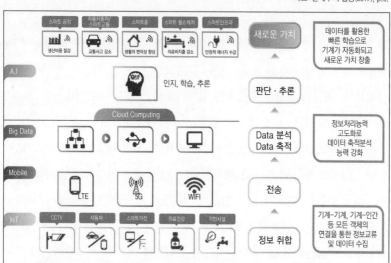

그림 3 • 지능정보기술의 개념 및 특징

---

10) IT용어사전, 지능정보기술, 검색일: 2017.11.23.

즉, 환경정보화에 반영하면, 환경 매체별 센서가 사물 인터넷으로 구축되고, 계측된 측정값을 5G 등의 모바일 네트워크로 전송하고, 실시간으로 다양한 정보를 수집하는 것이다. 이를 클라우드 시스템을 통하여 저장하여 다양한 사용자 동시 접속과 활용이 가능한 시스템을 만든다. 또한 빅데이터를 이용하여 과거 발생한 환경이슈의 원인과 피해에 대한 패턴을 분석하고, 현재 수집된 자료와 연계를 통한 의미 있는 값을 추출하는 것이다. 마지막으로 인공지능을 통하여 단순히 환경매체에 측정값의 이상 유무, 법적 규제의 초과 여부가 아닌, 발현하는 환경이슈가 미치는 사회경제적 영향(취약계층 등)과 확산 모델링에 의하여 피해 지역을 추가 발굴하는 것 등으로 활용하는 것이다.

05
맺는말

환경정보화는 국내 정보화 변화와 밀접하게 작용하며 궤를 같이하였다. 정보화 기술의 발달은 그 수요처로서 환경 분야를 매우 높게 인식하였으며, 이는 당연히 환경이라는 분야가 다양한 매체의 융합과 활용이 가능한 분야이기 때문이다. 이러한 정보화 기술을 반영하여 환경정보화는 매체별 정보화를 수행하고, 많은 긍정적 효과를 가져왔다. 그러나 대부분의 정보화 사업이 많은 예산이 투자되어야 하고, 지속적인 관리 주체가 있어야 한다는 측면에서 공공기관이 중심이 되는 사례가 많았다. 또한 환경 분야가 공공재의 성격이 강하고, 환경 이슈 및 난제 발생 시 공공기관이 대응의 주체가 되기 때문에 환경정보화도 대부분 공공기관이 주체가 되어 진행된다. 이는 예산 투자 및 사후관리라는 측면에서는 장점이며, 이를 효과적으로 반영하여 1980년대 후반부터 현재까지 환경정보화는 진행되고 있으며 일정 이상의 효과를 창출하였다.

그러나 향후에 환경정보화는 보다 큰 패러다임의 변화에 직면할 것이다. 이미 해외에서는 기존의 환경 문제를 해결하기 위해 환경정보화가 지능정보 기술과 융합하는 도전을 시작하였으며, 이를 통하여 단지 개념으로 존재하던 패러다임을 현실화하는 가능성도 만들어 내고 있다. 예를 들어 마이크로 소프트(MicroSoft)는 지구 환경 AI 프로젝트(AI for Earth)를 통해 물, 농업, 생물 다양성 및 기후 변화 등과 관련된 중요한 문제들을 AI 기술로 해결하고자 노력하고 있으며, 아이비엠(IBM) 왓슨(Watson)은 기존의 전문 영역인 질병진단 및 불확실성이 높은 일일 기상 변화 및 중·장기 기후변화까지 예측하고 있다. 또한, 세계자원연구소(WRI: World Resources Institute)는 '16년부터 AI와 클라우드 컴퓨팅을 융합한 매크로스코프 프로젝트를 통하여 전 지구 차원의 삼림 파괴를 예측하고 대응하는 방안을 연구하고 있다.

국내 환경정보화의 기술적 현황으로는 전술된 해외 분석 사례의 국내 '적용'이 불가능하지 않다. 즉 환경 매체를 통한 센서 값 측정, 전송, 저장 및 분석 등이 가능하다. 그러나 새로운 분야의 '창출'은 보다 어려울 수 있다. 그 사유는 환경정보화가 공공기관을 중심으로 진행되고 있기 때문이며, 공공에서 개발한 기술과 정보가 신규 산업으로 확대되는 선순환이 약하기 때문이다. 전술된 내용을 정리하면, 환경정보는 다양성을 바탕으로 공간적, 시간적으로 확대되고 있으며, 또한 환경부를 중심으로 매년 발전 계획을 정책적으로 수립하고 이를 환경부, 소속 및 산하기관을 통하여 구체화 및 실질적으로 실현되고 있다. 그러나 새로운 기술적·사회적 패러다임을 반영하여 산업계에 확산되는 과정이 아직까지 개선되어야 하는 사항이다.

현재의 환경정보화의 현황과 새로운 지능정보기술과 유기적 융합이 수행된다면, 환경정보화는 환경 분야에만 국한되지 않고 활용이 확대되어 단어 자체의 의미[環境]에 준용되도록 할 수 있을 것이다. 또한 기존의 '지속가능발전'과 같이 원칙적 · 선언적 내용이 환경정보화와 지능정보기술의 접목을 통하여 구체화되고, 실천적 도구로써의 역할 수행이 가능해질 것이다.

참고문헌

국내문헌

- 관계부처 합동(2017), 제4차 산업혁명에 대응한 지능정보사회 중장기 종합대책.
- 국립생태원(2015), (제4차) 전국자연환경조사 2015.
- 김근한 외(2014), 광역생태축과 국토환경성평가지도를 활용한 지자체 광역 생태네트워크 구축 방안, 환경정책연구, 13(3), 한국환경정책·평가연구원, pp.3-19.
- 김근한 외(2016), 공간 빅데이터의 개념 및 요구사항을 반영한 서비스 제공 방안, 한국지형공간정보학회지, 24(4), 한국지형공간정보학회, pp.89-96.
- 김은숙·이승호·조현국(2010), 북한 산림환폐지의 질감특성을 고려한 분할영상 기반 토지피복분류, 대한원격탐사학회지, 26(5), 대한원격탐사학회, pp.477-487.
- 박노욱·지광훈(2007), GIS 기반 광물자원 분포도 작성에서 예측 확률 추정을 위한 예측비율곡선의 응용, 대한원격탐사학회지, 23(4), 대한원격탐사학회, pp.287-295.
- 박보영 외(2017), 텍스트 마이닝 기법을 이용한 환경 분야의 ICT 활용 연구 동향 분석, 대한원격탐사학회지, 33(2), 대한원격탐사학회, pp.189-199.
- 박숭환 외(2015), 국내 백두산 분화 관련 연구 동향 분석 및 향후 발전방향 제시, 환경정책연구, 14(2), 한국환경정책·평가연구원, pp.149-170.
- 오관영·이명진·노우영(2016), 세분류 토지피복지도 분류체계 개선방안 연구 –환경부 토지피복지도를 중심으로-, 대한원격탐사학회지, 32(2), 대한원격탐사학회, pp.105-118.
- 오관영 외(2017), 텍스트 마이닝 기법을 활용한 환경공간정보 연구 동향 분석, 한국지리정보학회지, 20(1), 한국지리정보학회, pp.113-126.
- 유성진·이우균·손요환(2012), 생태계 모형과 시공간 환경정보를 이용한 우리나라 식생 탄소 수지 추정, 대한원격탐사학회지, 28(1), 대한원격탐사학회, pp.145-157.
- 이강원·손호웅(2016), 지형 공간정보체계 용어사전, 구미서관.
- 이광재·김윤수(2016), 최근 위성영상 활용 동향, 항공우주산업기술동향, 14(1), 항공우주연구원, pp.166-182.
- 이명진·이수재·이창연(2014), 통합정보제공을 위한 공간정보 기반의 국내 능선축 구축, 한국지리정보학회지, 17(2), 한국지리정보학회, pp.107-120.
- 이명진·김경희·박진형(2014), 환경공간정보를 활용한 국가환경지도시스템 구축 및 활용 방안, 환경정책연구, 13(4), 한국환경정책·평가연구원, pp.51-78.

- 이명진 외(2016), ICT 발전트렌드에 대응하는 공간정보의 환경이슈 적용 체계 구축, 한국환경정책 · 평가연구원, pp.11-45, 46-85.
- 차수영 · 서동조 · 박종화(2009), MODIS 자료를 이용한 북한 개마고원 및 백무고원 식생의 생물계절 모니터링, 대한원격탐사학회지, 25(5), 대한원격탐사학회, pp.399-409.
- 환경부(1997), 환경정보화촉진시행계획.
- 환경부(1988), 환경정보화 장기종합계획.
- 환경부(2002), 환경정보화 중장기 종합계획.
- 환경부(2002), 인공위성영상자료를 이용한 토지피복지도 구축.
- 환경부(2010), 중기 환경정보화 추진계획(안) (2010-2014).
- 환경부(2014), 국가환경지도시스템 구축 기본계획 수립 연구.
- 환경부(2016), 환경부 2016 제4차 환경정보화 기본계획 (2017-2021).
- 환경부(2017), 제4차 환경정보화 기본계획(2017-2021) 수립 제안요청서.

국외문헌
- Wang, B. and N. Zhang(2016), Toward a sustainable low-carbon China: A review of the Special Issue of Energy Economics and Management, sustainability, 8(823), pp.1-8.

온라인자료
- IT용어사전, 지능정보기술, http://terms.naver.com/entry.nhn?docId=3596808&cid=42346&categoryId=42346, 검색일: 2017.11.23.
- 국가법령정보센터, 국가공간정보 기본법, http://www.law.go.kr/법령/국가공간정보기본법, 검색일: 2017.11.23.
- 국가법령정보센터, 국가정보화 기본법, http://www.law.go.kr/법령/국가정보화기본법, 검색일: 2017.11.23.
- 국가법령정보센터, 국토지리정보원 공간정보 표준화 지침, http://www.law.go.kr/행정규칙/국토지리정보원공간정보표준화지침, 검색일: 2017.11.23.
- 국가법령정보센터, 전자정부법, http://www.law.go.kr/법령/전자정부법, 검색일: 2017.11.23.
- 국가법령정보센터, 환경정보화 업무규정, http://www.law.go.kr/행정규칙/환경정보화업무규정, 검색일: 2017.11.23.